아동복지론
Child Welfare

에듀컨텐츠·휴피아
Educontents·Huepia

머리말

 급변하는 사회 속에서 아동복지는 단순히 위기에 처한 아동을 보호하는 것을 넘어 모든 아동이 행복하고 건강하게 성장할 수 있는 환경을 조성하는데 초점을 맞추고 있다. 아동이 행복한 삶을 누릴 수 있도록 가정과 학교, 지역사회, 국가가 각각의 역할과 기능을 다하고, 진심으로 아동이 행복한 삶을 누릴 수 있도록 실천한다면 아동의 미래는 밝을 것이라 생각한다.
 이 책을 보는 학생들은 현재는 아동복지를 공부하는 학생이지만, 시간이 지나 졸업을 하게 되면 사회복지사가 되어 현장에서 아동과 함께 다양한 사업을 진행하게 될 것이다. 아동을 사랑하는 따뜻한 마음과 아동에 대한 기초 이론 그리고 아동실천분야의 다양한 경험을 갖는다면 역량 있고 훌륭한 사회복지사가 될 것이다.
 아동복지 교과목은 학생들이 아동복지와 관련된 이론과 실천방법을 학습하여 아동복지분야에서 활동할 사회복지사의 능력을 배양하는 것을 목표로 하고 있다. 이를 위하여 아동의 특성, 아동의 권리와 아동복지의 역사에 대해 이해하고, 아동복지의 실천방법과 기술, 아동복지실천 영역별에 대해 이해하여야 한다. 또한, 아동복지정책과 제도 그리고 아동복지서비스에 대해 이해하는 것이 필요하다.
 이 책은 모두 15장으로 구성되어 있다. 1장은 아동과 아동복지의 기초에 대한 이해로 아동복지와 사회복지, 아동복지의 이념과 가치에 대해 알아본다. 2장은 아동의 욕구와 환경의 역할로 아동발달이론, 생애주기 관점과 아동의 발달적 특성, 생태체계 관점과 아동의 주요 환경에 대해 알아본다. 3장은 아동의 권리로 아동의 권리와 아동복지, 유엔아동권리협약, 한국의 아동인권에 대해 알아본다. 4장은 아동복지의 역사로 외국의 아동복지 발달과정과 한국의 아동복지 발달과정에 대해 알아본다. 5장은 아동복지의 실천원리로 아동복지와 사회복지실천, 아동복지의 기본요소 및 실천원칙, 아동복지서비스의 유형에 대해 알아본다. 6장은 아동복지의 실천방법과 기술로 통합적 사례관리와 드림스타트, 아동상담과 부모상담 및 교육, 놀이·언어·미술치료, 집단 활동과 아동복지 실천의 평가 등에 대해 알아본다. 7장은 아동정책과 전달체계로 아동복지 관련 법률, 정책과 제도, 아동복지서비스 전달체계에 대해 알아본다. 8장은 아동건강과 안전으로 아동건강, 안전, 실종아동보호에 대해 알아본다. 9장은 아동보육으로 영유아 보육서비스와 방과 후 아동보호에 대해 알아본다. 10장은 위기 및 다양성과 지역사회보호로 빈곤가정아동, 한부모가정아동(조손가정아동), 다문화가정아동(북한이탈주민가정아동)에 대해 알아본다. 11장은 아동학대와 아동보호로 아동학대와 방임, 아동보호서비스, 아동학대 예방에 대해 알아본다. 12장은 가정보호로 가정위탁서비스와 입양에 대해 알아본다. 13장은 시설보호로 아동양육시설, 공동생활가정, 청소년 쉼터, 한부모가족복지시설(미혼모시설)에 대해 알아본다. 14장은 소년사법과 아동복지로 비행아동, 보호처분, 보호관찰 및 교정시설에 대해 알아본다. 15장은 아동복지의 과제와 발전방향에 대해 알아본다.

최근에 유래가 없는 심각한 저출산·고령화 시대를 맞이하여 우리 아이들 한명 한명이 더욱 소중한 시기이다. 아이를 키우는데 부모의 노력만으로는 부족하며 우리의 이웃, 학교, 지역사회, 국가 등 모두가 힘을 합쳐 아동들이 안전하고 건강하게 성장할 수 있도록 도움을 주어야 할 것이다.

끝으로 이 책을 저술하는데 도움을 주신 모든 분들께 진심으로 감사의 말씀을 드립니다.

2024년 8월
저자 **김부산·임원균**

목 차

제1장 아동과 아동복지의 기초에 대한 이해 ·········· 3
1. 아동복지와 사회복지 ·········· 4
2. 아동복지의 이념과 가치 ·········· 5

제2장 아동의 욕구와 환경의 역할 ·········· 11
1. 아동발달이론 ·········· 12
2. 생애주기 관점과 아동의 발달적 특성 ·········· 26
3. 생태체계관점과 아동의 주요 환경 ·········· 29

제3장 아동의 권리 ·········· 37
1. 아동의 권리와 아동복지 ·········· 38
2. 유엔아동권리협약 ·········· 39
3. 한국의 아동인권 ·········· 48

제4장 아동복지의 역사 ·········· 57
1. 외국의 아동복지 발달과정 ·········· 58
2. 한국의 아동복지 발달과정 ·········· 63

제5장 아동복지의 실천원리 ·········· 73
1. 아동복지와 사회복지실천 ·········· 74
2. 아동복지의 기본요소 ·········· 76
3. 아동복지의 실천원칙 ·········· 80
4. 아동복지서비스의 유형(지지적, 보조적, 대리적 서비스) ·········· 84

제6장 아동복지의 실천방법과 기술 ·· 89
  1. 통합적 사례관리, 드림스타트 ·· 90
  2. 아동상담, 부모상담 및 교육 ·· 100
  3. 놀이치료, 언어치료, 미술치료 ·· 104
  4. 집단 활동 ·· 110
  5. 타 전문직과 함께 일하기 ·· 114
  6. 아동복지 실천의 평가 ·· 116

제7장 아동정책과 전달체계 ·· 121
  1. 아동복지 관련 법률 ·· 122
  2. 아동복지 정책과 제도 ·· 133
  3. 아동복지서비스 전달체계 ·· 139

제8장 아동건강과 안전 ·· 147
  1. 아동건강 ·· 148
  2. 아동안전 ·· 161
  3. 실종아동보호 ·· 170

제9장 아동보육 ·· 177
  1. 영유아 보육서비스 ·· 178
  2. 방과 후 아동보호 ·· 191

제10장 위기, 다양성과 지역사회보호 ·· 209
  1. 빈곤가정아동 ·· 210
  2. 한부모가정아동(조손가정아동) ·· 218
  3. 다문화가정아동(북한이탈주민가정아동) ·· 225

제11장 아동학대와 아동보호 ·· 237
1. 아동학대와 방임 ·· 238
2. 아동보호서비스 ·· 252
3. 아동학대 예방 ·· 262

제12장 가정보호 ··· 267
1. 가정위탁 ·· 268
2. 입양 ·· 279

제13장 시설보호 ··· 297
1. 아동양육시설 ··· 298
2. 공동생활가정 ··· 306
3. 청소년쉼터 ··· 311
4. 한부모가족복지시설(미혼모시설) ························· 319

제14장 소년사법과 아동복지 ·· 325
1. 비행아동 ·· 326
2. 보호처분 ·· 329
3. 보호관찰 및 교정시설 ·· 336

제15장 아동복지의 과제와 전망 ··································· 347
1. 아동복지의 과제 ·· 348
2. 아동복지의 발전방향 ··· 350

참고문헌 ··· 353

에듀컨텐츠·휴피아
Educontents·Huepia

아동복지론
Child Welfare

김부산 · 임원균 共著

제1장. 아동과 아동복지의 기초에 대한 이해

　보건복지부에서는 사회복지시설을 대상자별로는 노인, 아동, 장애인, 영유아, 정신질환자, 노숙인, 지역주민 등으로 분류하고 있으며, 형태로는 생활시설과 이용시설로 분류하고 있다. 이렇듯 사회복지시설의 사업목적에 따라 아동에서 노인에 이르기까지 모든 계층이 사회복지 대상이 될 수 있다. 또한, 가족을 사회복지 대상으로 본다면 가족 구성원 모두에 대한 사회복지적 이해가 필요하다. 그래서 사회복지를 공부하는 예비사회복지사들은 아동, 노인, 장애인 등 다양한 유형을 이해하는 것이 필요하다. 본 장에서는 사회복지와 아동복지 그리고 아동복지의 이념과 가치 등에 대해 알아보고자 한다.

1. 아동복지와 사회복지

　아동복지(兒童福祉, child welfare)는 아동(child)과 복지(welfare)의 합성어로써 간단히 말하면 아동이 신체적·정서적·경제적으로 만족하여 행복한 상태를 말하며, 「아동복지법」 제3조 2항에서는 아동복지란 아동이 행복한 삶을 누릴 수 있는 기본적인 여건을 조성하고 조화롭게 성장·발달할 수 있도록 하기 위한 경제적·사회적·정서적 지원을 말한다. 즉, 아동이 행복한 삶을 누릴 수 있는 기본적인 여건이 조성되어야 한다. 아동의 가족, 학교, 또래, 지역사회 등의 주변 환경이 잘 조성되어야 하고, 아동의 성장과 발달에 필요한 경제적 지원과 사회·정서적 지원을 통해 아동이 행복한 상태이어야 한다.
　사회복지의 실천대상은 아동, 노인, 장애인, 여성, 지역사회 등 다양한 계층으로 이루어졌고, 아동복지의 실천대상은 바로 아동이다. 즉, 아동복지는 사회복지 영역의 하위 영역에 속한다고 볼 수 있다. 하위 영역들이 모여서 상위 영역이 되듯 아동복지, 노인복지, 장애인복지, 여성복지 등이 모여 사회복지가 될 수 있다.
　사회복지서비스의 대상을 살펴보면, 과거에는 「국민기초생활보장법」에 따른 수급자 및 차상위계층, 장애인, 노인, 한부모 가족 및 다문화 가족, 보호가 필요한 아동 및 청소년 등의 사회적 약자에서 최근에는 사회복지 서비스를 필요로 하는 모든 대상으로 확대되어 가고 있다. 아동복지 서비스의 대상 또한 과거에는 빈곤, 질병, 장애, 학대 등 요보호아동에서 최근에는 아동이 행복하고 안전하게 성장 및 발달 할 수 있는 모든 아동으로 확대되어 가고 있다.
　따라서 아동복지와 사회복지는 시대적 상황에 따라 서로 연계성을 갖고 발전해 나가고 있다. 특히, 우리나라의 출산율은 지속적으로 감소 추세에 있고, 통계청(2024)에 의하면 2023년 기준 합계출산율은 0.72명으로 역대 최저치를 기록하는 상황으로 아동에 대한 사회적 관심은 더욱 필요할 것이다.

〈표 1-1〉 합계출산율

(단위 : 명)

구 분	2012년	2013년	2014년	2015년	2016년	2017년
합계출산율	1.30	1.19	1.21	1.24	1.17	1.05
구 분	2018년	2019년	2020년	2021년	2022년	2023년
합계출산율	0.98	0.92	0.84	0.81	0.78	0.72

출처 : 통계청(2024). 인구동향조사.

2. 아동복지의 이념과 가치

아동복지는 아동이 출생하고 성장하는 모든 과정에서 건강하고 행복하게 자라도록 지원하고 보장해 주는 것이다. 이러한 아동복지의 이념은 시대별로 그리고 국가별로 다르게 나타나고 있으며, 국제적으로는 UN이 발표한 아동권리에 관한 제네바 선언(1924년), 아동권리선언(1959년), 아동권리에 관한 국제협약(1989년)에 잘 나타나 있고, 우리나라는 대한민국 어린이헌장(1957년)에 그 이념과 가치가 잘 나타나 있다.

1) 아동복지의 이념

이념이란 이상적인 것으로 여겨지는 생각이나 견해로 한 시대나 사회 또는 계급에 독특하게 나타나는 관념이나 믿음 등을 이르는 말이다. 우리나라에서 아동복지 이념에 대해 관심을 갖게 된 것은 얼마 되지 않았다. 과거의 아동복지는 요보호가 필요한 아동에 대한 선별적 서비스가 주를 이루었기 때문에 이념에 대한 관심이 많지 않았다. 하지만 최근에는 아동에 대한 보편적 서비스가 이루어지면서 아동에 대한 이념도 많은 관심을 갖게 되었다.

이러한 아동복지의 이념을 가장 잘 담고 있는 것이 바로 어린이 헌장과 「아동복지법」이다. 어린이 헌장은 한국동화작가협의회에서 제정하였고, 1957년 5월 5일 보건사회부에서 선포한 헌장이다. 어린이를 위해 국가와 사회가 해야 할 일을 항목으로 남겨 놓은 것으로, 법적 효력은 없으며, 이후 1988년에 개정되었다.

또한, 「아동복지법」제2조에서는 기본 이념을 첫째, 아동은 자신 또는 부모의 성별, 연령, 종교, 사회적 신분, 재산, 장애유무, 출생지역, 인종 등에 따른 어떠한 종류의 차별도 받지 아니하고 자라나야 한다. 둘째, 아동은 완전하고 조화로운 인격발달을 위하여 안정된 가정환경에서 행복하게 자라나야 한다. 셋째, 아동에 관한 모든 활동에 있어서 아동의 이익이 최우선적으로 고려되어야 한다. 넷째, 아동은 아동의 권리보장과 복지증진을 위하여 이 법에 따른 보호와 지원을 받을 권리를 가진다고 명시하여 아동의 차별, 가정환경, 아동의 이익 최우선, 아동의 권리보장 등을 아동의 기본 이념으로 보고 있다.

이처럼 아동에 대한 관점은 한 사회의 가치나 태도 등을 의미하는 것으로 국가가 아동복지 이념을 어떻게 추구하느냐에 따라 다르게 나타날 수 있다. 아동복지의 이념을 국가와 가족 그리고 아동의 관계 속에서 설명 한 하딩(Harding)의 4가지 유형을 살펴보면 다음과 같다(Harding, 1911 ; 최순옥 외, 2010 재인용).

(1) 자유방임주의

자유방임주의(Laissez-faire)는 최소 침해의 원칙으로 아동복지에 대해 국가의 역할을 최소화하는 것이 핵심이다. 국가의 어떠한 관여나 조치도 통제로 볼 수 있으며, 가족이나 개인들의 자유를 억압한다고 볼 수 있다. 국가는 아동의 부모가 아니므로 부모가 아동에 대해 1차적으로 책임을 져야하고, 아동보호의 조건이 성립되지 않을 때 즉, 보호자가 아동에 대한 의무를 충실히 수행하지 못할 경우에만 국가가 개입한다.

(2) 국가부권주의

국가부권주의(State Paternalism)는 국가개입주의적 입장으로 아동보호에 대해 국가가 적극적으로 개입하는 것이 핵심이다. 부모보다는 아동의 권리와 보호에 관심을 갖으며, 아동 보호에서 일정 기준에 미치지 못하는 보호자에 대해서는 공권력에 의한 처벌이 가능하다. 이러한 국가들의 단점으로 막대한 예산, 개입의 적절성 문제, 보호자와 아동의 사생활 보호, 인권침해 발생 우려 등이 있다.

(3) 가족중심주의

가족중심주의(Pro-Family)는 친권보호의 입장으로 생물학적 가족이 잘 유지될 수 있도록 다양한 종류의 서비스 제공과 가족지지를 통해 생물학적 부모와 자녀의 관계 유지가 핵심이다. 아동에게 최선의 이익은 친부모로부터 양육 받는 것으로 보았다. 하지만 모든 가족이 아동을 양육하는 데 최선을 다하고 원만할 수 있을까 하는 의문점을 가질 수 있고, 정신장애, 학대가정 등의 경우 친부모의 양육이 최선일지는 생각해 볼 요인이다.

(4) 아동권리주의

아동권리주의(Children's Right)는 아동을 성인과 같은 자율성을 지닌 고유한 존재로 보며, 아동의 권리를 극대화하는 것이 핵심이다. 이 관점은 부모나 성인이 단지 아동이라는 이유로 통제하는 것은 억압으로 보았고, 아동의 권리를 최대한 존중하고 아동이 성인으로부터 자유를 얻을 수 있도록 보장하는 것이 아동복지라는 입장이다. 하지만, 아동권리를 존중한다는 이유로 아동을 방임할 수 있다는 문제점이 있을 수 있다.

2) 아동복지의 가치

아동을 가정과 국가에서 어떠한 존재로 인식하느냐에 따라 아동복지의 의의와 가치는 달라질 수 있다. 과거에는 아동복지의 실천대상이 주로 요보호아동이었지만, 최근에는 요보호아동 뿐만 아니라 일반가정의 아동도 관심을 받고 있다. 아동복지의 접근방법 또한 치료적이고 사후적인 소극적 방법에서 이제는 예방적이고 적극적인 방법으로 접근하고 있다. 최근에는 아동의 보호와 양육에 부정적인 영향을 주는 빈곤가정 아동, 한부모가정 아동, 조손가정 아동 그리고 아동학대 등 다양한 분야에서 아동의 문제가 발생하고 있다.

이러한 변화에 따라 아동복지의 가치를 세 가지 관점 즉, 아동 개인의 입장과 사회적인 입장 그리고 예방적인 차원의 입장으로 살펴보면 다음과 같다(송정애, 2023).

첫째, 아동의 기본적인 생활보장이다. 인간은 태어나서 성인이 되고, 경제적으로 독립할 때까지 보호와 양육 등 긴 준비기간이 필요하다. 영아기와 유아기, 아동기, 청년기를 보내면서 아동의 성장과 성숙이 이루어지고, 이 시기에는 보호자 등 양육자의 도움이 반드시 필요하다. 그러나 가족의 기능이 약화되고 해체되면서 아동을 위한 보호와 양육이 정상적으로 이루어지지 않을 경우 아동의 기본적인 생활을 유지하며 보호하고 건강하게 성장 및 발달 할 수 있도록 보장하는 것이 아동복지가 가지는 가치이다.

둘째, 사회와 국가의 인력 개발과 육성이다. 아동은 한 사회와 국가의 미래에 큰 영향을 미치는 존재이다. 따라서 국가적인 차원의 인력개발과 육성이 이루어질 수 있도록 아동이 건강하고 올바른 사회성원으로 성장하도록 지원하는 것이 아동복지가 가지는 가치이다.

셋째, 사회문제 발생의 사전 예방이다. 치료적 접근보다는 예방적 접근이 효율적이다. 성인이 되어 문제를 치료하기 보다는 아동 시기에 문제를 예방할 수 있도록 아동이 가지고 있는 발달적 욕구를 충족시켜 주는 것이 필요할 것이다. 아동의 욕구가 충족되지 않으면 다양한 방면으로 욕구가 표출되고 부정적인 행동이 반복되어 사회에 부적응 할 가능성이 높아질 것이다. 이러한 문제를 사전에 예방하는 것이 아동복지가 가지는 가치이다.

퀴 즈

1. 아동복지의 실천대상으로 보기 어려운 것은?
① 아동   ② 가정   ③ 학교   ④ 경로당

2. 우리나라 2023년 기준 합계출산율은?
① 0.92명   ② 0.82명   ③ 0.72명   ④ 0.62명

3. 아동복지의 이념이 잘 나타나 있다고 보고 어려운 것은?
① 아동복지법   ② 애국가   ③ 어린이헌장   ④ 제네바선언

※ 다음은 아동복지의 이념을 국가와 가족 그리고 아동의 관계 속에서 설명한 하딩(Harding)의 4가지 유형이다. 각 문항에 해당하는 유형을 고르시오(4~7번).

4. 최소 침해의 원칙으로 아동복지에 대해 국가의 역할을 최소화하는 것은?
① 자유방임주의   ② 국가부권주의   ③ 가족중심주의   ④ 아동권리주의

5. 국가개입주의적 입장으로 아동보호에 대해 국가가 적극적으로 개입하는 것이 핵심인 유형은?
① 자유방임주의   ② 국가부권주의   ③ 가족중심주의   ④ 아동권리주의

6. 친권보호의 입장으로 생물학적 가족이 잘 유지될 수 있도록 다양한 종류의 서비스 제공과 가족지지를 통해 생물학적 부모와 자녀의 관계 유지가 핵심인 유형은?
① 자유방임주의   ② 국가부권주의   ③ 가족중심주의   ④ 아동권리주의

7. 아동을 성인과 같은 자율성을 지닌 고유한 존재로 보며, 아동의 권리를 극대화하는 것이 핵심인 유형은?
① 자유방임주의   ② 국가부권주의   ③ 가족중심주의   ④ 아동권리주의

8. 아동복지 가치 중 세 가지 관점에 해당되지 않는 것은?
① 요보호아동 중심의 치료적 접근   ② 사회와 국가의 인력 개발과 육성
③ 사회문제 발생의 사전 예방   ④ 아동의 기본적인 생활보장

정답	1	2	3	4	5	6	7	8
	④	③	②	①	②	③	④	①

에듀컨텐츠·휴피아
ECH Educontents·Huepia

제2장. 아동의 욕구와 환경의 역할

아동을 이해하기 위해서는 먼저 아동의 발달과 아동을 둘러싼 환경을 이해하여야 한다. 아동의 발달은 신체적 발달과 심리적 발달이 있는데, 신체적 발달은 키와 몸무게 등 외형적인 증가를 말하고, 심리적 발달은 아동의 감정, 자아정체성, 사회성 등 내적인 발달을 말한다. 또한, 아동을 중심으로 한 가족, 또래, 학교, 지역사회 등 아동을 둘러싼 주변 환경이 어떻게 이루어져 있는지 파악해 보아야 한다. 이렇게 아동의 현재 발달 상태와 주변의 환경을 알아보고, 이러한 상황들이 아동이 성장하면서 정상적인 발달인지 아니면 정상적인 발달이 아닌지 알아보아야 한다. 본 장에서는 아동의 주요 발달이론과 생애주기관점에서 아동의 발달적 특성 그리고 생태체계관점에서 아동의 주요 환경들을 살펴보고자 한다.

1. 아동발달이론

아동발달이론은 아동의 발달을 설명하는 이론으로 아동복지를 공부하면서 알아야 할 기본적인 이론이다. 아동을 올바르게 이해하기 위해서는 아동의 정신적인 부분, 심리사회적인 부분, 인지발달적인 부분, 학습과 관련 된 부분 등을 어느 정도 이해하고 있어야 아동의 현재 발달상태가 정상적인지 아니면 비정상적인지를 판단할 수 있게 되고, 그에 따라 아동을 대하는 접근방법이 달라질 수 있게 된다.

모든 아동발달이론은 나름대로 특징이 있고, 이론마다 지니는 발달의 측면을 설명할 때 강점과 단점을 동시에 지니고 있다. 하나의 이론으로 모든 아동을 이해할 수는 없으며, 각 아동의 발달 원인과 과정에 따라 발달이론도 다르게 적용될 수 있다. 따라서 아동발달이론에 대한 기초 지식을 습득하여 아동을 좀 더 올바르게 이해하였으면 한다. 아동발달을 설명하는 이론은 많지만 여기에서는 프로이트의 정신분석이론, 에릭슨의 심리사회이론, 피아제의 인지발달이론 그리고 학습이론 중 파블로프의 고전적 조건형성 이론, 스키너의 조작적 조건형성 이론, 반두라의 사회학습이론에 대해 알아보고자 한다.

1) 프로이트의 정신분석이론

프로이트(Freud)는 정신과 의사, 심리학자, 철학자로 많은 히스테리 환자들을 접하면서 문제의 원인이 대부분 과거에 그 사람이 겪었던 여러 가지 사건에 의하여 결정된다고 보았고, 이에 두 가지를 가정하고 있다.

첫째, 현재 일어나는 어떤 사람의 행동, 사고, 감정 등은 모두 과거에 그 사람이 겪었던 여러 가지 사건에 의해 결정 된다. 둘째, 과거의 여러 사건과 현재의 결과에 대한 연결이 우리의 의식으로는 잘 설명되지 않지만, 우리의 마음속에 있는 무의식을 이해하면 설명된다. 우리의 마음 대부분은 무의식이 차지하고 있으며, 의식은 매우 적은 부분만을 차지하고 있다. 이런 무의식을 알기 위해서는 스스로 공부해서는 알 수 없고, 분석가와 대화를 통해서 알 수 있다.

(1) 의식 수준

프로이트는 인간의 의식수준을 의식, 전의식, 무의식의 영역으로 나누었다. 의식은 인간이 감각기관을 통해 느끼거나 알 수 있는 모든 경험과 감각을 말하고, 전의식은 무의식과 의식 사이에 존재하며, 억압되어 있지만 주의를 집중하고 노력하면 의식으로 회상시킬 수 있는 정신세계이다. 무의식은 감각기관을 통해 알아차릴 수 없는 마음속 깊은 곳에 감추어져 있어서 절대로 기억하지 못하는 정신세계로 사고, 본능, 욕구, 갈등, 억압된 관념 및 감정 등이 잠재되어 있은 곳이라 하였다(구혜영 외, 2020).

(2) 성격 구조

프로이트는 인간의 성격 구조를 원초아, 자아, 초자아로 구분하였다. 원초아(id)는 인간의 선천적인 본능적 충동의 덩어리로써 무의식적 영역에 있는 정신에너지의 원천으로, 신생아는 원초아의 원리에 따라 행동하는 경향이 있다. 자아(ego)는 원초아의 충동을 지연시키고 현실을 고려하도록 하며, 본능을 지배하여 통제하는 역할을 한다. 즉, 현실의 원리에 의해 이성적인 자아로 발달하고 충동적인 욕구를 참을 수 있게 만들며 의식의 대부분을 차지하고, 생후 1년경에 발달하기 시작한다. 초자아(superego)는 사회문화적 규범이 내면화된 것으로 부모와 주위 사람들이 아동에게 가르쳐 준 사회적 가치와 도덕으로써 선과 악을 구분하는 양심을 말하며, 생후 4~5세에 발달한다(윤매자 외, 2023).

(3) 발달단계별 특징

프로이트는 발달을 리비도(libido)[1]라는 본능적 에너지로 설명하였고, 성적 본능인 이 리비도를 5단계(구강기, 항문기, 남근기, 잠복기, 생식기)로 구분하여 각 단계별로 충분히 만족하면 다음 단계로 넘어가지만, 만족하지 못하고 좌절되면 다음 단계로 넘어가지 못하고, 그 시기에 고착되어 바람직한 성격형성에 어려움을 겪게 된다.

① 구강기(0~1세)

구강기는 생후 1년까지의 시기로 리비도가 입, 혀, 입술 등 구강에 집중하게 되

---
[1] 리비도는 정신분석학에서 말하는 성적 본능이나 충동.

므로 먹는 행동을 통해 만족과 쾌감을 얻게 된다. 이 단계에 고착되면 과식, 과음, 과도한 흡연, 입맞춤, 수다, 신랄한 비평, 빈정거림 등이 나타난다.

② 항문기(1~3세)
항문기는 1~3세까지의 시기로 리비도가 항문 부위에 집중되어 대소변을 보유하거나 배출을 통해 쾌감을 얻게 된다. 이 단계에 고착되면 청결이나 질서에 대한 강박적 욕구를 갖으며 결벽증이나 무엇이든 아끼고 보유하려는 인색한 성격이 나타난다.

③ 남근기(3~6세)
남근기는 3~6세까지의 시기로 리비도가 성기에 집중되고 성기를 만지는 것을 통해 쾌감을 얻게 된다. 이 단계에는 남아는 오이디푸스 콤플렉스, 여아는 엘렉트라 콤플렉스를 경험하게 된다.

④ 잠복기(6~12세)
잠복기는 6~12세까지의 시기로 성적 욕구가 억압되어서 이전 시기에 가졌던 충동들이 잠재되어있는 시기이다. 이 시기는 학교 교육이 시작되고, 기본적인 사회적 기술을 습득하고 촉진시키며, 게임과 놀이를 통해 새로운 역할이 시도되고 운동능력의 발달, 친구관계, 학교생활, 취미, 스포츠 등 지금까지 경험하지 못한 활동에 관심을 갖게 된다.

⑤ 생식기(12세 이후)
생식기는 12세 이후의 시기로 전 단계인 잠복기 단계에서 억압되었던 성적 욕구가 성 에너지인 성적 욕망으로 나타나는 시기이다. 이 시기는 생식할 능력을 갖춘 존재로서 인간은 타인과의 관계를 통해 만족을 추구하게 되며, 이성에 대한 관심을 갖게 된다. 또한 타인과의 관계에 큰 비중을 두게 되는 시기이므로 이를 충족하지 못했을 경우 청소년 비행, 자살, 정신이상 등을 일으킬 수 있다(정미현 외, 2022).

〈표 2-1〉 프로이트의 발달단계별 특징

구 분	특 징
구강기 (0~1세)	• 리비도가 입, 혀, 입술 등 구강에 집중 • 먹는 행동을 통해 만족과 쾌감을 얻음 • 고착되면 과식, 과음, 과도한 흡연, 입맞춤, 수다, 신랄한 비평, 빈정거림 등이 나타남, 원초아가 지배함
항문기 (1~3세)	• 리비도가 항문 부위에 집중 • 대소변을 보유하거나 배출을 통해 쾌감을 얻음 • 고착되면 청결이나 질서에 대한 강박적 욕구를 갖으며 결벽증이나 무엇이든 아끼고 보유하려는 인색한 성격이 나타남. 원초아와 자아가 지배함
남근기 (3~6세)	• 리비도가 성기에 집중, 성기를 만지는 것을 통해 쾌감을 얻음 • 남아는 오이디푸스 콤플렉스, 여아는 엘렉트라 콤플렉스를 경험 • 원초아, 자아, 초자아가 지배함
잠복기 (6~12세)	• 성적 욕구가 억압되어 잠재된 시기 • 학교 교육, 기본적인 사회적 기술 습득, 게임과 놀이를 통해 새로운 역할 시도, 친구관계, 학교생활, 취미, 스포츠 등에 관심 • 원초아, 자아, 초자아가 지배함
생식기 (12세 이후)	• 성적 욕구가 성 에너지인 성적 욕망으로 나타나는 시기 • 타인과의 관계를 통해 만족을 추구, 이성에 대한 관심을 갖게 됨 • 고착되면 청소년 비행, 자살, 정신이상 등이 나타남, 초자아 발달

2) 에릭슨의 심리사회이론

에릭슨(Erikson)은 발달심리학자이자 아동 정신분석학자로 인간은 심리사회적 발달이 전 생애를 통해 계속이루어지며, 각 단계에서 겪는 특정한 심리사회적 위기들을 성공적으로 해결하는지 여부에 따라 정상적인 측면과 비정상적인 측면이 나타난다고 보았다.

(1) 기본개념

에릭슨의 심리발달이론은 생물학적인 성숙과 사회적 요구 사이에서 인간의 성격이 생애 동안 어떻게 진화하는가에 주목하고 있다. 또한, 각 단계마다 심리사회적 갈등 혹은 위기를 경험하게 된다. 이전 단계에서의 갈등을 성공적으로 잘 해결하여 긍정적인 자아특질[2]이 형성했느냐가 다음 단계에 영향을 미친다고 하였다(사회복지연구교육센터, 2017).

(2) 심리사회적 발달 8단계

에릭슨은 심리사회적 발달 8단계를 제시하였다(구혜영 외, 2020).

① 제1단계 영아기(0~1세) : 신뢰감 대 불신감

이 단계는 아이가 세상을 신뢰할 수 있는지 또는 없는지에 따라 신뢰감이 형성되기도 하고, 불신감이 형성되기도 한다. 아이가 엄마를 신뢰하게 되면 아이는 배가 고파서 울면 엄마가 음식을 줄 것이라 믿고, 엄마가 잠시 자리에 없어도 곧 돌아올 것이라는 신뢰감이 생긴다. 반대로 아이가 엄마를 불신하게 되면 엄마의 행동을 예측할 수 없거나, 엄마가 필요할 때 자신에게 없을 것이라는 불신감이 생긴다.

② 제2단계 유아기(1~3세) : 자율성 대 수치심

이 단계는 아이가 주변 환경에 대해 통제가 가능한지 또는 불가능한지에 따라 자율적이고 창의적인 사람이 되기도 하고, 의존적이고 자기회의적인 사람이 되기도 한다. 아이가 걷고, 말하는 등 어떠한 사건에 대해서 선택하게 되고, 그 선택의 결과에 대해 긍정적이고 사회적으로 적합한 행동을 경험하게 되면, 자율적이고 창의적인 사람이 된다. 반대로 선택의 결과가 부정적이고 사회적으로 통제를 받게 되면 의존적이고 자기회의적인 사람이 된다.

③ 제3단계 초기아동기(3~6세) : 주도성 대 죄의식

이 단계는 아동이 목표를 계획하고 달성하기 위해 얼마나 노력을 기울이는가 또는 자신의 계획과 희망이 이루어 질 수 없는 사회적 금기인가에 따라 주도성이 발달하기도 하고, 죄의식이 형성되기도 한다. 아동이 세상에 대한 탐색과 호기심으로 목표를 설정하고 달성하기 위해 많은 노력을 기울여서 성공하게 되면 주도

---

[2] 자아특질 : 개인이 각 단계별 심리사회적 위기를 해결하면 자아특질이 형성되는데, 심리적 위기를 만족스럽게 해결하면 긍정적 자아특질이 반대면 부정적 자아특질이 생김.

성이 발달하게 된다. 반대로 내가 설정한 목표가 사회적으로 하지 말아야 하고 위험한 것으로 주변에서 금지와 통제가 이루어진다면 죄의식이 형성된다.

④ 제4단계 아동기(6~12세) : 근면성 대 열등감
이 단계는 아동이 다양한 유형의 학습 기회를 제공받고 그 과업을 성공하여 인정받고 격려 받았는지 아니면 기회도 갖지 못하고 과업도 이루지 못했는지에 따라 근면성이 발달하기도 하고, 열등감이 형성되기도 한다. 이 시기의 아동은 학교 교육이 시작되는 시기로서 읽기, 쓰기, 셈하기 등 중요한 인지적 기술과 사회적 기술을 잘 습득하여 선생님과 부모, 친구로부터 인정받고 칭찬받게 되면 근면성이 발달하게 된다. 반대로 아동이 이러한 학습에서 다양한 이유로 과업에 성공하지 못하고 야단맞고 성공한 아동과 비교하며 무시당한다면 열등감이 형성된다.

⑤ 제5단계 청소년기(12~20세) : 자아정체감 대 역할 혼미
이 단계는 청소년이 자기 자신에 대해 알아가고 정체성을 찾았는지 또는 정체성을 찾지 못했는지에 따라 자아정체감이 형성되기도 하고, 역할이 혼미해 질 수도 있다. 청소년기는 사회적 요구와 생물학적 성숙이 최고조에 이르는 시기이며, 이러한 시기에 내가 누구이며 어떠한 위치에 있는지 자신에게 물어보고 성찰을 통해 자신을 알게 되면 자아정체감이 형성된다. 반대로 자아정체감 형성에 실패하게 되면 역할 혼돈을 보이며, 자신이 누구이고 어디에 속해 있고 어디로 나아가야 할지 혼란스럽게 된다.

⑥ 제6단계 성인초기(20~40세) : 친밀감 대 고립감
이 단계는 성인이 타인과의 관계에서 관계형성이 잘 이루어졌는지 또는 관계가 원만하지 못한지에 따라 친밀감이 형성되기도 하고 고립감이 형성되기도 한다. 성인이 부모, 배우자, 친구, 직장동료 등 사회의 여러 다른 성인과 친밀한 관계를 맺게 되면 친밀감이 형성된다. 반대로 성인이 다른 성인과 친밀한 관계를 맺지 못하고 고립되면 고립감이 형성된다.

⑦ 제7단계 성인중기(40~65세) : 생산성 대 자기침체성
이 단계는 성인이 다음 세대에게 자신의 능력이나 가치를 넘겨줄 수 있는지 또

는 넘겨줄 수 없는지에 따라 생산성이 형성되기도 하고 자기침체성이 형성되기도 한다. 성인은 이 시기가 되면 자신에게 몰두하기 보다는 생산적인 일 즉, 좁게는 자녀를 낳고 기르는 일, 넓게는 사회와 다음 세대를 위해 활동하는 일에 전념하게 되며 생산성이 형성된다. 반대로 이러한 과정이 원만하게 이루어지지 못하면 자기침체성이 형성된다.

⑧ 제8단계 노년기(65세 이상) : 자아통합감 대 절망감

이 단계는 자신의 인생을 돌이켜보고 삶의 가치가 있었는지 또는 무의미한 삶을 살았는지에 따라 자아통합감이 형성되기도 하고 절망감이 형성되기도 한다. 노인은 자신의 생애를 돌이켜 보았을 때 삶의 의미가 있었고 만족스러운 삶을 살았다고 인식하게 되면 진정한 의미에서 자아통합감이 형성된다. 반대로 자신의 삶에 대해서 증오하며 후회하고 경멸한다면 절망감이 형성된다.

〈표 2-2〉 에릭슨의 심리사회적 발달단계와 특징

구분	시기	과업	특징
1단계	영아기 (0~1세)	신뢰감 대 불신감	• 아이가 세상을 신뢰할 수 있는지 여부 • 세상을 신뢰하면 신뢰감이 형성되고, 불신하면 불신감 형성
2단계	유아기 (1~3세)	자율성 대 수치심	• 아이가 주변 환경에 대해 통제가 가능한지 여부 • 어떠한 사건에 대해 선택하고 그 선택의 결과가 긍정적이면 자율성이 형성되고, 부정적이면 수치심 형성
3단계	초기아동기 (3~6세)	주도성 대 죄의식	• 아동이 목표를 계획하고 달성하는지 여부 • 많은 노력을 통해 목표를 달성하여 성공하면 주도성이 발달되고, 설정한 목표가 사회적 금기, 위험한 것으로 인해 금지와 통제가 이루어지면 죄의식 형성
4단계	아동기 (6~12세)	근면성 대 열등감	• 아동에게 학습 기회 제공과 그 과업의 성공 여부 • 학습 기회를 제공받고 그 과업을 성공하여 인정받고 칭찬받게 되면 근면성이 발달되고, 과업을 성공하지 못하고 야단맞고 성공한 아동과 비교하며 무시당하면 열등감 형성
5단계	청소년기 (12~20세)	자아정체감 대 역할혼미	• 청소년이 자기 자신에 대해 정체성을 찾았는지 여부 • 내가 누구인지 자신에게 물어보며 성찰을 통해 자신을 알게 되면 자아정체감이 형성되고, 실패하면 역할 혼돈이 생김
6단계	성인초기 (20~40세)	친밀감 대 고립감	• 성인이 타인과의 관계에서 관계형성이 잘 이루어지는지 여부 • 사회의 여러 성인과 친밀한 관계를 맺게 되면 친밀감이 형성되고, 친밀한 관계를 맺지 못하면 고립감 형성
7단계	성인중기 (40~65세)	생산성 대 자기침체성	• 성인이 다음 세대에게 자신의 능력이나 가치를 넘겨줄 수 있는지 여부 • 자신에게 몰두하기보다 생산적인 일에 전념하게 되면 생산성이 형성되고, 실패하면 자기침체성 형성
8단계	노년기 (65세 이상)	자아통합감 대 절망감	• 자신의 인생을 돌이켜보고 삶의 가치가 있었는지 여부 • 자신의 생애를 돌이켜 보았을 때 삶의 의미가 있고 만족스러운 삶을 살았다고 인식하면 자아통합감이 형성되고, 그렇지 못했다면 절망감 형성

3) 피아제의 인지발달이론

피아제(Piaget)는 심리학자이면서 생물학자로 아동용 지능검사를 만드는 과정에서 아동들의 지능검사 시 틀린 답이 일관성이 있다는 것을 발견하고 아동의 사고가 성인과는 다른 독특한 특성을 가지고 있다는 것을 알아냈다. 그리고 아동이 어떤 사고를 하는가에 대해 연구를 하여 아동들이 발달상 각 연령에 맞는 인지발달 수준이 있음을 알게 되었다(장수한 외, 2019). 피아제의 인지발달이론은 인간을 매우 능동적인 학습자로 보고 있으며, 인간의 발달은 생물학적 요인에 의해서만 결정되는 것이 아니라 많은 요인이 인간의 성장과 발달에 기여하고, 주어진 환경에 적응하는 것이 인지의 발달이라고 보았다(박희숙·강민희, 2021).

(1) 인지발달에 대한 전제(발달의 원칙)
- 발달단계에 있어서 각 단계에 도달하는 개인 간의 연령의 차이는 있을 수 있으나 발달순서는 뒤바뀌지 않는다.
- 모든 아동은 단계대로 발달하며 단계를 뛰어넘을 수는 없다.
- 과도기에 있는 단계에서는 두 단계의 특징이 함께 나타날 수 있다.
- 4단계인 형식적 조작기에 도달한 아동도 때로는 낮은 단계의 사고를 행할 수 있다.

(2) 인지발달 4단계
피아제는 인지발달은 타고난 유전적 기질과 환경과의 상호작용의 결과이며, 내적 성숙(유전), 직접경험(신체적 경험), 사회적 전달(교육)이 서로 잘 조화되어야 하고, 평형상태가 유지되어야 한다. 피아제는 인지발달을 감각운동기, 전조작기, 구체적 조작기, 형식적 조작기의 네 가지 단계로 구분하였다(이근홍, 2019).

① 감각운동기(0~2세)
이 단계는 간단한 반사반응을 하고 기본적인 환경을 이해하는 시기이다. 감각운동기는 아동이 보고, 듣고, 만지는 등의 감각과 신체적 운동으로 환경과 상호작용하면서 외부세계를 이해한다. 특징으로는 빨기, 잡기와 같은 반사와 운동 능력이 발달하고, 대상영속성을 이해하기 시작한다. 대상영속성이란 아이는 엄마가 시야

에서 사라지거나 들리지 않아도 계속 존재하고, 곧 나타날 것이라 믿는 것이다.

② 전조작기(2~7세)

이 단계는 조작기의 전 단계로 사물에 대해 상징적 표상을 사용하는 시기이다. 조작이란 신체적 운동보다는 사고를 통해 수행되는 것을 말하며, 아이는 언어를 사용하면서 물건이나 사건을 기억하지만, 논리적인 조작은 어렵기 때문에 전조작기라 부른다. 특징으로는 상징적 표상인 말을 하게 되고, 가상놀이(상징놀이), 모방 등의 특징이 있으며, 자아중심성 즉, 자신만을 인식하며 다른 사람의 관점을 인식하지 못해서 다른 사람의 입장을 이해하지 못한다. 아이한테 엄마의 입장에서 생각해 보라고 말해도 아이는 이해하지 못한다. 또한, 물활론적 사고[3], 중심화(집중성)[4], 비가역성[5] 등의 특징이 있다.

③ 구체적 조작기(7~12세)

이 단계는 논리적 사고가 현저하게 발달하는 시기이지만, 아동의 사고가 현실에 존재하고, 보고, 듣고, 만지는 등 구체적인 사물과 사건에 한정되어 있기 때문에 구체적 조작기라고 부른다. 특징으로는 실제로 눈에 보이는 것만 가능하고, 추상적이고 복잡한 가상적인 상황은 가능하지 않다. 보존개념[6]의 획득, 분류화(유목화)[7], 서열화[8], 전조작기의 자아중심성 극복, 중심화 극복, 가역적 사고가 가능해진다.

---

3) 물활론적 사고 : 모든 사물에 생명이 있고, 생각이 있으며, 감정이 있다고 믿는 것.
4) 중심화 : 한 가지 대상 또는 상황의 한 부분에만 집중하고 다른 모든 측면을 무시하는 경향을 말한다. 예를 들면, 같은 양의 물을 하나는 길고 좁은 컵에 다른 하나는 짧고 넓은 컵에 넣었을 때, 아이는 길고 좁은 컵의 물이 더 많이 들었다고 생각한다. 이는 넓이 보다는 높이에 초점을 두어 한 부분만 집중하여 생각하기 때문이다.
5) 비가역성 : 아이가 한 방향으로만 생각하는 것. 예)아이에게 여동생이 누구냐고 물어보면 '지현'으로 대답하지만, '지현'의 언니는 누구냐고 물어보면 모른다고 하는 것.
6) 보존개념 : 물질의 양이 형태나 위치가 변해도 그 양은 같음을 이해하는 것. 동일한 양의 밀가루 반죽이 하나는 동그랗게 만들고 다른 하나는 길게 만들어도 두 반죽이 동일한 양임을 구분할 수 있는 것.
7) 분류화(유목화) : 사물을 일정한 속성 즉, 형태, 색상, 무늬, 크기 등에 따라 분류할 수 있는 능력을 말함.
8) 서열화 : 특정한 속성이나 특징을 기준으로 즉, 짧은 것에서부터 긴 것으로 사물을 순서대로 배열하는 능력을 말함.

④ 형식적 조작기(12~성인기)

이 단계는 가장 성숙된 인지적 조작을 할 수 있는 시기로, 구체적이고 현실적인 세계를 넘어 추상적으로 사고를 할 수 있는 시기이다. 추상적 사고는 실제적이고 구체적인 자료나 경험이 없어도 사물이나 사건 등을 머릿속으로 생각하는 것이다. 특징으로는 가설 연역적 추론9), 조합적 사고10) 등이 가능해진다.

〈표 2-3〉 피아제의 인지발달단계와 특징

구분	연령	발달 단계	특징
1단계	0~2세	감각 운동기	• 간단한 반사반응을 하고 기본적인 환경을 이해하는 시기 • 빨기, 잡기와 같은 반사와 운동 능력 발달, 대상영속성 발달
2단계	2~7세	전 조작기	• 사물에 대해 상징적 표상을 사용하는 시기 • 언어를 사용하고, 물건이나 사건을 기억하지만 논리적인 조작은 어려움 • 가상놀이(상징놀이), 모방, 자아중심성, 물활론적 사고, 중심화(집중성), 비가역성 사고
3단계	7~12세	구체적 조작기	• 논리적 사고가 현저히 발달하는 시기 • 사고가 구체적인 사물과 사건에 한정되고, 추상적이고 복잡한 가정적인 상황은 어려움 • 보존개념의 획득, 분류화(유목화), 서열화, 전조작기의 자아중심성 극복, 중심화 극복, 가역적 사고 가능
4단계	12세~성인	형식적 조작기	• 가장 성숙된 인지적 조작을 할 수 있는 시기 • 구체적이고 현실적인 세계를 넘어 추상적 사고 가능 • 가설 연역적 추론, 조합적 사고

---

9) 가설 연역적 추론 : 어떤 정보로부터 가설을 수립하여 일반적인 원리를 바탕으로 특수한 원리를 논리적으로 이끌어내는 사고. "만일 ~ 라면 ~이다"
10) 조합적 사고 : 하나의 문제를 해결하기 위해 여러 가지 가능한 해결책을 논리적으로 구성하여 문제를 해결할 수 있는 사고.

4) 학습이론

학습은 연습이나 과거의 경험을 통해서 새로운 지식, 기술 등을 배워서 익히는 것을 말하며, 심리학자들은 학습을 연습이나 경험의 결과에서 생기는 행동이 지속적으로 변화가 일어나는 과정으로 보았다. 학습이론은 학습이 이루어지는 요인이 무엇인가를 설명해 주는 이론으로 다양한 이론들이 있지만, 여기에서는 행동주의 학습이론(고전적 조건형성 이론, 조작적 조건형성 이론)과 사회학습이론에 대해 알아보고자 한다.

(1) 파블로프(Pavlov)의 고전적 조건형성 이론

고전적 조건형성 이론은 파블로프의 실험에서 발견된 것으로 수동적 조건화라고도 한다. 파블로프는 러시아의 생리학자로 개의 소화기관을 연구하던 중 개에게 먹이를 주어 음식을 먹게 했더니 타액이 분비되고, 이러한 과정을 여러 번 반복했더니 먹이를 보기만 해도 타액이 분비되고, 나중에는 음식을 주는 사람의 발소리만 들어도 타액이 분비된다는 사실을 알게 되었다. 똑같은 방법으로 개에게 음식을 줄 때 종소리를 들려주고 음식을 주게 되면, 나중에는 종소리만 들려도 음식을 준다고 여겨 타액을 분비하게 된다. 이 실험에서 음식물을 무조건 자극, 타액 반응을 무조건 반응이라 한다. 그리고 일반적인 사람의 발소리, 종소리는 타액 분비와 아무런 연관이 없기 때문에 중성자극이라 하고, 음식을 주기 전의 사람의 발소리, 종소리를 들려주고 음식을 주게 되면 조건자극이라 한다.

이처럼 고전적 조건형성 이론은 1단계 조건형성 전(음식을 먹으면 타액이 분비된다), 2단계 조건형성(종소리를 들려주고 음식을 주면 타액이 분비된다), 3단계 조건형성 후(종소리만 들어도 타액이 분비된다)로 진행된다(강경자 외, 2019). 또한 조건형성 후 종소리만 들어도 타액이 분비되지만, 종소리만 들려주고 음식을 주지 않으면 점차 종소리에 반응하지 않게 된다. 파블로프는 인간과 동물은 크게 차이가 없다고 보고, 개를 통한 연구의 결과를 인간에게 적용시키고자 하였고, 이러한 고전적 조건화를 유아에게 적용한 대표적 학자는 왓슨(Watson)으로 유아들이 성장하면서 경험하는 정서적 반응은 대부분 고전적 조건화를 통해서 습득된다고 보았다.

(2) 스키너(Skinner)의 조작적 조건형성 이론

조작적 조건형성 이론은 스키너의 실험에서 발견된 것으로 도구적 조건화라고도 한다. 스키너는 미국의 심리학자로 쥐를 이용하여 지렛대와 먹이와의 관계를 실험하였고, 이를 스키너의 상자라고 하였다. 스키너의 상자는 먹이통과 그에 연결된 지렛대, 먹이접시로 구성되었고, 굶주린 쥐를 상자에 넣어 두고 쥐가 지렛대를 누르면 접시에 먹이가 나오도록 하였다. 쥐가 돌아다니다가 우연히 지렛대를 누르게 되어 먹이가 나오게 되었고, 이러한 상황이 여러 번 반복되다 보면 쥐는 지렛대를 누르면 먹이가 나온다는 사실을 알게 되고 계속적으로 지렛대를 눌러 먹이를 먹게 된다. 반대로 실험 장치를 수정하여 지렛대를 눌러도 먹이가 나오지 않도록 변경하자 쥐는 더 이상 지렛대를 누르지 않았다. 즉, 보상이 주어지는 행위는 반복되고, 보상이 없거나 그 반대가 되면 행위는 줄어들거나 없어지게 된다.

이처럼 조작적 조건형성 이론은 인간의 행동을 결정하는 것은 과거의 경험에서 보상과 벌에 의해 정해진다고 보았고, 보상을 받은 행동은 지속적으로 강화되지만, 보상을 받지 못하거나 벌을 받은 행동은 사라지게 된다고 보았다.

(3) 반두라(Bandura)의 사회학습이론

사회학습이론은 캐나다 출신의 미국 심리학자인 반두라가 주장한 이론이다. 반두라는 인간의 행동이나 성격의 결정요인으로 사회적 요소를 중요하게 생각하며, 대부분의 학습은 다른 사람의 행동이나 상황을 관찰하거나 모방한 결과로 이루어진다고 보았다. 스키너와 다른 점은 인간은 스스로 자신의 인지적 능력을 활용하여 창조적인 사고를 함으로써 합리적인 행동을 계획할 수 있는 능력이 있다고 보고 인간의 인지적 능력을 중시하였다.

주요개념으로는 모델링, 상호결정론, 관찰학습 등이 있다. 모델링은 다른 사람의 행동을 관찰한 후 그 행동을 학습하여 따라하는 것을 의미하며, 반두라는 대부분의 행동법칙이 직접적인 학습경험보다는 간접적인 가르침에 따라 전달된다고 보았다. 아동은 모델링을 통해 공격적인 행동, 친사회적 행동, 성역할 행동 등 다양한 행동들을 학습하게 되고, 특히 생애 초기에는 보상과 처벌이 없어도 주변 사람들의 행동을 관찰하고 따라하는 행동들이 많아진다고 보았다(박희숙·강민희, 2021).

상호결정론은 인간의 행동을 분석할 때는 개인(사람), 개인의 행동, 개인이 행동하는 환경 이 세 가지 요인이 지속적으로 상호작용하며, 이를 통해 서로 영향을 주고받으며 결정된다고 보았다. 환경의 조절로 인간행동을 변화하거나 수정할 수 있고, 학습도 의도한 대로 조절이 가능하다고 보았다(사회복지교육연구센터, 2017).

관찰학습은 모델이 되는 타인의 행동을 관찰하는 것만으로도 학습이 가능하며, 모방학습, 대리학습, 사회학습 등으로 불리기도 한다. 관찰학습의 과정으로는 주의집중과정, 보존(기억)과정, 운동재생과정, 동기화과정으로 이루어진다.

〈표 2-4〉 관찰학습 과정

구 분	과 정	특 징
1단계	주의집중 과정	• 모델의 행동에 주의를 기울이는 과정 • 어느 것을 선택하고, 어느 것을 습득할 것인지 결정
2단계	보전(기억) 과정	• 주의 깊게 관찰한 행동을 기억하고 장기간 보관하는 과정 • 모델의 행동을 보고 즉각적으로 반응하는 것이 아니라 나중에 사용할 수 있도록 상징적인 행태로 기억 • 심상(마음속의 그림)이나 언어로 기억하고 마음속으로 예행연습을 함
3단계	운동재생 (행동재현) 과정	• 모델을 모방하기 위해서 상징적 형태를 적절한 외형적인 행동으로 전환하는 과정 • 모델의 행동을 여러 번 연습해도 올바르게 수행하지 못할 수도 있음
4단계	동기 (자기강화) 과정	• 강화를 통해 행동의 동기를 높여주는 과정 • 관찰한 것을 적절하게 수행하도록 동기를 유발시키는 과정

2. 생애주기 관점과 아동의 발달적 특성

1) 생애주기 관점

생애는 한 사람이 태어나서 죽을 때까지의 기간을 말하며, 생애주기는 개인의 생활에서 발생하는 커다란 변화를 기준으로 일정한 단계로 구분한 과정을 말한다. 생애주기는 개인의 발달 단계에 따라 영아기, 유아기, 아동기, 청소년기, 성년기, 노년기 등으로 구분된다. 생애주기 관점에서 보면 각 단계별 생애 주기를 거치는 동안 수행해야 할 역할이 있는데 이를 발달 과업이라 한다. 발달은 생후부터 사망까지 개인의 유전적 요인, 환경적 요인 등과 상호작용을 통해 전 기간에 걸쳐 일어나며, 특히 아동발달에 중점을 둔다(윤매자 외, 2023). 생애주기 관점으로 본 인간발달단계는 프로이트의 심리성적 발달단계와 에릭슨의 심리사회적 발달단계 그리고 피아제의 인지발달단계로 나누어 살펴보면 다음과 같다.

〈표 2-5〉 생애주기관점으로 본 인간발달단계

구분	프로이트의 심리성적 발달		에릭슨의 심리사회적 발달		피아제의 인지 발달	
영유아기	구강기	타인 신뢰/ 자신감	영아기	신뢰감	감각운동기	대상영속성
	항문기	자주적판단/ 자존심	유아기	자율성		
아동기	남근기	성주체성	초기아동기	주도성	전조작기	보전개념/ 물활론적 사고
	잠복기	적응력	아동기	근면성	구체적 조작기	비교/ 분류 개념
청소년기	생식기	주체성	청소년기	자아정체감	형식적 조작기	상징적/ 추상적 사고
성년기			성인초기	친밀감		
			성인중기	생산성		
노년기			노년기	자아통합감		

2) 아동의 발달적 특성

(1) 아동발달의 개념

발달이란 태어나서 죽을 때까지 개인에게서 일어나는 체계적인 변화를 말하고, 이러한 변화에는 순서와 패턴이 있으며, 지속적으로 이루어진다. 또한, 발달은 환경에 적응하는 과정이며, 전 생애 동안 일어난다. 이러한 발달과정에는 결정적 시기(critical period)가 있는데 이 시기를 놓치면 과업획득의 효율성이 떨어질 수 있다(구혜영 외, 2020).

발달과 유사한 개념으로 성장(growth), 성숙(maturation), 학습(learning) 등을 들 수 있다. 성장은 양적인 변화를 의미하며, 신체의 크기나 능력이 증가하는 것으로 외부의 자극 없이도 자연스럽게 일어나는 것으로 신장, 체중, 골격, 신체적, 생리적, 어휘력에서 보이는 변화를 말한다. 성숙은 질적인 변화를 의미하며, 유전적 요인에 의한 변화로 영아기의 빠른 성장과 사춘기의 2차 성징과 같은 것으로 사고력, 뇌 기능의 분화, 사춘기의 발모나 변성, 이차적인 성 특징 등의 변화를 말한다. 학습은 후천적 경험에 의한 변화를 의미하며, 직접 또는 간접 경험에 의한 훈련이나 연습 등으로 인해 변화하는 것으로 부모, 친구, 교육, 대중매체 등 아동이 접하는 모든 환경조건이 학습의 영향을 주게 된다(윤매자 외, 2023).

(2) 아동발달의 기본 원리

발달은 유전과 환경의 상호작용을 통해 발달하는데, 아동의 발달에는 매우 복잡하지만, 일정한 규칙과 질서를 가지고 순서대로 이루어지는데 이를 아동발달의 기본 원리라 한다(윤매자 외. 2018).

① 발달에는 일정한 순서가 있다.

발달은 유전적인 정보로 인하여 일정한 순서에 의해 발달하게 된다. 발달은 일반적인 것에서 특수한 것으로 분화되고, 다시 통합되어 새롭고 한층 복잡한 형태로 진행된다. 즉, 모든 아동은 앉고 나서 설 수 있고, 그 다음에 걷고, 마지막으로 뛸 수 있다. 언어발달에서도 처음에는 옹알이를 시작으로 간단한 단어를 말하고 나중에는 문장을 사용할 수 있다. 인지발달면에서도 처음에는 원을 그리고 다음에 사격형 등을 그리게 된다.

② 발달은 일정한 방향으로 진행된다.

발달은 일정한 방향으로 진행되는데 첫째, 두미발달의 원칙으로 머리에서 발 방향으로 발달하고, 둘째, 근원발달의 원칙으로 안에서 바깥쪽으로 발달하고, 셋째, 세분화발달의 원칙으로 일반적인 것에서 특수한 것으로 발달하게 된다.

③ 발달은 연속적이나 속도는 일정하지 않다.

발달은 상승과 하강 과정을 거치면서 일생동안 끊임없이 변화하지만, 발달해 가는 속도는 신체적, 심리적 특성과 발달 영역에 따라 빠르게 성장하기도 하고, 느리게 성장하거나 일시적으로 멈출 수도 있다. 신체적 영역은 유아기에서 사춘기에 급격하게 발달하고, 생식기관은 사춘기에 급속도로 발달하며, 어휘력은 유아기, 논리적인 면은 청년기에 현저히 증가하게 된다.

④ 발달에는 개인차가 있다.

발달은 일정한 순서와 일정한 방향으로 진행되지만, 발달의 속도와 양상은 각 개인의 유전적 요인과 환경적 요인에 따라 아동마다 다르게 진행된다. A 아동은 초등학교 때 성장이 급속도로 이루어지고, B 아동은 중학교 때 성장이 급속도로 이루어지기도 한다. 또한 성장의 속도뿐만 아니라 신장과 체중도 각 아동마다 다르게 발달하게 된다.

⑤ 발달의 각 영역은 서로 밀접하게 연관되어 있다.

발달의 각 영역은 독립적으로 이루어지는 것이 아니라 서로 밀접하게 관련되어 있어 서로 영향을 주고받으며 발달하게 된다. 신체적으로 잘 발달된 아동은 지적 발달도 잘 이루어져있고, 지적 수준이 높은 아동은 긍정적이고 적극적인 성격으로 정서적으로도 잘 발달되는 경향이 있다.

⑥ 발달에는 결정적 시기가 있다.

발달단계에는 여러 발달 과업들이 획득되는 최적의 시기가 있다. 신체발달, 심리발달, 언어발달, 인지발달 등 아동을 둘러싼 내적·외적 사건들이 아동의 발달에 최대의 영향을 미치는 결정적 시기가 있고, 이 시기를 놓칠 경우 미흡한 상태에 머무르게 된다.

⑦ 발달은 분화와 통합의 과정을 거친다.

발달은 전체적인 측면에서 부분적인 측면으로 분화되고, 다시 각 측면들이 통합되어 한층 더 새롭고 복잡해진 형태로 발달하게 된다. 갓 태어난 아기의 울음은 처음에는 분화되지 않았지만, 2개월 정도 지나면 배고플 때와 기저귀가 젖었을 때, 아플 때의 울음이 다르게 나타난다.

⑧ 발달은 유전과 환경의 상호작용의 결과이다.

발달은 부모로부터 받은 내부의 유전적 요인과 외부의 환경적 요인의 상호작용에 의해 이루어진다. 유전과 환경의 상호작용은 단순하지 않기 때문에 동일한 환경에서 자라도 타고난 유전적 특성이 다르면 그 결과는 아동마다 다르게 나타날 수 있다.

아동발달의 영향을 미치는 요인으로는 부모, 성별, 질병, 민족 등의 생물학적 요인과 보호자의 양육태도, 가정환경, 거주지, 출생순위, 영양상태, 기후 및 계절 등의 환경적 요인 그리고 친자관계, 부모의 결손, 정신적 상처 등의 심리적 요인이 있다.

3. 생태체계관점과 아동의 주요 환경

아동을 올바르게 이해하기 위해서는 아동을 둘러싼 환경을 이해하여야 한다. 사회복지사들이 아동을 이해할 때 기존의 활용했던 정신역동 이론, 행동주의 이론, 인지 이론 등은 개인의 성격이나 행동을 이해하는데 도움이 되었으나, 개인의 성격 발달에 영향을 미치는 사회적, 문화적 요인 등과 같은 환경적인 변수들을 간과하였다는 단점이 있다. 이러한 단점을 보완하기 위하여 아동을 둘러싼 환경에 초점을 둔 생태체계관점에 관심을 갖게 되었다(이영호 외, 2019). 아동을 중심으로 한 가족, 또래, 학교, 지역사회, 문화 등이 서로 상호작용하여 나타난 결과가 현재 아동의 상황임을 인식하고 아동의 주요 환경들을 살펴보고자 한다.

1) 생태체계이론

생태체계이론은 일반체계이론에 생태학적 관점을 결합한 이론으로 인간을 둘러싸고 있는 생태학적 환경을 가장 가까운 것에서부터 가장 먼 것에 이르기까지 4개의 구조체계로 구분하였고, 이후 시간체계를 추가하였다. 브론펜브레너(Bronfenbrenner, 1979)는 어린 시절은 미시체계가 사회 환경에서 중요한 체계이고, 점점 성장해가면서 외부체계와 거시체계들의 중요성이 강조된다고 하였다.

러시아에서 태어나서 미국으로 이주한 그는 인간의 발달과 행동에 영향을 주는 환경은 마치 크기가 다른 여러 개의 인형들이 겹겹이 들어 있는 러시아 인형처럼 겹겹이 쌓여 위계적으로 영향을 미친다고 보았다. 가장 안쪽에 있는 러시아 인형을 개인이라고 가정하면, 그 개인이 들어 있는 다음 인형은 가장 가까운 환경체계이며, 이것은 다시 그보다 더 큰 환경체계인 인형 안에 속한다. 인간의 경우 시간체계를 포함하여 5개의 구조체계가 개인을 둘러싸고 있다.

(1) 미시체계
미시체계는 아동이 매일 접하게 되는 가장 가까운 환경을 말한다. 즉, 부모, 가정, 어린이집, 유치원, 학교, 친구, 이웃 등 아동에게 직접적인 영향을 미치는 근접환경이 미시체계이다.

(2) 중간체계
중간체계는 미시체계와 미시체계 간의 상호작용을 의미한다. 즉, 아동의 미시체계인 부모와 또 다른 미시체계인 어린이집 간의 상호작용을 의미하며, 중간체계가 원활할수록 아동의 발달은 긍정적으로 이루어진다.

(3) 외체계
외체계는 아동이 직접 참여하거나 직접 관계를 맺는 것은 아니지만 아동에게 영향을 미치는 사회적 환경을 의미한다. 부모님의 직장, 부모의 친구, 친구의 부모님, 교육청, 육아휴직제도의 유무 등 아동이 직접 참여하지 않지만 아동의 복지와 발달에 영향을 준다.

(4) 거시체계

거시체계는 아동의 생활에 직접적으로 개입하지는 않지만 간접적으로 강한 영향력을 발휘한다. 즉, 아동이 살고 있는 사회적, 문화적 환경으로 종교, 법, 관습, 윤리, 이념 등 사회 전반에 영향을 미치는 요인들을 의미한다.

(5) 시간체계

시간체계는 시간의 흐름에 따라 변화하는 사회역사적인 환경을 의미한다. 어떤 시대에 태어나서 성장했는지에 따라 아동은 발달과 삶에 많은 영향을 줄 수 있다.

2) 아동의 주요 환경

아동의 발달에 가장 큰 영향을 미치는 환경에는 어떤 것이 있을까? 앞에서 배운 생태체계이론에 의하면 어린 시절은 미시체계가 가장 큰 영향을 주고, 점점 성장하면서 외부체계와 거시체계의 영향을 받는다고 하였다. 미시체계는 아동에게 가장 가까운 환경인 가족, 학교, 또래들이며, 점점 성장하면서 지역사회와 국가의 영향을 받게 된다. 아동에게 영향을 미치는 주요 환경에 대해 알아보고자 한다.

(1) 가족

아동이 태어나서 처음으로 접하는 곳이 가정이며 최초의 선생님은 바로 부모님이다. 아동이 사회의 올바른 구성원으로 성장하는 과정에서 부모와 가족의 환경은 매우 중요하다(정미현 외, 2022). 가족은 자녀를 두었거나 자녀가 없이 부부만 있을 수도 있고, 한부모가족 또는 계부모가족일 수도 있다.

가족의 형태로는 부부와 미혼자녀로 구성된 핵가족이 있으며, 핵가족의 단점을 보완한 수정핵가족이 있다. 수정핵가족은 다세대 주택과 같이 외형상으로는 한 울타리 안에 거주하지만 실제로는 안채, 바깥채 또는 위층, 아래층 등 어느 정도 사생활을 유지하며 동거하는 가족형태이다. 또한 부모가 결혼한 자녀 및 그들의 손자손녀와 함께 사는 확대가족이 있으며, 모자가족 또는 부자가족과 같은 한부모가족이 있다.

가족의 형태는 다양하게 있지만, 어느 가족에서든지 아동이 태어나서 건강하게 성장할 수 있도록 가족의 환경을 조성해 주어야 할 것이다. 가족 내에서 일어나는 모든 일은 가족 구성원 모두에게 영향을 주고받게 된다. 건강하고 양육적인 환경을 조성하기 위해서는 첫째, 가족구성원 간의 개방적이고 열려있는 의사소통이 필요하다. 둘째, 폐쇄형 가족체계보다는 개방형 가족체계가 필요하다. 셋째, 가족과 함께하는 시간을 갖고 좋은 추억을 만드는 것이 필요하다. 넷째, 규칙적이고 건강한 생활습관을 갖는 것이 필요하다. 다섯째, 우리 아이는 부모에게 소중한 존재임을 인식하게 하는 것이 필요하다.

(2) 학교

학교는 아동들이 일상생활 중 가장 많은 시간을 보내는 곳이다. 자는 시간을 제외하면 아침부터 오후 또는 저녁까지 주간에 활동하는 거의 대부분의 시간을 보내는 장소이다. 따라서 아동에게 있어서 일상생활 대부분을 보내는 학교는 가정 다음으로 중요한 곳이고 이러한 학교의 환경은 아동의 성장 및 발달에 매우 중요한 영향을 미칠 것이다.

학교는 교육을 하는 장소이다. 교육은 아동의 학습뿐만 아니라 아동을 보호하고, 양육하며, 행동을 통제하고, 생활을 지도하는 등 아동에 관련된 일체의 활동을 포함하는 것이다. 또한 학교는 교육을 통해서 아동이 인생을 살아가게 될 집단생활에 대한 규범과 전체 사회의 규범을 미리 습득하는 곳이기도 하다(최운실 외, 2021).

일반적으로 아동은 학교생활에 큰 무리 없이 잘 적응하고 있지만, 학교생활에 부적응하는 아동들도 있다. 학교 앞까지 가서 교실에 들어가지 않으려고 핑계를 대거나 떼를 쓰는 경우, 교실에 들어가야 할 때 신체적 고통을 호소하며 교실을 벗어나려는 경우, 배나 머리가 아프다며 고통을 호소하고 등교 시간을 지연시키는 경우 등이 있다. 이러한 아동은 여러 가지 원인이 있겠지만 첫째, 개인적인 성격의 특성 즉, 낯가림, 내성적, 불안감 등이 있을 수 있다. 둘째, 분리불안 즉, 아동과 보호자가 제대로 된 애착형성이 이루어지지 못했을 수 있다. 셋째, 따돌림을 당하거나 다른 아동과 심한 갈등 등이 있을 수 있다. 넷째, 학업 부진 등으로 흥미가 저하되었을 수 있다. 이런 아동들에 대해 보호자는 충분한 대화와 관심을 가져야 할 것이다.

(3) 또래

또래 즉 친구는 부모나 형제 등 가족을 제외하고 가장 큰 영향력을 미치는 사회관계로서 연령이 증가할수록 또래와 함께하는 시간이 많아지고, 가족과는 다른 새로운 친구관계를 경험하게 된다. 아동은 친구들과의 일상적인 상호작용을 통해서 삶에 관련된 여러 측면에는 다양한 방식이 존재한다는 것을 인식하게 되고, 또래집단의 사회적 규범과 압력에 민감해지고 또래집단의 중요성을 인식하게 되며, 이성보다는 동성 친구와 더 친밀한 관계를 경험하게 된다. 특히 학교 친구들과의 상호작용을 통해 자아중심적 관점이 감소되고, 협동, 경쟁, 협상의 원리를 배우고, 사회적 규칙이나 압력에 반응하는 방법을 학습하게 된다(사회복지교육연구센터, 2017).

아동은 친구들과의 우정을 나누는 동시에 함께 공부하며, 게임과 스포츠를 즐긴다. 또한 단체의 성공을 개인의 성공만큼 중요시하기 때문에 단체놀이를 선호한다. 이처럼 또래집단은 아동의 사회화에 중요한 역할을 담당하고 있다. 아동이 친구를 잘 사귀기 위한 방법으로는 첫째, 다른 친구가 다가오기만을 기다리지 말고 내가 먼저 다가간다. 둘째, 친구들과 공통의 관심사에 대해 찾아본다. 셋째, 친구가 도움이 필요할 때 도움을 준다. 넷째, 친구의 말에 귀를 기울인다. 다섯째, 약속을 잘 지키고 서로에게 신뢰를 갖도록 한다.

(4) 지역사회 및 국가

아동은 성장하고 발전하면서 기존의 가족, 학교, 친구들과의 관계에서 점차 대상과 범위가 넓어지고 지역사회와 국가 간의 상호작용으로 이어지게 된다. 아동양육에 있어서도 부모를 포함한 가족의 기능과 역할은 매우 중요하지만, 자녀의 보호, 양육, 사회화, 교육 등 아동을 위한 가족의 기능은 사회가 발전되고 변화됨에 따라 점차 약화되고, 일부 기능은 어린이집이나 교육기관 등 다른 사회제도들에 의해 수행되고 있다(정미현 외, 2022).

이처럼 아동들이 건전하고 긍정적인 사회성원으로 성장하기 위해서는 지역사회와 국가의 책임과 역할이 절대적으로 필요하다. 이제는 한 아이를 보호하고 양육하는 것은 보호자뿐만 아니라 지역사회와 국가가 함께 해야 한다. 각 지역사회 내에서 아동을 보호하고 아동의 삶의 질 향상을 위해 사회복지서비스를 제공하고 실천하는 기관들과 상호 연계하는 것이 필요하다. 즉, 사회복지관, 아동복지시설,

정신보건시설 등 사회복지시설을 잘 활용하면 아동에게 많은 도움이 될 것이다. 아동들이 행복하게 자라고 살아갈 수 있도록 법과 제도를 정비하고 아동의 권리와 이익이 최우선이 되는 문화를 국가가 앞장서서 이루어야 할 것이다.

퀴 즈

1. 아동발달이론에서 프로이트의 발달단계별 중 다음에 해당하는 단계는?
   - 리비도가 입, 혀, 입술 등 구강에 집중, 먹는 행동을 통해 만족과 쾌감을 얻음
   - 고착되면 과식, 과음, 과도한 흡연, 입맞춤, 수다, 신랄한 비평, 빈정거림 등이 나타남

   ① 구강기   ② 항문기   ③ 남근기   ④ 잠복기

2. 아동발달이론에서 에릭슨의 심리사회적 발달단계 중 다음에 해당하는 단계는?
   - 아동이 목표를 계획하고 달성하는지 여부.
   - 목표를 성공하면 주도성이 발달되고, 목표가 통제되고 금지되면 죄의식이 형성 됨

   ① 영아기   ② 유아기   ③ 초기아동기   ④ 아동기

3. 아동발달이론에서 피아제의 인지발달단계 중 다음에 해당하는 단계는?
   - 사물에 대해 상징적 표상을 사용하는 시기
   - 언어를 사용하고, 물건이나 사건을 기억하지만 논리적인 조작은 어려움
   - 가상놀이, 모방, 자아중심성, 물활론적 사고, 중심화, 비가역성 사고

   ① 감각운동기   ② 전조작기   ③ 구체적조작기   ④ 형식적조작기

※ 다음은 아동발달이론 중 학습이론이다. 학자에 해당하는 이론을 작성하시오.
4. 파블로프(Pavlov)의 (   )
5. 스키너(Skinner)의 (   )
6. 반두라(Bandura)의 (   )

7. 아동발달의 기본 원리에 해당하지 않는 것은?
① 발달에는 일정한 순서가 있다   ② 발달은 일정한 방향으로 진행된다
③ 발달에는 개인차가 있다   ④ 발달은 연속적이고 속도도 일정하다

8. 브론펜브레너(Bronfenbrenner)의 생태체계이론에 해당하지 않는 것은?
① 미시체계   ② 중간체계   ③ 고체계   ④ 외체계

정답	1	2	3	4	5	6	7	8
	①	③	②	고전적 조건형성 이론	조작적 조건형성 이론	사회학습 이론	④	③

에듀컨텐츠·휴피아
CH Educontents Huepia

제3장. 아동의 권리

　1924년 아동에 관한 제네바 선언에서 아동권리의 역사가 시작되었다. 1948년 유엔 세계인권선언과 1959년 유엔 아동권리선언이 발표되었고, 1989년 아동권리협약이 유엔에서 만장일치로 채택되면서 현재까지 가장 많은 국가들이 가입한 국제인권조약이 되었다. 우리나라도 아동 권리에 관한 국제협약인 유엔아동권리 협약을 1991년에 가입하고 5년 마다 아동의 인권상황에 대해 유엔에 보고서를 제출하고 있다. 이처럼 규범과 제도를 기반으로 아동의 권리를 증진하려는 노력과 중요성이 높아지고 있다. 본 장에서는 아동의 권리와 아동복지, 유엔아동권리협약, 한국의 아동인권에 대해서 알아보고자 한다.

1. 아동의 권리와 아동복지

아동권리에 대한 인식은 시대에 따라 또는 아동을 보는 관점에 따라 다양한 변화를 겪어 왔다. 고대에는 부족과 종족의 안전이 중요시되는 시대로 아동을 인격적인 존재로 여기기보다는 종족 보존을 위한 수단으로 보았다. 중세에는 아동을 군사력과 경제력 확보를 위한 수단으로 간주하였고, 중세 이후에는 아동을 이성적인 존재로 보고 자유를 침해해서는 안 된다는 인식이 생기기 시작하였다. 그리고 20세기에 들어와서 아동 중심 사상에 힘입어 아동은 권리를 가진 존재로서 독립된 인격을 지닌 권리의 주체로 인정받기 시작하였다(임경옥 외, 2020).

또한, 아동은 발달과정에 있으므로 정확한 판단력이 없는 미성숙한 존재로 보았고, 도덕적으로도 미완성된 존재로 보아 성인의 보호가 필요한 훈육의 대상으로 인식하였다. 따라서 아동은 부모나 사회에 복종해야 하며 훈육의 목적으로 체벌이나 폭행도 당연한 것으로 받아들여야 했다. 2차 세계대전 이후 아동에 대한 인권 침해에 대한 반성과 인간의 기본적인 권리를 인식하게 되면서 1948년 유엔 인권선언이 채택되었다(김재환 외, 2023).

아동의 권리는 가정에서 일차적으로 보장되어야 한다. 권리는 어떤 일을 하거나 타인에 대하여 당연히 요구할 수 있는 힘이나 자격을 말하며, 아동권리는 아동이 사회의 구성원으로서 가지는 권리를 말한다(이소희, 2021). 즉, 아동권리는 아동이 인간으로서 누려야 할 모든 권리를 총칭하는 것으로 그 주체인 아동이 태어나면서부터 성별, 연령, 종교, 사회적 신분, 재산, 장애유무, 출생지역, 인종, 피부색 등에 관계없이 차별받지 않고 보호받을 권리를 말한다. 유엔아동권리협약에서도 아동의 4대 권리를 제시하고 있는데, 아이들이 기본적인 삶을 누리는데 필요한 생존권과 아동에게 유해한 것으로부터 보호받을 권리인 보호권 그리고 잠재 능력을 최대한 발휘하는 데 필요한 발달권, 나라와 지역사회 활동에 적극적으로 참가할 수 있는 참여권이 있다.

이처럼 인간이면 누구나 태어날 때부터 권리를 갖게 되며, 아동도 인간이므로 당연히 권리를 갖게 된다. 「아동복지법」제2조에는 네 가지 기본이념이 명시되어 있다. 아동은 어떠한 종류의 차별도 받지 않고 자라야 하며, 안정된 가정환경에서 행복하게 자라야 하고, 아동의 이익이 최우선적으로 고려되어야 하며, 아동의 권리보장과 복지증진을 받을 권리를 가진다고 하였다. 아동복지는 아동의 이익이 최우선적으로 고려되고, 권리를 보장받을 때 가능한 것이다. 사회복지사로서 아동복지를 실천함에 있어 이러한 사항을 가슴 깊이 기억해 두면 좋을 것 같다.

2. 유엔아동권리협약

유엔아동권리협약은 18세 미만 아동의 모든 권리를 담은 국제적인 약속이며, 아동을 권리의 주체로 인정한 최초의 국제협약이다. 아동의 권리 보호만을 목적으로 한 이 협약은 18세 미만의 아동이라면 누구나 성별, 국적, 인종, 재산 등에 관계없이 보호받아야 한다고 명시되어 있다.

1) 역사적 배경

(1) 제네바 아동권리선언(1924년)

1922년 영국(국제아동기금단체연합)에서 선언된 세계아동헌장에서 모든 아동은 신체적, 정신적, 심리적 발달을 돕는 것은 국가의 의무이며 이에 필요한 요소를 국가가 제공하여야 한다고 강조하였고, 이를 기초로 1924년 국제연맹회의에서 아동 권리에 관한 제네바 선언이 채택되어 공식화 되었다. 이 선언은 보호 받고 발달하여야 할 아동이 제1차 세계대전으로 인해 빈곤, 기아, 질병, 착취, 영양실조 등과 같은 시대적 상황에 따라 아동의 기본적인 생존권이 보장받지 못한 것을 안타깝게 생각하며 5개 조항으로 작성하였다.

〈표 3-1〉 제네바선언 5개 조항(1924년)

구분	내 용
1조	어린이에게 신체적으로 정신적으로 정상적인 발달을 위해 요구되는 모든 수단을 강구해야 한다.
2조	굶주린 어린이에게 먹을 것을, 병든 어린이에게 치료의 혜택을, 지능 발달이 뒤늦은 어린이에게는 도움을, 불량한 어린이에게는 감화를, 고아와 부랑아에게는 주거를 마련하여 보호해 주어야 한다.
3조	위기에 직면하였을 때, 최우선적으로 어린이를 구해야 한다.
4조	어린이에게 장래 설계를 세울 수 있는 지위로 이끌며 어린이는 모든 종류의 착취에서 보호받을 수 있어야 한다.
5조	어린이에게 자기의 능력은 인류동포에게 봉사하기 위한 것이라는 자각을 주며 교육해야 한다.

출처 : 두피디아 백과사전(2024). 제네바선언.

(2) 유엔아동권리선언(1959년)

유엔에서는 두 번에 걸쳐 공표된 '제네바선언'을 토대로 1959년 11월 20일 제14차 유엔총회에서 10개 조항으로 확장된 '유엔아동권리선언'을 공표하였다. 이 선언은 법적 강제력을 갖지는 못했지만 국제적으로 아동의 권리 보장을 위한 세계 각국의 각성과 노력을 촉구하게 되었으며, 나아가 아동을 권리 주체로 인정하고 아동의 복지권을 보장하려는 국제사회의 합의를 마련하는 계기가 되었다.

〈표 3-2〉 유엔아동권리선언 10개 조항(1959년)

구분	내 용
1조	모든 아동은 인종, 피부색, 성, 언어, 종교, 정치적 견해나 기타 의견, 국가적 또는 사회적 출신, 재산, 문벌, 기타의 지위로 인하여 차별받는 일이 없이 이들의 권리를 누릴 자격을 가지고 있다.
2조	아동은 건강하고 정상적인 방식으로 자유롭고 존엄한 조건에서 신체적, 정신적, 도덕적, 정신적, 사회적으로 발전할 수 있도록 법률 및 기타 수단을 통해 특별한 보호를 받고, 기회와 편의를 제공받아야 한다. 이러한 목적을 위한 법률의 제정 시에는 아동의 최선의 이익이 최우선적으로 고려되어야 한다.
3조	아동은 태어날 때부터 이름과 국적을 부여받을 권리를 갖는다.
4조	아동은 사회보장 혜택을 받을 권리를 갖는다. 아동은 건강하게 성장하고 발전할 자격이 있다. 이를 위하여 적절한 산전 및 산후 관리를 포함한 특별한 보살핌과 보호가 아동과 산모에게 제공되어야 한다. 아동은 적절한 영양, 주거, 오락 및 의료 서비스를 제공받을 권리를 갖는다.
5조	신체적, 정신적 또는 사회적으로 장애가 있는 아동은 자신의 특수한 상태에 따라 필요한 특별한 치료, 교육 및 보살핌을 받아야 한다.
6조	아동의 성격이 올바르고 조화롭게 발달하기 위해서 사랑과 이해가 필요하다. 아동은 가능하다면 부모의 보살핌과 책임 속에서, 그리고 어떠한 경우에라도 애정과 도덕적 및 물리적 보장이 있는 환경에서 성장해야 한다. 사회와 정부 당국은 가족이나 보호자가 없는 아동에게 특별한 보살핌을 제공할 의무가 있다.
7조	아동은 적어도 초등교육을 무상으로 받을 권리를 갖는다. 아동은 자신의 전반적인 교양을 증진하고, 동등한 기회를 바탕으로 자신의 능력, 판단력 및 도덕적, 사회적 책임의식을 발전시켜 사회의 유용한 구성원이 될 수 있도록 교육 받아야 한다.
8조	아동은 어떠한 경우에도 우선적으로 보호와 혜택을 받을 권리를 갖는다.
9조	아동은 모든 형태의 방임, 학대 및 착취로부터 보호받을 권리를 갖는다. 아동은 적절한 연령 이전에 취업이 허용되지 않으며, 어떠한 경우에라도 자신의 건강이나 교육권을 침해하거나 신체적, 정신적 또는 도덕적 발달을 저해하는 직업 활동에 참여하도록 용인되어서는 안 된다.
10조	아동은 인종적, 종교적, 기타 형태에 의한 차별을 조장할 수 있는 관습으로부터 보호받을 권리를 갖는다. 아동은 이해, 관용, 민족 간 우애, 평화 및 보편적 인류애 정신을 바탕으로 자신이 가진 재능과 에너지를 동료들을 위해 헌신할 수 있는 의식을 갖도록 양육되어야 한다.

출처 : 두피디아 백과사전(2024). 유엔아동권리선언.

(3) 유엔아동권리협약(1989년)

유엔은 '아동권리선언' 채택 20주년이 되는 1979년에 '세계 아동의 해'를 선포하였다. 그리고 1989년 11월 20일 제44회 유엔총회에서 54개 조항으로 구성된 '유엔아동권리협약'을 통과시켰다. 이 협약은 1990년 10월 2일부터 국제법적 효력을 갖게 되었다. 대부분의 많은 나라들의 비준[11]을 얻은 이 협약은 아동의 발달적 특성에 맞추어 국가가 책임을 져야 할 권리들을 자세하게 정리하였다. 이는 아동을 존엄한 권리의 주체로 규정하면서 국제적으로 아동의 인권에 대한 바람직한 인식을 확장하는 실천적 행위라 할 수 있다. 유엔아동권리협약 체결 과정은 다음과 같다.

- 1922년 세계아동헌장(영국 국제아동기금단체연합)
- 1923년 어린이날 선언(대한민국 방정환)
- 1923년 최초의 아동권리선언문 작성(영국 에글렌타인 젭)
- 1924년 아동권리에 관한 제네바선언(국제연맹)
- 1945년 유엔헌장(유엔)
- 1948년 세계인권선언(유엔)
- 1959년 유엔아동권리선언(유엔총회)
- 1979년 세계아동의 해(유엔총회)
- **1989년 유엔아동권리협약(유엔총회)**

2) 유엔아동권리협약의 기본권리와 기본원칙

(1) 유엔아동권리협약의 4대 기본권리

유엔아동권리협약에서는 아동을 단순히 보호의 대상이 아니라 적극적 권리를 행사하고 누릴 수 있는 주체로 보았다. 그래서 아동은 모든 위험으로부터 보호받으며, 잠재 능력을 발휘할 수 있게 발달되어야 하며, 위험으로부터 보호되어야 하

---

[11] 비준 : 전권을 위임받은 이가 서명한 국가 간의 조약 따위에 대해 대통령 또는 헌법상의 조약 체결권자가 최종적으로 확인하는 절차. 우리나라에서는 대통령이 국회의 동의를 얻어 행한다.

고, 아동 자신의 성장과 미래에 대한 결정에 참여할 권리를 갖는다. 즉, 생존권, 발달권, 보호권, 참여권의 4대 기본권리를 갖는다.

① 생존권

아동이 생명과 건강을 유지할 수 있도록 충분한 영양섭취와 의료혜택을 받고, 적절한 생활 수준을 누릴 수 있는 권리이다. 또한, 무력분쟁에서의 아동보호, 아동의 군사력 동원 금지, 난민아동의 보호, 아동과 청소년의 살인, 유아살해, 아동 및 유아사망 예방을 포함한 권리이다.

② 발달권

아동이 가진 재능과 잠재적인 능력을 최대한 발휘하도록 보장하는 권리이다. 아동의 신체적·정신적·사회문화적·도덕적으로 균형있는 성장과 발달을 보장하는 권리로 교육받을 권리, 여가를 즐길 권리, 문화생활을 할 권리, 정보와 자료를 얻을 권리, 생각과 양심 그리고 종교의 자유를 누릴 수 있는 권리이다.

③ 보호권

아동은 모든 형태의 유해한 환경으로부터 안전하게 보호받을 권리이다. 아동은 학대와 방임, 차별, 폭력, 고문, 징집, 부당한 형사처벌, 과도한 노동, 약물과 성폭력 등으로부터 보호받을 수 있는 권리이다.

④ 참여권

아동은 자신의 삶에 영향을 주는 일에 대해 자유롭게 의견을 말하고 존중받을 권리이다. 아동은 표현의 자유, 양심과 종교의 자유, 평화적인 방법으로 모임을 자유롭게 열 수 있는 권리, 사생활을 보호받을 권리, 유익한 정보를 얻을 수 있는 권리이다.

<표 3-3> 유엔아동권리협약의 4대 기본권리

구 분	내 용
생존권	• 아동이 생명과 건강을 유지할 수 있도록 충분한 영양섭취와 의료혜택을 받고, 적절한 생활 수준을 누릴 수 있는 권리이다. • 무력분쟁에서의 아동보호, 아동의 군사력 동원 금지, 난민아동의 보호, 아동과 청소년의 살인, 유아살해, 아동 및 유아사망 예방을 포함한 권리이다.
발달권	• 아동이 가진 재능과 잠재적인 능력을 최대한 발휘하도록 보장하는 권리다. • 아동의 신체적·정신적·사회문화적·도덕적으로 균형있는 성장과 발달을 보장하는 권리로 교육받을 권리, 여가를 즐길 권리, 문화생활을 할 권리, 정보와 자료를 얻을 권리, 생각과 양심 그리고 종교의 자유를 누릴 수 있는 권리이다.
보호권	• 아동은 모든 형태의 유해한 환경으로부터 안전하게 보호받을 권리이다. • 아동은 학대와 방임, 차별, 폭력, 고문, 징집, 부당한 형사처벌, 과도한 노동, 약물과 성폭력 등으로부터 보호받을 수 있는 권리이다.
참여권	• 아동은 자신의 삶에 영향을 주는 일에 대해 자유롭게 의견을 말하고 존중받을 권리이다. • 아동은 표현의 자유, 양심과 종교의 자유, 평화적인 방법으로 모임을 자유롭게 열 수 있는 권리, 사생활을 보호받을 권리, 유익한 정보를 얻을 수 있는 권리이다.

출처 : 유니세프한국위원회(2022). 유엔아동권리협약.

(2) 유엔아동권리협약의 기본원칙

① 아동 비차별 원칙

아동은 어떠한 이유에서도 차별받지 않아야 한다는 원칙이다. 아동이나 그 부모, 법정 후견인의 인종, 피부색, 성별, 언어, 종교, 정치적 의견, 민족적·인종적·사회적 출신, 재산, 장애 여부, 태생, 신분 등의 이유로 차별이 없어야 하고, 아동이 부모나 법정 후견인 또는 다른 가족의 신분과 행동, 의견, 신념을 이유로 차별이나 처벌을 받지 않도록 조치해야 한다는 원칙이다.

② 아동 생존과 발달의 권리 원칙

모든 아동은 생명에 관한 고유의 권리를 가지고 있으며, 아동의 생존과 발달을 최대한 보장해야 한다는 원칙이다.

③ 아동 최선의 이익 원칙

아동과 관련된 활동을 할 때 정부, 공공기관, 사회복지기관 등은 아동에게 최선의 이익이 무엇인지 가장 먼저 고려해야 한다는 원칙이다. 공공 및 민간 사회복지기관, 법원, 행정당국, 입법기관 등은 아동과 관련된 활동을 함에 있어 아동에게 최선의 이익이 무엇인지 가장 먼저 고려해야 하고, 아동의 부모, 법정 후견인 및 기타 아동에 대한 법적 책임이 있는 자의 권리와 의무를 고려해 아동복지에 필요한 보호와 배려를 보장하고, 이를 위해 입법적, 행정적으로 모든 조치를 취해야 한다는 원칙이다.

④ 아동 의견존중 원칙

아동에게 영향을 미치는 모든 문제에 대해 자유롭게 의견을 표현할 권리를 보장한다는 원칙이다. 자신의 의견을 형성할 능력을 갖춘 아동들에게는 본인에게 영향을 미치는 모든 문제에 대해 자유롭게 의견을 표현할 권리를 보장하고, 아동의 나이와 성숙도에 따라 그 의견에 적절한 비중을 부여해야 한다. 또한, 아동에게 영향을 미치는 사법적, 행정적 절차를 시행함에 있어 아동이 직접 또는 대리인이나 적절한 기관을 통해 의견을 진술할 기회를 국내법 준수의 범위 안에서 갖도록 해야 한다는 원칙이다.

<표 3-4> 유엔아동권리협약의 기본원칙

구 분	내 용
비차별	• 아동은 어떠한 이유에서도 차별받지 않아야 한다는 원칙이다. • 아동이나 그 부모, 법정 후견인의 인종, 피부색, 성별, 언어, 종교, 정치적 의견, 민족적·인종적·사회적 출신, 재산, 장애 여부, 태생, 신분 등의 이유로 차별이 없어야 한다. • 아동이 부모나 법정 후견인 또는 다른 가족의 신분과 행동, 의견, 신념을 이유로 차별이나 처벌을 받지 않도록 조치해야 한다.
생존과 발달의 권리	• 모든 아동은 생명에 관한 고유의 권리를 가지고 있다는 원칙이다. • 아동의 생존과 발달을 최대한 보장해야 한다는 원칙이다.

구 분	내 용
아동 최선의 이익	• 아동과 관련된 활동을 할 때 정부, 공공기관, 사회복지기관 등은 아동에게 최선의 이익이 무엇인지 가장 먼저 고려해야한다는 원칙이다. • 공공·민간 사회복지기관, 법원, 행정당국, 입법기관 등은 아동과 관련된 활동을 함에 있어 아동에게 최선의 이익이 무엇인지 가장 먼저 고래해야 한다. • 아동의 부모, 법정 후견인 및 기타 아동에 대한 법적 책임이 있는 자의 권리와 의무를 고려해 아동복지에 필요한 보호와 배려를 보장하고, 이를 위해 입법적, 행정적으로 모든 조치를 취해야 한다.
아동 의견존중	• 아동에게 영향을 미치는 모든 문제에 대해 자유롭게 의견을 표현할 권리를 보장한다는 원칙이다. • 자신의 의견을 형성할 능력을 갖춘 아동들에게는 본인에게 영향을 미치는 모든 문제에 대해 자유롭게 의견을 표현할 권리를 보장하고, 아동의 나이와 성숙도에 따라 그 의견에 적절한 비중을 부여해야 한다. • 아동에게 영향을 미치는 사법적, 행정적 절차를 시행함에 있어 아동이 직접 또는 대리인이나 적절한 기관을 통해 의견을 진술할 기회를 국내법 준수의 범위 안에서 갖도록 해야 한다.

출처 : 유니세프한국위원회(2022). 유엔아동권리협약.

3) 유엔아동권리협약의 구성과 내용

유엔아동권리협약은 전 세계 모든 아동에게 적용되는 것으로, 어떠한 상황과 어떠한 환경에 있더라도 아동이라면 누구나 동등하게 누려야 할 기본적인 복지기준을 규정하고 있다. 이 협약은 전문과 3부 54개 조항으로 구성되어 있다. 구체적으로 보면 전문은 아동권리의 기본이념과 가치, 배경 등에 관항사항이며, 제1부는 제1조에서 제41조까지 구성되어 있으며 주로 아동의 권리와 협약의 법적 효력에 관항사항이며, 제2부는 제42조에서 제45조까지 구성되어 있으며 주로 아동권리위원회의 설치, 협약의 홍보 및 이행에 관항사항이며, 제3부는 제46조에서 제54조까지 구성되어 있으며 협약의 발효 및 관리에 관항사항으로 구성되어 있다.

이 협약은 아동권리 보호를 약속한 국가들의 중요한 합의문이다. 누가 아동인지, 아동이 가진 권리와 정부의 책임이 무엇인지 설명하고 있으며, 모든 권리는 연결되며, 각 권리는 모두 동등하게 중요하며, 아동의 권리는 어느 경우에도 박탈

될 수 없다. 다음은 각 조항에 따른 주요내용을 요약한 것으로 다음과 같다.

〈표 3-5〉 유엔아동권리협약의 주요 내용

구분	주요 내용	구분	주요 내용
제1조	아동의 정의	제26조	사회 경제적 지원
제2조	차별하지 않기	제27조	음식, 옷, 안전한 집
제3조	아동의 이익을 최우선으로	제28조	교육
제4조	일상에서 누리는 권리	제29조	교육의 목적
제5조	가족의 역할	제30조	소수 문화, 언어와 종교
제6조	생존과 발달	제31조	여가, 놀이, 문화, 예술
제7조	이름과 국적	제32조	위험한 노동으로부터 보호
제8조	신분 보호	제33조	해로운 약물로부터 보호
제9조	가족은 늘 함께	제34조	성 착취로부터 보호
제10조	다른 나라에 사는 부모님 만나기	제35조	인신매매와 유괴 예방
제11조	납치로부터 보호	제36조	모든 착취로부터 보호
제12조	아동의 의견 존중	제37조	구금된 아동 보호
제13조	표현의 자유	제38조	전쟁 상황에서 아동 보호
제14조	생각과 종교의 자유	제39조	회복과 사회복귀
제15조	모임 만들고 참여하기	제40조	법을 어긴 아동
제16조	사생활 보호	제41조	아동을 위한 최선의 법
제17조	정보 접근하기	제42조	아동권리 알리기
제18조	부모의 책임	제43조 ~ 제54조	협약의 이행
제19조	폭력으로부터 보호		
제20조	가족이 없는 아동		
제21조	입양 아동		
제22조	난민 아동		
제23조	장애 아동		
제24조	영양과 건강, 환경		
제25조	시설 아동 실태 조사		

출처 : 유니세프한국위원회(2022). 유엔아동권리협약.

3. 한국의 아동인권

아동은 성인과 같은 권리를 보유하고 누릴 수 있는 주체이지만 발달기에 있는 아동은 성인으로부터 적절한 돌봄과 보호를 받으며 성장해야 한다. 아동에 대한 돌봄과 보호는 일차적으로 부모에 의해서 제공되어야 하는데, 원가정이 아동인권에 심각한 위험을 초래할 때에는 국가가 원가정이 회복할 수 있도록 적절한 조치를 취하고 아동에게 다양한 사회복지서비스를 제공하여 아동이 안전하게 성장할 수 있도록 도움을 주어야 한다.

아동의 권리는 만 18세 미만의 모든 사람의 인권을 말한다. 아동의 권리는 성인의 권리와 다르지 않고, 인간이기에 마땅히 보장받아야 하는 권리이다. 다만, 아동은 태어나서 성인에 이르기까지 발달과정의 특성상 상대적으로 권리침해에 취약한 특성이 있기에 아동의 권리가 온전히 존중되고 보호되기 위해서는 의무 이행자(보호자, 지역사회 구성원, 국가, 국제사회 등)의 특별한 보호와 책임이 요청된다(김희진 외, 2022).

1) 한국의 아동권리 사상과 배경

우리나라에서 근대 이후로 아동권리에 대한 접근은 방정환의 아동권리 사상이 시작이라 볼 수 있다. 방정환은 아동을 존중하고 인격체로 대할 것을 주장하였다. 1922년 어린이날 선전문을 배포하였는데, 이는 천도교소년회에서 창립 1주년이 되는 1922년 5월 1일을 우리나라 최초의 어린이의 날로 정하고 여러 기념행사를 했는데, 그때 어린이날 선전문을 배포하였다. 이 선전문은 천도교소년회 측의 김기전 선생이 작성한 것으로 추정되고, 김기전 선생이 어린이 운동의 이론을, 방정환 선생이 어린이 운동의 실천을 주도했다는 설이 일반적으로 알려져 있다(한국방정환재단, 2024).

제1회 어린이의 날 선전문(1922년)

1. 어린 사람을 헛말로 속히지 말아 주십시오.
2. 어린 사람을 늘 가까이 하시고 자주 이야기하여 주십시오.
3. 어린 사람에게 경어를 쓰시되 늘 부드럽게 하여 주십시오.
4. 어린 사람에게 수면과 운동을 충분히 하게 하여 주십시오.
5. 이발이나 목욕 같은 것을 때맞춰 하도록 하여 주십시오.
6. 나쁜 구경을 시키지 마시고 동물원에 자주 보내 주십시오.
7. 장가나 시집 보낼 생각 마시고 사람답게만 하여 주십시오.

출처 : 한국방정환재단 홈페이지(2024). 어린이날 선전문.

1923년에 영국의 에글렌타인 젭이 유엔아동권리협약의 근간이 되는 아동권리선언문을 작성한 해에 우리나라의 소파 방정환은 소년운동의 선언 세 가지 조건이라는 제목의 글을 통해 아동권리공약 3장을 선언하였다. 당시 우리나라는 일본에 주권을 빼앗긴 상태였지만 아동을 사랑하고 바르게 키우기 위해 어린이날을 제정하였고, 어린이날 기념식장에서 조선소년운동협회가 아동의 권리공약 3장을 선포하였다. 아동의 권리공약은 아동을 인격적으로 대우하고, 노동을 폐하며, 아동이 배우고 놀 수 있는 환경을 마련하라는 내용이었다(정미현 외, 2022).

소년운동의 선언 세 가지 조건(1923년)

본 소년운동협회는 이 어린이날의 첫 기념되는 5월 1일인 오늘에 있어 고요히 생각하고 굳이 결심한 나머지 감히 아래와 같은 세 조건의 표방을 소리쳐 전하며 이에 대한 천하 형제의 심심한 주의와 공명과 또는 협동 실행이 있기를 바라는 바이라.

1. 어린이를 재래의 윤리적 압박으로부터 해방하여 그들에게 대한 완전한 인격적 예우를 허하게 하라.
1. 어린이를 재래의 경제적 압박으로부터 해방하여 만14세 이하의 그들에게 대한 무상 또는 유상의 노동을 폐하게 하라.
1. 어린이 그들이 고요히 배우고 즐거이 놀기에 족한 각양의 가정 또는 사회적 시설을 행하게 하라.

출처 : 한국방정환재단 홈페이지(2024). 어린이날 기념 선전문.

우리나라 최초의 헌장인 어린이헌장은 1957년 3월 1일 한국 동화작가협회에서 처음으로 선포하였고, 이를 보건사회부 전문가들과 함께 수정 보완하여 1957년 5월 5일 어린이날에 내무부·법무부·문교부·보건사회부 장관 명의로 9개 조항으로 된 '어린이헌장'을 발표하였다.

대한민국 어린이헌장(1957년)

어린이는 나라와 겨레의 앞날을 이어나갈 새 사람이므로 그들의 몸과 마음을 귀히 여겨 옳고 아름답고 씩씩하게 자라도록 힘써야 한다.

1. 어린이는 인간으로서 존중하여야 하며 사회의 한 사람으로서 올바르게 키워야 한다.
2. 어린이는 튼튼하게 낳아 가정과 사회에서 참된 애정으로 교육하여야 한다.
3. 어린이에게는 마음껏 놀고 공부할 수 있는 시설과 환경을 마련해 주어야 한다.
4. 어린이는 공부나 일이 몸과 마음에 짐이 되지 않아야 한다.
5. 어린이는 위험한 때에 맨 먼저 구출하여야 한다.
6. 어린이는 어떠한 경우에라도 악용의 대상이 되어서는 아니된다.
7. 굶주린 어린이는 먹여야 한다. 병든 어린이는 치료해 주어야 하고 신체와 정신에 결함이 있는 어린이는 도와주어야 한다. 불량아는 교화하여야 하고 고아와 부랑아는 구호하여야 한다.
8. 어린이는 자연과 예술을 사랑하고 과학을 탐구하며 도의를 존중하도록 이끌어야 한다.
9. 어린이는 좋은 국민으로서 인류의 자유와 평화와 문화발전에 공헌할 수 있도록 키워야 한다.

출처 : 한국방정환재단 홈페이지(2024). 대한민국어린이헌장.

어린이 헌장은 1988년 5월 5일 11개 조항으로 다시 개정하여 공포하였다. 내용은 인간의 존엄성 존중, 건전한 가정에서의 보호, 놀이와 문화 등에 관한 권리, 학대와 노동으로부터 보호, 장애아동에 대한 내용이 포함되었다.

대한민국 어린이헌장(1988년)

대한민국 어린이 헌장은 어린이날의 참뜻을 바탕으로 하여 모든 어린이가 차별없이 인간으로서의 존엄성을 지니고 나라의 앞날을 이어나갈 새 사람으로 존중되며 바르고 아름답고 씩씩하게 자라도록 함을 길잡이로 삼는다.

1. 어린이는 건전하게 태어나 따뜻한 가정에서 사랑 속에 자라야 한다.
2. 어린이는 고른 영양을 취하고, 질병의 예방과 치료를 받으며, 맑고 깨끗한 환경에서 살아야 한다.
3. 어린이는 누구나 좋은 교육시설에서 개인의 능력과 소질에 따라 교육을 받아야 한다.
4. 어린이는 빛나는 우리 문화를 이어받아, 새롭게 창조하고 널리 펴나가는 힘을 길러야 한다.
5. 어린이는 즐겁고 유익한 놀이와 오락을 위한 시설과 공간을 제공받아야 한다.
6. 어린이는 예절과 질서를 지키며, 한겨레로서 서로 돕고 스스로를 이기며 책임을 다하는 민주시민으로 자라야 한다.
7. 어린이는 자연과 예술을 사랑하고 과학을 탐구하는 마음과 태도를 길러야 한다.
8. 어린이는 해로운 사회 환경과 위험으로부터 먼저 보호되어야 한다.
9. 어린이는 학대를 받거나 버림을 당해서는 안 되고, 나쁜 일과 힘겨운 노동에 이용되지 말아야 한다.
10. 몸이나 마음에 장애를 가진 어린이는 필요한 교육과 치료를 받아야 하고, 빗나간 어린이는 선도되어야 한다.
11. 어린이는 우리의 내일이며 소망이다. 나라의 앞날을 짊어질 한국인으로, 인류의 평화에 이바지할 수 있는 세계인으로 자라야 한다.

출처 : 한국방정환재단 홈페이지(2024). 대한민국어린이헌장 개정.

보건복지부는 2016년 5월 2일 아동권리를 직접적으로 명시한 아동권리헌장을 제정하였다. 이 헌장의 제정 배경으로는 첫째, 유엔아동권리협약을 준거로 하여 아동 최우선의 관점에서 우리나라 아동이 처한 현실을 삶의 모든 영역에서 개선하는 노력이 시급하다고 보았다. 둘째, 아동권리헌장의 법적 효력은 없으나 아동이 스스로 자신의 권리를 알고 지킬 수 있도록 하고 어른도 아동의 권리를 이해하고 존중하는 인식을 확립할 필요가 있다. 셋째, 아동권리헌장은 제1차 아동정책기본계획(2015~2019년)의 비전인 "행복한 아동, 존중받는 아동" 실현에 기반이 될 것으로 향후 아동 관련 단체나 관계부처 등과 협조하여 아동권리교육 강화 및 확대 시 적극 활용하기 위해서이다(임경옥 외, 2020).

아동권리헌장(2016년)

모든 아동은 독립된 인격체로 존중받고 차별받지 않아야 한다. 또한 생명을 존중받고 보호받으며 발달하고 참여할 수 있는 고유한 권리가 있다. 부모와 사회, 국가와 지방자치단체는 아동의 이익을 최우선적으로 고려해야 하며, 다음과 같은 아동의 권리를 확인하고 실현할 책임이 있다.

1. 아동은 생명을 존중받아야 하며 부모와 가족의 보살핌을 받을 권리가 있다.
2. 아동은 모든 형태의 학대와 방임, 폭력과 착취로부터 보호받을 권리가 있다.
3. 아동은 출신, 성별, 언어, 인종, 종교, 사회·경제적 배경, 학력, 연령, 장애 등의 이유로 차별받지 않을 권리가 있다.
4. 아동은 개인적인 생활이 부당하게 공개되지 않고 보호받을 권리가 있다.
5. 아동은 신체적·정신적·사회적으로 건강하게 성장하고 발달하는 데 필요한 기본적인 영양, 주거, 의료 등을 지원받을 권리가 있다.
6. 아동은 자신이 살아가는 데 필요한 지식과 정보를 알 권리가 있다.
7. 아동은 자유롭게 상상하고 도전하며 창의적으로 활동하고 자신의 능력과 소질에 따라 교육받을 권리가 있다.
8. 아동은 휴식과 여가를 누리며 다양한 놀이와 오락, 문화·예술 활동에 자유롭고 즐겁게 참여할 권리가 있다.
9. 아동은 자신의 생각이나 느낌을 자유롭게 표현할 수 있으며, 자신에게 영향을 주는 결정에 대해 의견을 말하고 이를 존중받을 권리가 있다.

출처 : 한국방정환재단 홈페이지(2024). 아동권리헌장.

2) 유엔아동권리협약의 이행

국제사회가 아동을 독립된 인격체이며 권리의 주체자로 인정하고자 1989년 11월 20일 유엔총회에서 만장일치로 유엔아동권리협약을 채택하자 우리나라도 각 부처 간의 협의를 거쳐 1990년에 이 협약에 동의를 하고, 1991년 11월 20일에 비준하였으며, 이 협약에 의해 아동권리 관련법규를 제정하고 개정하게 되었다.

협약에 가입한 국가는 의무적으로 가입 후 2년 내에 연구보고서를 제출해야 하고, 그 후 5년마다 연구보고서를 제출해야 함에 따라 1994년 1차 국가보고서와 2000년 2차 국가보고서를 제출했다. 가장 최근의 국가보고서는 2017년에 제 5·6차 유엔아동권리협약 국가보고서를 제출했고, 국가보고서의 주요 내용으로는 다음과 같다(대한민국정부, 2017).

〈표 3-6〉 제 5·6차 유엔아동권리협약 국가보고서 주요내용(2017년)

구분	제 목	주요 내용
1	협약 이행을 위한 일반조치	• 유보조항 • 당사국의 협약 이행 의무
2	아동의 정의	• 국내법상 아동의 정의
3	일반원칙	• 차별금지, 생명·생존 및 발달의 권리 • 아동 이익 최우선의 원칙, 아동의 의견 존중
4	시민적 권리와 자유	• 국적취득 및 출생신고, 사상·양심·종교의 자유 • 표현·결사·집회의 자유, 정보접근
5	아동에 대한 폭력	• 체벌, 아동학대 및 방임을 포함한 아동에 대한 폭력
6	가정환경 및 대안양육	• 가정환경과 부모의 책임, 부모 지원 및 아동돌봄 서비스 • 부모와 함께 살 권리, 가정환경 상실 아동 지원 • 아동 양육비 확보, 보호 및 양육 관련 조치의 정기적 심사, 입양, 불법 해외이송 및 미귀환, 감금된 부모의 자녀와 교도소에서 모와 함께 사는 아동에 대한 보호조치
7	장애·기초보건 및 복지	• 장애아동, 생존 및 발달, 건강 및 보건 서비스 • 약물 남용 보호조치 • 돌봄 서비스, 사회보장 및 적절한 생활수준 보장
8	교육·여가 및 문화	• 교육받을 권리, 교육의 목적, 여가 및 문화활동 • 원주민 및 소수인종 아동의 권리(제30조)
9	특별보호조치	• 난민 아동 및 무국적 아동, 소수민족이나 원주민 아동 • 아동노동을 포함한 경제적 착취, 무력 분쟁에 참여한 아동 • 성적 착취 및 성적 학대, 소년사법 운영 • 범죄 목격 아동 및 피해 아동 보호
10	아동 매매·성매매 및 포르노물에 관한 선택의정서 후속 조치	• 선택의정서 이행을 위한 조치 • 역외관할권 확립을 위한 입법 조치
11	아동의 무력분쟁 참여에 관한 선택의정서 후속 조치	• 선택의정서 이행을 위한 조치 • 군대 징집 및 자원입대를 위한 최소 연령 • 국제협력 및 홍보

출처 : 대한민국정부(2017). 제5·6차 유엔아동권리협약 국가보고서.

우리나라는 유엔아동권리협약을 위한 조치로 많은 법률을 제정 및 개정하여 아동들의 권리향상을 위해 노력해 왔다. 제5·6차 통합 국가보고서는 보건복지부와 관련 부처의 협업으로 2012년부터 2017년까지 아동 및 청소년정책 추진성과와 인권 진전사항을 작성한 것이다. 제5·6차 국가보고서 제출을 계기로 정부와 민간 부문이 적극적인 협력을 통해 비차별, 아동 이익 최우선 고려, 생존 및 발달권 보장 그리고 아동의견 존중 등 협약의 원칙을 지키며 아동권리 실현을 위해 입법적, 행정적으로 노력해 나가고 있다.

아동인권에 대해 다양한 방면으로 정부와 민간 기관이 노력하여 왔으며, 많은 부문에서 아동권리에 대한 인식이 과거에 비해 많이 향상된 것은 사실이지만 아직도 아동의 기본권리를 실천하는 데에는 부족한 부분도 많이 있다. 가정 또는 일상생활에서 우리 아이와 다른 가정의 아이를 차별하지는 않았는지, 아동의 이익이 우선되어야 함에도 불구하고 부모의 입장을 먼저 생각하지는 않았는지, 아이의 의견을 존중하고 진정으로 배려해 주었는지, 아이를 보호하고 양육하면서 신체적, 정신적으로 최상의 발달을 도모했는지 우리는 다시 한번 생각해 볼 필요가 있다.

퀴 즈

1. 유엔아동권리협약의 4대 기본권리 중 아동이 생명과 건강을 유지할 수 있도록 충분한 영양섭취와 의료혜택을 받고, 적절한 생활수준을 누릴 수 있는 권리는?
① 생존권 ② 발달권 ③ 보호권 ④ 참여권

2. 유엔아동권리협약의 4대 기본권리 중 아동이 가진 재능과 잠재적인 능력을 최대한 발휘하도록 보장하는 권리에 해당하는 것은?
① 생존권 ② 발달권 ③ 보호권 ④ 참여권

3. 유엔아동권리협약의 4대 기본권리 중 아동은 모든 형태의 유해한 환경으로부터 안전하게 보호받을 권리에 해당하는 것은?
① 생존권 ② 발달권 ③ 보호권 ④ 참여권

4. 유엔아동권리협약의 4대 기본권리 중 아동은 자신의 삶에 영향을 주는 일에 대해 자유롭게 의견을 말하고 존중받을 권리에 해당하는 것은?
① 생존권 ② 발달권 ③ 보호권 ④ 참여권

5. 유엔아동권리협약의 기본원칙 중 아동은 어떠한 이유에서도 차별받지 않아야 한다는 원칙에 해당하는 것은?
① 아동 비차별 ② 아동 최선의 이익 ③ 아동 생존과 발달의 권리 ④ 아동 의견존중

6. 유엔아동권리협약의 기본원칙 중 정부, 공공기관, 사회복지기관 등은 아동에게 최선의 이익이 무엇인지 가장 먼저 고려해야 한다는 원칙은?
① 아동 비차별 ② 아동 최선의 이익 ③ 아동 생존과 발달의 권리 ④ 아동 의견존중

7. 유엔아동권리협약의 기본원칙 중 모든 아동은 생명에 관한 고유의 권리를 가지고 있으며, 아동의 생존과 발달을 최대한 보장해야 한다는 원칙에 해당하는 것은?
① 아동 비차별 ② 아동 최선의 이익 ③ 아동 생존과 발달의 권리 ④ 아동 의견존중

8. 각 부처 간의 협의를 거쳐 1990년에 이 협약에 동의를 하였고, 1991년에 비준하였으며, 이 협약에 의해 아동권리 관련법규를 제정 및 개정한 이 협약은?

정답	1	2	3	4	5	6	7	8
	①	②	③	④	①	②	③	유엔아동권리협약

에듀컨텐츠·휴피아
CH Educontents Huepia

제4장. 아동복지의 역사

　아동은 18세 미만의 성장기에 있는 아동으로서 시대와 사회적 환경에 따라 그 위치가 달라진다. 고대사회에서의 아동은 부모의 소유물로 인식되어 부모의 의지에 따라 행복할 수도 있고 버리거나 유기될 수도 있었다. 산업혁명 이후에는 아동에 대한 부모의 책임이 강조되면서 부모가 없거나 부모의 역할을 다하지 못하는 가정은 국가가 그 역할을 대신하게 되었다. 20세기에 들어서면서 아동에 대한 인식이 달라지기 시작하였고, 성인과 다른 특성을 지닌 하나의 인격체로 인식하게 되었다. 1989년 아동권리협약이 유엔총회에서 통과되면서 많은 나라들이 이 협약에 의해 아동의 기본 권리와 아동을 존엄한 권리의 주체로 인정하게 되었고 아동에 대한 새로운 인식이 확산되었다.
　이처럼 아동에 대한 인식은 시대적 상황과 역사의 발달과정에 따라 아동의 위치도 함께 변화해 왔다. 따라서 외국의 아동복지 발달과정과 우리나라의 아동복지 발달과정을 알아보고 아동에 대해 좀 더 구체적으로 이해해 보고자 한다.

1. 외국의 아동복지 발달과정

1) 영국

영국의 아동복지는 산업화가 시작된 시기를 기점으로 근대 이전과 이후로 많은 변화를 갖게 되었다. 산업화 이전의 아동은 성인과는 다른 존재로 여겨 열악한 처지에 놓여 있었고, 아동은 영주들에게 있어 노동력과 군사력으로 인식되었고, 대부분의 아동은 성인의 소유물로 취급되었다. 1601년 엘리자베스 구빈법의 제정으로 성인뿐만 아니라 고아나 빈곤가정의 아동을 보호의 범위에 포함시켜 아동보호의 원칙이 세워졌다(박희숙 외, 2018). 또한, 구빈법은 아동보호에 대한 국가의 책임을 인식한 최초의 법으로 이전에는 아동과 성인이 함께 수용하는 혼합 수용보호에서 아동과 성인을 분리하여 수용하는 분리 수용보호를 지향하고 민간 주도의 자발적 보호사업과 가정위탁제도를 실시하는 계기가 되었다.

산업혁명 이후에는 도시에 빈민아동이 증가하였고, 가정에서의 자녀양육 기능이 약화되었다. 또한, 비인도적 상황 속에서 아동 노동력이 착취되었고, 방임과 아동학대가 증가하게 되어 사회적 문제로 나타나게 되었다. 1780년경부터 일요학교(유아학교)가 설립되어 공교육의 기틀을 마련하게 되었고, 1880년대 말 아동학대예방협회와 「아동학대방지법」이 제정되었다. 아동학대예방협회는 24시간 서비스를 제공하는 아동보호전화를 운영하고 있으며, 심각한 신체적·정신적 학대와 방임에 대해 가정 내에서 일어나는 다양한 문제를 처리하는 업무를 하고 있다(아영아 외, 2018).

영국의 아동복지가 제도적으로 확립된 것은 1948년 「아동법」의 제정부터라 할 수 있다. 「아동법」은 양친이 없는 아동, 유기아동, 부모와 떨어져 사는 아동, 아동양육능력이 없는 부모의 자녀들에 대해 국가와 지역사회가 부모의 역할을 담당해야 한다는 것을 법으로 규정하였다. 이후에 아동 및 청소년과 관련된 다양한 법이 제정되었다. 1962년 「영아생명보호법」, 1963년 「아동 및 청소년법」, 1971년 「미성년자를 위한 친권자법」, 1980년 「아동보호법」, 1985년 「아동유괴방지법」 등이 제정되었다.

영국은 아동보호와 양육에 관련된 법이 분산되어 있었으나, 1989년 유엔아동권리협약의 내용이 포함된 「아동법」을 입법화하고 1991년 「아동법」이 제정되었다. 이 법에서는 부모의 이혼에 따른 아동의 보호, 요보호아동과 가정에 대한 지원 등을 명시하였고, 사회보장제도에 의한 가정의 유지 및 강화를 기본 원리로 아동을 가능한 정상적인 가정환경에서 보호하도록 하였다. 또한, 아동이 가정에서 분리될 경우에 아동보호시설이 아닌 위탁가정에 아동을 보호해야 한다는 '아동의 권리에 관한 국제 협약의 원칙'을 포함하고 있어서 요보호아동은 지방자치당국에 의해 우선적으로 위탁가정에 보호되고 있음을 알 수 있다(도미향 외, 2019).

1997년에는 슈어스타트(Sure Start)를 실시하였는데, 0~14세의 가난하고 소외된 아동을 위하여 보육과 교육서비스를 제공하였고, 부모에게는 일자리를 갖도록 도와주었다. 1999년부터는 만 4세 아동의 무상교육 실시, 2005년부터는 만 3세까지 무상보육이 실시되었다. 2003년부터는 자녀를 양육하는 가정의 세금을 경감해 주는 아동조세공제가 실시되었다(김현자 외, 2018).

이처럼 영국의 아동복지는 서구의 여러 나라들에 대해 선구자적 역할을 하였고, 사회보장제도에 의한 가족 강화를 기본 원리로 하여 아동을 정상적인 환경에서 보호하고 양육하기 위한 노력을 국가와 지역사회가 함께 하고 있다.

2) 미국

미국은 영국 청교도[12])의 집단 이주자들에 의해 형성된 나라로 아동복지를 포함한 전반적인 사회복지제도는 영국의 영향을 많이 받았다. 미국은 청교도의 윤리가 지배적이었기 때문에 노동을 미덕으로 여기고 나태를 죄로 여기고 있었으며, 빈곤의 책임이 개인의 책임이라는 생각이 강하였다.

미국의 아동복지는 종교단체에 의해 시작되었으며, 1850년대부터 시설보호가 아동의 건전한 발달에 도움을 주지 못한다는 정상화 이념에 영향을 받으면서 가정보호에 관심을 갖게 되었고, 1853년 뉴욕아동구호협회가 창설됨에 따라 빈곤가

---

12) 청교도 : 16세기 후반에 영국 국교회, 즉, 성공회의 종교 개혁을 더욱 철저하게 실천하려고 한 성공회 안의 일파 및 그 흐름에 동조한 프로테스탄트 각 파를 통틀어 이르는 말. 칼뱅주의를 바탕으로 모든 쾌락을 죄악시하고 사치와 성직자의 권위를 배격하였으며, 철저한 금욕주의를 주장하였다.

정 아동에 대한 가정위탁 사업을 실시하게 되었다. 이 협회는 뉴욕의 노숙아동과 요보호아동을 중서부 지역의 농가로 위탁하는 사업을 실시하였고, 그 결과 수천 명의 아동이 도시의 슬럼 지역에서 벗어났지만 서부로 보내진 아동은 적절한 양육 환경을 찾지 못했다는 비난도 받았다(도미향 외, 2018).

1895년 「아동노동법」이 제정되어 14세 이하의 아동은 취업시킬 수 없다는 금지조항과 야간작업금지 및 노동시간 제한 규정 그리고 학교에 출석하도록 하였다. 1909년 제1차 백악관 회의에서 루스벨트(Roosevelt) 대통령은 아동을 위한 부모역할의 중요성을 언급하면서 세 가지 원리를 제시하였다.

첫째, 가난하다는 이유로 아동이 가정으로부터 분리되어서는 안 된다.

둘째, 가정을 떠나야 할 충분한 이유가 있을 경우에는 차선책으로 잘 선정된 위탁가정이 바람직하다.

셋째, 필요에 의해 시설을 이용할 경우 공동생활가정이 좋으며 아동의 의존성이 나타나지 않도록 해야 한다.

1912년에는 아동복지 전담부서인 아동국을 설치하여 아동문제, 아동발달, 아동노동, 아동비행 등 아동복지에 관한 다양한 활동이 이루어졌다. 1935년에 「사회보장법」이 제정되면서 아동복지사업의 체계가 전국적으로 정비되고 확립되기 시작하였으며, 빈곤계층의 여성과 자녀들을 위한 국가 차원에서 생계보조가 이루어지게 되었다. 사회복지제도는 각 주가 중심이 되었고, 아동복지도 주 단위로 발전하게 되었다(임경옥 외, 2020).

1960년대 이후에는 급격한 경제성장을 배경으로 도시빈민층이 증가하게 되었고, 민주당 정권에 의한 사회보장의 확대기를 맞게 되었으며 도시빈민층 자녀들을 위한 헤드스타트(Head Start)와 푸드스탬프(Food Stamp) 프로그램을 실시하였다. 헤드스타트 프로그램은 1964년 존슨(Johnson) 대통령 당시 '빈곤과의 전쟁'을 선포하고 저소득 가정의 아동을 위한 유아교육 프로그램을 국가 과제로 채택하고 저소득 가정 아동의 사회성, 학습능력, 건강, 영양 등의 수준이 개선되도록 돕는 프로그램이다. 푸드스탬프 프로그램은 저소득층 등 취약계층에게 식품 구입용 바우처나 쿠폰 등의 형태로 식비를 제공하는 사회보장제도의 일환으로 불황이 극심했던 1939년 처음 선을 보였고, 1964년에 영양보충보조프로그램으로 실시하게 되었다. 수혜자는 정부에서 지정한 소매업체에서 술, 담배 등의 기호식품을 제외한 식품을 일정액까지 살 수 있는 프로그램이다. 1974년에는 가출아동에 관한

「소년법」, 「청소년 처우 및 비행예방법」, 「아동학대예방 및 처우법」등이 제정되었다.

그러나 1980년대에 들어오면서 신자유주의 정부가 집권하게 되었고, 정부의 예산이 삭감 및 조정되었고, 통계자료의 미흡과 정부 관계법 문제가 발생하면서 학대, 방임, 비행, 가출 등의 문제를 포괄적으로 대처하지 못하여 다양한 문제를 가져오게 되었다. 그 이후로 정부에서는 아동보호서비스를 강화하여 종래의 치료중심에서 예방중심으로 변화하였고, 가정 안에서 해결할 수 없는 아동학대와 방임의 문제를 위탁보호 프로그램으로 개입하게 되었다.

현재 미국의 아동복지는 카두신(Kadushin)에 의해 체계화되었고, 아동복지서비스를 지지적 서비스, 보충적 서비스, 대리적 서비스로 분류하고 개별 가족의 구성원보다 가족 전체를 대상으로 하는 방향으로 변화하고 있다.

3) 스웨덴

스웨덴은 봉건제도가 무너지기 시작한 13세기부터 빈민문제가 사회문제로 대두대기 시작하였다. 즉, 영주로부터 이탈된 피지배계층이 빈민으로 전락되면서 다양한 사회적 문제가 야기되었다. 이러한 문제를 해결하기 위한 체계적인 제도의 시작은 1853년 구빈법이 제정되면서 시작되었고, 이는 빈민에 대한 책임을 국가의 책임으로 인식하게 되었다. 이 구빈법은 영국에서 많은 영향을 받아 제정되어 영국의 구빈법과 유사하였고, 구빈의 대상을 15세 이하의 아동과 병자 등 노동 무능력자로 규정하였다.

스웨덴의 아동복지는 1869년 사회민주당이 생기면서 강화되기 시작하였고, 산업화 및 공업화에 따른 도시인구의 급증, 노동인력 부족에 따른 여성과 아동의 노동시간 증가, 청소년 비행 등의 사회문제가 증가하였고, 1881년 「노동금지법」이 제정되면서 아동을 저임금과 장시간 노동으로부터 보호하기 시작하였다. 1902년에는 「입양아동의 건강과 보건을 위한 입양법」이 제정되어 미혼모 아이들의 합법적 입양과 사후관리가 진행될 수 있었고, 1924년 「아동복지법」이 제정되면서 아동이 독립된 법에 의해 보호를 받을 수 있게 되었다. 「아동복지법」은 아동과 청소년의 보호를 위한 시설의 관리와 시설의 설치 추진을 위한 아동복지위원회를 설립하여 관리하였다.

스웨덴 경우 1930년대 이후부터 사회복지정책의 성립기라고 볼 수 있다. 1930년 세계경제대공황을 전후하여 출산율이 급격히 저하됨에 따라 아동보건 및 모성보건에 대한 적극적인 정책이 추진되었고, 유자녀 세대를 위한 주택보조, 출산보조, 학교급식에 대한 국가보조가 실시되었다. 1938년에는 모자보건대책이 수립되었고, 1952년에는 「장애아학교법」이 제정되어 7~16세의 모든 아동에게 교육권을 보장하였으며, 1955년에는 모든 임산부에게 출산 수당이 지급되었다. 1956년에는 기존의 구빈법을 「공적부조법」으로 개정하여 요보호자를 위한 생활보호를 실시하였고, 1963년에는 「국민보험법」이 제정되어 16세 이상의 모든 국민이 보험의 혜택을 받게 되었다. 1973년 「학령전교육법」 제정으로 아동보육제도가 보편적 복지서비스로 전환되었고, 1977년 개정으로 부모의 취업 여부와 관계없이 12세까지 아동보육이 실시되었다.

1981년에는 「사회사업법」이 시행되어 아동보호정책으로 아동수당이 지급되었는데 아동수당은 신체장애자나 연금지급자의 자녀, 한부모 자녀에 한하여 부모나 보호자에게 현금으로 지급되었으며, 이혼으로 부모가 자녀의 양육비를 지급하지 않을 경우 국가가 대신 지불해 주었다. 또한, 임산부와 신생아에 대한 상담, 치료, 출산 전후의 휴양, 남편의 군복무 기간 중 지급되는 양육수당 등이 있었다. 1993년에는 아동과 청소년의 권리를 보장할 목적으로 자녀를 가진 가정에 대해서는 임신기간 중 무상건강검진, 유아학교 아동들에 대해서는 무료검진, 19세까지의 모든 아동에 대해서는 건강검진과 치과검진이 무료로 실시되었다. 또한, '아동 옴부즈만사무소'가 설립되어 18세 이하의 아동과 청소년의 권리를 보장하게 되었고, 민간단체인 '아동권리보호협회'에서는 어린이전화를 운영하여 어려움에 처한 아동에게 상담창구의 역할을 하고 있다(박희숙 외, 2018).

1990년대에는 보육사업이 더욱 활성화되었고, 1995년부터는 각 시를 중심으로 보육을 책임지도록 하였다. 각 시는 재정지원을 통해 영유아보육시설이 활성화되었고 이를 통해 많은 아동이 안전한 보육서비스를 실시하게 되었으며, 방과 후 아동보호서비스를 받고 있다. 요보호아동을 위한 사업으로는 위탁을 통한 아동보호가 활성화되고 있으며, 아동학대 및 방임에 관해서는 강력한 제재법을 갖고 있다. 또한, 장애아를 위한 경제적 지원 및 각종 지원의 강화와 장애아 통합교육 및 재활치료를 법으로 규정하고 있다(아영아 외, 2018).

2. 한국의 아동복지 발달과정

한국의 아동복지 발달과정도 외국의 아동복지 발달과 비슷한 형태로 발달하여 왔다. 각 시대적 환경과 상황에 따라 아동에 대한 인식과 태도, 양육과 보호, 법과 제도 등이 발달하여 왔다. 우리나라 아동복지의 변천은 조선시대 이전의 전통사회의 아동복지와 1945년 광복 전까지의 근대사회의 아동복지 그리고 현대의 아동복지로 구분할 수 있다.

1) 전통사회의 아동복지

전통사회에서의 아동복지는 예방적 차원의 접근보다는 치료적 차원의 접근 즉, 고아와 기아 등의 문제에 대한 개입이 대부분을 차지하였다. 고아는 홀아비, 과부, 독거노인과 함께 네 부류의 빈궁한 백성으로서 구제의 대상이 되었고, 국가가 고아에 대한 구제를 시행하였고, 민간 차원에서도 고아를 노비나 양자로 들일 수 있도록 하였다.

(1) 삼국시대

우리나라의 아동복지는 삼국시대부터 시작되었음을 알 수 있는데, 삼국사기에 의하면 신라에서는 제3대 유리왕 5년(시기 28년)에 환과고독노병(鰥寡孤獨老病) 즉, 홀아비, 과부, 고아, 늙어서 자식이 없는 사람, 늙은이, 병든 이를 조사하여 무료급식과 양육을 하였다. 백제에서는 온조왕 33년(서기 15년)에, 고구려에서는 태조왕 56년(서기 198년)에 재해를 당한 아동과 사람들에게 관에서 식량을 배급하였다고 기록되어 있다.

(2) 고려시대

고려시대는 신분차별이 있는 계급사회로 고아를 자기 가정의 노비로 삼는 경우도 있었고, 민가에서는 고아를 맡아 기른다는 명분으로 인신매매, 유괴, 약탈 등을 일삼기도 하였다.

고려시대에는 불교사상인 자비정신을 바탕으로 고아, 기아, 빈곤 아동들을 사찰에서 보호하기 시작하였다. 제6대 성종 10년(서기 991년)에는 부모나 친족이 없는 아동들에게 관에서 양곡을 주었고, 성종 13년에는 왕명으로 고아를 10세까지 관에서 양육하고 10세가 지난 후에는 거처를 정해 주기도 하였다. 이는 오늘날의 보육원과 같은 역할을 하였다. 충목왕 3년(서기 1347년)에는 해아도감을 설치하여 아동을 보호하고 양육하였고, 사찰에서는 고아를 양육하여 승려나 사역승으로 양성하였다(김현자 외, 2018).

(3) 조선시대

조선시대에는 다양한 법이 만들어졌는데 고아와 기아, 빈곤아동에 대한 법령도 제정되었다. 현종 2년(서기 1661년) 이후에는 한성 각부의 유기 아동에 대해 관부의 허가를 받고 민간 수양시설(현재의 보육원)이 설치되었으며, 수양시설에 입소된 아동에 대해서는 관부에서 옷값도 지급하였고, 입소된 아동이 10세에 이르면 양육한 사람이 그 아동을 사역할 권리를 가지도록 하였다. 숙종 22년(서기 1696년)에는 수양임시사목(收養臨時事目)을 제정하여 흉년에는 아동을 일시 보호하도록 하였다. 정조 7년(서기 1783년)에는 이러한 일련의 제도들을 집대성한 자휼전칙(字恤典則)이라는 법령을 제정하여 유기 및 부랑걸식 아동을 보호하였다. 이 법령에 의하면 흉년이 들어 기근이 심할 때 버림을 받아 보호받을 곳이 없는 아동, 의식주를 스스로 해결할 수 없는 아동, 사방을 떠돌면서 걸식하는 부랑 아동을 관가에 머물러 지낼 수 있도록 하거나 민가에서 맡아 기릴 수 있도록 허가하는 내용이 명시되었다(도미향 외, 2019).

조선시대의 수양임시사목이나 자휼전칙은 국가적인 차원에서 보호가 필요한 유기아동이나 부랑아동의 생명을 보호하기 위해 개입하였고, 이는 현재의 선별적 아동복지 접근으로 볼 수 있다.

2) 근대사회의 아동복지

근대사회의 아동복지는 조선시대 말부터 광복 이전까지의 기간을 말한다. 아동복지의 역사는 사회복지의 역사와 함께 하고 있는데, 우리나라 사회복지의 시작은 선교사들의 역할이 매우 중요하였고, 아동복지사업의 발달 또한 선교사들의 영향으로 시작되었다.

근대사회의 아동복지사업으로는 조선 말 고종 25년(서기 1888년)에 프랑스 신부에 의해서 서울 명동 천주교회 내에 고아원을 설립한 것을 시작으로 이후 고종 32년(서기 1895년)에 인천 천주교회 내에 고아원이 설립되었다. 서양 선교사들에 의해 설립된 고아원은 우리나라의 아동보호사업에 커다란 영향을 주었다. 이러한 영향을 받아 한국인에 의해 설립된 최초의 고아원은 고종 43년(광무 10년, 서기 1906년) 이필화에 의해 경성 고아원이 설립되어 근대적 성격을 가진 아동복지사업이 이루어지기 시작하였다. 경성 고아원은 황실의 하사금과 정부보조금, 기부금으로 설립 및 운영되었고, 이후 일제강점기가 시작된 1910년 조선총독부에 귀속되어 제생원으로 불렸고 빈곤아동과 맹아들의 교육과 자활을 실시하였다. 해방 후에는 제생원은 국립육아원으로, 맹아부는 국립 서울맹학교로 이어졌다.

1924년에는 태화에서 서양 감리교 선교사인 보딩에 의해 공주중앙영아원이 설립되는 등 1920년대에는 아동복지분야가 다양하게 발전하게 되었고, 1930년대에 들어서면서부터 지방에서 보육원을 비롯한 사회복지시설을 설립하기 시작하여 1939년에는 전국에 60개 시설이 설치되었다. 또한, 일제 강점기에는 민간 차원에서 아동교육 및 계몽운동 등 아동애호 사상이 발전하였는데, 소파 방정환은 '어린이'라는 한글 말을 만들고 5월 1일을 어린이날로 선포하는 등 아동애호가와 사회운동가로서 많은 활동을 하였으며, 아동문학가인 마해송, 강소천은 창작동화와 동요를 발표하여 아동문예 육성과 대한민국 어린이헌장의 기초를 다지는 데 기여를 하였다(임경옥 외, 2020).

근대사회 아동복지의 특징은 외국 선교사에 의해 고아원을 중심으로 아동복지사업이 시작되었고, 그 이후에 한국인이 다양한 아동복지사업을 확장하고 발전시키게 되었으며, 일제강점기라는 사회적 상황을 고려하여 민간 차원에서 아동복지사업이 활발하게 이루어졌다.

3) 현대사회의 아동복지

현대사회의 아동복지는 광복 이후부터 현재까지의 기간을 말한다. 현대사회의 아동복지는 과거의 선별적 아동복지에서 보편적 아동복지로 전환되어 가고 있으며, 아동의 인권과 권리가 강조되고, 치료적 접근에서 예방적 접근으로 아동복지의 방향이 변화되어 가고 있다.

(1) 사회구호 단계(1945~1960년)

① 미군정 시대

1945년부터 1960년까지의 기간은 사회구호적 차원의 아동복지사업이 전개된 시기이다. 1945년 8월에 광복을 맞았으나 스스로 국가를 통치할 여력이 없어 미국이 군정을 실시하게 되었다. 광복 후에도 1948년 8월까지 대한민국 정부가 수립되지 않은 상황에서 사회적 혼란과 의식주 해결이 어려운 빈곤가정이 많았고, 아동 또한 예외일 수는 없었다. 이러한 상황에서 자선활동이 이루어졌고, 민간차원에서 아동을 위한 수용시설과 보호시설이 증가하게 되었다. 하지만, 시설은 증가하였지만 보호수준은 낮았다.

② 한국전쟁 이후

1950년 6월 25일부터 1953년 7월 27일까지 3년간의 한국전쟁은 수많은 전쟁고아와 부랑아 등 많은 요보호 아동을 발생시켰지만, 요보호 아동을 위한 국가의 지원은 매우 열악하였다. 이에 국내의 민간단체와 외국의 민간단체에서 수용시설을 중심으로 한 아동보호사업이 이루어지기 시작하였고, 1960년대에는 전체 사회복지시설 592개소의 약 80%를 차지하게 되었다(박희숙 외, 2018). 또한, 이 시기의 아동복지사업은 전쟁고아에 대한 국외입양사업이 주요한 사업으로 대두되었고, 이러한 아동복지사업은 1970년대까지 외국의 원조기관에 의해 추진되었다. 즉, 1960년대 이전까지는 아동복지사업이 국가차원 보다는 민간차원과 해외 민간원조기관에 의존하면서 빈곤 계층의 아동을 위한 사회구호적 형태로 운영되었다. 1959년의 아동복지시설의 운영재원을 보면, 외원단체 41.5%, 국고보조 22.9%, 시설자체수입 21.5%, 기타 14.1%로 구성되었으며, 이러한 운영은 1960년대까지 지속되었다(도미향 외, 2019).

(2) 선별주의 단계(1960~1980년)

1960년대에 들어서면서 시간이 지남에 따라 전쟁고아의 문제는 어느 정도 해결되었지만, 전쟁의 후유증은 여전히 남아있어 극심한 빈곤가정이 많았고, 그로 인해 은밀하게 자녀를 아동보호시설에 입소시키는 경우도 많았다. 이 시기에도 국가보다는 외국민간원조단체들의 지원이 많았던 시기이다.

1960~1980년까지는 요보호아동을 대상으로 한 선별주의적 아동복지사업이 이루어졌으며, 1961년에 「생활보호법」과 「아동복리법」이 제정되어 요보호아동에 대한 국가의 책임을 법제화 하였다. 한국전쟁 이후에 도움을 주었던 외국민간원조단체의 지원이 점차 감소되면서 정부의 지원을 받기 위해 재단법인이나 사단법인을 만들기 시작하였으며, 1964년에 「사회복지법」이 제정되면서 기존의 법인을 사회복지법인으로 변경하게 되었다(박희숙 외, 2018).

1960년대와 1970년대에는 아동복지와 관련된 다양한 법들이 제정되었다. 「아동복리법」(1961)은 요보호아동에 대한 정의와 이들에 대한 국가의 보호책임을 명시하였는데, 「아동복리법」의 보호대상은 보호자로부터 유실, 유기 또는 이탈되었을 경우, 보호자가 아동을 양육하기에 부적당하거나 양육할 수 없는 경우로 한정하였다. 또한 이 법에 따른 아동복지제도는 사후 조치적이고 잔여적(선별적)인 성격을 갖고 있음을 명시하고 있다. 「아동복리법」의 제정으로 탁아사업이 실시하게 되었는데, 탁아사업은 가난한 가정에서는 경제적인 사정으로 자녀를 양육하기가 어려워 아동을 시설에 보내고 있었고, 이러한 아동이 가정과 부모 밑에서 성장할 수 있도록 부모가 일하는 동안 대신 돌보아 줄 시설이 필요하여 탁아사업을 실시하게 되었다. 탁아시설은 계속 증설되어 재단법인이 아니더라도 탁아사업을 할 수 있도록 미인가 탁아시설 임시조치령(1969)을 마련하였다. 동시에 어린이집이라는 명칭도 함께 사용하였다.

이 시기에는 국내입양의 어려움으로 인해 국내입양보다는 해외입양이 활발하게 이루어졌으며, 「고아입양특례법」(1961)은 가정 내 아동보호가 불가능한 경우 다른 가정에서라도 아동을 보호 입양하도록 하였고, 「생활보호법」(1961)은 18세 미만의 근로능력이 없는 아동과 시설에 입소한 아동에게 최저생활을 보장하도록 하였다. 이후에도 「모자보건법」(1973), 「입양특례법」(1976), 「특수교육진흥법」(1977) 등이 공포되었다.

(3) 보편주의 단계(1980~현재)

① 1980~2000년

모든 아동들이 사회복지서비스를 동등하고 공평하게 차별 없이 혜택을 받을 수 있도록 하는 보편주의적 아동복지사업은 1980년대부터 시작되었다. 「아동복리법」(1961)이 「아동복지법」(1981)으로 개정되면서 보호대상이 요보호아동에서 18세미만의 모든 아동으로 확대되었다. 이는 기존의 아동복지사업의 주요 내용이 요보호아동을 위한 고아원 등의 시설보호 사업에서 일반아동을 포함한 18세미만의 모든 아동을 위한 사업으로 확대되었고, 이는 서비스의 다양화와 예방적 접근의 사업으로 전환하게 되었다.

1979년 한국사회복지협의회가 아동학대고발센터를 개설하여 아동학대에 대한 사회적 관심을 모았고, 1985년 서울시립아동상담소가 공립기관으로는 처음으로 아동권익보호신고소를 개설하였다. 1989년에는 한국아동학대예방협회가 발족되어 전국 9개 시·도 지역사회복지관 내에 아동학대신고센터를 개설하는 등 아동학대에 대한 예방사업을 실시하게 되었다.

1989년에 「아동복지법 시행령」이 개정되어 새마을유아원13)을 아동복지시설인 탁아시설로 되돌렸고, 가정탁아제도도 마련하였으며, 관장부서도 내무부에서 보건사회부로 바뀌었다. 이후 보육서비스의 질적인 부분이 문제가 되어 미인가 탁아시설 임시조치령은 폐기되었고, 1984년 3월 소년소녀가장이라는 명칭으로 아동가장세대를 지원하였다. 1980년대 후반에 아동복지시설의 운영비는 정부지원 65.0%, 자체수입 15.8%, 민간보조 12.0%, 기타 7.2%로 1950~1960년대의 외국민간원조단체 중심의 운영에서 국가 중심의 운영체제로 전환되었음을 알 수 있다(구혜영 외, 2020).

1990년대에 들어서면서 여성의 사회 및 경제활동이 증가하였고 아동보육에 대한 수요가 확대됨에 따라 1991년 「영유아보육법」을 제정하여 아동 탁아 관련 서비스를 「아동복지법」에서 「영유아보육법」으로 분리하게 되었다. 「영유아보육법」을

---

13) 새마을유아원 : 1982년부터 1993년까지 영·유아를 보호하고 교육하던 아동보육시설이다. 1982년 12월 31일 제정·공포된 「유아교육진흥법」에 근거해 당시 1,374개의 아동보육시설을 통합해 유아와 영아의 보육기능을 담당하게 되었다. 그러나 양적 팽창에도 불구하고 취업모들의 탁아 요구를 충족시키지 못해 1993년에 폐지되었고, 다시 어린이집이라는 명칭으로 전환되었다.

근거로 보건복지부에서는 어린이집을 통해 보육사업을 확대하였고, 이 시기의 보육사업은 정부의 주요 아동복지사업으로서 대상이 저소득아동에서 일반아동으로 확대되었고, 보편적 아동복지사업의 대표적인 사례가 되었다(박희숙 외. 2018).

1990년대에는 시설보호와 국외입양사업에 치중되었던 아동복지사업이 가정과 지역사회 중심의 보육서비스, 국내입양, 가정위탁, 재가복지서비스 등으로 발전되어 갔으며, 시대적 요청에 의해 학교사회복지, 결식아동사업, 아동학대예방사업 등이 다양하게 전개되었다. 또한, 청소년과 관련된 다양한 법들도 제정되었는데, 청소년 육성법이 「청소년기본법」(1991)으로 개정되었고, 「청소년보호법」(1998), 「청소년 보호에 관한 법률」(2000) 등이 제정되었다.

1997년 IMF 경제 위기로 인한 부모의 실직과 경제적인 어려움 등으로 많은 가정이 해체되었고, 아동도 시설에 맡겨지는 경우가 늘어나게 되었다. 이러한 상황에서 국가는 실직가정 아동에게 학자금 지원, 결식아동 지원 등 경제적으로 도움을 주었으며, 저소득 아동을 위한 방과후교실을 운영하게 되었다.

② 2000년대 이후

2000년대에 들어서면서 경제 위기는 완화되고 점점 회복되어 갔으나 이혼과 별거 등의 가정해체가 증가되었고, 저출산과 고령화 문제가 사회적으로 대두되고 있었다. 2000년 「국민기초생활 보장법」에서 위탁가정의 범주를 친인척까지 확대함에 따라 소년소녀가정을 단계적으로 축소하고 가정위탁을 활성화하였다. 또한, 외국인 근로자의 증가와 결혼이민자의 증가, 북한이탈주민의 증가 등 다문화가족 아동에 대한 관심이 증가하게 되었다.

2000년대 이후에는 보육정책에서도 많은 변화가 있었는데, 2004년 보건복지부에서 여성부로 담당 부서가 바뀌었고, 2005년에는 여성부가 여성가족부로 변경되었고, 2008년에는 다시 보건복지부로 이관되었다. 보육정책은 2013년부터 0~2세를 위한 표준보육과정을 개편하고 보육시설의 무상교육을 실시하였으며, 보육시설을 이용하지 않는 아동들은 양육수당을 제공하였다. 5세 아동의 무상교육을 전면 실시하고 유치원과 어린이집 교육과정을 총합한 3~5세 누리과정을 실시하게 되었다.

2007년에는 「장애인 등에 대한 특수교육법」을 제정하여 유치원 및 고등학교 과정 특수교육에 대한 의무교육의 법적 근거를 마련하였으며, 2008년에는 「다문화가족지원법」이 제정되어 다문화가족에 대한 정서 및 학습지원, 부모 역할 지원, 이중 언어의 역량 개발 등을 지원하고 있다. 또한 2018년 「아동수당법」을 제정하여 현재 만 8세 미만의 모든 아동에게 월 10만원을 현금으로 지급하고 있다.

2000년대에는 「아동복지법」의 개정을 통해 아동권리에 대한 구체적 실현을 위한 제도적 장치가 마련되었다. 즉, 심각한 사회문제로 대두된 아동학대의 법적 조치가 사회적으로 이슈화되면서 아동보호전문기관이 설치되었으며, 학대받는 아동에 대한 보호와 아동 안전에 대한 제도적 지원을 하고 있으며, 범죄피해아동과 가족을 지원하기 위한 해바라기센터14), 실종아동전문기관이 설치·운영되고 있다(아영아 외, 2018).

이처럼 「아동복지법」 개정 이후에 모든 아동들에 대한 보편적 서비스와 아동인권, 아동학대, 아동의 안전 등 아동을 위한 전문적적이고 예방적인 서비스를 실시하게 되었다.

---

14) 해바라기센터 : 성폭력, 가정폭력, 성매매 등 여성폭력피해자에게 365일 24시간 상담, 의료, 수사, 법률지원 서비스를 제공하는 기관.

퀴 즈

1. 1997년에 슈어스타트 실시, 1999년부터 4세 아동 무상교육, 2005년부터 3세까지 무상보육, 2003년부터 자녀를 양육하는 가정에 세금 경감을 실시한 나라는?
① 영국 ② 미국 ③ 스웨덴 ④ 한국

2. 1909년 제1차 백악관 회의에서 루스벨트 대통령은 아동을 위한 부모 역할의 중요성을 언급하면서 세 가지 원리를 제시하였는데 이에 해당되지 않는 것은?
① 가난하다는 이유로 아동이 가정으로부터 분리되어서는 안 된다.
② 가정을 떠나야 할 충분한 이유가 있을 경우에는 위탁가정이 바람직하다.
③ 어떠한 경우에도 아동을 시설에서 보호해서는 안 된다.
④ 필요에 의해 시설을 이용할 경우 공동생활가정이 좋다.

3. 도시빈민층 자녀들을 위한 헤드스타트와 푸드스탬프 프로그램을 실시한 나라는?
① 영국 ② 미국 ③ 스웨덴 ④ 한국

4. 아동 옴부즈만사무소 설립, 민간단체인 아동권리보호협회 운영으로 어려움에 처한 아동에게 상담창구의 역할을 실시한 나라는?
① 영국 ② 미국 ③ 스웨덴 ④ 한국

5. 한국의 아동복지 발달과정 중 환과고독노병 즉, 홀아비, 과부, 고아, 늙어서 자식이 없는 사람, 늙은이, 병든 이를 조사하여 무료급식과 양육을 실시한 시대는?
① 삼국시대 ② 고려시대 ③ 조선시대 ④ 근대사회

6. 한국전쟁 이후 1960년대 이전까지 아동복지시설의 운영재원 중 가장 많은 비중을 차지한 것은?
① 외원단체 ② 국고보조 ③ 시설자체수입 ④ 기타

7. 한국에서 모든 아동들이 사회복지서비스를 동등하고 공평하게 차별 없이 혜택을 받을 수 있도록 하는 보편주의적 아동복지사업을 시작한 시기는?
① 1945~1960년 ② 1960~1980년 ③ 1980~2000년 ④ 2000년대 이후

정답	1	2	3	4	5	6	7
	①	③	②	③	①	①	③

제5장. 아동복지의 실천원리

아동복지는 사회복지의 하위 영역 중 하나로 아동들이 행복하게 살아가고, 건강하게 성장하며 발달할 수 있도록 경제적·사회적·정서적으로 지원하고 적절한 사회복지서비스를 제공하는 것이다. 다양한 유형의 사회복지 실천이 있겠지만 특히 아동복지를 실천함에 있어 중요한 사항은 아동은 성인으로부터 적절한 돌봄과 보호를 받으며 성장해야 한다는 것이다. 성인의 돌봄과 보호 없이 아동이 스스로 성장할 수 없기 때문에 아동복지를 실천할 때 특별한 실천원리가 필요하다. 본 장에서는 아동복지를 실천할 때의 기본요소와 실천원칙 그리고 아동복지서비의 유형을 구체적으로 알아보도록 하겠다.

1. 아동복지와 사회복지실천

　아동은 하나의 인간으로 성인과 같은 고유한 존엄성을 갖고 있으며, 마땅히 보장받아야 할 권리를 갖고 있다. 아동은 18세 미만의 모든 사람으로 발달과정의 특성상 상대적으로 취약하고 권리침해의 가능성이 매우 높기 때문에 보호자나 지역사회, 국가가 특별히 보호하고 배려해 주어야 한다.

　아동을 대상으로 하는 사회복지실천은 보호가 필요한 보호대상아동과 일반아동으로 구분할 수 있다. 먼저, 보호대상아동은 보호자가 없거나 보호자로부터 이탈된 아동 또는 보호자가 아동을 학대하는 경우 등 그 보호자가 아동을 양육하기에 적당하지 아니하거나 양육할 능력이 없는 경우의 아동을 말하며, 요보호아동이라고도 한다. 요보호아동이 경험할 수 있는 문제는 빈곤, 학대, 부모의 이혼 및 별거, 사별, 비행, 약물중독, 장애 등 다양하며, 아동이 처한 양육환경이 건전한 성장과 발달에 적합하지 않거나, 아동에게 신체적·정신적 문제 또는 장애가 있거나, 사회적·법적으로 보호가 필요한 아동의 경우 일차적으로 아동복지서비스의 대상이 된다.

〈표 5-1〉 보호조치 아동의 발생원인

(단위 : 명)

구 분	2019년	2020년	2021년	2022년
총 계	4,047	4,120	3,437	2,289
남	2,135	2,188	1,741	1,115
여	1,912	1,932	1,696	1,174
유기	237	169	117	73
미혼부모·혼외자	464	466	366	252
미아	8	11	-	-
비행·가출·부랑	473	468	293	11
학대	1,484	1,766	1,660	1,103
부모빈곤·실직	265	181	170	139
부모사망	297	279	275	235
부모질병	83	75	101	70
부모교정시설입소	-	166	99	110
부모이혼 등	736	539	356	296

출처 : 보건복지부(2023). 2022년 보호대상아동 현황보고.

〈표 5-2〉 보호조치 현황

(단위 : 명)

구 분		2019년	2020년	2021년	2022년
총 계		4,047	4,120	3,437	2,289
시설 입소	소계	2,739	2,727	2,183	913
	양육시설	1,707	1,131	996	567
	일시보호시설	401	342	243	-
	자립지원시설	-	20	33	-
	보호치료시설	-	452	282	12
	공동생활가정	625	714	546	287
	기타	6	68	83	47
가정 보호	소계	1,308	1,393	1,254	968
	소년소녀가정	5	-	-	-
	입양	104	88	75	52
	가정위탁	1,003	1,068	1,028	802
	입양전위탁	196	237	151	114
일시 보호 조치	소계	-	-	-	408
	시설	-	-	-	381
	가정형보호				27

출처 : 보건복지부(2023). 2022년 보호대상아동 현황보고.

일반아동은 보호가 필요한 아동뿐만 아니라 18세 미만의 모든 아동이 아동복지서비스의 대상이 된다. 일차적으로 보호가 시급한 아동과는 달리 일반아동은 문제를 예방하는 차원에서 아동복지서비스가 제공된다. 즉, 아동 및 부모교육, 아동 및 부모상담, 보육사업, 의무교육, 아동수당, 육아휴직 등 아동과 그 가정을 대상으로 예방적 차원에서 제공된다(김재환 외, 2023).

또한, 아동복지 실천방법으로는 개별사회복지실천, 가족사회복지실천, 집단사회복지실천 등이 있다. 개별사회복지실천은 아동 개인을 대상으로 하는 사회복지서비스로 전문적인 훈련을 받은 사회복지사와 문제를 해결하기 위하여 찾아온 아동 클라이언트 간에 개별적으로 이루어지는 사회복지실천으로 아동 담당 사회복지사는 클라이언트를 독립된 존재로 보고 실천 개입을 진행한다. 가족사회복지실천은 아동뿐만 아니라 가족구성원 전체를 대상으로 가족의 역기능적인 상호작용과 관계구조를 변화시킴으로써 문제를 해결하고 가족기능을 회복시키는 사회복지실천으로 아동의 문제가 가족관계나 가족과의 상호작용과 관련되어 있다고 보고 실천 개입을 진행한다. 집단사회복지실천은 전문적인 집단 지도자가 아동 클라이언트와 또래 구성원들과의 긍정적인 상호작용을 통해서 클라이언트의 태도와 행동을 변화하여 문제를 해결하는 사회복지실천이다. 집단사회복지실천의 대상은 다른 사람들에 대한 배려, 대화기술, 사회적 기술습득이 필요한 아동과 자신의 관심사나 문제에 대하여 다른 사람의 조언, 반응이 필요한 아동 그리고 필요이상의 위험을 느끼는 아동, 다른 사람과의 유대감, 소속감, 협동심 등의 향상이 필요한 아동이 대상이 된다(구혜영 외, 2020).

2. 아동복지의 기본요소

아동이 행복하고 건강하게 성장 및 발달하기 위해서는 경제적인 지원과 사회·정서적인 지원이 필요하다. 이러한 지원이 적절하게 이루어진다면 아동의 다양한 욕구를 충족시켜 줄 수 있고, 아동이 지니고 있는 잠재능력을 최대한 발휘할 수 있을 것이다. 따라서 아동복지사업을 계획하고 진행할 때 이러한 사항을 고려해 두어야 한다. 즉, 안정된 가정환경, 경제적 안정, 교육기회, 건강과 보건의료서비스, 건전한 놀이와 여가활동, 유해노동 보호, 특수아동 보호 등이며 이를 구체적으로 살펴보면 다음과 같다.

1) 안정된 가정환경

가정은 아동이 태어나서 처음 접하는 곳이며, 성인이 되기 전까지 기본적인 생활 습관과 행동의 기준 그리고 가치판단의 척도를 습득하는 장소이다. 대부분의 아동은 가정에서 부모와 가족으로부터 생존에 필요한 기본적 욕구를 충족하며, 정서적 교감과 인간관계를 경험하고, 사회화의 기초를 형성하게 된다. 이러한 의미에서 가정은 아동의 건강한 성장과 발전을 위한 가장 중요한 역할을 하고 있으며, 아동에게 안정된 가정환경은 무엇보다 중요한 요소이다. 따라서 긴급하거나 부득이한 경우가 아니면 아동은 가정에서 이탈되어서는 안 되며, 가정이 없는 아동에게는 가정과 비슷한 환경을 만들어주어야 한다. 아동복지사업을 계획하고 실천할 때 아동의 부모와 건강한 가정에 대해 항상 염두해 두어야 할 것이다.

2) 경제적 안정

경제적 안정은 아동에게 기본적인 생활 요소인 음식, 의류, 주택 등을 제공하여 아동이 건강한 성장과 발달에 커다란 영향을 주며, 아동에게 다양한 교육기회를 제공하여 미래의 직업과 소득에 중요한 영향을 미치게 된다. 경제적인 불안정은 스트레스나 불안감을 일으키고, 이는 아동의 정신 건강에 악영향을 미칠 수 있다. 반대로 경제적 안정은 아동에게 안정된 환경을 제공하여 정신적 건강을 유지하는 데 도움을 줄 수 있다. 또한 경제적 안정은 아동이 건강한 생활습관을 유지하는 데 도움을 주며, 충분한 음식과 적절한 의료서비스를 받을 수 있는 환경에서 신체적 활동을 할 수 있으며, 아동 스스로 자신감을 키울 수 있다. 이러한 이유로 경제적 안정은 아동의 성장과 발달에 결정적인 영향을 끼치는 중요한 요소이며 아동복지사업을 실천할 때 항상 고려해야 할 사항이다.

3) 교육기회

교육은 아동의 전체적인 개발과 성장에 매우 중요한 기본요소이다. 교육을 통해 아동은 새로운 지식을 배우고, 세상을 이해하는 방법을 알게 되며, 이러한 지식은 아동이 미래에 직업을 가지고 사회에서 독립적이고 능동적으로 살아가는데 꼭 필요한 부분이다. 교육은 단순히 학문적 지식을 넘어서 소통, 문제해결, 판단력 등의 중요한 생활 기술을 배우는 중요한 역할을 하며, 자신의 장점과 약점을 파악하고, 무엇을 잘하고 무엇에 흥미가 있는지 등의 자아 신념을 형성하게 된다. 또한, 학교 교육은 아동이 다른 사람들과 사회적 상호작용을 할 수 있는 능력을 높이며, 이를 통해 협력, 감정표현, 공감, 존중 등의 사회적 기술을 배울 수 있게 된다. 즉, 교육은 아동의 지적, 사회적, 감성적 발달에 필수적이며, 아동이 건강한 성인으로 성장하고, 올바른 사회구성원으로서 적응할 수 있도록 하는 중요한 요소이다.

4) 건강과 보건의료서비스

아동은 빠르게 성장하고 발달하는데, 이는 몸과 마음이 건강해야 가능한 일이다. 정기적인 건강검진, 적절한 예방접종, 영양 상태 점검 등은 아동의 건강한 성장과 발달을 지원하는 중요한 역할을 한다. 보건의료서비스를 통해 아동의 건강 문제나 질병을 조기에 발견하고, 즉시 치료하여 심각한 건강 문제를 사전에 예방하여야 한다. 또한, 건강한 생활습관과 질병으로부터 자신을 보호하는 방법을 배우게 되면, 아동이 성인이 되어서도 건강을 유지하는데 도움이 될 수 있다. 아동의 정신적 건강도 마찬가지로 중요한데, 보건의료서비스는 아동의 정서적 문제 및 정신 건강 문제를 조기에 발견하고 관리하는 데 도움이 된다. 아동기의 건강 상태와 의료서비스의 질은 아동의 평생 건강 상태에 큰 영향을 끼치게 된다. 따라서 아동기에 적절한 보건의료서비스를 받는 것은 아동이 성인이 되었을 때의 건강 상태를 결정하는 중요한 요소이다.

5) 건전한 놀이와 여가활동

건전한 놀이는 아동이 활동적으로 몸을 움직이게 하여 신체적 건강과 발달을 돕고, 비만 등의 건강 문제를 예방할 수 있으며, 여가활동은 아동이 다른 아동들과 상호작용을 통해 팀워크, 협력, 공감 등 사회적 기술을 배울 수 있게 한다. 놀이는 아동이 스트레스를 해소하고 행복감을 느끼고, 창의력과 상상력을 자극하는 데 도움이 되며, 아동의 학습능력을 향상시키는 학습 도구 역할과 새로운 개념을 이해하고, 문제 해결 기술을 개발하는데 도움을 줄 수 있다. 따라서 건전한 놀이와 여가활동은 아동의 성장과 발달에 매우 중요하며, 아동이 신체적·정신적으로 건강하게 성장하고, 사회적으로 잘 적응하며, 학습 능력을 향상시키는데 도움을 주는 중요한 요소이다.

6) 유해노동 보호

아동기에는 신체적, 정신적 기초를 형성하는 결정적인 시기이므로 과도한 노동은 발달과정을 저해하고, 아동의 건강을 위협하게 되며, 과도하거나 위험한 노동은 아동이 필수적으로 받아야 하는 교육에 방해가 될 수 있다. 「노동보호법」은 아동을 악용하거나 학대 및 위험한 환경으로부터 보호하는데 중요한 역할을 하며, 아동 노동은 아동의 인권을 침해하며, 아동이 안전하고 행복하게 성장할 수 있는 환경 제공에 방해가 될 수 있다. 아동은 아동기를 누릴 권리가 있으며, 놀고, 배우며, 즐거움을 경험할 수 있는 권리가 있는데, 과도한 노동은 이러한 행복을 방해할 수 있다. 아동 노동은 단기적으로는 이익을 제공할 수 있지만 장기적으로는 아동의 교육 기회 손실, 건강 문제 등 사회 전반적으로 심각한 비용을 초래할 수 있게 된다. 따라서 아동의 유해노동 보호는 아동의 건강, 교육, 행복, 인권을 보장하는데 중요한 요소이다.

7) 특수아동 보호

특수한 욕구를 가진 아동에게 적절한 서비스와 지원을 제공하여 그들의 삶의 질을 향상시키는 것은 아동복지의 핵심적인 목표 중 하나이며, 이는 특수아동이 불편함 없이 생활하고, 그들의 가능성을 최대한 발휘할 수 있도록 지원하는 것이다. 모든 아동, 특히 특수한 욕구를 가진 아동은 학습, 창의적 표현 등 평등한 기회를 가져야 하며, 이들에게 적절한 서비스를 지원하여 이들 자신이 최대의 잠재력을 발휘할 수 있도록 기회를 제공하여야 한다. 또한, 특수한 욕구를 가진 아동의 권리를 인정하고 존중하는 것은 그들의 인권을 보호하는데 중요한 사항이며, 모든 아동을 존중하고 보호하는 것은 우리 사회가 전체적으로 건강하고 공정한 사회를 구축하는 중요한 요소이다.

<표 5-3> 아동복지의 기본요소

구분	기본 요소	주요 내용
1	안정된 가정환경	• 성인이 되기 전까지 기본적인 생활 습관, 행동 기준, 가치 판단의 척도를 습득하는 장소
2	경제적 안정	• 경제적 안정은 아동에게 안정된 환경을 제공하여 건강한 생활습관, 충분한음식, 적절한 의료서비스를 받을 수 있도록 함
3	교육기회	• 교육은 단순히 학문적 지식을 넘어서 소통, 문제해결, 판단력 등의 중요한 생활 기술을 배우고, 지적, 사회적, 감성적 발달에 도움을 줌
4	건강과 보건의료서비스	• 정기적인 건강검진, 적절한 예방접종, 영양상태 점검 등 아동의 건강한 성장과 발달을 지원하는 중요한 요소 임
5	건전한 놀이와 여가활동	• 건전한 놀이는 아동이 활동적으로 몸을 움직이게 하여 신체적 건강과 발달을 돕고, 비만 등의 건강 문제를 예방 • 여가활동은 아동이 다른 아동들과 상호작용을 통해 팀워크, 협력, 공감 등 사회적 기술을 배움
6	유해노동 보호	• 과도하거나 위험한 노동은 아동의 교육을 방해하고, 아동을 악용하거나 학대 및 인권 침해의 우려가 있음
7	특수아동 보호	• 특수한 욕구를 가진 아동에게 적절한 서비스를 지원하여 이들 자신이 최대의 잠재력을 발휘할 수 있도록 기회를 제공하고, 그들의 인권을 보호

3. 아동복지의 실천원칙

아동복지사업을 처음 접해보고, 실천해야 하는 사회복지사들은 아동에게 어떻게 접근할 것인지 망설이게 된다. 이는 아동에 대한 실천 경험이 없기 때문에 어떤 실천 방법이 가장 적합할지 모르기 때문이다. 하지만 실천가나 연구자들이 사전에 경험해 보고 방향을 제시해 준다면 아동복지사업을 좀 더 계획적이고 체계적으로 실천할 수 있을 것이다. 여기에서는 아동복지의 실천원칙인 권리와 책임의 원칙, 보편성과 선별성의 원칙, 예방과 치료의 원칙, 개발적 기능의 원칙, 포괄성의 원칙, 전문성의 원칙에 대해 알아보도록 하겠다.

1) 권리와 책임의 원칙

권리와 책임의 원칙은 아동, 부모, 국가의 상호 작용과 협력을 강조한 것으로, 아동은 아동으로서의 권리와 책임을 부여받고, 부모와 국가도 각각 권리와 책임에 기반을 두어야 한다는 원칙이다. 아동의 권리로는 생존의 권리와 발달의 권리가 있으며, 책임으로는 부모와 국가의 요구와 기대에 부응할 책임이 있다. 부모는 아동을 보호하고 양육할 권리가 있으며, 자녀를 보호하고 양육하고 교육시킬 책임이 있다. 국가는 부모의 부적절한 양육에 대한 제재 권리가 있고, 아동복지증진과 부모를 대신하여 아동을 보호하고 양육하며 교육할 책임이 있다(송정애, 2023).

2) 보편성과 선별성의 원칙

보편성과 선별성의 원칙은 아동복지의 대상을 결정할 때 모든 아동을 대상으로 할 것인지 아니면 선별해야 할 것인지를 고려해야 하는 원칙이다. 보편성의 원칙은 18세 미만의 모든 아동을 대상으로 급여나 사회서비스를 제공하는 것으로 인종, 피부색, 성별, 언어, 종교, 정치적 의견, 민족적·인종적·사회적 출신, 재산, 장애 여부, 태생, 신분 등과 관계없이 모든 아동에게 동등하게 지원하는 것이다. 보편성은 모든 아동에게 동일하게 지원이 이루어지기 때문에 선별성보다 많은 예산이 투입된다. 선별성의 원칙은 특수한 욕구나 문제를 가진 아동을 대상으로 급여나 사회서비스를 제공하는 것으로 도움이나 보호가 필요한 아동에게 지원하는 것이다. 선별성은 시급한 대상을 선별하여 적은 예산으로 빠른 시간 안에 지원할 수 있다는 장점이 있다.

3) 예방과 치료의 원칙

예방과 치료의 원칙은 아동에 대한 개입을 문제가 일어나기 전에 미리 예방 할 것인지 아니면 문제가 발생한 후에 조치할 것인지를 고려해야 하는 원칙이다. 예방의 원칙은 아동에 대한 문제가 일어나기 전에 개입하여 사전에 예방하는 것으로 가장 좋은 방법이지만 예방을 위해서는 광범위한 대상과 많은 예산이 들어가게 된다. 또한, 치료의 원칙은 아동에 대한 문제가 발생한 후에 사후 조치를 실시하는 것으로 예방을 하여도 문제가 발생될 수 있고, 문제가 발생한 아동에 대해서 개입이 이루어지므로 적은 예산과 집중 치료가 가능하다.

4) 개발적 기능의 원칙

개발적 기능의 원칙은 아동에게 사회와 국가의 발전에 능동적으로 참여할 수 있는 기회를 제공함으로써 아동의 사회적 자립을 돕고, 아동을 배제하지 않는 가치관을 갖으며, 아동의 사회참여를 촉진하고 아동의 발전을 도와야 한다는 원칙이다. 즉, 아동에게 국가발전을 위한 능력과 역량을 강화시키고, 각자의 잠재력을 최대한 발휘할 수 있도록 지원하고, 사회구성원으로서 사회활동에 적극적으로 참여할 수 있도록 도와야 한다는 것이다.

5) 포괄성의 원칙

포괄성의 원칙은 아동복지사업을 실천할 때 어느 한 분야만 실천하는 것이 아니라 기본 전제가 되는 모든 요소들을 함께 실천해야 한다는 원칙이다. 즉, 안정된 가정환경, 경제적 안정, 교육기회, 건강과 보건의료서비스, 건전한 놀이와 여가활동, 유해노동 보호, 특수아동 보호 등 모든 요소들은 서로 상호작용을 통해 영향을 주고받으며 어느 한 분야만을 대상으로 접근하기 보다는 포괄적으로 계획을 수립하고 실천해야 한다는 것이다.

6) 전문성의 원칙

전문성의 원칙은 아동복지사업을 실천하는 데 필요한 전문적 지식이나 기술을 갖추고, 이를 바탕으로 아동복지사업을 효과적이고 효율적인 방법으로 실천해야 한다는 원칙이다. 아동복지 담당사회복지사는 아동의 발달단계와 특성을 이해하고, 아동복지의 필요성과 권리를 증진시키는 데 필요한 전문적인 능력을 갖출 필요가 있다. 전문성의 원칙은 아동복지를 실천하는 연구자, 교육자, 정책 제정자, 사회복지사 등 모든 분야에서 활동하는 아동복지 전문가들에게 적용된다. 이렇게 전문성을 확보한 사람들만이 아동복지의 질을 높이고 아동복지를 발전시킬 수 있는 효과적인 방안을 마련하고 실행할 수 있다.

〈표 5-4〉 아동복지의 실천원칙

구분	실천 원칙	주요 내용
1	권리와 책임의 원칙	• 아동은 생존과 발달의 권리가 있으며, 부모와 국가의 요구와 기대에 부응할 책임이 있음. 부모는 아동을 보호하고 양육할 권리가 있으며, 자녀를 보호, 양육, 교육시킬 책임이 있음. 국가는 부모의 부적절한 양육에 대한 제재 권리가 있으며, 아동복지증진과 부모를 대신하여 아동을 보호, 양육, 교육할 책임이 있음
2	보편성과 선별성의 원칙	• 보편성은 18세 미만의 모든 아동을 대상으로 급여나 사회서비스를 제공하는 것이며, 선별성은 특수한 욕구나 문제를 가진 아동을 대상으로 급여나 사회서비스를 제공하는 것
3	예방과 치료의 원칙	• 예방은 아동에 대한 문제가 일어나기 전에 개입하여 사전에 예방하는 것이며, 치료는 아동에 대한 문제가 발생한 후 사후조치를 실시하는 것
4	개발적 기능의 원칙	• 아동에게 사회와 국가의 발전에 능동적으로 참여할 수 있는 기회를 제공함으로써 아동의 사회적 자립을 돕고, 아동을 배제하지 않는 가치관을 갖으며, 아동의 사회참여를 촉진하고 아동의 발전을 도움
5	포괄성의 원칙	• 아동복지사업을 실천할 때 어느 한 분야만 실천하는 것이 아니라 기본 전제가 되는 모든 요소들을 포괄적으로 계획하고 실천해야 함
6	전문성의 원칙	• 아동복지사업을 실천하는 데 필요한 전문적 지식이나 기술을 갖추고, 이를 바탕으로 아동복지사업을 효과적이고 효율적인 방법으로 실천해야 함

4. 아동복지서비스의 유형
(지지적, 보조적, 대리적 서비스)

아동복지서비스는 아동의 건강한 성장과 발전을 지원하기 위해 제공되는 다양한 서비스로 아동의 신체적, 정신적, 사회적 복지를 증진하고, 아동이 안전한 환경에서 성장할 수 있도록 보호하는데 중점을 두고 있다. 이러한 아동복지서비스의 유형은 장소에 따른 분류와 기능에 따른 분류로 나눌 수 있다. 장소에 따른 분류는 가정 내 서비스와 가정 외 서비스로 나눌 수 있는데 가정 내 서비스는 아동의 가정을 보호하면서 가족의 기능 중 부족하거나 도움이 필요한 부분을 지원하여 가정의 해체나 역기능의 위험을 감소시키는 서비스이다. 가정 외 서비스는 아동이 원가정을 떠나 일정한 기간 또는 영구적으로 아동복지시설이나 위탁가정 등에서 양육 및 보호를 받는 서비스를 말한다. 기능에 따른 분류는 아동에 제공되는 서비스 기능에 따라 분류하는 것으로, 대표적으로는 카두신(Kadushin, 1980)의 지지적 서비스, 보충적 서비스, 대리적 서비스가 있으며 이를 구체적으로 살펴보면 다음과 같다.

1) 지지적 서비스

지지적 서비스는 아동이 속해 있는 원가정에서 가장 잘 성장하고 발전할 수 있으므로 아동을 보호하고 양육하는 과정에서 부족한 부분을 지원하고 강화해 주어 그 가정의 기능이 원활하게 수행될 수 있도록 지원해 주는 서비스이다. 지지적 서비스의 특징은 가족중심 서비스이며, 부모가 자녀를 양육하는데 어려움이 있을 경우, 부모가 자녀의 기본적인 욕구를 충족시키지 못할 경우, 부모와 자녀간의 관계가 원활하지 못할 경우에 다양한 정보와 교육, 훈련, 기술 등을 지원 및 강화해 주는 서비스이다. 예를 들면, 부모교육, 아동 및 부모 상담, 가족치료프로그램, 학습지원프로그램, 학대 및 방임아동 서비스, 미혼부모 및 한부모 서비스 등 대부분의 아동복지서비스 등이 이에 포함된다.

2) 보충적 서비스

보충적 서비스는 원가정 내에서 부모의 역할이 매우 부적절하거나 부모가 수행하기 어려운 역할에 대해서 일정 부분을 가정 밖에서 보충해 주는 서비스이다. 즉, 부모가 아동을 양육 및 보호할 때 그 질이 매우 낮을 때 제공되는 서비스이다. 이는 부모가 이혼하거나 별거, 교도소 수감, 질병, 실직, 장애 등의 이유로 일시적으로 부모의 역할에 문제가 생겼을 때 외부에서 그 역할을 보충해 주는 서비스이다. 만약 보충적 서비스가 제공되지 않아 아동의 양육 및 보호가 지속적으로 문제가 된다면 아동은 원가정에서 분리되어 대리적 서비스를 받게 될 것이다. 예를 들면, 소득보충서비스인 공적부조와 사회보험이 있으며, 가사조력서비스, 보육사업, 장애아동 및 비행아동 서비스 등이 이에 포함된다.

3) 대리적 서비스

대리적 서비스는 부모의 사망, 이혼, 유기, 학대 등으로 인해 부모의 역할을 전혀 할 수 없게 되어 아동에게 가정 밖에서 부모의 역할을 대신해 주는 서비스이다. 즉, 아동이 있는 원가정이 완전히 해체되어 일시적 또는 영구적으로 아동을 보호 및 양육할 수 없게 되어 그 기능을 제3의 가정이나 시설에서 대신해 주는 서비스이다. 예를 들면, 가정위탁사업, 입양사업, 시설보호사업, 공동생활가정사업 등이 이에 포함된다.

〈표 5-5〉 카두신의 아동복지서비스의 유형

구 분	서비스 주요 내용
지지적 서비스	• 원가정 안에서 모든 서비스 지원 • 아동을 보호하고 양육하는 과정에서 부족한 부분을 지원하고 강화해 주어 그 가정의 기능이 원활하게 수행될 수 있도록 지원해 주는 서비스 • 부모교육, 아동 및 부모 상담, 가족치료프로그램, 학습지원프로그램, 학대 및 방임아동 서비스, 미혼부모 및 한부모 서비스 등 대부분의 아동복지서비스 등
보충적 서비스	• 원가정 밖에서 일부분 서비스 지원 • 부모가 이혼하거나 별거, 교도소 수감, 질병, 실직, 장애 등의 이유로 일시적으로 부모의 역할에 문제가 생겼을 때 외부에서 그 역할을 보충해 주는 서비스 • 공적부조, 사회보험, 가사조력서비스, 보육사업, 장애아동 및 비행아동 서비스 등
대리적 서비스	• 원가정 밖에서 모든 서비스 지원 • 아동이 있는 원가정이 완전히 해체되어 일시적 또는 영구적으로 아동을 보호 및 양육할 수 없게 되어 그 기능을 제3의 가정이나 시설에서 대신해 주는 서비스 • 가정위탁사업, 입양사업, 시설보호사업, 공동생활가정사업 등

퀴 즈

1. 아동복지 실천방법으로 적합하지 않은 것은?
① 개별사회복지실천 ② 가족사회복지실천 ③ 집단사회복지실천 ④ 재가복지실천

2. 아동복지 기본요소에 해당하지 않는 것은?
① 안정된 가정환경 ② 경제적 안정 ③ 적당한 노동 ④ 건전한 놀이와 여가활동

3. 아동복지 실천원칙 중 18세 미만의 모든 아동을 대상으로 급여나 사회서비스를 제공하는 원칙은?

4. 아동복지 실천원칙 중 아동에 대한 문제가 일어나기 전에 개입하는 원칙은?

5. 아동복지 실천원칙 중 어느 한 분야만 실천하는 것이 아니라 기본 전제가 되는 모든 요소들을 함께 계획하고 실천해야 하는 원칙은?

6. 카두신의 아동복지서비스 유형 중 아동을 보호하고 양육하는 과정에서 부족한 부분을 지원하고 강화해 주어 그 가정의 기능이 원활하게 수행될 수 있도록 하는 유형은?

7. 카두신의 아동복지서비스 유형 중 부모가 이혼, 실직 등의 이유로 일시적으로 부모의 역할에 문제가 생겼을 때 외부에서 그 역할을 수행해 주는 유형은?

8. 카두신의 아동복지서비스 유형 중 원가정이 완전히 해체되어 일시적 또는 영구적으로 아동을 보호 및 양육할 수 없게 되어 그 기능을 제3의 가정이나 시설에서 대신해 주는 유형은?

정답	1	2	3	4	5	6	7	8
	④	③	보편성의 원칙	예방성의 원칙	포괄성의 원칙	지지적 서비스	보충적 서비스	대리적 서비스

제6장. 아동복지의 실천방법과 기술

　사회복지사는 아동복지를 실천하기 위해서 과학적 이론과 지식을 바탕으로 실천하여야 하며, 사회복지사가 아동을 대상으로 실천 활동을 수행함에 있어 지식을 효과적으로 이용하고 적용할 수 있게 해주는 능력이나 방법을 아동복지 실천기술이라 한다. 또한, 아동의 문제, 욕구, 능력이 무엇인지 사정하며 자원을 개발하거나 사회의 구조를 변화시키는데 있어서의 숙련성을 의미하기도 한다. 아동복지실천은 상황에 따라 다른 기술을 적용하기 때문에 특정 상황에 맞는 실천기술을 선택하고 활용하는 능력이 필요하다. 따라서 특정 이론에만 제한되어서는 안 되며 다양한 이론이나 방법적 요소들을 특정 상황이나 문제에 맞게 적절하게 선택해서 사용할 수 있어야 한다.
　본 장에서는 아동복지의 실천방법과 기술 중 통합적 사례관리, 드림스타트, 아동상담, 부모상담, 부모교육, 놀이·언어·미술치료, 집단 활동, 타 전문직과 함께 일하기, 아동복지 실천의 평가 등에 대해 구체적으로 알아보고자 한다.

1. 통합적 사례관리, 드림스타트

1) 통합적 사례관리

통합적 사례관리는 지역사회의 공공 및 민간자원에 대한 체계적인 관리와 지원체계를 토대로 복합적이고 다양한 욕구를 가진 대상자에게 복지, 보건, 고용, 주거, 교육, 신용, 법률 등 필요한 서비스를 통합적으로 연계 및 제공하고 이를 지속적으로 상담 및 모니터링 해나가는 사업이다.

통합사례관리 절차로는 대상자 접수, 욕구조사, 사례회의, 대상자 구분 및 선정, 서비스제공계획 수립, 서비스제공 및 점검, 종결, 사후관리 등 총 8단계로 구성되며, 대상자 접수일로부터 30일 이내에 서비스제공계획을 수립하여야 한다. 통합사례관리는 통합사례관리사, 복지공무원, 지역사회보장협의체, 보건소, 학교, 고용센터, 시·군·구 사업팀, 민간 복지기관, 아동 및 노인보호전문기관 등이 함께 수행 및 관리한다. 다음은 희망복지지원단의 통합사례관리 절차이며, 대상은 아동을 포함한 도움이 필요한 위기가구로 보건, 복지 등 서비스 제공이 필요한 가구이다(희망복지지원단 중앙지원센터, 2014).

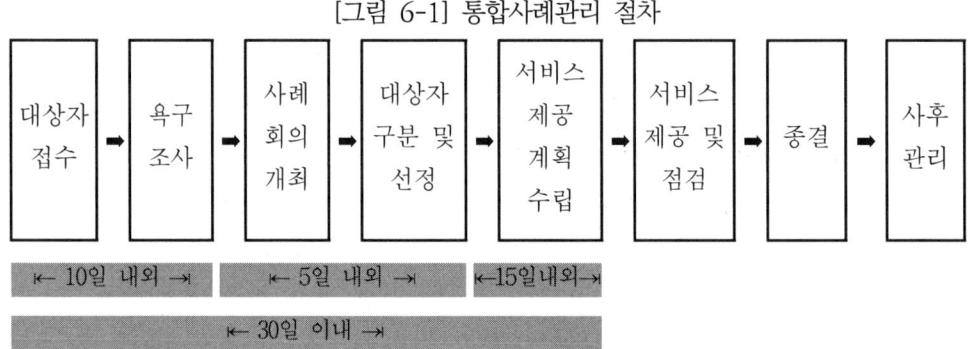

[그림 6-1] 통합사례관리 절차

출처 : 희망복지지원단 중앙지원센터(2014). 희망복지지원단 통합사례관리 실천 가이드.

(1) 대상자 접수
대상자 접수는 읍·면·동에서 초기상담을 거쳐 희망복지지원단에 의뢰한 통합사례관리 대상가구를 접수하는 과정이다. 긴급사례15)가 아니면 희망복지지원단에 바로 접수할 수 없고, 읍·면·동의 초기상담 등의 절차를 거쳐 접수하게 된다. 수행과정은 다음과 같다.

① 읍·면·동에서 대상자 초기상담을 실시한다.
② 읍·면·동에서 사례관리 대상자와 단순 서비스 연계 대상자로 구분한다.
③ 읍·면·동에서 희망복지지원단으로 사례관리 대상자를 의뢰한다.
④ 희망복지지원단은 즉시 초기상담을 접수한다.
⑤ 읍·면·동에서의 초기상담이 충실하게 기록되어 있는지 파악한다.
⑥ 대상자 욕구조사 준비하기 또는 읍·면·동에 초기상담 보완을 요청한다.

(2) 욕구조사

욕구조사는 접수된 통합사례관리 대상가구를 사례관리 가구와 서비스연계 가구로 구분 선정하기 위한 심층조사이다. 욕구조사와 함께 욕구별 위기도 조사를 실시하여 향후 개입방향을 구체적으로 설정하는데 필요한 정보를 수집한다. 위기도 조사는 잠재적 사례관리 대상자 선정을 위한 근거자료와 대상가구 욕구 영역별 문제의 시급성 및 중요도를 파악하고 대상자의 상황변화를 파악하는 자료, 서비스 제공계획 수립 시 문제 해결 우선순위 선정 기준, 사례 종결 시 위기도 변화를 통한 종결 적절성 판단의 자료로 활용된다. 수행과정은 다음과 같다.

① 욕구조사 준비하기 : 대상가구 특성을 고려하여 주사례관리자 정하기, 대상가구에 연락하여 방문일정 협의하기, 대상가구의 특성 및 안전문제16)를 파악하여 동행 방문 준비하기, 대상자 특성상 접근이 어려운 경우 의뢰기관, 주변인 등을 통해 대상자의 특성 및 상황을 사전에 파악하기, 행복e음을 통해 대상자의 기본정보 조회하기, 초기상담자를 참고하여 욕구조사 시 파악할 내용 정리하기 등이 있다.

---

15) 긴급사례 : 정신질환(알코올중독 포함)으로 응급입원이 필요한 경우, 학대 및 가정폭력으로 인해 긴급 분리조치가 필요한 경우, 무연고자, 부랑인, 노숙인 등과 같이 긴급 주거지원이 필요한 경우 등
16) 안전문제 : 폭력 위험 등 안전 문제가 우려되는 대상자는 반드시 보조인력(사회복지요원, 읍·면·동 복지 도우미 등)과 동행 방문.

② 욕구조사 실시하기 : 욕구조사 실시하기는 대상가구의 주관적 욕구와 주사례관리자의 전문적인 판단을 구분하여 기록하기, 대상가구의 전반적인 문제와 주요 대상자를 누구로 할 것인지 결정하기 등이 있다.

③ 위기도 파악하기 : 위기도 조사지를 활용하여 대상가구의 욕구영역별 위기상황을 파악한다.

④ 대상자 구분 준비하기 또는 욕구조사 보완하기 : 대상자의 욕구가 잘 파악되었으면 사례회의를 통해 대상자 구분 논의를 준비하고, 미흡하다면 추가방문 일정 잡기, 충분히 라포를 형성하여 대상자의 욕구와 상황에 대한 정보를 다시 수집하도록 한다.

〈표 6-1〉 위기도 사정 척도 예시

문장완성검사(아동용)

이름		성별		연령		세(만 세)
직업(학교, 학년)				연락처(집)		
주소				연락처(휴대폰)		
이메일				검사일		

이제부터 여러분들에게 간단한 작문을 부탁합니다.
다음의 낱말로 시작되는 문장을 완성시켜 보십시오.
반드시 자기의 솔직한 마음을 그대로 말해야하며, 하나도 빠뜨리지 말고 모두 써 주십시오.

NO	문 항
1	내가 가장 행복한 때는
2	내가 좀 더 어렸다면
3	나는 친구가
4	다른 사람들은 내가
5	우리 엄마는
6	나는 공상을 잘 한다.
7	나에게 가장 좋았던 일은
8	내가 제일 걱정하는 것은
9	대부분의 아이들은
10	내가 좀 더 나이가 많다면
11	내가 가장 좋아하는 사람(은)
12	내가 가장 싫어하는 사람(은)
13	우리 아빠는
14	내가 가장 무서워하는 것은
15	내가 가장 좋아하는 놀이는
16	내가 가지고 있는 것 중에서 제일 아끼는 것은
17	내가 가장 가지고 싶은 것은
18	여자 애들은
19	나의 좋은 점은
20	나는 때때로
21	내가 꾼 꿈 중에서 제일 좋은 꿈은
22	나의 나쁜 점은
23	나를 가장 슬프게 하는 것은
24	남자 애들은
25	선생님들은
26	나를 가장 화나게 하는 것은
27	나는 공부
28	내가 꾼 꿈 중에서 가장 무서운 꿈은
29	우리 엄마 아빠는
30	나는 커서 이(가)되고 싶다.
	왜냐하면
31	내 소원이 마음대로 이루어진다면
	첫째 소원은
	둘째 소원은
	셋째 소원은
32	내가 만약 외딴 곳에서 혼자 살게 된다면 와 제일 같이 살고 싶다.
33	내가 만약 동물로 변할 수 있다면 이(가) 되고 싶다.
	왜냐하면

출처 : 희망복지지원단 중앙지원센터(2014). 희망복지지원단 통합사례관리 실천 가이드.

(3) 사례회의

사례회의는 대상자 구분 및 선정, 사례관리 가구로 결정된 가구의 서비스제공 계획을 수립하기 위해 실시하며, 욕구조사 자료와 자산조사 결과도 활용한다. 사례관리가 진행된 이후 대상 가구의 욕구변화 및 문제 해결정도, 서비스 제공점검 검토, 주사례관리자의 개입방법, 사례관리 종결 등을 협의하기 위하여 수시로 개최된다. 수행과정은 다음과 같다.

① 욕구조사와 위기도 조사의 결과를 바탕으로 사례관리 가구, 서비스연계 가구, 미선정 가구로 분류하기 위한 내부 사례회의를 진행한다.
② 사례진행 점검 결과 및 사례의 경중에 따라 내부사례회의, 통합사례회의, 솔루션회의 등으로 진행한다.
③ 사례관리 종결을 위한 사례회의를 진행한다.

◆ **사례회의 구분**

- **내부사례회의**
  해당기관의 서비스만으로도 욕구충족 및 문제해결이 가능하다고 판단되는 경우 시행, 참석대상은 권역통합사례관리팀장, 통합사례관리담당공무원, 통합사례관리사, 동 복지담당공무원, 대상자, 대상자 보호자

- **통합사례회의**
  자체 기관의 서비스로는 해결이 힘들다고 판단되는 복합적인 사례의 경우 통합사례회의에 상정하여 논의. 내부참석대상은 권역통합사례관리팀장, 통합사례관리담당공무원, 통합사례관리사, 동 복지담당공무원이며, 민간협력기관은 방문보건팀, 자활사업팀, 교육복지사, 담임선생님, 복지기관 및 단체, 관련기관 전문가, 수퍼바이저 등

- **솔루션회의**
  통합사례회의를 진행하고 1개월 이상 실행해보았으나, 개입이 어렵고 변화가 없어서 좀 더 전문적 수퍼비전과 세분화된 전문지식을 필요로 하는 경우 위기사례관리가구로 재분류하고 솔루션회의에 상정하여 논의. 내부참석대상은 권역통합사례관리팀장, 통합사례관리담당공무원, 통합사례관리사, 동 복지담당공무원이며, 민간협력기관은 방문보건팀, 자활사업팀, 교육복지사, 담임선생님, 복지기관 및 단체, 관련기관 전문가, 수퍼바이저 등

출처 : 희망복지지원단 중앙지원센터(2014). 희망복지지원단 통합사례관리 실천 가이드.

(4) 대상자 구분 및 선정

사례회의 결과를 바탕으로 대상자가구를 사례관리 가구와 서비스연계 가구, 미선정 가구로 구분한다. 사례관리 가구는 1개월 이상의 중장기적 개입이 필요한 가구로서 다양한 서비스가 집중적으로 제공될 수 있도록 사례회의 등 일반적인 절차를 적용하는 가구이다. 서비스 연계 가구는 욕구가 단편적이어서 1개월 미만의 단기적 개입 또는 단순서비스 연계를 통해 문제 해결이 가능한 가구로서 사례회의의 일반적인 절차를 축소하는 가구이다. 미선정 가구는 통합사례관리 사업이 불필요한 경우 또는 대상자 연락두절 및 거부 등으로 기한 내 욕구조사를 수행하지 못한 가구를 말하며, 다음과 같다.

① 욕구조사 및 위기도 조사 결과를 바탕으로 사례회의를 진행한다.
② 사례회의 결과를 바탕으로 대상자를 분류한다.
③ 사례관리 선정 결과를 대상자에게 통보한다.
④ 대상자에게 개인정보 활용 동의서를 받고, 서비스에 대해 안내한다.

(5) 서비스제공 계획수립

서비스제공 계획수립은 사례회의 결과를 토대로 사례관리 가구에 대한 개입목표(장·단기)를 설정하고, 15일 내외의 기간 동안 구체적인 서비스제공 계획을 수립한다. 단기목표는 서비스 제공 후 3~6개월 이내 달성 가능한 목표를 수립하고, 단계별로 제공해야 하는 서비스와 연관되게 하고 개입시기를 고려하여 구체적으로 수립한다. 장기목표는 서비스 제공 후 6개월~1년 이상의 개입을 통해 대상가구의 긍정적인 변화를 도모하기 위한 목표를 수립한다. 수행과정은 다음과 같다.

① 대상자의 욕구와 사례회의의 내용을 재확인하고 지역사회 자원 및 대상자의 지지체계를 통해 적정한 서비스를 파악한다.
② 대상자의 문제 심각성에 따라 우선순위별 장단기 목표를 설정한다.
③ 욕구영역별 개입 목표 및 서비스 제공 세부 계획을 수립한다.
④ 서비스 제공 및 이용에 대한 동의를 받는다.
⑤ 서비스 제공 및 이용 동의 단계에서의 변경사항과 합의된 내용을 종합하여 서비스 제공계획을 최종 확정한다.

◆ **목표 기술 방법**

- 목표는 동사형으로 기재한다(거실 청결유지(×) ➡ 거실 청소하기(○))
- 부정적 단어보다 긍정적 단어를 활용한다(결근감소(×) ➡ 출근증가(○))
- 투입형태가 아닌 성과형태로 서술한다(위생관리교육(×) ➡ 위생관리기술 향상(○))
- 달성 가능한 수준으로 부분화한다(집안청소(×) ➡ 방 닦기(○))
- 측정이 가능한 경우 구체적으로 수량화한다(방 닦기(×) ➡ 주 3회 방 닦기(○))
- 대상자가 이해하기 쉬운 언어로 표현한다(구강청결관리(×) ➡ 양치질하기(○))
- 대상자 관점에서 기록한다(수급자 선정하기(×) ➡ 수급자 신청하기(○))

출처 : 희망복지지원단 중앙지원센터(2014). 희망복지지원단 통합사례관리 실천 가이드.

(6) 서비스제공 및 점검

서비스제공 및 점검은 사례관리 가구에게 서비스 제공계획에 따른 공공 및 민간 제공 서비스, 사례관리자의 직접서비스를 제공하고, 이행상황 및 대상가구의 환경변화와 욕구변화 등을 주기적으로 점검 및 파악하는 것이다.

〈표 6-2〉 서비스 점검 내용

대상자에 대한 점검	서비스 제공기관에 대한 점검
• 대상자의 변화정도 • 대상자 상황변화에 따른 욕구 재사정 필요 여부 • 서비스 참여여부 • 서비스 양과 질에 대한 만족도	• 서비스 제공계획과 실제 내역 일치여부 • 서비스 제공여건 변화 여부 • 서비스 제공기관 간 연계 협력 정도

출처 : 희망복지지원단 중앙지원센터(2014). 희망복지지원단 통합사례관리 실천 가이드.

수행과정은 다음과 같다.
① 대상자의 욕구와 목적, 목표에 맞는 서비스를 파악하고 의뢰한다.
② 연계기관 및 사례관리사를 통해 대상자에게 서비스를 제공한다.
③ 주기적 서비스를 통한 대상자의 변화 및 서비스의 진행정도를 점검한다.
④ 점검 결과에 따라 욕구 재조사, 서비스 제공계획 재수립, 종결을 위한 사례관리 평가를 준비한다.

(7) 종결

종결은 사례관리의 개입목표가 달성되었거나 거부 등의 사유로 사례관리 개입이 불가능할 경우 주사례관리자가 사례회의를 통해 종결 5일 전부터 종결 여부를 결정한다. 종결의 유형으로는 장기목표 달성, 단기목표 달성, 상황호전, 거절이나 포기, 연락두절, 이사 또는 사망, 자체종결 등이 있다. 수행과정은 다음과 같다.

① 사례관리 가구의 위기도 변화를 측정한다.
② 서비스 제공과정, 위기도 조사결과 등을 종합하여 사례관리 개입의 적정성 및 대상가구의 변화를 평가한다.
③ 종결사례 평가, 목표달성 정도 등 사례관리 개입 전체 과정을 평가하여 종결 여부를 결정한다.
④ 서비스 제공계획에 따른 목표달성 정도, 변화정도, 사후관리계획 등을 정리한다.
⑤ 시스템에 사례종결을 등록하고, 사례관리팀장(조정자)의 승인을 받는다.

(8) 사후관리

사후관리는 통합사례관리가구에 대한 개입 종결 후 일정기간을 설정하여 읍·면·동에서 대상가구가 변화를 지속적으로 유지하는지 등을 모니터링 하는 것이다. 사후관리 결과 새로운 욕구가 발생할 경우에는 재개입 필요성 등을 판단하여 위기상황의 재발을 예방한다. 수행과정은 다음과 같다.

① 종결된 사례관리 대상자를 읍·면·동, 서비스 연계기관으로 이관한다.
② 종결 후 사후관리는 6개월에 한 번씩 2회 실시(서비스연계 가구는 1회 실시)하며, 대상자의 생활실태(건강, 영양, 주거환경 등), 제공급여, 서비스, 이용가능 자원정보 등을 행복e음에 기록한다. 서비스 대상자에게 만족도 조사를 실시한다.
③ 읍·면·동의 이행상황을 점검하여 부진한 읍·면·동의 사후관리 이행을 독려하고 교육을 진행한다.

2) 드림스타트

드림스타트는 취약계층 아동에게 맞춤형 통합서비스를 제공하여 아동의 건강한 성장과 발달을 도모하고 공평한 출발기회를 보장함으로써 건강하고 행복한 사회구성원으로 성장할 수 있도록 지원하는 사업이다(보건복지부, 2023).

(1) 사업목적
취약계층 아동에게 맞춤형 통합서비스를 제공하여 아동의 건강한 성장과 발달을 도모하고, 공평한 출발기회를 보장하여 건강하고 행복한 사회구성원으로의 성장을 지원한다.

(2) 주요경과
- 2007년 희망스타트 시범사업 실시(16개 시·군·구)
- 2008년 드림스타트로 사업명 변경
- 2009년 드림스타트 사업운영 평가체계 마련
- 2011년 사업근거를 「아동복지법」에 마련(2012년 8월 5일 시행)
- 2018년 아동통합사례관리사 정규직(무기계약직) 전환 추진
- 2020년 재원구조 변경(국고 100% → 서울 50%, 지방 80%)

(3) 사업대상
① 만 12세 이하(초등학생 이하) 취약계층 아동 및 가족, 임산부이다. 기본대상은 기초생활수급자, 차상위계층, 한부모가정 등이며, 특화대상은 사회적으로 취약한 법정 한부모 외 한부모가정, 다문화, 조손가정이며, 특화대상은 농산어촌 기초단체만 적용되며, 반드시 사례회의를 거쳐 대상을 결정한다.

② 추가 대상으로 만 13세 이상의 초등학교 재학 아동, 연령도래 종결시점(만 12세 이후)의 위기, 집중사례관리 아동 중 지속적으로 사례관리가 필요한 아동, 보호대상아동은 원칙적으로 제외하며, 발굴된 보호대상아동은 시·군·구 아동보호팀으로 의뢰한다.

(4) 사업내용
취약계층 아동과 가족 중 사업대상 아동 발굴, 문제 및 욕구 파악, 지역자원 연계를 통해 건강, 교육, 문화, 복지 등 맞춤형 통합서비스를 제공한다.

① 지원기구 구성 및 운영

운영위원회 위원은 공무원과 민간전문가로 구성되며, 드림스타트 사업운영 전반에 대해 연 1회 이상 자문을 받는다. 아동복지기관협의체 위원은 공무원과 아동복지시설 및 관련 기관의 장으로 구성되며, 아동복지기관 간 정보 공유 및 서비스 연계·조정을 통해 지역 내 아동복지서비스 통합 조정 역할을 수행하며, 분기별 1회 이상 진행한다. 슈퍼비전은 실무자의 사례관리 및 업무능력 향상을 위한 자문 및 지원으로 내부와 외부로 나누어 수시로 개최한다.

② 아동통합사례관리
- 가정방문 상담을 통한 사례관리 대상아동(위기아동 등)을 발굴한다.
- 취약계층 아동에 대해 문제 및 욕구를 파악하여 계획을 수립한다.
- 아동별 맞춤형 통합서비스 제공, 연계, 점검 등을 실시한다.
- 사례관리 기초기록 관리 및 아동별 데이터베이스를 구축한다.

[그림 6-2] 드림스타트 아동통합사례관리

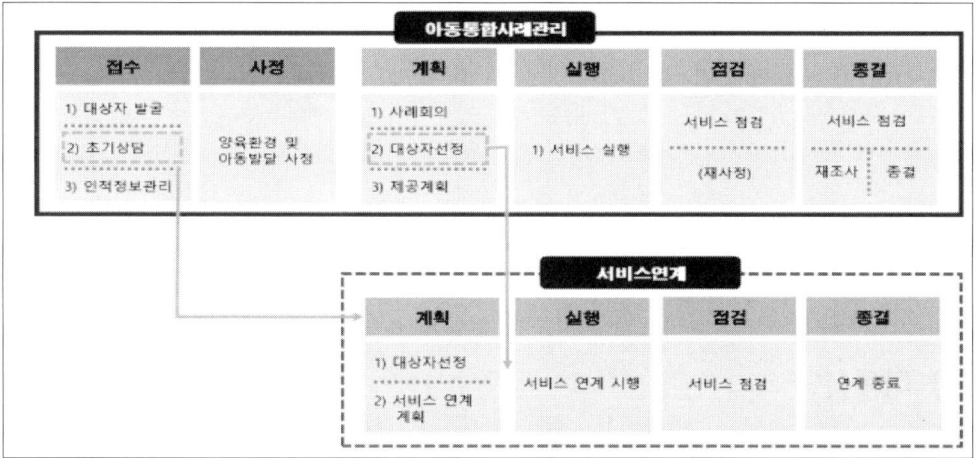

출처 : 보건복지부(2023). 2023년도 드림스타트 사업안내.

③ 자원관리
- 복지자원이란 대상자의 욕구를 충족시키고 잠재된 위험 및 문제에 대응하고 해결하기 위한 자원을 의미하며 지역사회 내 유무형의 서비스와 물질적 요소를 총칭한다.

- 드림스타트 사업을 통해 관리 및 제공되는 자원은 제도, 시설, 기관, 단체, 프로그램 및 사람들의 지식, 기술, 정보 등을 포함한다.
- 자원관리는 대상자에게 맞춤형 서비스를 기획하거나 제공하기 위해 지역사회에 다양한 자원을 파악하고 체계적으로 관리하는 것이며, 대상자의 욕구에 능동적으로 대응하기 위해 공공자원(예산, 프로그램 등) 뿐만 아니라 지역사회 민간자원을 적극 개발하여 다양한 자원을 파악하고 체계적으로 관리하는 것이다.
- 대상자에게 필요한 서비스 제공을 위해 주기적으로 자원 현황 파악 및 신규 자원을 발굴한다.

④ 아동복지서비스 통합 및 조정
- 지역아동센터, 아동보호전문기관, 희망복지지원단, 찾아가는 보건복지전담 공공사례관리 사업 등 사례관리 협력체계 구축을 통한 서비스 통합 및 조정을 실시한다.
- 단편적인 욕구가 있어 단기간 개입 및 서비스 연계 등으로 상황 호전이 가능한 경우 아동통합사례관리가 아닌 서비스 연계를 실시한다.
- 아동복지서비스의 연속성 담보를 위해 드림스타트 지원 연령을 초과(만 13세 이상)한 아동을 청소년 지원체계 등으로 연계한다.

2. 아동상담, 부모상담 및 교육

1) 아동상담

(1) 아동상담의 개념과 목표

상담(相談, counseling)은 한자로는 얼굴과 얼굴을 서로 마주보고 말을 주고받는다는 뜻이다. 다만, 그 말은 일상적인 말을 주고받는 것이 아니라, 욕구와 문제 해결의 목적을 지닌 의도적인 대화이며, 도움이 필요한 사람에게 전문적인 도움을 주고, 변화가 일어나게 하는 학습의 의미가 포함되어 있다(이소희, 2021). 아동상담은 성인상담과 기본원리는 같지만 아동복지의 실천적 접근으로 아동, 가족, 학교, 사회 환경과의 상호작용을 통해 아동문제를 사전에 예방할 수 있어야 한다. 즉, 아동상담은 아동의 성장과 발달에 지장을 주는 다양한 문제를 극복하도록 아동과 가족에 도움을 주고, 아동의 적응 및 문제해결 능력을 향상시켜 주어 최적의 발달상태가 되도록 도와주는 전문적인 과정이다(하승민 외, 2008).

아동에게 문제가 있을 경우에는 문제의 성격과 수준에 따라 아동은 물론 아동의 부모도 함께 교육과 상담을 받아 문제를 경감시키거나 해결 할 수 있다. 일반적으로 아동상담의 목표는 크게 다섯 가지로 구분할 수 있다. 첫째, 본능적인 욕구를 적절히 충족시켜 준다. 둘째, 자기 통제력을 습득할 수 있도록 적절히 도와준다. 셋째, 각 발달과업에 따른 적절한 학습 및 경험을 하도록 배려한다. 넷째, 아동 스스로 주위 환경에 잘 대처할 수 있도록 능력을 길러준다. 다섯째, 문제 발생 가능성이 있는 환경을 새롭게 조성하도록 도와준다. 이러한 아동상담의 목표를 효과적으로 이루기 위해서는 아동은 물론 가족과 주변 사람들의 인적 환경과 물리적 환경에도 세심한 주의를 기울여야 하며 바람직한 환경을 의도적으로 조성해야 한다(이소희, 2021).

(2) 아동상담의 원칙과 특징

아동상담에는 다양한 원칙이 적용될 수 있지만, 중요한 것은 상담 과정에서 아동의 안전과 권리를 최우선으로 하고, 아동의 성장과 발달을 돕는 데 초점을 맞추는 것이다. 아동상담의 주요 원칙으로는 다음과 같다.

첫째, 신뢰 구축이다. 아동이 자유롭게 마음을 열 수 있도록 안전하고 편안한 환경을 조성하고, 진정성 있는 태도로 상담을 진행하며, 아동의 비밀을 유지한다.

둘째, 긍정적 인간관계 형성이다. 아동의 가치와 존엄성을 존중하고, 공감과 수용의 태도를 갖으며, 긍정적인 관심을 표현한다.

셋째, 발달적 관점이다. 아동의 연령과 발달 단계를 고려하고, 잠재력과 가능성에 대한 믿음과 발달 과정에서 나타나는 변화를 이해한다.

넷째, 의견 존중이다. 아동의 의견과 선택에 대해 존중한다.

다섯째, 협력 관계 형성이다. 아동 및 부모 간의 협력적 관계를 구축하고, 상호 소통 증진과 정보를 공유한다.

아동이 지닌 문제를 잘 해결하기 위해서는 먼저 아동의 행동이 정상인지를 판단하는 것이 우선이다. 하지만, 아동은 성인과는 달리 성장하는 과정에 있으므로 정상 여부를 판단하는 것이 쉽지 않다. 즉, 아동이 성장하는 과정에서 일시적으로 발생하는 현상인지 아닌지를 파악하기가 쉽지 않다는 것이다. 따라서 아동의 연령에 따라 부모의 역할이 달라져야 하는 것처럼, 아동이라는 특수한 연령층을 대상으로 상담할 때에는 상담자의 자세나 기술이 달라져야 한다. 아동을 상담할 때 다음과 같은 특징을 염두에 두고 상담을 진행하면 좋을 것 같다(이소희, 2021).

첫째, 아동은 성장 중이라는 점
둘째, 아동은 언어능력이 덜 발달했다는 점
셋째, 아동 스스로는 상담동기가 낮다는 점
넷째, 아동문제는 부모와의 관계의 문제라는 점
다섯째, 아동의 정신세계를 성인 상담자는 잘 모른다는 점
여섯째, 아동에게는 미래에 대한 선택의 폭이 넓다는 점

2) 부모상담 및 교육

(1) 부모상담

아동은 성인이 아니므로 아동을 상담할 때 부모나 보호자가 함께 동반하고 상담도 진행하게 된다. 부모 상담은 부모님이 자녀의 양육 과정에서 겪는 어려움이나 갈등을 해결하고, 긍정적인 부모와 자녀 관계를 형성하는데 도움을 줄 수 있는 효과적인 방법이다.

부모 상담이 필요한 경우는 첫째, 자녀의 행동문제로 어려움을 겪을 때 필요하다. 아동의 공격성, 불안, 우울증, 집중력 저하 등 다양한 행동 문제는 부모에게 큰 스트레스를 유발할 수 있다. 부모 상담을 통해 이러한 문제의 원인을 파악하고, 적절한 양육 방법을 개발하는 데 도움이 될 수 있다. 둘째, 부모와 자녀 관계가 악화되었을 때 필요하다. 부모와 자녀간의 의사소통이 부족하고, 갈등이나 소외감 등으로 인해 부모와 자녀 관계가 악화되면 서로를 이해하고 존중하는 관계를 구축하는 데 어려움을 겪을 수 있다. 부모 상담을 통해 서로의 입장을 이해하고, 효과적인 의사소통 방식을 배우는데 도움이 될 수 있다. 셋째, 자녀 양육에 대한 스트레스가 심할 때 필요하다. 자녀를 양육할 때 힘들고, 스트레스를 많이 받을 수 있다. 부모 상담을 통해 스트레스를 관리하고, 자녀 양육에 대한 효과적

인 방법과 지원을 받을 수 있다. 넷째, 특정한 양육문제에 대한 정보나 조언을 원할 때 필요하다. 자녀의 발달 단계, 학교생활의 부적응, 형제자매 간의 갈등 등 다양한 양육 문제에 대한 정보나 조언을 얻고 싶을 때 부모 상담을 통해 전문가로부터 맞춤형 정보와 조언을 받을 수 있다.

아동문제 해결을 위한 부모 상담 시 고려해야 할 사항으로는 다음과 같다

첫째, 상담 목적을 명확히 해야 한다. 상담을 통해 어떤 문제를 해결하고 싶은지, 상담을 통해 어떤 변화를 기대하는지, 상담을 통해 얻고 싶은 구체적인 결과는 무엇인지를 명확히 해야 한다.

둘째, 적합한 상담사를 선택해야 한다. 아동문제 관련 상담 경험이 풍부하고, 상담사의 스타일과 개인적 성향이 맞아야 하며, 상담 비용과 보험 적용 여부도 확인해야 한다.

셋째, 상담 과정에 적극적으로 참여해야 한다. 상담 시간에는 솔직하고 개방적인 태도로 이야기를 하고, 아동의 문제 상황과 행동에 대한 구체적인 예시를 제시하며, 상담 과정에서 궁금한 점이나 불편한 사항은 질문한다. 또한, 상담사가 제시하는 과제나 활동은 실천한다.

넷째, 아동의 참여를 유도한다. 가능한 아동도 상담에 참여하도록 하며, 아동의 생각과 감정을 표현할 수 있도록 기회를 제공하고, 상담 과정에서 아동의 의견을 존중하고 반영한다.

다섯째, 지속적으로 노력한다. 상담이 끝난 후에도 지속적으로 노력하고, 상담에서 배운 내용을 일상생활에서 활용하며, 필요시 추가적인 상담이나 전문적인 도움을 받는다.

부모상담은 부모와 자녀 모두에게 도움이 될 수 있는 효과적인 방법이다. 만약 부모와 자녀 관계로 어려움을 겪고 있다면 부모 상담을 받는 것도 고려해 보아야 할 것이다.

(2) 부모교육

부모교육은 부모를 대상으로 하는 교육을 말한다. 아동은 신체적, 정신적, 사회적으로 미성숙하여 그들의 생활에 부정적인 영향을 미치는 인적·물적 환경을 통제하기가 어려울 뿐만 아니라 바람직한 방향으로 조성하기도 어렵다. 따라서 이러한 환경조성은 주로 부모나 보호자 또는 교사에 의해 교육이 이루어져야 한다. 부모

교육은 예방 및 치료적 관점에서 이루어지고 있으며 그 내용은 다음과 같다(이소희, 2021).

- 부모역할 준비교육은 예비부모, 임산부교육 등이 있다.
- 아동발달 단계별 교육은 영아기, 유아기, 아동기, 청소년기 교육이 있다.
- 가정환경은 맞벌이가정, 한부모가정, 다문화가정, 입양가정, 폭력가정, 빈곤가정 등이 있다.
- 가족구성원 간의 부조화로 인한 어려움은 성격, 갈등, 스트레스 등이 있다.
- 부모의 문제행동은 도벽, 거짓말, 약물남용, 폭력, 성격이상 등이 있다.
- 부모훈련은 좋은 부모가 되기 위해서는 체계적이고 전문화된 교육을 받아야 한다는 관점으로 대화법 등이 있다
- 부모참여 및 부모관여는 부모를 교사로서 보며, 아동의 교육과정 전반에 걸쳐 계획, 실행, 평가, 수정 등의 활동에 부모가 참여하게 된다.

부모교육은 다양한 방식으로 제공되는데 먼저 토론은 다른 부모들과 경험을 공유하고 토론하는 모임이며, 컨설팅은 개별적인 양육 문제에 대한 전문적인 상담이다. 강좌는 전문가가 강의하는 대면 또는 비대면 강좌가 있다. 정보 자료로는 책, 웹사이트, 앱 등을 통한 정보 제공이 있다. 부모교육은 모든 부모에게 필요한 것으로 자녀의 건강한 성장과 발달을 위해 적극적인 참여를 고려해 보아야 할 것이다.

3. 놀이치료, 언어치료, 미술치료

1) 놀이치료

(1) 놀이치료의 개념

아동은 자신의 생각과 표현을 정확하게 전달하는 데 한계가 있기 때문에 아동에게 문제가 있을 경우 언어를 통한 상담은 제한적이어서 아동의 생활이자 교육적 도구라고 할 수 있는 놀이를 통해 문제해결을 시도하게 된다(이소희, 2021). 놀이치료는 놀이를 통한 심리 치료를 말하며, 놀이는 아동들이 언제 어디서나 하

는 자발적인 활동이다.

놀이치료는 놀이를 통해 아동의 심리적, 정서적 발달을 촉진하고 문제해결 능력을 향상시키는 치료방법이다. 아동은 자연스럽게 놀이를 통해 자신의 감정, 생각, 경험 등을 표현하고 탐색하며 놀이치료사는 이를 통해 아동의 문제를 이해하고 개선하고자 한다.

(2) 놀이치료의 목적

놀이치료의 목적으로는 첫째, 정서적인 문제를 해결하고자 한다. 아동이 불안, 우울, 공격성, 외상 후 스트레스 장애 등 다양한 정신적 문제를 해결하는 데 도움을 준다. 둘째, 사회적 기술을 향상하고자 한다. 아동과 타인과의 관계형성 및 유지, 의사소통, 문제해결능력 등 사회적 기술을 향상시키는 데 도움이 된다. 셋째, 인지적 발달을 촉진시키고자 한다. 아동의 사고과정, 기억력, 집중력 등 인지적 능력을 발달시키는 데 도움을 준다. 넷째, 자아감을 향상하고자 한다. 아동의 자신감, 자존감, 가치감 등을 높이는 데 도움을 준다.

(3) 놀이치료의 대상

놀이치료의 적합한 아동은 다음과 같다(구혜영 외, 2020).

① 전반적으로 발달이 늦은 아동
② 자폐성향이 있는 아동
③ 언어발달이 늦거나 반항어가 나타나 의사소통이 어려운 아동
④ 발달장애가 있는 아동이나 주의가 산만한 아동
⑤ 우울하거나 불안이 있는 아동
⑥ 또래관계에 문제가 있는 아동
⑦ 공격성, 거짓말, 도벽 등의 행동문제를 보이는 아동
⑧ 유아교유기관이나 학교생활에 적응이 어려운 아동
⑨ 눈을 깜빡이는 등 틱증상이 나타나는 아동
⑩ 야뇨증17)과 유분증18)의 증상이 나타나는 아동 등 정서장애가 있는 아동

---

17) 야뇨증 : 소변을 가릴 만한 나이가 지났는데도 배뇨 조절 기능에 이상이 있어 밤에 오줌을 싸는 것.
18) 유분증 : 만 4세 이상의 아동이 옷이나 방, 현관 등 적절하지 못한 곳에서 반복적으로 대변을 보는 것.

(4) 놀이의 기능

놀이의 기능은 다음과 같다(구혜영 외, 2020).

① 놀이는 자기표현의 자연스러운 수단으로 활용할 수 있다.
② 아동들은 놀이를 통해 자신의 모든 감각기관을 이용해서 세상을 직접 보고, 듣고, 만지고, 냄새 맡고, 느끼면서 학습하는 기회를 갖는다.
③ 놀이는 감정을 정화시켜 주고, 스트레스를 풀어주는 치료기능이 있다.
④ 놀이는 아동을 위한 심리치료의 수단이기도 하지만 경험을 재현하여 발달정도, 성격 특성, 심리적 어려움 등을 이해할 수 있는 진단과 평가 기능도 갖는다.
⑤ 놀이는 시행착오에 의해 아이가 세상에 적응하는 것을 배우게 한다.
⑥ 아동은 놀이를 하면서 사회성과 대인관계 능력을 기른다.

2) 언어치료

(1) 언어치료의 개념

언어치료는 말이나 언어장애로 인하여 의사소통에 문제를 가진 아동에게 잠재되어 있는 언어능력을 최대한 개발시키며 의사소통기술을 습득할 수 있게 하여 일상생활에서 원만한 의사소통을 할 수 있도록 유도하는 치료이다. 또한, 언어치료는 말하는 사람과 듣는 사람사이에 의사소통 관계를 재정립하는 것이다(최성명, 2013). 언어치료는 말과 언어에 어려움을 겪는 사람들의 의사소통 능력을 향상시키는 것으로 아동, 청소년, 성인까지 누구나 언어치료를 받을 수 있으며, 다양한 원인으로 인해 발생하는 언어 장애를 치료하는 데 도움을 준다.

(2) 언어치료의 목적

언어치료의 목적으로는 첫째, 언어 이해 및 표현 능력을 향상시키고자 한다. 말을 이해하고 표현하는 능력을 키워 다양한 상황에서 효과적으로 의사소통을 할 수 있도록 도움을 준다. 둘째, 의사소통 능력을 증진시키고자 한다. 말하기, 듣기, 읽기, 쓰기 등 다양한 의사소통 방식을 익히고 활용할 수 있도록 도움을 준다. 셋째, 자신감을 향상시키고자 한다. 자신의 의견을 표현하고 다른 사람들과 소통하는 데 대한 자신감을 높여준다. 넷째, 사회 참여를 증진시키고자 한다. 학교, 친구 등 일상생활의 다양한 분야에서 적극적으로 참여할 수 있도록 한다.

(3) 언어치료의 대상
언어치료의 적합한 아동은 다음과 같다.
① 언어 발달 장애 아동 : 언어 발달이 지연되거나 부족한 경우
② 음성 장애 아동 : 목소리와 관련된 경우
③ 유창성 장애 아동 : 말더듬 등
④ 인지 언어 장애 아동 : 뇌졸중, 외상성 뇌손상 등으로 인한 언어 장애
⑤ 청각 장애 아동 : 청력 손실로 인한 의사소통이 어려운 경우
⑥ 구강 운동 장애 아동 : 입과 혀의 움직임이 어려운 경우
⑦ 특정 질병이나 장애는 없지만 언어치료를 고려해 볼 사항
 - 발음이 부정확하거나 명확하지 않은 경우
 - 말을 더듬거나 유난히 빨리 하는 경우
 - 읽기, 쓰기, 이해하는 데 어려움이 있는 경우
 - 사회적 상황에서 의사소통하는데 어려움을 겪는 경우

(4) 언어재활사의 역할
언어재활사란 용어는 기존의 언어치료사의 변경된 명칭으로 2012년 8월부터 한국보건의료인국가시험원에서 시행된 국가자격증 제도를 통하여 처음 사용되었다. 언어재활사란 아동기 언어 발달 장애를 비롯하여 뇌졸중 같은 두뇌 기능 장애로 인한 신경 말·언어장애, 삼킴장애, 발음에 문제를 보이는 조음음운장애, 성대 등 음성산출기관의 문제로 인해 목소리를 정상적으로 산출하지 못하는 음성장애, 말더듬과 같은 유창성장애, 지적장애 또는 자폐범주성 장애 등과 같은 발달장애를 동반한 의사소통장애, 청각장애를 동반한 말·언어장애에 대한 전문적인 교육을 받고 일정한 자격 요건을 충족한 전문가를 언어재활사라 한다(한국언어재활사협회, 2024). 언어재활사의 주요 역할은 다양한 의사소통장애를 가진 아동들을 도와 아동이 원활한 의사소통을 할 수 있도록 돕는 것이며 다음과 같다(여경연, 2019).
① 평가 및 진단 : 언어 장애의 원인, 유형, 심각도를 평가하고 진단한다.
② 개별화된 치료 계획 수립 : 평가 결과를 바탕으로 아동의 특성과 욕구에 맞

는 치료계획을 수립한다.
③ 치료 제공 : 다양한 치료 기법을 활용하여 언어 능력, 의사소통 능력 등 언어재활작용 능력을 향상시키도록 돕는다.
④ 가족 및 주변 환경 교육 : 가족 및 주변 환경에 개인의 언어 장애와 치료 과정에 대한 정보를 제공하고, 효과적인 지원방법을 교육한다.
⑤ 협업 : 의사, 작업 치료사, 심리 상담사 등 다른 전문가들과 협업하여 아동의 전반적인 발달을 돕는다.

3) 미술치료

(1) 미술치료의 개념

아동에게 있어 자유로운 자기표현은 창의력 계발, 상상력과 자각능력 등을 발달시킨다. 언어습득이 이루어지는 아동기에는 말과 글로써 자기표현을 한다. 하지만, 아동초기에는 언어 발달이 완전히 되지 않았거나 장애로 언어표현에 제약이 있는 아동의 경우는 자기표현을 조리있게 표현하기 어렵다. 그러나 미술이라는 매체를 통해 자기표현을 하는 과정에서는 저항감이 언어보다는 적다. 특히 아동들은 자신의 사고, 느낌, 감정, 의사 등을 미술적인 매체로 솔직하고 자유롭게 표현 할 수 있다(추현주. 2007).

미술치료는 아동의 감정이나 내면세계를 미술활동으로 표현하는 일종의 심리치료 방법이다. 아동의 욕구와 감정을 그림이라는 비언어적 표현활동을 통하여 미술치료사가 이를 이해하고 상담해가는 심리상담기법 중 하나이다(구혜영 외, 2020).

(2) 미술치료의 목적

미술치료의 목적으로는 첫째, 정서 및 감정 표현을 돕는다. 언어적 표현이 부족한 아동이 그림이나 조각 등을 통해 자신의 생각, 감정을 자유롭게 표현하고 풀어낼 수 있도록 돕는다. 둘째, 정신 건강을 증진시킬 수 있다. 불안, 우울, 공격성 등의 정신적 어려움을 극복하고 건강한 정서 발달을 촉진할 수 있다. 셋째, 창의력과 문제 해결 능력을 향상시킬 수 있다. 창의적인 표현을 통해 문제 해결 능력과 사고력을 키울 수 있도록 돕는다. 넷째, 자존감을 향상시킬 수 있다. 자신의 작품을 만들고 평가하는 과정을 통해 자신감과 긍정적인 자아상을 형성하도록 돕는다. 다섯째, 사회성을 향상시킬 수 있다. 다른 아동들과 함께 미술활동을 하면서 소통 능력과 사회성을 키울 수 있도록 돕는다.

(3) 미술치료의 대상
미술치료의 적합한 아동은 다음과 같다.
① 언어적 표현이 부족하거나 소통에 어려움을 겪는 아동
② 불안, 우울, 공격성 등의 정신적 어려움을 겪는 아동
③ 학습 장애나 발달 장애가 있는 아동
④ 아동 학대나 폭력을 경험한 아동
⑤ 만성 질환이나 입원 치료를 받는 아동

(4) 미술치료의 기능
미술치료의 기능은 다음과 같다(구혜영 외, 2020).
① 미술치료를 통하여 아동의 인지적 능력을 활성화시킬 수 있다.
② 직접적으로 관찰하기 어려운 아동의 행동에 대해 인식할 수 있다.
③ 미술활동의 정화기능으로 아동에게 사회적으로 수용되며 해롭지 않은 방식으로 분노, 적대감 등을 표현할 수 있다.
④ 미술활동은 아동 스스로 주도하고 조절하는 활동이기 때문에 아동의 자아를 높여줄 수 있다.
⑤ 미술재료를 선택하고 미술활동 과정과 완성된 작품을 통하여 아동은 성취감, 만족감, 가치감을 느낄 수 있다.
⑥ 미술활동으로 주저하거나 말이 없는 내성적인 아동과 친밀감을 형성하여 치료관계를 이루는 데 도움을 줄 수 있다.
⑦ 아동의 마음을 다치지 않고 아동의 방어기제를 허물어트리지 않으면서 아동의 무의식 세계를 파악할 수 있다.
⑧ 미술활동은 아동에 대한 보충적 자료로 아동 진단에 도움이 된다.

4. 집단 활동

1) 집단 활동의 개념

아동은 가족이라는 1차 집단을 시작으로 또래집단과 상호작용하며 규범과 규칙을 익히고, 타인과의 관계 속에서 자신의 욕구를 조절하고 충족시키는 방법을 배우게 된다. 또한, 학교에 들어갈 나이가 되면 집단 활동의 중요성이 증가하게 되고, 청소년기에는 그 중요성이 더욱 커지게 된다(한미현 외, 2018).

아동을 대상으로 하는 집단 활동은 서로 상호작용하는 2명 이상의 아동들이 동일한 집단에 소속되어 있고 공통의 관심사를 갖고 반복적으로 모여 서로에게 영향을 주며 공동의 목표를 달성하고자 참여하는 모임을 의미한다(임경옥 외, 2020). 집단 활동은 개별 활동과는 달리 집단의 역동성과 응집력의 활용 정도에 따라 프로그램의 효과가 달라지기 때문에 집단 활동 지도자는 아동의 개인적 특성을 잘 파악하고, 집단의 상호작용을 최대한 활용하는 것이 필요하다.

2) 집단 활동의 기본 원칙

집단 활동에서 가장 많이 인용되는 코노프카(Konopka)가 제시한 집단지도 실천의 기본원칙을 살펴보면 다음과 같다(Konopka, 1983 ; 남세진·조흥식, 1997 재인용).

① 각 아동의 독특한 차이점을 인정하여 그에 따라 행동한다.
② 어떤 집단에 대해서든지 그 집단이 가지는 특성을 인식하여 그에 따라 행동한다.
③ 각 아동성원들이 장점과 단점을 동시에 가진 존재임을 수용한다.
④ 전문가와 아동성원 간의 의도적인 원조관계를 수립한다.
⑤ 아동성원 간의 협조적이며 협력적 관계를 수립하도록 한다.
⑥ 집단과정에서 적절한 수정을 가한다.
⑦ 각 아동성원이 자기 능력에 따라 참여하도록 격려하고 능력을 향상시킬 수

있도록 원조한다.
⑧ 아동성원으로 하여금 문제 해결과정에 스스로 참여하도록 한다.
⑨ 아동성원이 문제를 해결해 나감에 따라 점차적으로 만족스러운 갈등 해소 방법을 경험하게 한다.
⑩ 대인관계와 성취를 위해 다양한 경험을 하는 기회를 제공한다.
⑪ 각 아동 개인이나 전체적 상황에 대하여 평가하고 이를 활용한다.
⑫ 각 아동성원, 집단의 목적, 적절한 사회 목적을 위해 진단 평가에 기초하여 의도적으로 또는 상이하게 프로그램을 활용한다.
⑬ 아동 개인과 집단과정에 대한 계속적 평가를 한다.
⑭ 전문가의 원만하고 인간적이며 잘 훈련된 자아를 활용한다.

3) 집단의 유형

집단은 공통의 관심사를 지닌 사람들이 공동의 목표를 달성하기 위해 지속적으로 상호작용하는 두 사람 이상의 집합을 말한다. 집단의 목적에 따라 분류할 경우 다양한 분류가 존재하지만 일반적으로 치료집단과 과업집단으로 분류할 수 있다(사회복지교육연구센터, 2023).

(1) 치료집단
치료집단은 교육, 성장, 치유, 사회화 등을 목적으로 하며, 한 가지 이상의 목적을 동시에 갖기도 한다.
① 지지집단 : 구성원에게 스트레스를 주는 생활상의 사건을 잘 대처하고 효과적으로 적응할 수 있도록 원조하는 집단으로 참여자는 대개 유사한 문제나 경험을 갖고 있다. 지지집단은 다른 형태의 집단에 비해 유대가 빨리 형성되는 것이 특징이다. 예를 들면, 이혼한 부부의 자녀집단, 자녀 양육에 어려움을 느끼는 한 부모집단 등이 이에 속한다.
② 교육집단 : 구성원의 지식, 정보, 기술의 향상이 목적인 집단으로 학습에 대한 공통 관심사를 가진 사람으로 구성된다. 예를 들면, 청소년 성교육집단, 부모역할 훈련집단, 특정 질환 아동에 대한 식이요법 훈련집단 등이 이에 속한다.

③ 성장집단 : 자신과 타인에 대한 생각, 감정, 행동 등을 새롭게 인식하고 변화시키는 기회를 통해 자신의 잠재력을 최대한 발휘하는 것이 목적인 집단으로 질병 치료보다는 심리적 건강을 증진시키는데 중점을 둔다. 예를 들면, 청소년들의 가치명료화 집단, 잠재력 개발집단 등이 이에 속한다.

④ 치유집단 : 구성원 스스로 자신의 행동을 바꾸고, 문제를 완화하거나 대처하도록 원조하는 집단으로 상실된 기능을 회복하고 원상 복귀할 수 있도록 돕는다. 예를 들면, 약물중독 치료집단, 금연집단 등이 이에 속한다.

⑤ 사회화집단 : 사회관계에 어려움을 가진 구성원들이 사회생활에 필요한 사회적 기술을 배우거나 증진시키는 것이 목적인 집단이다. 예를 들면, 주의력 결핍 과잉행동 아동집단, 시설이나 병원 입소자의 자치집단 등이 이에 속한다(강경자 외, 2019).

(2) 과업집단

과업집단은 기관의 문제에 대한 해결책을 모색하거나 새로운 아이디어 개발, 효과적인 원조전략 수립 등의 과업수행을 목적으로 한다. 특징으로는 첫째, 집단과 함께 일하고 노력할 주제에 대해 관심이 많은 사람이나 특별한 재능을 가진 사람들로 구성된다. 둘째, 집단성원의 개인적인 성장보다는 방침을 만들어 나가면서 의사를 결정하고 명령을 수행하여 산출물을 만들어 내는 것에 초점을 둔다. 셋째, 형식적인 일정과 규칙이 존재한다. 넷째, 일반적으로 자기개방 수준이 낮다. 다섯째, 과제가 수행되고 나면 기능이 정지되어 집단이 해체된다. 예를 들면, 위원회나 자문위원회, 팀, 이사회, 사례회의, 연합체 등이 이에 속한다(사회복지교육연구센터, 2023).

4) 집단 활동의 치료적 효과

집단 활동에 참여함으로서 얻을 수 있는 효과는 다양하다. 집단정신분석치료자인 얄롬(Yalon)은 집단에 참여하면서 얻게 되는 장점을 집단의 치료적 요소라고 하였으며, 11가지의 치료적 효과 혹은 치료적 요소를 다음과 같이 제시하였다(Yalon, 1995 ; 사회복지교육연구센터, 2023 재인용).

① 희망주기 : 집단성원들의 문제가 조금씩 해결되는 것을 보면서 아동은 자신의 문제도 개선되고 해결될 수 있다는 희망을 갖게 된다. 희망 자체에 치료적 효과가 있다.

② 보편성(일반화) : 비슷한 문제를 가진 집단성원을 보면서 나 혼자만의 문제가 아니라 누구에게나 문제가 생길 수 있다는 생각을 갖게 된다. 자신과 비슷한 갈등과 경험, 문제가 있다는 것을 알고 위안을 받는다.

③ 정보습득 : 사회복지사의 교육 내용이나 집단성원들의 제안, 지도, 충고 등을 들으면서 자기 문제에 대해 명확하게 이해할 수 있게 된다. 집단성원 간의 정보교환 등도 치료와 연결된다.

④ 이타심 : 성원들이 서로 도움을 주고받는 과정에서 자신도 누군가를 도울 수 있다는 경험을 함으로써 자존감을 높여주며, 타인에게 의존해왔던 자신을 보다 독립적으로 성장시키며, 치료적인 효과를 가져온다.

⑤ 사회기술 발달 : 집단성원들 간에 피드백을 주고받거나 역할극 등을 통해 학습함으로써 사회적 기술 등이 개발된다.

⑥ 모방행동 : 다른 성원이나 사회복지사의 행동을 통해 새로운 행동을 학습할 수 있고, 다른 사람들의 행동을 관찰하는 과정에서도 치료적 효과를 얻을 수 있다.

⑦ 대인관계 학습 : 집단성원들 간의 상호작용을 통해서 자신의 대인관계에 대해 통찰력을 갖게 되며, 새로운 대인관계 방식을 적용해 보거나 시험해 볼 수 있다.

⑧ 집단응집력 : 집단에 대한 소속감은 집단성원에게 긍정적인 변화를 일으키게 하며, 치료집단에서 치료경험에 도움을 주는 중요한 요소이다. 집단 내에서 발달하는 소속감이나 친밀감은 아동에게 위로와 용기를 줄 수 있다.

⑨ 감정의 정화 : 집단 내의 비교적 안전한 분위기 속에서 집단성원은 그동안 억압된 감정을 자유롭고 안전하게 표현할 수 있다. 집단성원들이 자신의 문제에 대한 불안, 감정, 생각, 꿈 등을 공유하여 공통의 목적을 성취해가기 때문에 자신의 문제를 보다 객관적으로 해결할 수 있다.

⑩ 실존적 요인들 : 치료과정에서 다른 사람으로부터 지지와 도움을 받지만 자신의 삶은 궁극적으로는 자신이 책임져야 한다는 인식을 갖게 된다. 고독, 자유, 죽음과 같은 인간의 한계에 직면하는 힘을 본인 스스로 키우게 된다.

⑪ 1차 가족집단의 교정적 재현(혹은 반복) : 1차 가족집단에서 경험했던 갈등이나 관계의 왜곡이 집단에서 반영되게 되는데, 집단 성원들과 상호작용하는 과정에서 가족에서 경험했던 문제를 해결할 수 있는 방법을 탐색하고 도전할 수 있게 된다. 아동은 사회복지사 및 집단성원들과의 관계에서 부모 및 형제들과의 상호작용을 재현하게 되며 그 과정을 통해 해결되지 않은 자신의 가족갈등에 대해 탐색하기도 하고 새롭게 교정할 수도 있다.

5. 타 전문직과 함께 일하기

사회복지사가 다른 분야의 전문가와 협력하여 일을 하게 된다면 아동 문제 해결에 다양한 접근이 가능하게 될 것이다. 즉, 전문성을 공유하고, 지식을 교환하며, 서로의 역량을 강화할 수 있게 된다. 또한, 아동복지 서비스의 질을 향상시키고, 사회 문제 해결에 기여할 수 있게 된다. 이처럼 사회복지사가 타 전문직과 함께 일하게 되면 다음과 같은 장점이 있다.

1) 종합적이고 효과적인 서비스 제공

사회복지사는 개인과 사회 환경을 종합적으로 이해하고 개입하지만, 다른 전문가의 전문성을 활용하면 보다 포괄적이고 효과적인 서비스를 제공할 수 있게 된다. 예를 들면, 의사, 심리사, 치료사, 변호사 등과 협력하여 의료, 정신 건강, 법률적 문제 등의 전문적인 지원을 연계할 수 있다.

2) 문제 해결 능력 향상

사회복지사는 다양한 문제를 다루지만, 다른 전문가의 지식과 경험을 활용하면 보다 창의적이고 효과적인 해결책을 찾을 수 있다. 예를 들면, 경제적 어려움을 겪는 클라이언트의 경우, 경제 전문가와 협력하여 재정관리 교육이나 취업 지원을 연계할 수 있다.

3) 전문성 개발 기회 확대

다른 전문가와의 협업을 통해 사회복지사는 새로운 지식과 기술을 배우고 전문성을 개발할 수 있다. 또한, 다른 전문가와의 상호작용을 통해 자신의 역할과 전문성에 대한 이해를 높일 수 있다.

4) 서비스 이용률 증가

다른 전문가와의 네트워킹을 구축하면 사회복지서비스에 대한 접근성을 높이고 서비스 이용률을 증가시킬 수 있다. 또한, 다른 전문가로부터 클라이언트를 추천 받거나, 클라이언트를 다른 전문가에게 추천하는 등의 상호 추천을 통해 서비스 이용을 확대할 수 있다.

5) 사회 문제 해결에 기여

사회복지사가 다른 전문가와 협력하여 사회 문제 해결에 적극적으로 참여할 수 있다. 예를 들면, 가정 폭력 예방, 아동 학대 예방, 아동 복지 증진 등의 사회 문제 해결을 위해 다른 전문가와 협력하여 정책 개발, 홍보, 교육 등을 진행 할 수 있다.

6. 아동복지 실천의 평가

1) 아동복지 실천 평가의 개념

아동복지 실천의 평가는 넓은 의미로는 아동복지 실천활동이 효과적이었는지 그리고 효율적이었는지를 판단하는 것이다. 효과성은 목표 달성을 했는지를 보는 것이며, 효율성은 적은 비용으로 최대의 효과를 이루었는지를 보는 것이다. 좁은 의미의 아동복지 실천 평가는 사회복지사의 개입 노력을 사정하는 것인데 이는 사회복지실천의 효과성을 평가하는 것으로 아동을 대상으로 실시한 개입이 변화를 일으켰는지, 일으켰으면 어느 정도 변화가 생겼는지를 사정하는 것이다.

2) 평가의 유형

(1) 자료의 속성에 따라 양적평가와 질적평가

① 양적평가
양적평가는 숫자를 사용하여 프로그램이나 개입의 효과를 측정하는 방법이다. 즉, 설문조사, 통계분석, 기록분석 등을 통해 객관적이고 수치화가 가능한 데이터를 수집하고 분석하여 평가하는 것이다.

양적평가의 장점으로는 첫째, 객관성이다. 숫자를 사용하기 때문에 주관적인 판단에 의한 영향이 적다. 둘째, 비교 가능성이다. 다른 프로그램과 비교 분석이 용이하다. 셋째, 신뢰성이다. 통계적 분석을 통해 결과의 신뢰성을 높일 수 있다.

양적평가의 단점으로는 첫째, 제한적인 측정이다. 모든 변수를 숫자로 측정할 수 있는 것은 아니며, 중요한 변수가 누락될 수 있다. 둘째, 인간 경험의 축소이다. 숫자만으로는 인간 경험의 복잡성을 충분히 반영하지 못할 수 있다. 셋째, 윤리적 문제이다. 개인 정보 보호 등의 문제가 발생할 수 있다.

② 질적평가

질적평가는 말, 이미지, 관찰 등을 통해 프로그램이나 개입의 효과를 측정하는 방법이다. 즉, 면접, 인터뷰, 집단 토론, 관찰 등 다양한 방법을 통해 참여자들의 경험과 의미, 변화 과정 등을 심층적으로 이해하고 평가하는 방법이다.

질적평가의 장점으로는 첫째, 깊이 있는 이해가 가능하다. 단순한 숫자를 넘어, 프로그램이나 개입에 참여한 사람들의 경험과 의미를 깊이 있게 이해할 수 있다. 둘째, 다양한 관점이 반영된다. 다양한 참여자들의 목소리를 들을 수 있고, 다양한 관점을 반영할 수 있다. 셋째, 맥락을 이해할 수 있다. 프로그램이나 개입이 이루어지는 구체적인 맥락을 이해할 수 있다.

질적평가의 단점으로는 첫째, 객관성이 부족하다. 주관적인 해석에 의존하기 때문에 객관성을 확보하기 어려울 수 있다. 둘째, 비교 분석이 어렵다. 다른 프로그램과 비교분석하기 어렵다. 셋째, 시간 및 비용 소요가 많다. 양적 평가에 비해 시간과 비용이 더 많이 소요될 수 있다.

(2) 평가의 시기에 따라 과정평가와 결과(성과)평가

① 과정평가

과정평가는 아동복지실천 과정을 평가하기 위한 것으로서 결과평가에서 간과되기 쉬운 프로그램의 준비, 진행, 종결과정을 평가하는 것이다. 프로그램 계획서에 제시된 내용들이 잘 이루어지고 있는지를 평가한다. 출석부, 과정기록지, 활동일지 등을 통해 확인할 수 있다. 과정평가의 결과는 결과평가의 결과와 차이가 있을 수 있다. 즉, 과정은 잘 이루어졌지만 결과가 좋지 않을 수도 있고, 반대로 과정은 좋지 않았지만 결과가 좋게 나타날 수도 있다.

② 결과(성과)평가

결과평가는 설정했던 목표들이 얼마나 달성되었는가를 평가하는 것으로서 개입과정을 통해서 원하던 변화가 일어났는지를 평가하는 것이다. 클라이언트의 변화는 개입 외에도 다른 여러 가지 요인에 의해 영향을 받을 수 있기 때문에 결과가 개입으로 인해 일어났다는 것을 증명해야 한다. 결과평가를 하는 방법은 여러 가지가 있겠지만 크게 개입 전후를 비교하는 단일집단 사전-사후 비교방법과 개입을 한 실험집단과 개입을 하지 않은 통제집단을 비교하는 통제집단 사전-사후 비교방법이 있다(사회복지교육연구센터, 2023). 개입의 효과를 객관적으로 측정하기 위해 척도집을 활용하게 된다.

퀴 즈

1. 다음은 통합사례관리 절차이다. 빈칸에 적합한 절차를 작성하시오
대상자접수 → 욕구조사 → (　　　　　) → 대상자구분 및 선정 → 서비스제공 계획수립 → 서비스제공 및 점검 → 종결 → 사후관리

2. 사례회의 구분에 해당되지 않는 것은?
① 내부사례회의   ② 전체사례회의   ③ 통합사례회의   ④ 솔루션회의

3. 목표 기술 방법이 잘 이루어진 것은?
① 거실 청결유지   ② 결근감소   ③ 위생관리기술 향상   ④ 집안청소

4. 취약계층 아동에게 맞춤형 통합서비스를 제공하여 아동의 건강한 성장과 발달을 도모하고 공평한 출발기회를 보장함으로써 건강하고 행복한 사회구성원으로 성장할 수 있도록 지원하는 사업은?
① 통합사례관리   ② 방과후공부방   ③ 지역아동센터   ④ 드림스타트

5. 아동상담의 주요원칙에 해당되지 않는 것은?
① 신뢰구축   ② 긍정적 인간관계형성   ③ 의견 존중   ④ 아동보호

6. 아동문제 해결을 위한 부모 상담 시 고려해야 할 사항이 아닌 것은?
① 상담 목적을 명확히 해야 한다   ② 아동이 좋아하는 상담사를 선택해야 한다
③ 아동의 참여를 유도한다   ④ 지속적으로 노력한다

7. 아동의 심리정서적 문제를 해결하고 치료하는 데 적합하지 않은 것은?
① 원예치료   ② 놀이치료   ③ 언어치료   ④ 미술치료

8. 집단의 유형 중 치료집단에 해당되지 않는 것은?
① 과업집단   ② 지지집단   ③ 성장집단   ④ 교육집단

9. 말, 이미지, 관찰 등을 통해 프로그램이나 개입의 효과를 측정하는 평가방법은?

정답	1	2	3	4	5	6	7	8	9
	사례회의 개최	②	③	④	④	②	①	①	질적 평가

에듀컨텐츠·휴피아
CH Educontents Huepia

제7장. 아동정책과 전달체계

　아동복지정책은 국가가 아동의 복지 증진과 권리 보호 등을 위해 추진하는 정책이다. 아동의 건강, 교육, 보호 등을 위한 다양한 서비스를 제공하며, 아동의 삶의 질을 향상시키는데 중요한 역할을 한다. 또한 아동복지서비스의 전달체계는 아동복지정책을 효과적으로 실행하기 위한 시스템이다. 정부, 지자체, 민간단체 등 다양한 기관이 협력하여 아동복지정책을 아동에게 전달하는 역할을 한다. 효율적인 전달체계는 아동복지정책의 성공적인 수행에 필수적이다. 본 장에서는 아동정책과 전달체계 중 아동복지와 관련된 법률, 아동복지 정책과 제도, 아동복지서비스 전달체계에 대해 구체적으로 알아보고자 한다.

1. 아동복지 관련 법률

1) 아동복지 관련 법률

아동복지 관련 법률은 아동의 가치를 함양하고, 권리를 보장하며, 복지를 증진하기 위한 사회적 약속이다. 또한, 사회적 약자를 보호하고, 사회 변화에 대응하며, 국제적 기준을 준수하는 데 중요한 역할을 한다. 이러한 법률들을 지속적으로 발전시키고 실천함으로써 모든 아동이 안전하고 행복하게 성장할 수 있는 환경을 조성해야 한다.

우리나라의 아동복지 관련 법률은 보호가 필요한 아동을 대상으로 하는 복지 즉 선별적 복지에서 모든 아동을 대상으로 하는 보편적 복지로 발전하고 있다. 아동의 기본적 권리, 즉 아동의 복지는 법적인 근거가 있을 때 구속력을 갖추고 보장받을 수 있다는 점에서 아동복지 관련 법률의 유무와 법률의 내용은 아동복지의 실질적 보장에 있어 매우 중요한 사항이다(이봉주 외, 2024). 우리나라의 아동복지 관련 법률의 체계는 「아동복지법」을 기본법으로 하고 있으며, 아동복지와 관련된 다수의 법률이 아동복지의 하위영역에서 보완적으로 제정되어 있다(백혜영 외, 2024).

우리나라에서 아동의 연령은 「아동복지법」에 명시되어 있는 18세 미만의 아동이다. 즉, 0세에서 18세까지의 연령이며, 이 연령대에 속하는 법률은 다양하게 존재한다. 유아와 관련된 법률, 어린이와 관련된 법률, 아동과 관련된 법률, 청소년과 관련된 법률, 학교와 관련된 법률 등 다양한 법률이 제정되어 있다. 현재 우리나라의 아동복지와 관련된 법률은 다음과 같다.

〈표 7-1〉 아동복지 관련 법률

구분	관련법률	대상	소관부처
유아	영유아보육법	7세 이하 취학 전 아동	보건복지부
	유아교육법	3세부터 초등학교 취학 전 어린이	교육부
어린이	어린이놀이시설 안전관리법	어린이(어린아동)	행정안전부
	어린이 식생활안전관리 특별법	초,중,고,특수학교 학생 또는 18세 미만	식품의약품안전처
	어린이안전관리에 관한 법률	13세 미만	행정안전부
	어린이제품 안전 특별법	13세 이하	산업통상자원부
아동	실종아동등의 보호 및 지원에 관한 법률	18세 미만	보건복지부 경찰청
	아동복지법	18세 미만	보건복지부
	아동수당법	8세 미만	보건복지부
	아동의 빈곤예방 및 지원 등에 관한 법률	18세 미만	보건복지부
	아동·청소년의 성보호에 관한 법률	19세 미만	여성가족부
	아동학대범죄의 처벌 등에 관한 특례법	18세 미만	법무부
	위기 임신 및 보호출산 지원과 아동 보호에 관한 특별법	출산 후 7일 미만	보건복지부
	장애아동 복지지원법	18세 미만 등록장애인	보건복지부
	헤이그 국제아동탈취협약 이행에 관한 법률	협약의 적용을 받는 16세 미만	법무부

구분	관련법률	대상	소관부처
청소년	청소년 기본법	9세 이상 24세 이하	여성가족부
	청소년 보호법	19세 미만	여성가족부
	청소년복지 지원법	9세 이상 24세 이하	여성가족부
	청소년활동 진흥법	9세 이상 24세 이하	여성가족부
	학교 밖 청소년 지원에 관한 법률	9세 이상 24세 이하	여성가족부
학교	학교급식법	유치원,초,중,고 학생	교육부
	학교도서관진흥법	초,중,고 학생	교육부
	학교보건법	유치원,초,중,고 학생	교육부
	학교안전사고 예방 및 보상에 관한 법률	유치원,초,중,고 학생	교육부
	학교체육 진흥법	유치원,초,중,고 학생	교육부 문화체육관광부
	학교폭력예방 및 대책에 관한 법률	초,중,고 학생	교육부
입양	입양특례법	18세 미만	보건복지부
	국내입양에 관한 특별법	18세 미만	보건복지부
	국제입양에 관한 특별법	18세 미만	보건복지부
소년	소년법	19세 미만	법무부
	보호소년 등의 처우에 관한 법률	19세 미만	법무부
기타	양육비 이행확보 및 지원에 관한 법률	19세 미만(미성년)	여성가족부
	한부모가족지원법	18세 미만 (취학 중 22세 미만)	여성가족부

출처 : 법제처 국가법령정보센터(2024) 홈페이지.

2) 아동복지법

「아동복지법」은 1961년 12월에 제정하여 1962년 1월에 시행된 「아동복리법」을 1981년 4월에 전부 개정하여 「아동복지법」으로 개칭하였다. 그 이후로 일부개정 또는 전부 개정이 여러 번에 걸쳐 진행되었고, 현재의 법률이 되었다. 대통령령으로 「아동복지법 시행령」이 있고, 보건복지부령으로 「아동복지법 시행규칙」이 있다. 「아동복지법」은 전문 75조와 부칙으로 구성되어 있다. 제1장 총칙(제1조~제6조), 제2장 아동복지정책의 수립 및 시행 등(제7조~14조), 제3장 아동에 대한 보호서비스 및 아동학대의 예방 및 방지(제15조~제29조), 제4장 아동에 대한 지원서비스(제30조~제44조), 제5장 아동복지시설(제45조~제58조), 제6장 보칙(제59조~제70조), 제7장 벌칙(제71조~제75조)으로 구성되어 있다. 「아동복지법」의 주요 내용을 살펴보면 다음과 같다(법률 제19605호).

(1) 목적(제1조)
이 법은 아동이 건강하게 출생하여 행복하고 안전하게 자랄 수 있도록 아동의 복지를 보장하는 것을 목적으로 한다.

(2) 기본 이념(제2조)
① 아동은 자신 또는 부모의 성별, 연령, 종교, 사회적 신분, 재산, 장애유무, 출생지역, 인종 등에 따른 어떠한 종류의 차별도 받지 아니하고 자라나야 한다.
② 아동은 완전하고 조화로운 인격발달을 위하여 안정된 가정환경에서 행복하게 자라나야 한다.
③ 아동에 관한 모든 활동에 있어서 아동의 이익이 최우선적으로 고려되어야 한다.
④ 아동은 아동의 권리보장과 복지증진을 위하여 이 법에 따른 보호와 지원을 받을 권리를 가진다.

(3) 정의(제3조)
이 법에서 사용하는 용어의 뜻은 다음과 같다.
① "아동"이란 18세 미만인 사람을 말한다.
② "아동복지"란 아동이 행복한 삶을 누릴 수 있는 기본적인 여건을 조성하고 조화롭게 성장·발달할 수 있도록 하기 위한 경제적·사회적·정서적 지원을 말한다.
③ "보호자"란 친권자, 후견인, 아동을 보호·양육·교육하거나 그러한 의무가 있는 자 또는 업무·고용 등의 관계로 사실상 아동을 보호·감독하는 자를 말한다.
④ "보호대상아동"이란 보호자가 없거나 보호자로부터 이탈된 아동 또는 보호자

가 아동을 학대하는 경우 등 그 보호자가 아동을 양육하기에 적당하지 아니하거나 양육할 능력이 없는 경우의 아동을 말한다.

⑤ "지원대상아동"이란 아동이 조화롭고 건강하게 성장하는 데에 필요한 기초적인 조건이 갖추어지지 아니하여 사회적·경제적·정서적 지원이 필요한 아동을 말한다.

⑥ "가정위탁"이란 보호대상아동의 보호를 위하여 성범죄, 가정폭력, 아동학대, 정신질환 등의 전력이 없는 보건복지부령으로 정하는 기준에 적합한 가정에 보호대상아동을 일정 기간 위탁하는 것을 말한다.

⑦ "아동학대"란 보호자를 포함한 성인이 아동의 건강 또는 복지를 해치거나 정상적 발달을 저해할 수 있는 신체적·정신적·성적 폭력이나 가혹행위를 하는 것과 아동의 보호자가 아동을 유기하거나 방임하는 것을 말한다.

⑦의2. "아동학대관련범죄"란 다음 어느 하나에 해당하는 죄를 말한다.

가. 「아동학대범죄의 처벌 등에 관한 특례법」제2조제4호의 아동학대범죄

나. 아동에 대한 「형법」 제2편제24장 살인의 죄 중 제250조부터 제255조까지의 죄

⑧ "피해아동"이란 아동학대로 인하여 피해를 입은 아동을 말한다.

⑨ 삭제 〈2016. 3. 22.〉

⑩ "아동복지시설"이란 제50조에 따라 설치된 시설을 말한다.

⑪ "아동복지시설 종사자"란 아동복지시설에서 아동의 상담·지도·치료·양육, 그 밖에 아동의 복지에 관한 업무를 담당하는 사람을 말한다.

(4) 국가와 지방자치단체의 책무(제4조)

① 국가와 지방자치단체는 아동의 안전·건강 및 복지 증진을 위하여 아동과 그 보호자 및 가정을 지원하기 위한 정책을 수립·시행하여야 한다.

② 국가와 지방자치단체는 보호대상아동 및 지원대상아동의 권익을 증진하기 위한 정책을 수립·시행하여야 한다.

③ 국가와 지방자치단체는 아동이 태어난 가정에서 성장할 수 있도록 지원하고, 아동이 태어난 가정에서 성장할 수 없을 때에는 가정과 유사한 환경에서 성장할 수 있도록 조치하며, 아동을 가정에서 분리하여 보호할 경우에는 신속히 가정으로 복귀할 수 있도록 지원하여야 한다.

④ 국가와 지방자치단체는 장애아동의 권익을 보호하기 위하여 필요한 시책을 강구하여야 한다.

⑤ 국가와 지방자치단체는 아동이 자신 또는 부모의 성별, 연령, 종교, 사회적 신분, 재산, 장애유무, 출생지역 또는 인종 등에 따른 어떠한 종류의 차별도 받지 아니하도록 필요한 시책을 강구하여야 한다.

⑥ 국가와 지방자치단체는 「아동의 권리에 관한 협약」에서 규정한 아동의 권리 및 복지 증진 등을 위하여 필요한 시책을 수립·시행하고, 이에 필요한 교육과 홍보를 하여야 한다.

⑦ 국가와 지방자치단체는 아동의 보호자가 아동을 행복하고 안전하게 양육하기 위하여 필요한 교육을 지원하여야 한다.

(5) 보호자 등의 책무(제5조)
① 아동의 보호자는 아동을 가정에서 그의 성장 시기에 맞추어 건강하고 안전하게 양육하여야 한다.
② 아동의 보호자는 아동에게 신체적 고통이나 폭언 등의 정신적 고통을 가하여서는 아니 된다.
③ 모든 국민은 아동의 권익과 안전을 존중하여야 하며, 아동을 건강하게 양육하여야 한다.

3) 영유아보육법

「영유아보육법」은 1980년대에 여성 취업률이 급증하면서 취업모의 탁아 요구가 크게 늘어났고, 도시 저소득층 아동 및 농어촌 지역 아동의 방치문제가 사회문제로 나타나게 되었다. 1981년 「아동복지법」이 개칭되어 아동의 전반적인 사항을 다루고 있었지만, 늘어나는 보육수요에 대처하기가 미흡하여 1991년 1월에 「영유아보육법」을 독립적으로 제정 및 시행하게 되었다. 그 이후로 일부개정 또는 전부개정이 여러 번에 걸쳐 진행되었고, 현재의 법률이 되었다. 대통령령으로 「영유아보육법 시행령」이 있고, 보건복지부령으로 「영유아보육법 시행규칙」이 있다. 「영유아보육법」은 전문 56조와 부칙으로 구성되어 있다. 제1장 총칙(제1조~제9조),

제2장 어린이집의 설치(제10조~16조), 제3장 보육교직원(제17조~제23조), 제4장 어린이집의 운영(제24조~제30조), 제5장 건강·영양 및 안전(제31조~제33조), 제6장 비용(제34조~제40조), 제7장 지도 및 감독(제41조~제49조), 제8장 보칙(제50조~제53조), 제9장 벌칙(제54조~제56조)으로 구성되어 있다. 「영유아보육법」의 주요 내용을 살펴보면 다음과 같다(법률 제19653호).

(1) 목적(제1조)

이 법은 영유아의 심신을 보호하고 건전하게 교육하여 건강한 사회 구성원으로 육성함과 아울러 보호자의 경제적·사회적 활동이 원활하게 이루어지도록 함으로써 영유아 및 가정의 복지 증진에 이바지함을 목적으로 한다.

(2) 정의(제2조)

이 법에서 사용하는 용어의 뜻은 다음과 같다.
① "영유아"란 7세 이하의 취학 전 아동을 말한다.
② "보육"이란 영유아를 건강하고 안전하게 보호·양육하고 영유아의 발달 특성에 맞는 교육을 제공하는 어린이집 및 가정양육 지원에 관한 사회복지서비스를 말한다.
③ "어린이집"이란 보호자의 위탁을 받아 영유아를 보육하는 기관을 말한다.
④ "보호자"란 친권자·후견인, 그 밖의 자로서 영유아를 사실상 보호하고 있는 자를 말한다.
⑤ "보육교직원"이란 어린이집 영유아의 보육, 건강관리 및 보호자와의 상담, 그 밖에 어린이집의 관리·운영 등의 업무를 담당하는 자로서 어린이집의 원장 및 보육교사와 그 밖의 직원을 말한다.

(3) 보육 이념(제3조)

① 보육은 영유아의 이익을 최우선적으로 고려하여 제공되어야 한다.
② 보육은 영유아가 안전하고 쾌적한 환경에서 건강하게 성장할 수 있도록 하여야 한다.
③ 영유아는 자신이나 보호자의 성, 연령, 종교, 사회적 신분, 재산, 장애, 인종 및 출생지역 등에 따른 어떠한 종류의 차별도 받지 아니하고 보육되어야 한다.

(4) 책임(제4조)
① 모든 국민은 영유아를 건전하게 보육할 책임을 진다.
② 국가와 지방자치단체는 보호자와 더불어 영유아를 건전하게 보육할 책임을 지며, 이에 필요한 재원을 안정적으로 확보하도록 노력하여야 한다.
③ 특별자치시장·특별자치도지사·시장·군수·구청장은 영유아의 보육을 위한 적절한 어린이집을 확보하여야 한다.
④ 국가와 지방자치단체는 보육교직원의 양성, 근로여건 개선 및 권익 보호를 위하여 노력하여야 한다.

4) 장애아동복지지원법

「장애아동복지지원법」은 장애아동의 복지를 위한 사업들이 대부분 보편적 복지가 아니라 저소득층 장애아동에 대한 선별적인 복지의 성격이 강하고, 복지정책도 주로 성인기 장애인들을 중심으로 수립되어 있고, 복지지원 전달체계나 연계협력 체계가 미비하여 장애아동과 그 가족에 대한 종합적인 지원 대책이 필요하여 2011년 8월에 제정하여 2012년 8월에 시행하게 되었다. 그 이후로 일부개정이 여러 번에 걸쳐 진행되었고, 현재의 법률이 되었다. 대통령령으로 「장애아동복지지원법 시행령」이 있고, 보건복지부령으로 「장애아동복지지원법 시행규칙」이 있다. 「장애아동복지지원법」은 전문 41조와 부칙으로 구성되어 있다. 제1장 총칙(제1조~제5조), 제2장 국가와 지방자치단체의 임무(제6조~제11조), 제3장 복지지원 대상자 선정 및 복지지원 제공의 절차(제12조~제18조), 제4장 복지지원의 내용(제19조~제29조), 제5장 복지지원 제공기관 등(제30조~제33조), 제6장 보칙(제34조~제38조), 제7장 벌칙(제39조~제41조)으로 구성되어 있다. 「장애아동복지지원법」의 주요 내용을 살펴보면 다음과 같다(법률 제19461호).

(1) 목적(제1조)
이 법은 국가와 지방자치단체가 장애아동의 특별한 복지적 욕구에 적합한 지원을 통합적으로 제공함으로써 장애아동이 안정된 가정생활 속에서 건강하게 성장하고 사회에 활발하게 참여할 수 있도록 하며, 장애아동 가족의 부담을 줄이는데 이

바지함을 목적으로 한다.

(2) 정의(제2조)
이 법에서 사용하는 용어의 뜻은 다음과 같다.

① "장애아동"이란 18세 미만의 사람 중 「장애인복지법」 제32조에 따라 등록한 장애인을 말한다. 다만, 6세 미만의 아동으로서 장애가 있다고 보건복지부장관이 별도로 인정하는 사람을 포함한다.

② "장애아동 보호자"(이하 "보호자"라 한다)란 친권자, 후견인, 장애아동을 보호·양육·교육하거나 그 의무가 있는 자 또는 업무·고용 등의 관계로 사실상 장애아동을 보호·감독하는 자를 말한다.

③ "장애아동 복지지원"(이하 "복지지원"이라 한다)이란 국가와 지방자치단체가 장애아동의 특별한 복지적 욕구에 따라 의료비지원, 보육지원, 가족지원 및 장애아동의 발달에 필요한 지원 등 다양한 인적·물적 자원을 제공하는 것을 말한다.

④ "복지지원 대상자"란 이 법에 따라 복지지원을 받는 사람을 말한다.

⑤ "장애아동 복지지원 이용권"(이하 "복지지원 이용권"이라 한다)이란 그 명칭 또는 형태와 상관없이 이용자가 제공자에게 제시하여 일정한 복지지원을 받을 수 있도록 복지지원의 수량 또는 그에 상응하는 금액이 기재(전자적 또는 자기적 방법에 따른 기록을 포함한다)된 증표를 말한다. 다만, 제22조제1항에 따른 보육료 지원의 경우에는 「영유아보육법」 제34조의3에 따른 보육서비스 이용권으로 대체한다.

(3) 기본이념(제3조)
① 장애아동을 위한 모든 활동에 있어서 장애아동의 이익이 최우선적으로 고려되어야 한다.

② 장애아동은 자신에게 영향을 미치는 모든 활동에 대하여 자신의 견해를 자유로이 표현할 권리를 최대한 보장받아야 한다.

(4) 장애아동의 권리(제4조)
① 장애아동은 모든 형태의 학대 및 유기·착취·감금·폭력 등으로부터 보호받아야 한다.

② 장애아동은 부모에 의하여 양육되고, 안정된 가정환경에서 자라야 한다.
③ 장애아동은 인성 및 정신적·신체적 능력을 최대한 계발하기 위하여 적절한 교육을 제공받아야 한다.
④ 장애아동은 가능한 최상의 건강상태를 유지하고 행복한 일상생활을 영위하기 위한 의료적·복지적 지원을 받아야 한다.
⑤ 장애아동은 휴식과 여가를 즐기고, 놀이와 문화예술활동에 참여할 수 있는 기회를 제공받아야 한다.
⑥ 장애아동은 의사소통 능력, 자기결정 능력 및 자기권리 옹호 능력을 향상시키기 위한 교육 및 훈련 기회를 제공받아야 한다.

(5) 다른 법률과의 관계(제5조)
장애아동의 복지지원에 관하여는 다른 법률에 우선하여 이 법을 적용한다.

5) 아동의 빈곤예방 및 지원 등에 관한 법률

「아동의 빈곤예방 및 지원 등에 관한 법률」은 최근에 경기침체로 인한 부모의 가출·이혼·별거·질병 및 사망 등에 따른 가족해체로 빈곤 상황에 놓이는 아동이 급격하게 증가하고 있음에도 아동복지정책은 아동의 빈곤 문제를 해결하지 못하는 실정이다. 이에 따라 경제적·사회적·문화적·정서적으로 빈곤상태에 있는 아동을 위하여 국가가 아동빈곤위원회를 설치하여 기본계획과 추진전략을 수립하며 통합적인 사회복지지원체계를 마련함으로써 모든 아동이 사회의 구성원으로 건강하게 자랄 수 있도록 법적·제도적 기반을 마련하기 위해 2011년 7월 제정하여 2012년 7월에 시행하게 되었다. 대통령령으로 「아동의 빈곤예방 및 지원 등에 관한 법률 시행령」이 있고, 보건복지부령으로 「아동의 빈곤예방 및 지원 등에 관한 법률 시행규칙」이 있다. 「아동의 빈곤예방 및 지원 등에 관한 법률」은 전문 11조와 부칙으로 구성되어 있다. 「아동의 빈곤예방 및 지원 등에 관한 법률」의 주요 내용을 살펴보면 다음과 같다(법률 제14839호).

(1) 목적(제1조)

이 법은 빈곤아동이 복지·교육·문화 등의 분야에서 소외와 차별을 받지 아니하고 한 사회의 구성원으로 건강하게 자랄 수 있도록 제도적 기반을 마련하는 것을 목적으로 한다.

(2) 기본이념(제2조)

이 법은 빈곤아동이 부모의 사회적·경제적 지위와 상관없이 태어나서 자립할 때까지 충분한 역량을 갖출 수 있도록 균형 있고 조화로운 성장과 건강하고 행복한 삶을 누릴 수 있도록 하는 것을 기본이념으로 한다.

(3) 정의(제3조)

이 법에서 사용하는 용어의 뜻은 다음과 같다.

① "아동"이란 「아동복지법」 제3조제1호에 따른 아동을 말한다.

② "아동빈곤"이란 아동이 일상적인 생활여건과 자원이 결핍하여 사회적·경제적·문화적 불이익을 받는 빈곤한 상태를 말한다.

③ "빈곤아동"이란 생활여건과 자원의 결핍으로 인한 복지·교육·문화 등의 격차를 해소하기 위하여 지원이 필요한 아동을 말하며, 그 구체적인 기준은 보건복지부령으로 정한다.

(4) 국가 및 지방자치단체의 책무(제4조)

① 국가 및 지방자치단체는 복지·교육·문화 등의 지원 등 빈곤아동정책의 수행에 필요한 법적·제도적 장치를 마련하고 업무수행에 필요한 재원을 안정적으로 확보하기 위하여 노력하여야 한다.

② 국가 및 지방자치단체는 빈곤아동의 안전·건강 및 복지증진을 위하여 빈곤아동과 그 보호자, 가정을 지원하기 위한 정책을 수립·시행하여야 한다.

③ 국가 및 지방자치단체는 빈곤아동이 어떠한 종류의 차별도 받지 아니하도록 필요한 시책을 마련하여야 한다.

(5) 실태조사(제5조의2)

① 보건복지부장관은 빈곤아동의 복지·교육·문화 등의 기본적인 욕구 등에 대

한 실태조사를 5년마다 실시하여 그 결과를 공표하여야 한다.

② 보건복지부장관은 특별시장·광역시장·특별자치시장·도지사·특별자치도지사(이하 "시·도지사"라 한다), 관계 기관·법인·단체·시설의 장에게 현황 파악과 실태조사를 위하여 필요한 자료의 제공을 요청할 수 있다. 이 경우 자료의 제공을 요청 받은 자는 특별한 사유가 없으면 이에 협조하여야 한다.

③ 제1항에 따른 실태조사는 「아동복지법」 제11조에 따른 아동종합실태조사와 함께 실시할 수 있다.

④ 제1항에 따른 실태조사의 내용과 방법 등은 보건복지부령으로 정한다.

2. 아동복지 정책과 제도

아동복지 정책은 아동복지 관련 법률과 서로 보완적인 관계라 볼 수 있다. 아동복지 관련 법률은 아동의 권리를 보장하고 기본적인 틀을 마련하는 것이며, 아동복지 정책은 이러한 틀을 구체화하고 실천하는 역할을 한다.

1) 아동복지 정책의 개념

아동복지 관련 법률은 아동의 권리를 보장하고, 아동복지를 증진하기 위한 법적 규범을 의미한다. 국회에서 제정되고, 법의 위력을 통해 강제적으로 준수해야 한다. 아동복지 정책은 국가가 아동의 복지를 증진하기 위해 추진하는 구체적인 프로그램이나 사업을 의미한다. 행정부가 주도적으로 추진하며, 예산, 인력, 시설 등이 필요하다.

정책이란 정부 차원에서 각종 사업을 추진하기 위한 방침을 설정하는 것이며, 사회복지정책은 사회복지사업을 실시하기 위한 국가의 방침으로 사회복지프로그램이나 제반 문제에 대한 의사결정에 활용되는 지침이라 말할 수 있다(도미향 외, 2018). 아동복지정책은 아동복지를 위한 행동 노선과 계획이며, 아동복지를 위한 활동을 하는데 필요한 원칙과 방향을 정하거나 계획하는 것이다.

아동복지정책에는 정책을 수립하는 국가가 아동의 성장과 발달을 위해 무엇이 필요하고 무엇이 중요한지 그리고 무엇이 우선시되어야 하는지에 따라 정책의 방향이 달라질 수 있다. 따라서 아동복지정책을 수립하기 위해서는 다음과 같은 전체조건이 요구된다(오동석, 2015 ; 임경옥 외, 2020 재인용).

첫째, 아동에 대한 통계를 별도로 작성하여야 한다. 아동에 대한 데이터베이스를 구축할 때 입법·사법·행정의 유기적인 집행이 가능하다.

둘째, 아동에 대한 예산을 확보하여야 한다. 아동권리위원회는 국가 및 기타 예산에서 아동을 위한 자원의 확인과 분석의 중요성을 강조하고 있으며, 아동에게 할당된 예산의 비율을 확인할 것을 권고하고 있다.

셋째, 아동인권지수[19]를 개발 및 보급하여야 한다. 아동인권지수는 아동인권의 보장 정도에 대한 평가 및 측정을 도모하고 있다.

2) 아동복지정책의 분석

아동복지정책을 분석한다는 것은 아동복지사업의 목적 및 목표에 맞게 프로그램을 잘 수행하고 있는지를 확인하는 것이다. 사회복지정책의 일반적인 정책목표는 최저생활의 보장, 불평등의 감소, 사회적 적절성의 달성, 사회통합의 달성 등이 있는데, 이러한 정책목표는 아동복지정책 분석에서도 일반적인 목표로서 적용될 수 있다(도미향 외, 2018).

사회복지정책 내용을 분석하는 방법은 여러 가지가 있으나 길버트(Gilbert)와 스펙트(Specht)의 분석 틀을 후에 더욱 정교하게 만든 길버트와 테렐(Terrel1)이 제시한 대상체계, 급여체계, 전달체계, 재정체계의 네 가지 틀에 의하여 이루어진다(Gilbert & Terrel1, 2005 ; 이진국·김주희, 2020 재인용).

(1) 대상체계 (누가 혜택을 받을 것인가?)

대상체계는 사회복지정책의 대상을 크게 보편주의와 선별주의로 나누었고, 이에 따라 누가 혜택을 받을 것인지 결정하는 것이다. 보편주의 대상은 모든 아동에게

---

19) 아동인권지수 : 국제 사회에서 발생하는 아동인권 문제를 객관적으로 파악할 수 있는 지표. 국가별 인권 보장 실태와 그 변동 상황의 비교를 위해 각종 국제기구들이 정기적으로 조사하여 발표함.

혜택을 제공하는 것이다. 국적, 연령, 소득, 건강 상태 등과 관계없이 모든 아동이 동일하게 혜택을 받을 수 있는 것을 말한다. 예를 들면, 아동복지 수당, 무상보육 등이 이에 해당된다. 선별주의 대상은 특정 요건을 충족한 아동에게만 혜택을 제공하는 것으로 제한된 재원을 특정 대상에게 집중하여 혜택의 효과를 극대화하는 데 초점이 있다. 소득, 건강 상태, 가족 구성 등 특정한 요건을 충족하는 아동들만 혜택을 받을 수 있는 것을 말한다. 예를 들면, 공공부조(기초생활수급자, 의료급여, 긴급복지지원) 등이 이에 해당된다.

(2) 급여체계 (무엇을 줄 것인가?)

급여체계는 수급자격자에게 어떤 형태의 급여를 제공할 것인지를 결정하는 것으로 현금 급여, 현물 급여, 서비스 제공, 복합형 등이 있다. 현금 급여는 아동에게 현금을 직접 지급하는 것으로 아동의 욕구에 맞는 물품이나 서비스를 선택할 수 있도록 하는 것이다. 현물 급여는 아동에게 필요한 물품을 직접 제공하는 것으로 현금 급여의 오남용을 사전에 예방할 수 있다. 서비스 제공은 아동에게 전문적인 서비스를 제공하는 것으로 아동의 근본적인 문제를 해결하는 데 도움을 줄 수 있고, 장기적인 효과를 기대할 수 있다. 복합형은 위 세 가지 유형을 조합하여 급여를 제공하는 것으로 각 유형의 장점을 활용하여 혜택의 효과를 극대화하고, 아동의 특성에 따라 적절하게 조합하여 제공할 수 있다.

(3) 전달체계 (어떻게 줄 것인가?)

전달체계는 급여를 효율적으로 전달하기 위하여 조직 체계를 어떻게 설계할 것인지 결정하는 것으로 전달체계 설계는 공공기관 직접 제공, 민간기관 위탁, 혼합형 세 가지 유형이 있다. 공공기관 직접 제공은 정부기관이 직접 급여를 제공하는 방식으로 정부기관이 직접 급여를 제공하기 때문에 책임 소재가 명확하고, 전국적으로 균일한 수준의 급여를 제공할 수 있다. 민간기관 위탁은 정부기관에서 민간단체에게 급여 제공을 위탁하는 방식으로 다양한 프로그램과 서비스를 제공할 수 있고, 정부기관에서 직접 제공하는 방식보다 유연하게 운영할 수 있다. 혼합형은 공공기관과 민간기관이 협력하여 급여를 제공하는 방식으로 공공기관과 민간기관의 장점을 살려 효과적으로 급여를 제공할 수 있고, 비용을 절감할 수 있다.

(4) 재정체계 (재정을 어떻게 조달할 것인가?)

재정체계는 급여나 서비스의 비용을 어떻게 조달할 것인지를 결정하는 것으로 공공재정, 민간재정, 혼합형 세 가지 유형이 있다. 공공재정은 정부가 세금 공채, 국유자산 매각 등을 통해 재원을 조달하는 방식이다. 아동복지정책의 재원 조달 방식 중 가장 기본적인 유형이며, 정부가 주도적으로 아동복지정책을 기획하고 실행하는 데 활용된다. 공공재정은 비교적 안정적인 재원 확보가 가능하며, 사회보험, 공공서비스 등이 있다. 민간재정은 기업, 사회단체, 개인 등 다양한 주체들의 참여를 통해 재원을 조달하는 방식이다. 정부재정 부담을 줄이고, 민간 부문의 창의성과 유연성을 활용하여 다양한 프로그램 및 서비스 제공이 용이하며, 이용자의 욕구에 맞는 맞춤형 서비스를 제공하여 이용자의 만족도를 높일 수 있다. 혼합형은 공공재정과 민간재정을 혼합하여 운영하는 방식으로 정부의 일반세와 같은 안정적인 재원과 기부, 후원과 같은 비교적 불안정한 재원을 조합함으로써 재원 확보의 안정성을 높일 수 있다. 또한 정부의 재정능력과 민간의 창의성을 활용하여 다양하고 혁신적인 프로그램 및 서비스를 제공할 수 있다.

3) 우리나라 아동정책 기본계획

우리나라의 아동정책은 「아동복지법」제7조(아동정책기본계획의 수립)에 의거하여 아동정책 기본계획에 따라 이루어진다. 아동정책 기본계획은 보건복지부에서 5년마다 수립하는 계획으로 제1차 아동정책 기본계획(2015년~2019년), 제2차 아동정책 기본계획(2020년~2024년)이 수립되어 진행되고 있다. 다음은 제2차 아동정책 기본계획 주요 내용이다(보건복지부, 2020).

(1) 권리주체 아동권리 실현

각종 정책에서 아동권리가 실현되도록 정책시스템을 마련한다. 아동 중심 정책 반영을 위한 법적 기반 마련과 아동정책 영향평가[20] 전면 실시 그리고 지역 아동복지사업 품질 제고 등이 있다.

---
20) 아동정책 영향평가 : 아동 관련 정책이 아동복지에 미치는 영향을 분석·평가하여 정책 수립·시행시 반영토록 하는 제도.

아동참여, 의견표명권 보장 등 생활 속에서 아동 권리를 보장한다. 행정 및 사법절차상 아동 의견표명권을 보장하고, 아동이 중심에 있는 아동 권리 보호, 아동 권리 사각지대 해소 등이 있다.

(2) 건강하고 균형 있는 발달 지원

놀이 확대와 균형 있는 교육으로 즐거움 속에서 미래 역량을 개발한다. 아동에게 친숙한 놀이 및 여가 환경을 조성하고, 지역, 연령 등을 감안한 맞춤형 놀이 및 여가활동을 지원한다. 또한, 지나친 학습 경쟁을 완화하고, 학생 중심의 맞춤형 교육을 실시한다.

건강을 위협하는 요인으로부터 아동 건강을 충실하게 보호한다. 아동의 신체건강 관리 강화와 아동의 마음건강 관리 강화 그리고 새로운 건강 위협요인에 대응하고 강화한다.

폭력과 사고로부터 아동을 안전하게 보호한다. 아동 성범죄 및 유아 성행동 문제를 관리하고 강화하며, 교통, 학교, 식품, 공산품 등 생활 속 안전관리를 강화한다. 또한, 정보연계 및 협력 등을 통한 아동학대를 근절한다.

(3) 공정한 출발을 위한 국가책임 강화

공적 보호체계를 완비하고, 돌봄 확충으로 아동에 대한 국가 책임을 강화한다. 공공 중심 아동보호체계 인프라 구축, 입양 및 가정위탁 등 가정형 보호 활성화, 입양 사후서비스 및 실종아동 찾기와 지원 확대, 아동복지정보 연계 및 통합, 아동 돌봄 확충 및 운영 내실화, 아동복지서비스 제공기관의 공공성 강화 등을 실시한다.

빈곤과 다양한 배경이 굴레가 되지 않도록 취약아동에 대한 지원을 강화한다. 취약아동에 대한 국가책임의 연속성 확보, 다양한 배경의 아동에 대한 지원 강화, 취약계층 교육 등의 지원을 강화한다.

(4) 코로나19 대응 아동정책 혁신

사회적 돌봄 제약 상황에서 가정의 아동양육 역량을 강화한다. 아동수당 역할 강화, 아동과 부모가 함께 할 수 있는 시간 보장, (학)부모 교육 등을 강화한다.

코로나19 등 재난 상황에 대응 가능한 아동돌봄체계를 마련한다. 보호 및 돌봄

시설의 감염병 재난 대응 역량 강화, 긴급돌봄지원체계 구축, 비대면 아동보호 서비스 시범사업 등을 실시한다.

[그림 7-1] 제2차 아동정책 기본계획

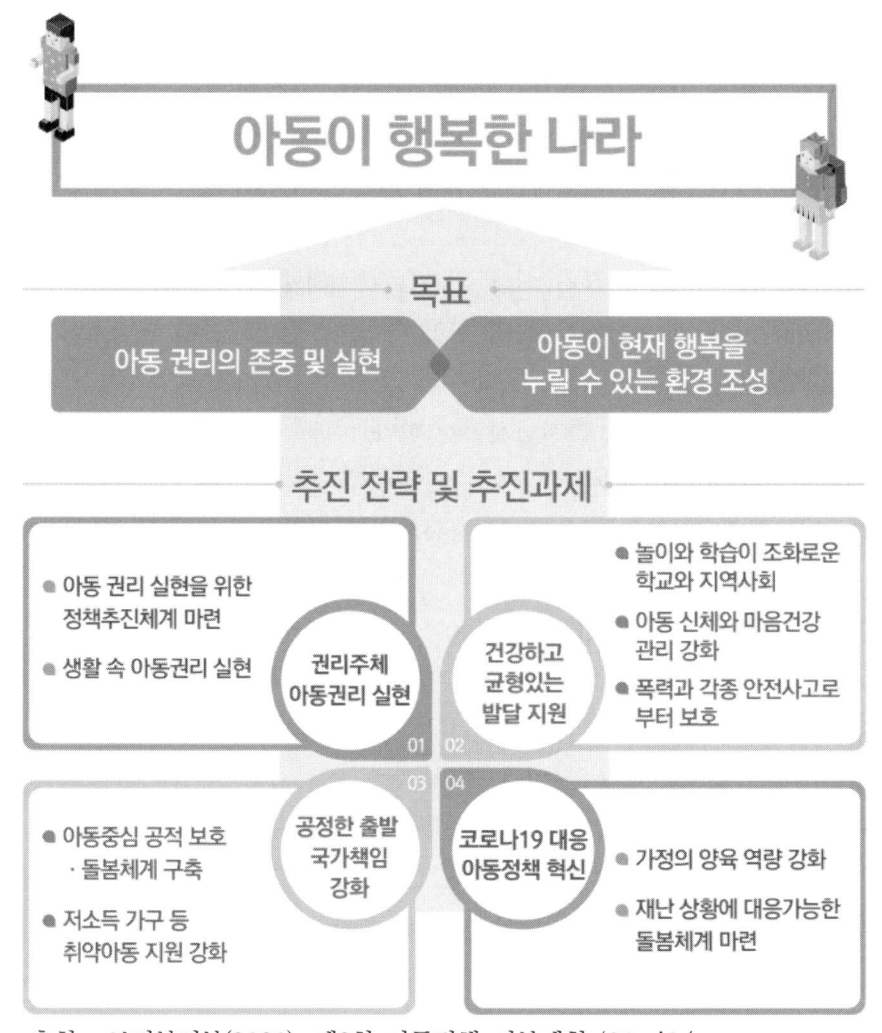

출처 : 보건복지부(2020). 제2차 아동정책 기본계획 '20~'24.

3. 아동복지서비스 전달체계

1) 아동복지서비스 전달체계의 개념 및 주요원칙

(1) 개념

아동복지서비스 전달체계란 아동복지정책과 제도가 아동들에게 구체적인 서비스의 형태로 제공되기까지의 과정을 말한다. 우리나라는 일반적으로 중앙정부로부터 시작해서 광역 및 기초 지방자치단체를 거치고, 공공 및 민간의 형태로 구성되는 일선 서비스 제공기관을 통해 아동에게 서비스로 전달되는 구조이다(박언하 외, 2019). 국가는 아동을 건전하게 육성할 공적인 책임을 가지며, 지방자치단체는 국가의 정책에 따라 아동들의 욕구충족과 문제 해결을 공적으로 다루고 있다. 민간단체 및 개인은 인권사상과 상부상조의 정신에 따라 자발적으로 아동을 보호하고 책임을 지는 주체가 될 수 있다(정미현 외, 2022).

(2) 주요원칙

아동복지서비스의 전달체계 구축을 위해 고려해야 할 주요 원칙으로 길버트와 테렐이 제시한 원칙은 다음과 같다(Gilbert & Terrel1, 1993 ; 윤매자 외, 2018 재인용).

① 전문성의 원칙

아동복지서비스의 제공 업무 중에서 그 특성에 따라 핵심적인 주요 업무는 반드시 전문가가 담당해야 한다. 아동복지분야의 종사자는 전문성의 정도에 따라 전문가, 준전문가, 비전문가로 구분된다. 아동복지분야에서 전문가는 사회복지사, 의사, 간호사, 보육교사, 물리치료사, 작업치료사 등의 여러 전문가가 있다.

② 적절성의 원칙

아동복지서비스는 그 양과 질 그리고 제공하는 기간이 클라이언트나 이용자의 욕구 충족과 서비스의 목표 달성에 충분해야 한다. 그러나 이 원칙은 재정 형편상 제대로 지키기 어려운 경우가 많으며 적절성의 수준에 대한 논란이 있을 수 있다.

③ 포괄성의 원칙

아동의 욕구는 다양할 뿐만 아니라 한 가지 문제가 여러 가지 문제와도 관련되어 있는 것이 일반적이기 때문에 다양한 욕구나 문제를 동시에 또는 순서적으로 해결하기 위해서는 다양한 서비스의 제공이 필요하다. 서비스의 포괄성을 달성하기 위해서는 한 명의 전문가가 다양한 문제를 다루거나, 다수의 전문가가 한 사람의 문제를 다루거나, 다수의 전문가가 팀을 구성하여 문제를 다룰 수도 있다.

④ 지속성의 원칙

클라이언트의 문제나 욕구를 해결하는 과정에서 필요한 서비스의 종류나 질이 달라지는 경우가 많은데, 클라이언트가 필요로 하는 서비스는 조직이나 지역사회 내에서 연속적이고 지속적으로 제공되어야 한다. 지속성의 원칙이 잘 적용되기 위해서는 같은 조직 내의 서비스 프로그램 간의 상호협력이 잘 이루어져야 할 뿐만 아니라 지역사회 내의 아동복지서비스 조직 간에도 유기적으로 연계가 잘 이루어져야 한다.

⑤ 통합성의 원칙

아동의 문제는 많은 경우 복합적이고 상호 연관되어 있기 때문에 이러한 문제해결을 위한 서비스도 서로 연관시켜 통합적으로 제공되어야 한다. 한 클라이언트의 각각 다른 문제들을 해결하기 위한 서비스들이 서로 연결 없이 제공된다면 클라이언트를 조각으로 분리하는 것과 같다. 그러므로 서비스가 통합적으로 제공되기 위해서는 한 명의 책임자 아래 서비스들이 제공되고, 서비스 제공 장소들이 지리적으로 상호 근접되고, 서비스 프로그램 간 또는 조직 간에 상호유기적인 연계와 협조체계가 갖추어져야 한다.

⑥ 평등성의 원칙

특별한 경우를 제외하고는 성별, 연령, 소득, 지역, 종교, 지위에 관계없이 모든 아동에게 아동복지서비스를 제공해야 한다.

⑦ 책임성의 원칙

아동복지조직은 사회가 아동복지서비스를 전달하도록 위임받은 조직이므로 서비스의 전달에 대하여 책임을 져야 한다. 책임을 져야 할 주요 내용은 서비스가 수혜자의 욕구에 적절히 대응하는 것인가, 서비스의 전달 절차가 적합한가, 서비스가 효과적이고 효율적인가, 서비스 전달과정에서의 불평과 불만의 수렴장치는 적합한가, 서비스 수행과정이 투명하고 의사결정이 민주적인가에 대한 것이어야 한다. 아동복지조직이 구체적으로 책임을 져야하는 대상자는 중앙정부 및 지방정부, 재단, 지역주민, 서비스 수급자가 되어야 한다.

⑧ 접근용이성의 원칙

아동복지서비스를 필요로 하는 사람이라면 누구나 쉽게 서비스를 받을 수 있어야 되므로 클라이언트가 접근하기 용이해야 한다. 클라이언트가 서비스 접근의 주요한 장애요인으로는 서비스에 관한 정보의 결여나 부족, 지리적 장애(원거리 또는 교통 불편 등), 심리적 장애(자신의 문제 노출에 대한 두려움, 수치감 등), 선정절차상의 장애(클라이언트로 선정되는 데 있어서의 자산조사의 엄격한 적용, 시간이 많이 걸림 등), 자원부족(금품이나 상담자의 부족 등) 등이 있다.

2) 아동복지서비스 전달체계

아동복지서비스 전달체계는 일반적이고 추상적인 아동복지정책이 개별적이고 구체적인 서비스 제공으로 이어지는 과정 또는 구조를 의미한다. 운영주체에 따라 공적 전달체계와 민간 전달체계로 구분하는데, 공적 전달체계는 정부(중앙 및 지방)나 공공기관이 직접 관리 및 운영하는 전달체계이며, 민간 전달체계는 민간(또는 민간단체)이 직접 관리 및 운영하는 전달체계를 말한다(임경옥 외, 2020).

(1) 공적 전달체계

우리나라 아동복지서비스의 공적 전달체계는 중앙부처인 보건복지부, 여성가족부, 교육부, 법무부, 행정안전부, 산업통상자원부, 문화체육관광부, 식품의약품안전처 등으로 나누어져 있으며, 아동복지와 관련하여 직접적인 정책과 서비스를 제공하는 기관은 보건복지부가 있다. 아동정책을 수립하고 관계 부처의 의견을 조정하며 그 정책의 이행을 감독하고 평가하기 위하여 국무총리 소속으로 아동정책조정위원회가 있다.

아동정책조정위원회는 기본계획의 수립에 관한 사항, 아동의 권익 및 복지 증진을 위한 기본방향에 관한 사항, 아동정책의 개선과 예산지원에 관한 사항, 아동 관련 국제조약의 이행 및 평가조정에 관한 사항, 아동정책에 관한 부처 간 협조에 관한 사항 등을 심의·조정하고 있다(아동복지법 제10조).

보건복지부의 아동정책과 관련된 부서는 인구정책실의 인구아동정책관과 보육정책관이 있다. 인구아동정책관은 인구정책총괄과, 청년정책팀, 출산정책과, 아동정책과, 아동보호자립과, 아동학대대응과가 있으며, 보육정책관은 보육정책과, 보육사업기획과, 보육기반과가 있다. 아동정책과의 업무내용은 다음과 같다.

〈표 7-2〉 보건복지부 아동정책과 업무내용

구 분	업무내용
아동 정책과	1. 아동복지에 관한 정책 총괄 및 종합계획의 수립·시행 2. 아동복지 관련 법령의 제정·개정에 관한 사항 3. 아동정책조정위원회에 관한 사항 3의2. 아동정책영향평가의 실시에 관한 사항 4. 아동복지정책 및 서비스 조사·연구·홍보 및 통계에 관한 사항 5. 아동복지관련 업무의 중앙부처 및 지방자치단체 협의·조정 6. 입양특례 관련 법령 제정·개정에 관한 사항 7. 국내외 입양 제도개선 및 활성화 종합대책 수립·시행에 관한 사항 7의2. 국내외 입양 실태조사·연구·홍보 및 통계에 관한 사항 7의3. 헤이그국제아동입양협약에 관한 사항 7의4. 입양 기관·단체에 관한 사항 8. 아동관련 법인 및 단체에 관한 사항 9. 아동권리보장원의 운영 지원에 관한 사항 10. 아동보호 사각지대 발굴 및 아동 보호 체계(이하 "아동보호체계"라 한다)의 구축 및 운영에 관한 사항 11. 아동보호체계 관련 조직·인력의 확충과 효율적 운용에 관한 사항 12. 아동보호체계 관련 조사, 연구, 통계 및 평가에 관한 사항 13. 아동수당의 운영에 관한 사항 13의2. 부모급여 운영에 관한 사항 14. 아동의 건강·복지증진 및 인권보호에 관한 사항 15. 아동권리증진, 아동권리 등 아동정책 관련 국제협약 및 국제협력에 관한 사항 16. 어린이날, 어린이주간 등 아동행사에 관한 사항 17. 그 밖에 아동복지 제도 개선에 관한 사항

출처 : 보건복지부 홈페이지(2024). 부서별 업무내용.

아동복지 공공행정은 보건복지부를 중심으로 광역시·도, 시·군·구, 읍·면·동의 사회복지행정체계로 연결된다. 지방정부 차원으로는 광역시·도, 시·군·구에서는 아동복지 및 아동보육 담당부서가 있으며, 읍·면·동에는 사회복지 전담 공무원이 아동복지 관련 업무를 담당하고 있다.

(2) 민간 전달체계

민간 전달체계는 민간시설이 아동복지서비스를 직접 전달하는 것을 말한다. 즉, 영리를 목적으로 하지 않는 비영리 조직, 법인, 종교단체, 개인 등이 운영하는 기관으로서 국가로부터 대부분 보조금을 지원받아 운영하고 있으며, 행정기관의 지도 및 감독을 받으며 서비스를 전달하고 있다(임경옥 외, 2020). 대표적인 민간 전달체계로는 아동생활시설인 아동양육시설, 공동생활가정, 아동일시보호시설, 아동보호치료시설, 자립지원시설 등이 있으며, 아동이용시설은 아동상담소, 가정위탁지원센터, 자립지원전담기관, 지역아동센터, 학대피해아동쉼터, 다함께돌봄센터, 어린이집, 사회복지관 등이 있다.

〈표 7-3〉 아동복지 관련 민간 시설(사회복지시설)

구 분	시설종류	생활시설	이용시설
보건 복지부	아동복지시설	• 아동양육시설 • 아동일시보호시설 • 아동보호치료시설 • 자립지원시설 • 공동생활가정 • 학대피해아동쉼터	• 아동상담소 • 아동전용시설 • 지역아동센터 • 아동보호전문기관 • 가정위탁지원센터 • 자립지원전담기관
	장애인복지시설	• 장애영유아 거주시설 • 피해장애아동쉼터	• 장애인지역사회재활시설
	사회복지관		• 사회복지관
	어린이집		• 어린이집
	다함께돌봄센터		• 다함께돌봄센터
여성 가족부	성매매피해지원시설	• 청소년지원시설	• 성매매피해상담소
	한부모가족복지시설	• 출산지원시설 • 양육지원시설 • 생활지원시설 • 일시지원시설	• 한부모가족복지상담소
	다문화가족지원센터		• 다문화가족지원센터
	건강가정지원센터		• 건강가정지원센터
	청소년복지시설	• 청소년쉼터 • 청소년자립지원관 • 청소년치료재활센터 • 청소년회복지원시설	

출처 : 보건복지부(2024). 2024 사회복지시설관리안내.

퀴 즈

1. 아동이란 (   )세 미만의 사람을 말한다.

2. (   )란 아동이 행복한 삶을 누릴 수 있는 기본적인 여건을 조성하고 조화롭게 성장 및 발달할 수 있도록 하기 위한 경제적·사회적·정서적 지원을 말한다.

3. 영유아란 (   )세 이하의 취학 전 아동을 말한다.

4. (   )이란 생활여건과 자원의 결핍으로 인한 복지·교육·문화 등의 격차를 해소하기 위하여 지원이 필요한 아동을 말한다.

5. 사회복지정책 내용을 분석하는 방법으로 길버트와 테렐이 제시한 네 가지 틀에 해당되지 않는 것은?
① 대상체계   ② 급여체계   ③ 전달체계   ④ 장소체계

6. 아동복지서비스의 전달체계의 주요원칙 중 아동복지서비스는 그 양과 질 그리고 제공하는 기간이 클라이언트나 이용자의 욕구 충족과 서비스의 목표 달성에 충분해야 한다는 원칙은?
① 전문성의 원칙   ② 적절성의 원칙   ③ 포괄성의 원칙   ④ 평등성의 원칙

7. 아동복지서비스의 전달체계의 주요원칙 중 특별한 경우를 제외하고는 성별, 연령, 소득, 지역, 종교, 지위에 관계없이 모든 아동에게 아동복지서비스를 제공해야 한다는 원칙은?
① 전문성의 원칙   ② 적절성의 원칙   ③ 포괄성의 원칙   ④ 평등성의 원칙

8. 아동복지시설 중 생활시설이 아닌 것은?
① 아동상담소   ② 아동양육시설   ③ 공동생활가정   ④ 아동일시보호시설

정답	1	2	3	4	5	6	7	8
	18세	아동복지	7세	빈곤아동	④	②	④	①

에듀컨텐츠·휴피아
CH Educontents·Huepia

제8장. 아동건강과 안전

아동은 건강하게 출생하여 건전하게 육성되고 안전한 가정 및 사회생활을 영위할 권리가 있다(황성철, 1998). 아동이 건강한 사회구성원으로 성장할 수 있도록 정부나 지자체 그리고 민간단체, 지역사회 등 모든 분야에서 협력하고 노력해야 할 것이다. 「아동복지법」 제4조①항에는 국가와 지방자치단체는 아동의 안전·건강 및 복지 증진을 위하여 아동과 그 보호자 및 가정을 지원하기 위한 정책을 수립·시행하여야 한다고 명시되어 있다. 이처럼 아동에게 있어서 건강과 안전은 무엇보다 최우선시 되는 사항이다. 본 장에서는 아동건강 및 안전과 관련하여 아동건강, 아동안전, 실종아동보호에 대해 구체적으로 살펴보고자 한다.

1. 아동건강

1) 아동건강의 이해

아동은 건강한 성인으로 성장하기 위한 출발점이며, 건강에 취약한 시기이므로 무엇보다 건강관리에 주의하여야 한다. 세계보건기구(WHO)는 건강에 대한 정의를 건강이란 단지 질병이 없거나 허약하지 않는 상태일 뿐만 아니라 신체적, 정신적, 사회적으로 완전한 안녕상태로 정의하였다. 즉, 개인의 육체적인 부분과 정신적인 부분 그리고 개인의 사회적 역할수행능력 부분까지도 고려되어야 한다는 것이 오늘날의 건강에 대한 개념이다(임미혜·이혜정, 2017).

특히, 아동건강에 대한 WHO의 정의는 건강하다는 것은 아동의 성장 및 발육이 저해되지 않고 순조롭게 진행되는 상태로 단순히 질병에 감염되지 않았거나 허약하지 않다는 것만을 의미하는 것이 아니라, 신체적·정신적·사회적 모든 인간발달의 측면에서 아무런 문제가 없는 상태를 의미한다. 예를 들면, 감기에 걸린 아동이 축 쳐져 의기소침해하며 가만히 앉아 있다고 가정해 보자. 이러한 신체적 건강상태가 지속되면 아동은 또래들과 놀이를 할 때 적극적으로 참여할 수 없으며 혼자 있는 시간이 많아지게 된다. 이는 아동의 사회적 건강을 위협할 수 있으며, 더 나아가 사회적 건강의 위협은 아동에게 스트레스로 작용하여 정신적 건강에 해가 될 수 있다. 이처럼 신체적·정신적·사회적 건강에 대한 개념을 이해하고 이들 간의 상호관련성을 이해해야 한다(주영은 외, 2016).

건강은 전 생애에 걸쳐 중요하게 다루어져야 하지만, 특히 아동의 건강이 중요한 이유는 다음과 같다(임미혜·이혜정, 2017).

첫째, 인간의 성장과 발달에 있어 기본적인 틀은 태아기부터 12세까지 거의 완전하게 결정된다고 볼 수 있다. 신체발달과 함께 인지적·사회적·정서적 발달이 급속하게 일어나는 시기에 건강을 해치게 되면 성인으로 성장하여도 정상적인 역할을 수행하는데 어려움을 겪게 되고, 더 나아가 성인기까지의 건강에도 많은 영향을 미칠 수 있다.

둘째, 건강은 치료가 아닌 예방에 초점을 두는 것이 가장 효과적이다. 인간이 질병에 노출되거나 몸이 쇠약해진 이후에 회복하려면 더 많은 시간과 노력이 요구된다. 따라서 영유아기부터 스스로 건강을 유지할 수 있는 능력을 길러주고 예방에 관심을 갖도록 하는 것이 가장 효과적인 방법이다.

셋째, 아동은 자신의 잠재력을 최대한 발휘하여 성장할 권리가 있고, 사회나 가정은 건강하게 자라도록 지켜 줄 의무와 책임이 있다. 그러나 아동은 모체로부터 받은 면역능력이 소실되어 질병에 대한 감수성[21]이 높다. 또한, 자신의 건강을 스스로 관리하기에도 미숙하므로 교사나 부모는 아동이 건강을 유지할 수 있도록 도와주어야 한다.

넷째, 아동의 건강은 미래의 건강한 시민으로 성장하기 위한 국가적 차원과 관계가 있다. 건강하지 않은 아동은 학습에 지장을 받게 되고, 이것은 이후의 삶에 불리하게 작용할 수 있다. 반면, 건강한 아동은 정신적으로 더 안정되고 행복하여 더 활발하게 놀 수 있고, 더 나은 학습을 통해 생산적이면서 사회에 이바지 할 수 있는 사회구성원이 될 수 있다.

2) 아동건강에 영향을 미치는 요인

(1) 유전적 요인

유전은 부모의 성격, 체질, 형상 등의 특징이 자손에게 전해지는 것으로 수정 시 부모에게서 받게 되는 여러 가지 유전인자들은 아동의 신체적·정신적 기초를 형성하게 된다. 특히 심장질환, 암, 당뇨병, 특정질환 등은 유전적 요인과 깊은 관계가 있다. 따라서 가족력 등을 조사하여 유전적 조건을 찾아냄으로써 건강에 영향을 미칠 수 있는 요인들을 사전에 예방하거나 조기 치료를 받도록 하는 것이 중요하다. 특히, 선천성 대사이상 질환[22]이나 염색체 이상은 유전의 절대적인 영향을 받는다(김일옥 외, 2015).

---

[21] 감수성 : 건강의 위해요인에 대한 저항력이 없으며, 취약한 특성으로 인해 건강이 악화 될 우려가 있는 상태.
[22] 선천성 대사이상 질환 : 태어날 때부터 어떤 종류의 효소가 없어 우유나 음식의 대사 산물이 뇌나 신체에 유독작용을 일으켜 대뇌, 간, 콩팥, 안구 등의 장기에 돌이킬 수 없는 손상을 일으키는 질환.

(2) 환경적 요인

유전적 요인에 의해 건강의 기초가 형성된다면 인간을 둘러싸고 있는 환경적 요인들은 죽음에 이르기까지 인간생활에 영향을 줄 수 있다. 의·식·주를 포함한 문화양식과 기후, 지리적 조건 등과 같은 환경 역시 인간생활에 직접적인 영향을 주고 있다. 아동들의 건강에 영향을 주는 환경적 요인은 여러 가지로 분류할 수 있으나 일반적으로 수면과 휴식, 영양, 운동, 정서적 안정, 건강진단, 질병의 조기 발견과 치료로 나눌 수 있다(임미혜·이혜정, 2017).

① 수면과 휴식

적당한 휴식과 충분한 수면은 에너지를 재충전하고 피로를 회복함으로써 최상의 몸 상태를 유지하기 위해서 반드시 필요하다. 충분하고 평안한 수면은 성인뿐만 아니라 아동에게도 건강을 유지하고 질병으로부터 감염을 막을 수 있는 기초 조건이 된다. 영유아에게 필요한 수면은 개인차가 있으나 일반적으로 연령이 증가함에 따라 수면의 양은 점점 줄어든다. 신생아는 하루의 80%인 18-20시간, 2~3세의 경우 12-15시간, 4~5세의 경우 10-12시간의 수면이 필요한 것으로 알려져 있다.

② 영양

영양은 인간의 생활과 건강을 유지하는 데 반드시 필요하며, 신체발육과 인체조직을 보수하고, 생리기능을 조절하며, 에너지 생산에 가장 중요한 영양소를 인체 세포에 공급해 주는 역할을 한다. 특히, 아동기에는 신체의 성장과 발육이 왕성하게 일어나며 활동량이 많아지기 때문에 성인에 비해 단위체중당 소요되는 영양소의 열량이 훨씬 높게 나타난다. 따라서 부모나 교사는 아동이 충분한 영양을 섭취할 수 있도록 균형 잡힌 양질의 식사를 제공해야 한다.

③ 운동

규칙적인 운동은 건강을 유지하기 위한 중요한 요인이며, 아동의 근육과 뼈의 발달, 균형 잡힌 체격의 발달, 비만의 예방, 당뇨병 등의 만성적 질환의 예방을 도와주며 나아가 삶을 더 활기차게 살아가는 기초원동력을 제공해 준다. 아동들은 성인에 비해 특별히 운동을 권유하지 않아도 된다. 대부분의 아동들이 실내·외에서 활동적으로 놀기를 좋아하므로 자연스러운 놀이로 하루에 필요한 운동량을 충족시킬 수 있기 때문이다. 따라서 부모나 교사는 실내·외에서 아동들이 안전하고 즐거운 놀이 및 운동이 될 수 있도록 적절한 환경을 조성해 주는 것이 필요하다.

④ 정서적 안정

아동들에게 정서적으로 안정된 환경을 만들어 주어 건강하게 성장할 수 있도록 하여야 한다. 정서적으로 불안한 환경이나 심한 스트레스 상황에 놓이게 되면 여러 가지 신체질환과 정신질환에 걸릴 수 있게 된다. 특히 언어적 표현으로 아동에게 스트레스를 주지 않도록 세심한 배려가 필요하다.

⑤ 정기적 건강진단 및 건강문제의 조기발견과 치료

정기적 건강진단은 부모들이 겉으로 보아서는 알 수 없는 질병이나 선천성 기형 등을 조기에 진단할 수 있을 뿐만 아니라 아동의 성장과 발육이 정상적으로 이루어지고 있는지를 파악할 수 있다.

특히, 영유아와 관련하여 「영유아보육법 시행규칙」 제33조①항에는 영유아에 대해 1년에 한 번 이상 건강진단을 실시해야 한다고 규정하고 있다. 영유아기는 일생 중에 가장 빠른 성장과 발달을 하는 시기이므로, 이 시기의 건강에 대한 주기적인 평가는 아이들의 건강을 유지하는 데 필수적이다. 성장과 속도가 빠르게 진행되므로 아이에 대한 평가도 자주 하여야 한다. 6개월 이전의 영아에 대해서는 1~2개월 간격, 1세 전후에는 3개월 간격, 2~4세에는 6개월 간격, 그 이후에는 1년에 한 번 정도의 간격으로 평가하는 것이 필요하다. 정기적인 건강 평가 및 관리를 위한 방문은 영유아기에는 반드시 필요하며, 이를 지원하기 위하여 정부에서 영유아 건강검진을 2007년부터 실시하고 있다. 국가에서 비용을 부담하여 전국 영유아 건강검진기관으로 지정된 의료기관에서 실시하고 있다(보건복지부, 2011).

〈표 8-1〉 영유아 건강검진 실시 시기

구분	검진시기 (검진유효기간)	검진항목	검진방법
1차	14일 (14-35일)	문진 및 진찰	시각문진, 외안부사진, 청각문진
		신체계측	키, 몸무게, 머리둘레
		건강교육 및 상담	영양, 수면, 안전사고 예방
2차	4개월 (4-6개월)	문진 및 진찰	시각문진, 손전등 검사, 청각문진
		신체계측	키, 몸무게, 머리둘레
		건강교육 및 상담	안전사고 예방, 영양, 수면, 전자미디어 노출
3차	9개월 (9-12개월)	문진 및 진찰	시각문진, 손전등 검사, 청각문진
		신체계측	키, 몸무게, 머리둘레
		발달평가 및 상담	검사 도구에 의한 평가 및 상담
		건강교육 및 상담	안전사고 예방, 영양, 구강, 정서 및 사회성
4차	18개월 (18-24개월)	문진 및 진찰	시각문진, 손전등 검사, 청각문진
		신체계측	키, 몸무게, 머리둘레
		발달평가 및 상담	검사 도구에 의한 평가 및 상담
		건강교육 및 상담	안전사고 예방, 영양, 대소변가리기, 전자미디어 노출, 사회성
5차	30개월 (30-36개월)	문진 및 진찰	시각문진, 청각문진
		신체계측	키, 몸무게, 머리둘레, 체질량지수
		발달평가 및 상담	검사 도구에 의한 평가 및 상담
		건강교육 및 상담	영양, 대소변가리기, 정서 및 사회성, 취학전 준비
6차	42개월 (42-48개월)	문진 및 진찰	시각문진, 시력검사, 청각문진(귓속말 검사)
		신체계측	키, 몸무게, 머리둘레, 체질량지수
		발달평가 및 상담	검사 도구에 의한 평가 및 상담
		건강교육 및 상담	안전사고 예방, 영양, 정서 및 사회성

구분	검진시기 (검진유효기간)	검진항목	검진방법
7차	54개월 (54-60개월)	문진 및 진찰	시각문진, 시력검사, 청각문진
		신체계측	키, 몸무게, 머리둘레, 체질량지수
		발달평가 및 상담	검사도구에 의한 평가 및 상담
		건강교육 및 상담	안전사고 예방, 영양, 전자미디어 노출
8차	66개월 (66-71개월)	문진 및 진찰	시각문진, 시력검사, 청각문진, 예방접종 확인
		신체계측	키, 몸무게, 머리둘레, 체질량지수
		발달평가 및 상담	검사도구에 의한 평가 및 상담
		건강교육 및 상담	안전사고 예방, 영양, 취학 전 준비

출처 : 국민건강보험 홈페이지(2024). 영유아 건강검진.

또한, 평소에 질병의 감염 여부를 빨리 찾아내어 조기에 치료할 수 있어야 한다. 아동의 경우 병을 조기에 발견하여 치료하지 않으면 병이 깊어지거나 예상하지 않았던 합병증이 생길 수 있다. 그러므로 발열, 발진, 활력저하 등 감염의 징후가 있을 때 부모나 교사는 아동의 상태를 잘 관찰하여 질병 유무를 신속히 파악하고 조기 치료가 가능하도록 해야 한다(김일옥 외, 2015).

3) 아동의 건강관리

건강관리는 태어나서 죽을 때까지 전 생애에 걸쳐 중요하게 다루어져야 한다. 신체발달과 함께 인지 및 정서 발달이 급속하게 일어나는 아동들은 건강에 대해 체계적인 관리가 필요하며, 이 시기에 건강에 문제가 생기게 되면 성인기까지 많은 영향을 줄 수 있다. 특히, 영유아 시기는 뇌와 신체가 가장 빠르게 성장하는 시기이며, 면역 체계가 미발달되어 감염 질환에 취약하다. 또한, 만성 질환이나 장애 등의 증상이 나타나도 어른들처럼 스스로 표현하지 못하기 때문에 조기 발견이 어려울 수 있다. 따라서 부모나 교사들은 영유아의 체계적인 건강관리를 통해 영유아가 건강하게 성장발달 할 수 있도록 지속적인 관심이 필요하다. 다음은 영유아들을 위한 건강관리 가이드북이다(육아정책연구소, 2017).

(1) 예방접종

예방접종은 전염병으로부터 영유아의 건강을 지키는 데 있어 필수적인 사항으로, 영유아들은 연령대 특성상 대부분 국가 권고 예방접종을 해야 하는 시기에 놓여 있다.

우리나라에서는 국가예방접종 사업으로 결핵, B형간염, 디프테리아, 폴리오, 백일해, b형 헤모필루스 인플루엔자균(부모들 사이에서 뇌수막염 예방 주사로 불리고 있음), 폐렴구균, 인플루엔자 바이러스, 홍역, 풍진, 유행성 이하선염, 수두, A형간염, 일본뇌염 등에 대한 예방접종을 국가지원 사업으로 부모의 부담 없이 시행하고 있으며, 이외 로타바이러스 예방접종도 의료기관에서 받을 수 있다. 매년 독감 예방접종을 받아야 하며, 홍역, 수두에 대해 면역이 있다는 증거가 있어야 한다. 파상풍, 디프테리아 및 백일해에 대한 추가 면역을 획득하기 위해 티댑(Tdap) 백신을 1회 접종받아야 한다.

[그림 8-1] 표준 예방접종 일정표

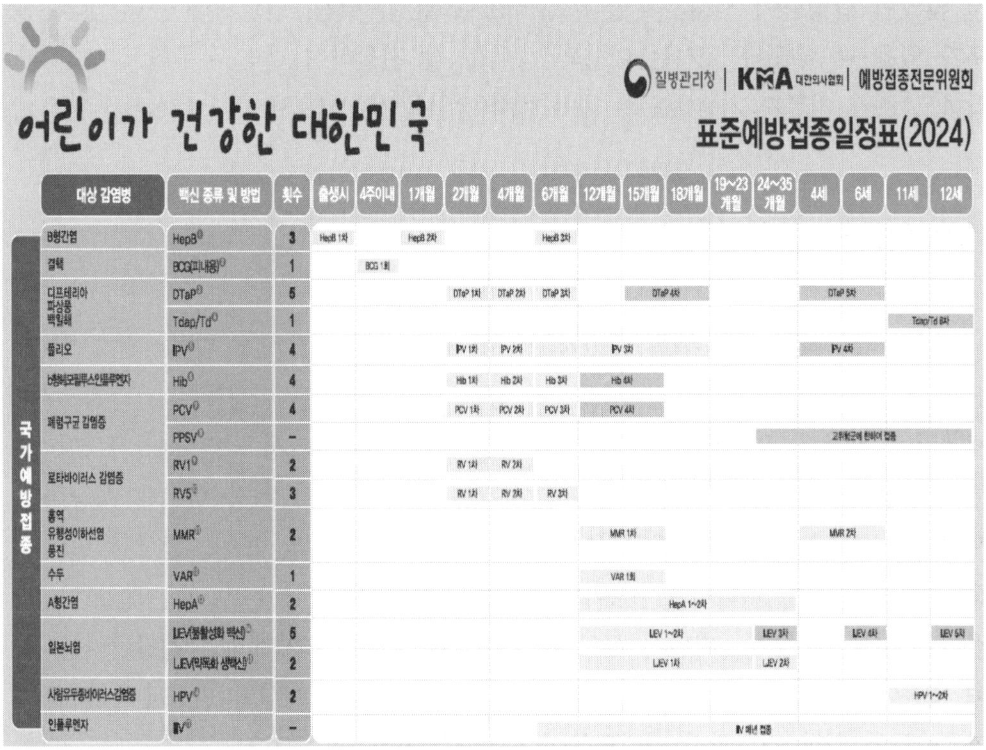

대상 감염병	백신 종류 및 방법	횟수	출생시	4주이내	1개월	2개월	4개월	6개월	12개월	15개월	18개월	19~23개월	24~35개월	4세	6세	11세	12세
B형간염	HepB	3	HepB 1차		HepB 2차			HepB 3차									
결핵	BCG(피내용)	1		BCG 1회													
디프테리아 파상풍 백일해	DTaP	5				DTaP 1차	DTaP 2차	DTaP 3차		DTaP 4차				DTaP 5차			
	Tdap/Td	1														Tdap/Td 6차	
폴리오	IPV	4				IPV 1차	IPV 2차		IPV 3차					IPV 4차			
b형헤모필루스인플루엔자	Hib	4				Hib 1차	Hib 2차	Hib 3차	Hib 4차								
폐렴구균 감염증	PCV	4				PCV 1차	PCV 2차	PCV 3차	PCV 4차								
	PPSV	-											고위험군에 한하여 접종				
로타바이러스 감염증	RV1	2				RV 1차	RV 2차										
	RV5	3				RV 1차	RV 2차	RV 3차									
홍역 유행성이하선염 풍진	MMR	2							MMR 1차					MMR 2차			
수두	VAR	1							VAR 1회								
A형간염	HepA	2							HepA 1~2차								
일본뇌염	IJEV(불활성화 백신)	5							IJEV 1~2차				IJEV 3차		IJEV 4차		IJEV 5차
	LJEV(약독화 생백신)	2							LJEV 1차				LJEV 2차				
사람유두종바이러스감염증	HPV	2														HPV 1~2차	
인플루엔자	IIV	-						IIV 매년 접종									

출처 : 질병관리청 홈페이지(2024). 표준 예방접종 일정표.

(2) 사고

영유아가 사고가 났을 때에는 긴급도에 따라 다음과 같이 행동할 수 있다.

긴급도 1 : 바로 구급차를 부른다.
긴급도 2 : 바로 소아청소년과 병의원 또는 응급실을 방문하여 진료를 받는다.
긴급도 3 : 일단 집에서 상태를 보면서 다니던 병의원에 방문한다.

① 찢어지거나 상처가 났을 때

흐르는 물로 씻어준다. 피가 나는 경우 눌러서 지혈한다. 외부와 접촉을 막기 위해 거즈나 붕대로 감아준다. 추가 손상을 막기 위해 필요시 부목으로 고정한다.

② 팔다리를 다쳤을 때

팔다리를 다쳤을 때 골절인 경우와 삐었을 경우를 구별하기는 쉽지 않다. 심한 통증을 호소하고 다친 부위가 붓는 증상이 있으면 골절을 의심해 보아야 한다. 다친 부위의 옷을 벗기거나 주위를 잘라낸다. 추가 손상을 막기 위하여 부목으로 고정한다. 부목 고정이 어려울 경우 119 구급대가 올 때까지 손상 부위를 움직이지 않는다.

③ 넘어지거나 추락하였을 때
【 긴급도 1 】 의식변화(악화)가 있다. 경련을 일으키고, 토하거나 안색이 창백하다. 의식은 있지만 반응이 둔하고, 눈이나 귀에서 출혈이 있다.
【 긴급도 2 】 상처를 입고 나서 1분 이내 의식소실이 있었으나 바로 회복했다. 1년 6개월 미만의 영유아로 두피에 혈종(혹)이 생겼다.
【 긴급도 3 】 위 증상이 없고 큰 소리로 운다.

④ 물건을 삼켰을 때
【 긴급도 1 】 의식변화(악화)가 있다. 호흡이 약하고 갑자기 기침을 하며 호흡 곤란이 있고, 창백하며 청색증이 있다.
【 긴급도 2 】 위 증상 이 외에는 대부분 해당된다.

⑤ 화상을 입었을 때

【 긴급도 1 】 화상 범위가 넓으면 즉시 구급차를 부른다. 어린이 손바닥 10개 정도 넓이의 화상이 있고, 피부가 검게 타거나 희게 변색한 화상이 있다.

【 긴급도 2 】 비교적 범위가 작은 화상이 있다. 어린이 손바닥 10개 정도보다 범위가 작지만, 물집이 생긴다.

【 긴급도 3 】 범위가 비교적 작고 색깔은 붉지만 물집이 생기지 않는다. 일단 집에서 상태를 보고 의료기관 진료가 시작될 때까지 기다린다.

⑥ 햇볕 또는 고온 환경에 노출되었을 때

【 긴급도 1 열사병 】 햇볕이나 뜨거운 차 안 등에서 장기간 노출됨으로써 발생한다. 뜨겁고 건조한 피부, 두통, 어지러움, 의식저하, 혼수상태 등이 나타난다.

【 긴급도 2 일사병 】 햇볕에 심하게 노출된 경우 발생한다. 체액과 전해질이 땀으로 과다 배출되고, 피부가 차갑고 끈끈하며 젖어있다.

(3) 감염

<표 8-2> 감염병 관련 증상 및 특성

구 분		잠복기	증 상	감염경로	전염기간
결막염 (유행성)		5~7일	눈의 충혈, 통증, 눈물, 눈곱, 두통, 오한, 인후통, 설사 등	환자와 직접 접촉, 환경을 통한 간접 접촉	2주
결핵		1~2년(5%) 2년후(5%)	무력감, 체중감소, 열, 땀, 기침, 호흡곤란, 미열 등	환자의 기침이나 재채기에 의한 공기 전파	2주
머릿니		8일~10일	가려움	사람의 머리카락 직접 접촉	성충 생존 시
성홍열		1~7일	발열, 두통, 구토, 복통, 인후통 등 12~48시간 후 발진	환자의 침방울을 통한 직접 접촉	1일
수두		14~16일	권태감, 미열 후 1~2일 지나서 몸통, 두피, 얼굴에 발진. 24시간 내에 반점, 수포, 농포, 딱지	환자의 콧물, 침, 물집에 의한 직접 접촉	딱지 형성 될 때까지
수막염		3~7일	발열, 두통, 구토 등	환자의 침, 가래, 콧물, 대변에 의한 직접 접촉	1~3주
수족구병		3~7일	발열, 식욕부진, 인후통 시작으로 1~2일 후 입안에 통증성 피부병변이 혀, 잇몸, 뺨에 발생	환자의 침, 가래, 콧물, 대변, 수포액에 의한 직접 접촉	1~3주
요충증		4~6주	항문 주위 가려움, 피부염, 복통, 설사 등	환자 항문 주위를 긁은 손, 옷, 침구류 등에 묻어 전파	2~3주
위장관염	노로바이러스	24~48시간	설사, 구토, 미열, 탈수 등	환자 직접 접촉, 오염된 식품, 물, 조개 등 섭취	48시간
	로타바이러스	24~72시간	구토, 발열, 설사 등	환자 직접 접촉, 호흡기 전파, 오염 환경 간접 전파	8일

구분	잠복기	증상	감염경로	전염기간
이하선염(볼거리)	14~18일	귀밑 붓고, 통증	환자의 침, 콧물 등 호흡기로 감염	5일
인플루엔자(독감)	1~4일	고열, 근육통, 두통, 오한, 콧물, 구토, 복통 등	환자의 비인두(코안쪽) 분비물에 의한 호흡기 전파	5~7일
홍역	10~12일	발열, 기침, 콧물, 붉은 홍반성 발진 등	환자의 콧물이나 호흡기 분비물을 통한 공기 전파	5일

〈표 8-3〉 시기별 유행 감염병

구분	1월	2월	3월	4월	5월	6월	7월	8월	9월	10월	11월	12월
결막염					■	■	■	■	■	■		
결핵				■	■	■	■					
머릿니												
성홍열												
수두				■	■	■					■	■
수막염					■	■	■	■				
수족구병					■	■	■	■	■			
요충증												
위장관염	■	■	■	■						■	■	■
볼거리				■	■	■	■					
독감	■	■	■								■	■
홍역												

출처 : 육아정책연구소(2017). 영유아 건강관리 가이드북 : 유치원·어린이집용.

(4) 알레르기

① 소아 알레르기의 특성

현대화된 도시 환경에서 생활하는 아이들에게 기생충 감염이나 홍역, A형 간염 및 세균성 감염병 발생이 감소하면서 오히려 알레르기 질환이 증가하고 있으며, 서구적인 식습관, 실내외 알레르기 항원의 증가, 대기 오염 등이 보조 요인으로 거론되고 있다.

영유아는 면역학적 특성 때문에 알레르기의 발생 위험이 매우 높으며 성장하면서 알레르기 증상이 다르게 나타나기도 하고 사라지기도 한다. 생후 2개월경부터 아토피피부염으로 나타나기 시작하여 세기관지염[23]을 앓고, 돌 이후에 쌕쌕거림이 반복되는 기관지염이 재발되며 4~6세경에 전형적인 천식 증상을 나타내고, 이어서 알레르기 비염 증상이 주 증상이 된다. 또한 알레르기 질환과 구분이 어려운 증상을 나타내는 감염이 흔한 연령이므로 감별하기 어렵다. 아이들은 신체적으로 성인에 비해 흉곽이 약하므로 증상이 더 심하게 나타날 수 있으며 장기간의 약제 사용에도 제한이 많다.

② 식품 알레르기

식품 알레르기는 음식을 섭취했을 때 원치 않는 반응이 특정인에게서만 발생하는 면역학적인 과민반응이다. 우리나라 소아의 5~7%에서 식품 알레르기가 발생하며, 식품 알레르기의 원인 식품은 영아기에는 달걀흰자, 우유, 땅콩, 호두, 밀가루, 콩 등이 흔하며 나이가 들면서 새우 등 갑각류, 견과류, 과일, 메밀 등이 문제가 되고 있다. 특히 문제를 일으키는 식품들은 급성장기에 있는 영유아에게 주요 영양원이 되는 우유, 달걀이 흔하므로 대체식 등을 통해 성장에 문제가 없도록 관리하고, 지나친 식품제한으로 인하여 다른 영양소들이 결핍되어 있는지도 주의해야 한다.

식품 알레르기의 증상은 급성 반응으로 두드러기, 혈관부종, 홍반 등 피부증상이 흔하지만 피부 증상과 함께 구토, 복통, 설사 등 소화기 증상, 재채기, 콧물, 코막힘, 기침, 호흡곤란 등의 호흡기 증상, 실신, 저혈압 등 심혈관 증상 등이 복

---

[23] 세기관지염 : 세기관지에 염증이 생긴 것으로 2세 미만의 아동에게 주로 나타나며 3~6개월의 영아에게 가장 많이 발생한다. 기침과 천식음, 짧은 호흡을 특징으로 하며 이로 인해 수유가 어려울 수 있다.

합적으로 나타나는 아나필락시스(전신 알레르기 반응)가 생명을 위협하는 심각한 증상으로 발생하기도 한다. 음식 섭취 후 수 분에서 두 시간 사이에 증상이 발생하며 특히 음식과 닿지 않은 부위에 발진이나 두드러기가 나오면서 목쉰 소리, 기침이나 늘어짐이 나타나면 강력히 의심해 보아야 한다.

③ 아토피피부염
아토피피부염은 심한 가려움증과 습진성 발진이 있는 영유아기에 흔히 발생하는 만성 염증성 피부 질환으로 다양한 양상을 가지고 점차 증가하는 경향을 보이고 있다. 아토피피부염의 발생원인은 아직 완전히 밝혀지지는 않았지만 현재 알려진 바로는 유전적 원인으로 인한 피부보호 장벽의 이상, 면역반응의 이상과 환경적 요인이 결부되어 복합적으로 나타난다. 아토피피부염을 악화시키는 요인으로는 환자마다 다르지만 계란, 우유, 밀가루, 콩, 땅콩 등의 식품 항원, 집 먼지 진드기나 꽃가루, 동물 털 등의 흡입 항원 등이 있고 건조한 공기, 높은 온도, 땀, 피부 자극을 주는 옷이나 이불, 정신적 스트레스, 미세먼지 등의 환경적 요인과 포도상 구균[24], 바이러스 등의 피부 감염 등으로 밝혀져 있다. 환자 개인마다 아토피피부염이 발생하는 요인과 악화요인이 다르기 때문에 개인마다 악화요인이 무엇인지 잘 파악하는 것이 중요하다.

아토피피부염 관리는 피부를 청결하게 하고 손톱을 잘 깎아주어 피부를 긁는 것을 줄여주고, 피부가 건조하지 않도록 보습제를 수시로 발라준다. 씻길 때는 약산성 비누를 사용하는 것이 좋다. 집에서 목욕 시 간단히 비누칠을 한 후 15분 이상 욕조에 담그기를 권하며, 목욕 후 가볍게 톡톡 두드리듯이 물기를 닦고는 3분 이내 약이 있다면 약을 바르고 아니면 보습제를 발라준다. 여름에는 땀이 나면 바로 땀을 닦아주고 뜨거운 햇볕 아래 오래 노출되지 않도록 해준다. 수영장을 이용하는 경우 우선적으로 몸을 닦아주어 수영장 물속의 소독제 등에 의한 자극을 줄이고 보습제를 빨리 발라준다.

④ 천식
천식은 기관지 과민성과 기관지의 만성적인 알레르기 염증을 특징으로 하는 만성 질환으로 가벼운 감기나 자극에도 쉽게 기도가 좁아지게 되어 기침이나 쌕쌕

---
24) 포도상 구균 : 공 모양의 세포가 불규칙하게 모여서 포도송이처럼 된 세균.

소리를 내며 숨이 차고 가슴이 답답하거나 아파하는 증상을 가진다. 비염이나 아토피 피부염, 식품알레르기를 같이 가지고 있는 경우 천식을 가질 확률이 더 커진다. 뛰거나 찬바람을 쏘일 때 쌕쌕거리거나 마른 기침을 하고 감기를 달고 사는 경우가 흔하다. 유전적 요인과 환경적 요인이 같이 작용하며 악화인자로는 집먼지, 진드기, 동물 털, 바퀴벌레, 꽃가루, 곰팡이 등의 흡입 항원과 대기 오염, 담배연기, 페인트, 새가구, 장판, 휘발성 유기화학물질 등이 유발인자로 작용한다. 어린아동들은 감기 바이러스나 세균 감염에 의해서 호흡곤란과 기침이 악화된다.

여러 자극, 특히 감기 바이러스에 의해서 갑자기 기침이 심해지거나 쌕쌕거리며 숨이 차는 경우를 천식 발작이라고 하며 신속한 치료가 필요하다. 아이를 안정시키고 기관지 확장제가 있다면 흡입시키거나 네블라이저를 통해 흡입시키고 곧 호전이 안 되면 20분 간격으로 다시 한 번 흡입시키고 응급실이나 병원으로 이동시킨다. 천식 발작은 호흡기 감염이 흔한 환절기에 잘 발생한다.

2. 아동안전

1) 아동안전의 이해

아동이 건강하게 생활하기 위해서는 안전한 생활이 뒷받침되어야 하고, 안전한 생활을 하기 위해서는 안전한 환경을 만들어 주어야 한다(주영은 외, 2016). 아동은 주변 사물이나 환경에 대한 호기심이 높으며 탐구하려는 욕구가 강한 반면, 신체적 능력이나 운동 기능은 미숙한 상태이어서 주변의 위험 상황에 대한 지식이나 대처능력이 부족하여 다양한 위험에 노출될 수 있다. 따라서 아동에게 안전과 관련된 교육과 지도를 통해 아동이 위험한 상황을 사전에 예방하고, 적절히 대처할 수 있는 능력을 길러 주어야 할 것이다.

일반적으로 안전교육은 일상생활에서 일어날 수 있는 사고를 방지하고, 교통, 화재, 풍수해 등 재해가 발생했을 때 자신을 안전하게 지키기 위해 준비하는 교육이다. 아동안전교육은 안전을 위협하는 여러 가지 환경적 요소로부터 아동의 안전한 생활의 유지 및 확보를 목적으로 하는 교육을 의미한다. 또한, 아동 스스로 사고의 위험을 미연에 방지할 수 있도록 안전교육에 대한 지식, 태도, 습관을 익힘으로써 자발적인 자기 보호와 타인의 피해를 최소화하는 교육을 의미한다(김성희, 2010).

아동은 성인에 비해 다양한 위험으로부터 안전사고의 위험이 높은데 그 이유를 살펴보면 첫째, 아동은 발달이 미숙하다. 아동은 인지수준이나 근육조정 능력, 행동기술, 상황에 대한 대처 방법 등이 미숙하기 때문이다. 둘째, 생활환경이 성인 중심이다. 아동이 안전하게 놀 수 있는 놀이 공간이 부족하고, 대부분의 시설이 성인중심의 사회시설물 및 설비로 되어 있기 때문이다. 셋째, 아동은 경험과 안전교육이 부족하다. 아동은 성인에 비해 경험이 부족하고 가정이나 어린이집, 학교 등에서 체계적인 안전교육이 부족하기 때문이다. 넷째, 안전불감증과 낮은 준법수준이다. 사회 전반에 안전불감증이 뿌리깊이 박혀 있으며, 법이 있어도 잘 지키지 않는 성인들의 행동을 모방하고 학습하기 때문이다(김일옥·이정은, 2005).

2) 주제별 안전교육

(1) 교통안전

교통이란 사람이나 화물을 운송하는 모든 수단으로써 자동차, 기차, 비행기 등의 탈것을 이용하여 사람이나 짐을 한 지역에서 다른 지역으로 이동하는 것이다. 교통안전은 교통사고로 인한 사망과 부상을 최소화하고, 재산 손실을 막아 경제적 손실을 줄이며, 도로 이용자들이 안전하고 편리하게 이동할 수 있도록 교통 환경을 개선하는 것이다.

교통안전 사고로부터 안전하게 생활하기 위해서는 교통안전에 대한 습관을 길러야 하며, 교통습관을 갖기 위해서는 다음과 같은 교육을 실시해야 한다(주영은 외, 2016).

첫째, 각 연령에 적합한 교통안전 습관 교육을 실시한다. 교통안전 교육은 영아가 걷기 시작하면서부터 학령기 아동까지 연계되어 이루어져야 한다. 영아들은 교사의 시범을 따라해 봄으로써 교통안전에 대해 서서히 관심을 갖도록 해야 하며, 유아들은 교통안전에 대한 관심뿐만 아니라 정확한 교통안전 지식을 갖도록 교육해야 한다.

둘째, 구체적인 훈련을 통해 교통안전 교육을 실시한다. 교통안전 교육은 설명과 더불어 아동이 직접 행동으로 실천해 보는 것이 필요하다. 이를 실천하기 위해서는 교실 바닥에 인도와 차도를 만들어 신호에 따라 아동이 건너보게 하거나, 직접 실외로 나가 신호등 건너기를 해본다. 또한, 교통안전 체험장을 방문하여 교육하는 것도 아동의 교통안전 교육에 도움이 된다.

셋째, 안전규칙을 정확하게 알려준다. 교통안전 교육을 할 때 안전규칙을 정확하게 안내해 주어야 한다. 승용차를 탈 때, 지하철을 탈 때, 횡단보도를 건널 때, 통학버스를 타고 내릴 때 등 여러 상황에 대해 아동이 숙지할 수 있도록 안전규칙을 안내하도록 한다.

넷째, 교통신호 및 교통안전 표지를 정확히 알려준다. 아동은 안전한 보행을 위해서 교통신호를 알아야 한다. 교통신호는 기본적으로 신호등의 빨간불과 초록불을 구분하는 것으로, 색을 구분하는 영아기부터 교육하도록 한다. 또한, 진입금지, 자전거 전용도로 등이 있으며, 아동에게 다양한 교통안전 표시에 대해 안내 해 주고, 주변에서 쉽게 볼 수 있는 교통안전 표지를 찾아 살펴보도록 한다.

어린이 교통사고는 매년 10,000여건에 달하며, 어린이보호구역 내에서도 다양한 유형의 교통사고가 발생하고 있다. 다음은 어린이 교통사고 현황이다.

〈표 8-4〉 연도별 어린이 교통사고 현황

(단위 : 건, 명)

구 분	2013	2014	2015	2016	2017	2018	2019	2020	2021	2022
사 고	11,728	12,110	12,191	11,264	10,960	10,009	11,054	8,400	8,889	9,163
사 망	82	52	65	71	54	34	28	24	23	18
부 상	14,437	14,894	15,034	14,215	13,433	12,543	14,115	10,500	10,978	11,389

출처 : 경찰청 홈페이지(2024). 2022년의 교통사고.

〈표 8-5〉 법규위반별 어린이 교통사고 현황

(단위 : 건, 명)

구 분	사 고	사 망	부 상
계	9,163	18	11,389
신호 위반	1,050	1	1,372
중앙선 침범	311	-	434
차선위반(진로변경)	122	-	161
부당한 회전	57	-	72
안전거리 미확보	738	-	1,076
진로양보 불이행	1	-	2
앞지르기 금지 위반	9	-	12
교차로 운행방법 위반	488	-	646
직진우회전 진행 방해	216	-	293
보행자보호 의무 위반	844	2	870
일시정지 위반	33	-	37
안전운전 불이행	4,996	13	6,070
철길건널목 통과방법	1	1	-
기타	297	1	344

출처 : 경찰청 홈페이지(2024). 2022년의 교통사고.

〈표 8-6〉 법규위반별 어린이보호구역 내 어린이 교통사고 현황

(단위 : 건, 명)

구 분	사 고	사 망	부 상
계	514	3	529
신호위반	104	1	108
중앙선침범	6	0	8
안전거리미확보	1	0	1
교차로운행방법위반	1	0	1
직진우회전진행방해	3	0	4
보행자보호의무위반	169	0	174
안전운전불이행	203	2	206
기타	27	0	27

출처 : 경찰청 홈페이지(2024). 2022년의 교통사고.

〈표 8-7〉 시간대별 어린이 교통사고 현황

(단위 : 건, 명, 시간)

구분	00-02	02-04	04-06	06-08	08-10	10-12	12-14	14-16	16-18	18-20	20-22	22-24
사 고	46	15	22	84	859	736	1,123	1,738	2,182	1,484	665	209
사 망	0	0	0	0	1	0	3	6	5	2	1	0
부 상	61	20	29	97	1,053	997	1,450	2,121	2,640	1,803	853	265

출처 : 경찰청 홈페이지(2024). 2022년의 교통사고.

(2) 화재안전

사람의 생명과 재산을 빼앗아가는 크고 작은 화재들이 자주 발생하고 있다. 화재는 건조한 날씨, 사람들의 부주의로 인해 곳곳에서 발생하고 있다. 특히 화재는 아동에게 씻을 수 없는 심신의 상처를 남길 수 있으므로 아동이 안전하게 보호될 수 있도록 화재예방에 각별한 주의가 필요하다.

일반적으로 화재의 유형에는 전기 화재, 유류 화재, 가스 화재, 불장난 화재, 담뱃불 화재, 방화 등으로 구분할 수 있으며, 이 중 영유아 교육기관에서 발생 가능성이 높은 화재 유형은 전기 화재와 가스 화재가 있다(심성경 외, 2015).

① 전기화재

전기화재는 전선의 합선에 의한 화재가 가장 많으며 발화 원인으로는 배선불량, 전기기구 과열, 전기기구 절연 불량 등이 있다. 따라서 전기 화재를 방지하기 위해서는 안전인증을 받은 전기기구를 사용해야 하며 항상 플러그, 콘센트, 스위치를 점검해야 한다. 또한 하나의 전원에 다수의 가전제품을 연결하여 사용하지 않도록 하고, 사용하지 않는 콘센트는 안전덮개로 덮어 영유아가 쇠젓가락을 꽂는다거나 전기가 통하는 물건을 넣는 등의 장난을 하지 않도록 지도해야 한다.

② 가스화재

가스화재는 대부분 취급부주의에 의해 발생하는 것으로 안전수칙을 준수하는 것이 무엇보다 중요하다. 가스 화재를 방지하기 위해서는 사용 전 가스가 새고 있는지 냄새로 확인하고, 가스 누출 자동차단기 및 가스 경보기를 정기적으로 점검해야 한다. 또한 영유아가 가스레인지에 가까이 가지 않도록 안전문 등의 설비를 통해 물리적으로 경계를 확실히 하고 주의하도록 지도해야 한다.

③ 화재 시 대피방법

화재 시 신속하고 안전하게 영유아를 대피시켜야 한다. 화재가 발생했을 때는 "불이야"라고 큰 소리로 주위 사람에게 알리고 신속하게 대피한다. 대피 시에는 비상구와 계단을 이용하며 반드시 문을 닫고 대피하도록 한다. 영유아에게 대피방법에 대해 숙지시키고 충분한 실습을 통해 실행능력을 키워주는 것이 중요하다.

【실내에서 대피하는 방법】
- 건물 안에 갇혔을 때는 눈에 띄는 수건 등을 흔들거나 소리를 질러 사람들에게 구조를 요청한다.
- 안전하고 신속하게 이동한다.
- 보이지 않는 곳에 숨지 않는다.
- 유도등이나 비상구의 위치를 보고 움직인다.
- 엘리베이터는 위험하므로 계단이나 비상사다리를 이용한다.
- 안전한 대피로를 찾아 이동하여 건물 밖의 안전한 장소에 집결한다.

【연기가 있는 곳에서 대피하는 방법】
- 수건 등을 물에 적셔서 입과 코를 막는다.
- 연기가 적은 바닥에서 무릎으로 기어서 대피한다.
- 가능한 아래층으로 대피하지만 위층으로 올라가야 하는 경우에는 옥상처럼 연기가 적은 곳으로 간다.
- 밖으로 대피하기 어려운 경우 담요나 옷을 이용해 문틈으로 연기가 들어오는 것을 막는다.
- 문 밖으로 대피하기 전 손잡이에 두 손가락을 살짝 대어 문 밖에 불이 있는지 확인하고 나간다.
- 연기가 거의 없는 출입구 가까이에서는 기어가지 않고 서서 빨리 걸어간다.

(3) 화상안전

화상이란 뜨거운 열, 액체, 증기, 화학물질, 햇볕, 전기 등에 피부가 노출되어 손상을 입는 것을 말한다. 화상은 아동에게 심각한 신체적·정신적 피해를 입힐 수 있으며, 특히 영유아는 피부가 얇고 면역력이 약하기 때문에 화상에 매우 취약하다. 심각한 화상은 영구적인 흉터, 기능 장애, 심지어 사망에까지 이룰 수 있어 각별한 주의가 필요하다(정정옥·임미혜, 2011).

① 화상 원인에 따른 분류
- 열에 의한 화상 : 뜨거운 물, 열, 증기, 햇볕 등에 의한 화상
- 화학약품에 의한 화상 : 부식성 화학물질에 의한 화상
- 전기에 의한 화상 : 과전류에 의한 화상

② 화상 정도에 따른 분류
- 1도 화상 : 피부가 빨갛게 붓고 화끈거린다.
- 2도 화상 : 피부가 빨갛게 붓고 물집이 생긴다.
- 3도 화상 : 피하조직과 신경까지 손상되어 피부가 말라 쪼그라든다.

③ 화상 예방법
【열에 의한 화상 예방법】
- 영유아들이 있는 가정이나 유아교육기관에서는 가능한 식탁보를 사용하지 않는다. 식탁보를 사용해야 하는 경우라면 영유아들에게 식탁보를 절대 잡아당기지 않아야 함을 가르친다.
- 뜨거운 그릇이나 음식은 영유아의 손에 닿지 않는 곳에 둔다.
- 싱크대, 가스레인지, 식탁 위에 있는 밥솥, 냄비, 프라이팬, 국그릇 등은 영유아들의 손에 닿지 않는 곳에 두고 이들의 손잡이는 반드시 안쪽으로 향하게 둔다.
- 밥솥에는 가까이 가지 않으며 김을 만지거나 뚜껑을 함부로 열지 않는다.
- 전자레인지에서 데운 음식은 그릇을 만져서 느끼는 것보다는 의외로 뜨겁다는 사실을 알게 하고 항상 조심하게 한다.
- 난로나 다리미 등 열을 발생하는 가전제품에 가까이 가지 않으며, 그 근처에서 장난을 하지 않는다.
- 성냥, 라이터, 촛불에 가까이 가지 않으며, 촛농을 가지고 장난하지 않는다.
- 햇빛에 의해서도 화상을 입을 수 있으므로 뜨거운 태양 아래서 너무 오래 놀지

않는다. 특히 여름에는 직사광선이 강한 12시부터 14시 사이에는 오래 나가 놀지 않는 것이 좋다.
- 여름철에는 스테인리스로 만들어진 미끄럼틀을 타다가 화상을 입을 수 있으므로 주의한다.
- 뜨거운 물이 나오는 수도꼭지는 절대로 만지지 않는다. 영유아교육기관이나 가정의 더운물 온도는 48.4도를 넘지 않도록 조정하는 것이 좋으나 여의치 않으면 성인이 물의 온도를 직접 조절해 주는 것이 좋다.
- 목욕물 온도는 43도가 넘으면 안 되며, 반드시 손가락을 넣어보고 얼마나 뜨거운지 확인하고 들어간다.
- 욕실에 영유아를 절대로 혼자 두지 않는다.

【전기에 의한 화상 예방법】
- 벗겨진 전선은 손으로 만지지 않는다.
- 전원에 열쇠나 핀 등 쇠붙이를 꽂거나 젖은 손으로 전원을 만지지 않는다. 만약을 대비하여 쓰지 않는 전원은 뚜껑을 덮어두는 것이 좋다.
- 젖은 손으로 가전제품, 전기용품, 전깃줄 등을 만지지 않는다.
- 전기용품을 사용하다가 물에 떨어뜨렸을 경우에는 플러그를 먼저 뽑고 나서 나무집게 등의 절연체를 이용하여 건져낸다.

(4) 놀이안전

아동은 놀면서 신체운동이 발달하고, 언어능력도 발달하며, 사회적·정서적 능력도 발달하게 된다. 따라서 놀이는 아동의 발달에 필수적이지만, 놀면서 여러 가지 안전사고를 경험하게 된다. 놀이안전 사고는 경미한 찰과상부터 입원까지 다양한 상태로 나타나기 때문에 아동이 즐겁게 놀이하며 다치지 않도록 습관화하는 것이 중요하다.

놀이안전 습관은 아동이 안전한 놀잇감과 놀이환경을 선택하여 안전하게 놀이하며 놀이 후 정리정돈을 할 수 있도록 습관화하는 것을 의미한다. 놀이안전이 습관화 될 수 있도록 다음과 같은 지원과 교육을 실시해야 한다(주영은 외, 2016).

첫째, 실내놀이에서의 안전수칙을 안내한다. 아동은 유아교육기관에 등원하면서부터 실내놀이를 시작하고, 하원하기 전에도 부모를 기다리며 실내놀이를 한다.

실내놀이는 언어놀이, 미술놀이, 음률놀이, 역할놀이 등이 있으며, 각 놀이에 따라 준비과정, 놀이과정, 정리과정이 있으며 이에 따른 안전수칙을 안내하고 준수해야 한다.

둘째, 실외놀이에서의 안전수칙을 안내한다. 아동이 많이 접하는 실외놀이는 주로 놀이터에서 진행되며, 실외놀이는 안전수칙에 따라 이루어진다. 준비과정으로는 옷차림과 신발의 끈 상태, 놀이기구의 상태, 유리조각이나 뾰족한 물건이 있는지 등을 확인한다. 준비과정이 끝나면 그네, 시소, 미끄럼틀, 모래놀이 등을 진행한다. 정리과정으로는 물건을 제자리에 갖다 놓고, 손을 깨끗이 씻는다.

셋째, 스포츠 놀이 시 안전수칙을 안내한다. 스포츠 놀이는 자전거 타기, 수영, 롤러스케이트 등이 있으며, 각각의 놀이에 따라 안전수칙을 잘 확인하며 준비과정, 놀이과정, 정리과정으로 진행한다.

안전한 놀이지도를 위한 놀잇감 선택 시 교사들이 알고 있으면 도움이 되는 사항은 다음과 같다(정정옥·임미혜, 2011).
- 영유아를 위한 놀잇감 선택의 첫 번째 기준은 안전이다. 따라서 놀잇감 구입시 '안전' 마크나 '검' 마크가 있는지 반드시 확인한다.
- 사용설명서나 겉포장 등에 적혀 있는 표시사항(제품명, 모델명, 제조연월일, 제조자명, 수입품의 경우 수입자명, 주소 및 전화번호, 안전표시, 사용연령, 크기 및 한계체중, 제조국 등)을 확인한다.
- 발달수준에 적절한지 확인한다.
- 유해성분이 허용치 이하인지 확인한다.
- 질식사 예방을 위해 3.5cm 이상의 크기인지 확인한다.
- 모서리가 날카롭지 않은지 확인한다.
- 건전지를 이용한 놀잇감 구입은 자제한다.
- 놀잇감 소개 시 또는 사용 전에 안전 관련 주의사항을 알려준다.

3. 실종아동보호

1) 실종아동의 정의

실종아동의 경우 신체적으로는 학대, 성폭력, 살인 등의 심각한 범죄의 피해자가 될 수 있고, 정신적인 측면에서도 실종 경험이 있는 아동은 심각한 트라우마를 남길 수 있으며 이는 불안, 우울 등 정신 건강 문제로 이어질 수 있다. 또한, 실종아동은 가족에게 막대한 고통과 상처를 안겨주고, 장기간 아이를 찾지 못할 경우 가족의 기능은 상실되고 붕괴될 수 있다.

이러한 실종아동은 매년 평균 3천여 명이 발생하고, 실종아동 등의 귀가가 장기화되는 경우 가정의 해체 등 심각한 문제가 초래되는 등 아동 본인과 그 가족의 신체적·정신적·경제적인 고통이 매우 크며, 가정해체에 따른 사회적·국가적 손실 또한 매우 클 수 밖에 없다. 따라서 국가 차원에서 체계적이고 효율적인 실종아동에 대한 시스템 마련이 필요하게 되어 2005년 「실종아동등의 보호 및 지원에 관한 법률」을 제정하게 되었다. 이 법 제2조 2에는 실종아동등이란 약취, 유인 또는 유기되거나 사고를 당하거나 가출하거나 길을 잃는 등의 사유로 인하여 보호자로부터 이탈된 아동 등을 말한다고 실종아동에 대해 정의하고 있다

2) 실종아동등 대상

미아란 길을 잃거나 보호자로부터 이탈된 후 지리 분별력이나 인지능력의 부족으로 스스로 집 또는 보호자를 찾을 수 없는 8세 이하의 아동으로 정의할 수 있다. 미취학 아동의 경우 1시간 이내 약 70%, 3시간 이내 약 83%가 발견되고, 초등학생의 경우 하루 안에 약 80%가 발견된다.

2013년에 「실종아동등의 보호 및 지원에 관한 법률」의 개정으로 실종아동의 대상[25]이 만 14세에서 만 18세로 상향 조정됨에 따라 청소년 가출이 차지하는 비

---

25) 실종아동 대상에서 아동 등이란 실종당시 18세 미만 아동, 장애인 중 지적·자폐성·정신 장애인, 치매환자를 말함.

중이 높아졌다. 2015년 실종아동등 실태조사에 따르면 전체 18세 미만 실종아동 중 중고등학생이 65.1%를 차지하고 있으며, 2021년 청소년 통계에 따르면 초등학교(4-6학년), 중학교, 고등학교 학생 중 2.9%가 1년 내 가출한 경험이 있다고 보고되었고, 상습가출과 장기가출은 식비와 숙소 등의 재원을 마련하기 위해 범죄와 연루될 가능성이 높게 나타나고 있다.

지적장애인, 자폐성장애인, 정신장애인의 실종은 다른 실종아동의 실종보다 미발견 또는 사망으로 발견되는 경우가 많으며, 그 이유는 성인이지만 인지기능이 낮고, 외형은 일반성인과 다르지 않아 직접 대화를 해 보기 전까지 장애인임을 알 수 없는 경우가 많아 배회하여도 주변 사람들이 먼저 도움을 주기 어렵기 때문으로 볼 수 있다(보건복지부, 2021).

3) 실종아동 예방수칙

실종아동 예방수칙으로 부모님이 알아두어야 할 내용과 아이들에게 가르쳐야 할 내용에 대해 알아보면 다음과 같다(경찰청 홈페이지, 2024).

(1) 부모님이 알아두어야 할 내용

① 사전등록을 신청해 둔다.
경찰청 아동·여성·장애인 경찰지원센터에서 지문 등 사전등록제를 시행하고 있다. 아동 등이 실종되었을 때를 대비해 미리 지문과 사진, 보호자 인적사항 등을 등록해 둔다. 실종되었을 때 등록된 자료를 활용해 신속히 발견할 수 있다. 안전Dream홈페이지(안전Dream 앱), 가까운 지구대나 경찰서에서 등록 가능하다.

② 자녀를 집에 혼자 두지 않는다.
잠시 외출한다고 아이를 혼자 두고 다니지 않는다. 특히 아이가 잠든 틈에 외출은 금물이다. 아이가 집 바깥으로 엄마를 찾으러 나올 수 있다. 외출을 하게 될 때에는 믿을만한 친척이나 이웃에게 자녀를 돌봐달라고 부탁한다.

③ 항상 자녀와 함께 다닌다.

가까운 곳에 외출했을 때에도 잠시도 아이 혼자 두지 않는다. 가까운 백화점, 슈퍼, 시장, 쇼핑몰, 영화관, 공원, 공중화장실 등에서 특히 주의한다. 화장실을 혼자 가게 하거나 심부름을 시키거나 자동차 안에 혼자 두면 위험하다.

④ 실종아동 예방용품을 활용한다.

아이가 어리거나 장애로 말을 못하는 경우 실종아동 예방용품을 착용하도록 한다. 이름표 등을 착용하게 하고, 아이들의 이름과 연락처 등을 적을 때에는 바깥으로 쉽게 드러나지 않는 옷 안쪽이나 신발 밑창 등에 새겨주는 것이 좋다. 낯선 사람들이 쉽게 접근할 수 있고 유괴의 소지가 될 수 있다.

⑤ 자녀에 관한 정보들을 기억해 둔다.

자녀의 키, 몸무게, 생년월일, 신체특징, 버릇 등 상세한 정보를 알아두는 것은 실종아동 예방 및 실종아동 발생 시 유용하게 활용될 수 있다. 또한 매일매일 자녀가 어떤 옷을 입었는지 기억해두고, 아이의 인적 사항을 적어 둔 카드를 집에 비치해 둔다. 사전등록을 신청하면 걱정을 덜어줄 수 있으며, 사전등록 된 경우 182 신고 시 기본정보 입력 및 확인절차를 거칠 필요가 없어 더욱 빨리 위치추적 등을 실시할 수 있다.

⑥ 자녀의 하루 일과와 친한 친구들을 알아둔다.

아이가 놀러 나갔다가 집으로 돌아오지 않는 경우, 재빨리 아이를 수소문해 볼 수 있으려면 아이의 하루 일과를 부모가 자세히 알고 있어야 한다. 바깥에 있는 아이가 구체적으로 어디에서 누구와 있는지를 알아야 한다. 외출할 때에는 누구와 가는지, 언제 돌아올 것인지, 어디로 가는지 등을 물어보고 시간 약속을 지키도록 가르친다.

⑦ 정기적으로 자녀사진을 찍어 둔다.

실종아동이 발생했을 때 가장 중요한 정보는 바로 아이들의 사진이다. 아이들은 성장이 빨라 오래된 사진은 도움을 줄 수 없다. 정기적으로 아이 사진을 찍어 보관하며, 사전등록 된 아이의 사진은 수시로 변경 등록할 수 있다.

(2) 아이들에게 꼭 가르쳐 주어야 할 내용

① 아이에게 이름, 나이, 주소, 전화번호, 부모이름을 기억하도록 가르친다.

평소 잘 알고 있는 내용도 당황하면 잊어버리기 쉬우므로 아주 익숙해지도록 반복해서 연습시켜야 한다. 아이와 함께 실종아동 발생상황을 연출해 보고 함께 연극(역할극 등)을 해 보는 것이 꼭 필요하다. 즉, 쇼핑몰이나 공원 등에서 길을 잃을 경우, 무작정 길을 걷지 말고 그 자리에서 멈춰 서서 기다리게 하고, 주위 어른들이나 경찰관에게 도움을 요청하게 하는 연습을 해 보는 것이 중요하다. 만약 아이가 전화할 수 있다면 당황하지 말고 근처 상점 등에 들어가 부모에게 전화를 하고, 182 혹은 112에 신고하도록 가르친다.

② 밖에 나갈 때에는 누구랑 어디에 가는지 꼭 이야기 하도록 가르친다.

평소에 밖으로 놀러 나갈 때에는 누구와 어디에 가는지 이야기하고, 언제 돌아올 것인지 등을 부모와 약속하는 습관을 들인다. 또한 가급적 외부에서는 잠시라도 혼자 다니지 않고, 친구들과 함께 다니도록 가르친다. 특히 사람이 많은 공원이나 놀이터, 공중화장실 등에 갈 때에는 친구들이나 믿을만한 어른과 함께 가도록 한다.

③ 낯선 사람을 따라가지 않도록 주의시킨다.

처음 보거나 잘 알지 못하는 사람을 따라가지 않도록 주의시킨다. 막연히 낯선 사람을 경계하라고 가르치기보다는 구체적인 예를 들어 설명해야 한다. 즉, 길을 물어 보며 차에 태우거나, 엄마 친구를 사칭하거나, 강아지를 함께 찾아달라는 등 도움을 요청할 때도 단호히 거부할 수 있도록 한다. 만약 낯선 사람이 자신의 이름을 부르며 데려 가려고 할 때에는 소리를 질러 주위 사람들에게 도움을 청하도록 가르쳐야 한다. 납치범들이 물건을 들어달라고 하거나 땅에 떨어진 물건을 주워달라고 하면서 접근하여 차량 등에 납치하는 것에 유의해야 한다.

(3) 길을 잃은 아이 발견 시 대처방법

평소 똑똑한 아이도 길을 잃고 겁에 질리게 되면 묻는 말에도 제대로 대답할 수가 없으므로 아이의 불안한 마음을 이해하고 달래주는 것이 중요하다.

① 가장 먼저 경찰청 실종아동 찾기 센터(국번없이 182)로 신고한다.
② 아이가 있는 장소에 그대로 서서 일단은 아이의 부모를 기다린다. 아이가 잠깐 한눈을 팔거나 부모의 부주의로 아이와 떨어진 경우 아이의 부모는 가까운 장소에 있기 마련이다.
③ 아이에게 이름과 사는 곳, 전화번호 등을 물어본다. 이름을 불러주면서 달래준다. 아이가 집에 간다고 혼자서 가버리게 내버려두면 안 된다.
④ 아이의 의복이나 신발, 소지품 등을 확인해본다. 유괴방지를 위해서 아이의 이름이나 집전화번호 등을 보이지 않는 곳에 새겨두는 경우가 많다.
⑤ 백화점이나 쇼핑센터의 경우 안내데스크나 방송실에 문의를 하면 실종아동 찾기 안내 방송을 해 준다.
⑥ 아이를 실종아동 보호센터나 경찰서, 파출소 등에 인계하는 경우 아이를 발견하신 분의 이름, 연락처, 주소 등을 남겨둔다.

4) 실종아동 등 현황

실종아동 등에 대한 실종 발생 접수 건수는 매년 증감을 반복하고 있다. 최근 5년간 통계를 살펴보면, 2019년 42,390건에서 2021년 41,122건으로 감소하였다가 2023년 48,745건으로 다시 급증하였다. 아동의 경우, 실종 신고 접수 건수가 2019년 21,551건에서 2021년 21,379건으로 감소하고 2023년 25,628건으로 다시 증가하였다. 장애인 역시 2019년 8,360건에서 2021년 7,166건으로 감소하다 2023년 8,440건으로 급증하였다. 이는 코로나19의 영향으로 예측되어 향후 긴급한 위기상황에 대비한 실종 예방이 필요해 보인다.

〈표 8-8〉 실종아동 등 신고접수 및 처리현황

(단위 : 건)

구분		2019년	2020년	2021년	2022년	2023년
총계	접수*	42,390	38,496	41,122	49,287	48,745
	해제**	42,251	38,426	40,987	49,219	48,604
	미해제***	11	13	16	28	137
18세 미만 아동	접수	21,551	19,146	21,379	26,416	25,628
	해제	21,412	19,054	21,257	26,357	25,516
	미해제	3	5	3	12	72
지적·자폐성·정신 장애인(연령불문)	접수	8,360	7,078	7,166	8,344	8,440
	해제	8,353	7,089	7,168	8,337	8,434
	미해제	7	6	4	6	42
치매환자(연령불문)	접수	12,479	12,272	12,577	14,527	14,677
	해제	12,486	12,283	12,562	14,525	14,654
	미해제	1	2	9	10	23

*접수 : 발생연도와 무관하며, 과거 발생건에 대한 당해연도 접수건을 포함
 ('18년에 발생하였으나 '22년에 접수하면 '22년 접수로 계산)
**해제 : 접수연도와 무관하며, 과거 접수건에 대한 당해연도 해제건을 포함하고 있어 접수건 보다 많을 수 있음('18년 접수 '22년 해제하면 '22년 해제로 계산)
***미해제 : 계속해서 추적, 수사 중인 사건으로 접수연도와 관계없이 실종발생 당해연도 기준으로 산출('18년 발생 '22년 접수하면 '18년 미해제로 계산)
출처 : 통계청 홈페이지(2024). 실종아동등 신고접수 및 처리현황.

〈표 8-9〉 장기실종아동현황

(단위 : 명)

구 분	누계	2012-17년	2018년	2019년	2020년	2021년
18세 미만 아동	4,773,256	3,221,219	469,152	317,586	191,758	264,211
지적·자폐성·정신장애인	104,641	82,270	8,807	3,385	2,093	4,125

출처: 보건복지부(2021). 2021년 실종아동 등 실태조사 연구.

퀴 즈

1. 아동건강에 영향을 미치는 요인이 아닌 것은?
① 부모의 사랑 ② 유전적 요인 ③ 수면과 휴식 ④ 영양

2. 알레르기 중 심한 가려움증과 습진성 발진이 있는 영유아기에 흔히 발생하는 만성 염증성 피부 질환은?
① 식품 알레르기 ② 아토피피부염 ③ 천식 ④ 볼거리

3. 아동에게 교통습관을 갖기 위해 실시하는 교육으로 적합하지 않은 것은?
① 각 연령에 적합한 교통안전 습관 교육을 실시한다.
② 추상적인 훈련을 통해 교통안전 교육을 실시한다.
③ 안전규칙을 정확하게 알려준다.
④ 교통신호 및 교통안전 표지를 정확히 알려준다

4. 안전한 놀이지도를 위한 놀잇감 선택 시 적합하지 않은 것은?
① 놀잇감은 가능한 작은 것을 선택한다.   ② 모서리가 날카롭지 않은지 확인한다.
③ 건전지를 이용한 놀잇감 구입은 자제한다. ④ 발달수준에 적절한지 확인한다.

5. 화재 시 실내에서 대피하는 방법으로 적합하지 않은 것은?
① 안전하고 신속하게 이동한다.   ② 승강기는 위험하므로 계단을 이용한다.
③ 보이지 않는 곳에 숨는다.   ④ 유도등이나 비상구의 위치를 보고 움직인다.

6. 길을 잃거나 보호자로부터 이탈된 후 지리 분별력이나 인지능력의 부족으로 스스로 집 또는 보호자를 찾을 수 없는 8세 이하의 아동은?

7. 실종아동의 대상 연령은 (   )미만이다

8. 실종아동 예방수칙에 적합하지 않은 것은?
① 사전등록을 신청해 둔다.   ② 항상 자녀와 함께 다닌다.
③ 급할 때는 자녀를 집에 혼자 둔다. ④ 정기적으로 자녀사진을 찍어 둔다.

정답	1	2	3	4	5	6	7	8
	①	②	②	①	③	미아	18세	③

제9장. 아동보육

　아동보육은 단순히 돌봄을 제공하는 것을 넘어 아동의 건강한 성장과 발달, 사회성 함양, 양육스트레스 감소, 사회적 비용 절감 등 다양한 측면에서 아동과 보호자 모두에게 매우 중요하다. 본 장에서는 아동보육과 관련하여 영유아 보육서비스와 방과 후 아동보호에 대해 구체적으로 살펴보고자 한다.

1. 영유아 보육서비스

1) 보육의 개념

우리나라에서 보육이라는 용어를 사용하기 이전에는 탁아라는 개념을 사용했다. 탁아는 구빈적 차원에서 선별적으로 저소득층 가정의 방치된 아동들을 돌보아 주기 위해 시행되었고, 주로 저소득층 부모의 자녀를 맡아 보호하는 자선적인 경향이 강했다(임경옥 외, 2020). 1961년에 제정된 「아동복리법 시행령」 제2조에서는 탁아를 보호자가 근로 또는 질병으로 인해 양육하여야 할 아동을 보호할 능력이 없을 경우 보호자의 위탁을 받아 그 아동을 입소시켜 보호하는 것으로 정의하고 있다.

1991년 「영유아보육법」이 제정되면서 보육에 대한 개념이 새롭게 정립되었다. 「영유아보육법」 제2조에는 보육에 대해 다음과 같이 정의하고 있다. 보육이란 영유아를 건강하고 안전하게 보호·양육하고 영유아의 발달 특성에 맞는 교육을 제공하는 어린이집 및 가정양육 지원에 관한 사회복지서비스를 말한다. 따라서 보육은 단순히 타인에게 맡겨 보호받는 것이 아니라 영유아들의 발달 특성에 맞게 적극적으로 보호하고 교육받을 권리를 찾아주는 것이며, 영유아들의 부모가 일할 수 있도록 국가와 사회가 공동으로 책임을 지는 것을 말한다.

2) 보육정책의 연혁

우리나라 보육의 시작은 1921년 태화기독교사회관의 탁아사업에서 그 시작을 확인할 수 있다. 우리나라 보육의 연혁은 다음과 같다(중앙육아종합지원센터 홈페이지, 2024).

- 1921년 태화기독교사회관에서 저소득층 자녀 위주의 탁아사업 시작
- 1962년 「아동복리법」에 의해 보건복지부가 탁아관리

- 1982년 「유아교육진흥법」 제정으로 어린이집, 새마을협동유아원, 농번기탁아소를 새마을유아원으로 흡수·통합
- 1987년 직장탁아는 「남녀고용평등법」에 따라 직장탁아제 도입
- 1991년 어린이집 인가제(가정어린이집만은 신고제)
- 1998년 어린이집 신고제로 완화
- 2004년 어린이집 인가제로 다시 강화
  보육업무를 여성가족부로 이관, 평가인증제도입
- 2005년 표준보육료·교육비 산정, 영아기본보조금 제도 시범 도입
- 2006년 영아기본보조금 도입, 5세 무상보육 확대
- 2008년 보육정책이 보건복지부로 이관
- 2009년~2012년 보육에 대한 국가책임을 강화, 공공형 어린이집사업 도입
  어린이집 이용자 보육료 지원 확대, 미 이용 가구 양육수당 도입
  보육전자바우처(아이사랑카드) 도입, 5세 누리과정 도입
- 2013년 0~5세 전 계층 보육료·양육수당 지원, 3~5세 누리과정 실시
- 2014년 입소대기시스템 전산화 도입
- 2015년 모든 어린이집에 CCTV 설치, 웹사이트 통합 '아이사랑' 포털
- 2016년 맞춤형보육 도입 및 시행
- 2018년~2022년 보육의 공공성 강화, 효과적 보육서비스 제공을 위한 보육체계 개편, 보육서비스의 품질향상, 부모양육지원 확대
- 2023년~2027년 종합적 양육지원 강화, 영유아 중심 보육서비스 질 제고
  보육교직원 전문성 제고 및 역량강화

3) 보육서비스 유형

(1) 국공립어린이집

국공립어린이집은 국가나 지방자치단체가 설치·운영(위탁운영 포함)하는 어린이집을 말한다. 규모는 상시 영유아 11인 이상을 보육할 수 있는 시설을 갖추어야 하며, 어린이집의 명칭은 "○○어린이집"으로 한다.

의무 설치지역으로는 지방자치단체는 「주택법」 제2조제3호에 따른 신규 500세

대 이상 공동주택에 같은 법 제35조에 따라 설치되어야 하는 어린이집을 국공립어린이집으로 운영하여야 한다. 또한, 우선 설치지역으로 도시 저소득주민 밀집주거지역 및 농어촌지역 등 취약지역, 「산업입지 및 개발에 관한 법률」 제2조제8호에 따른 산업단지 지역이다.

(2) 사회복지법인어린이집, 법인·단체 등 어린이집, 민간어린이집

사회복지법인어린이집은 「사회복지사업법」에 따른 사회복지법인이 설치·운영하는 어린이집이며, 법인·단체 등 어린이집은 각종 법인(사회복지법인을 제외한 비영리법인)이나 단체 등이 설치·운영하는 어린이집을 말하며, 민간어린이집은 국공립·사회복지법인·법인단체등·직장·가정·협동 어린이집이 아닌 어린이집을 말한다.

규모는 상시 영유아 21인 이상을 보육할 수 있는 시설을 갖추어야 한다. 어린이집의 명칭은 "○○어린이집"으로 해야 하며, 명칭 사용에 유치원, 학원 등 유사기관으로 오인할 수 있는 명칭은 사용할 수 없다. 배치기준으로는 지역 보육수요와 어린이집의 공급현황 등을 감안하여 지역별로 균형 있게 배치되도록 한다.

(3) 직장어린이집

직장어린이집은 사업주가 사업장의 근로자를 위하여 설치·운영하는 어린이집(국가나 지방자치단체의 장이 소속 공무원 및 국가나 지방자치단체의 장과 근로계약을 체결한 자로서 공무원이 아닌 자를 위하여 설치·운영하는 어린이집을 포함한다)을 말한다. 규모는 상시 영유아 5인 이상을 보육할 수 있는 시설을 갖추어야 한다. 어린이집의 명칭은 "○○어린이집"으로 한다.

상시 여성근로자 300명 이상 또는 근로자 500명 이상을 고용하고 있는 사업장의 사업주는 직장어린이집을 설치해야 한다. 의무사업장의 사업주가 직장어린이집을 단독으로 설치하기 어려운 경우에는 사업주 공동으로 직장어린이집을 설치·운영하거나, 지역의 어린이집과 위탁 계약을 체결하여 근로자 자녀의 보육을 지원해야 한다.

사업주 단독 또는 공동으로 직장어린이집을 설치한 경우 또는 어린이집과 위탁 계약을 맺은 사업주는 직장어린이집의 운영 및 수탁 보육 중인 영유아의 보육에 필요한 비용의 100분의 50 이상을 보조해야 한다. 의무사업장 여부를 판단하기 위한 상시 근로자의 수 산정은 전체 기업규모가 아닌 단위 사업장을 기준으로 한다. 또한 상시 근로자는 임시직, 정규직, 일용직 등을 총망라하여 평균적으로 사용하는 근로자를 말한다. 직장어린이집 설치의무는 국가 및 지자체에도 적용된다.

(4) 가정어린이집

가정어린이집은 개인이 가정이나 그에 준하는 곳에 설치·운영하는 어린이집을 말한다. 규모는 상시 영유아 5인 이상 20인 이하를 보육할 수 있는 시설을 갖추어야 한다. 어린이집의 명칭은 "○○어린이집"으로 하며, 명칭사용에 유치원, 학원 등 유사기관으로 오인할 수 있는 명칭은 사용할 수 없다. 기존의 가정어린이집이 「○○어린이집」으로 명칭을 변경할 경우, 동일 시·군·구내 다른 어린이집과 동일한 명칭을 사용할 수 없다. 배치기준은 지역 보육수요와 어린이집의 공급현황 등을 감안하여 지역별로 균형 있게 배치되도록 한다.

(5) 협동어린이집

협동어린이집은 보호자 또는 보호자와 보육교직원 11인 이상이 조합을 결성하여 설치·운영하는 어린이집을 말한다. 영리를 목적으로 하지 아니하는 조합에 한정하며, 민법 상 조합, 협동조합기본법 상 사회적협동조합 등 조합 설립 형태와 무관하다. 규모는 상시 영유아 11인 이상을 보육할 수 있는 시설을 갖추어야 한다. 어린이집의 명칭은 "○○어린이집"으로 하며, 명칭사용에 유치원, 학원 등 유사기관으로 오인할 수 있는 명칭은 사용할 수 없다.

설치 및 운영방식은 보육아동을 둔 보호자 또는 보호자와 보육교직원 11인 이상이 상호 출자하여 공동으로 어린이집을 설치·운영할 것을 약정함으로써 그 효력이 발생한다. 보육 영유아별 보호자는 1인에 한정하며, 가구별 보육 영유아가 다수인 경우에도 보호자는 1인으로 산정한다. 어린이집 운영위원회에 준하는 총회(또는 조합원을 대표하는 5~10인 이내 이사회)를 운영해야 한다. 운영횟수는 분기별 1회 이상이며, 분기는 어린이집 회계연도 기준으로 구분한다.

출자는 조합원의 약정에 따라 금전, 기타 재산 또는 노무로 할 수 있다. 조합원은 아동보육의 필요성이 없게 되거나 기타 조합계약으로 정하는 시기에 탈퇴할 수 있으며, 출자금은 탈퇴 당시 조합의 재산 상태 및 지분에 의한다. 부득이한 사유 없이 조합의 불리한 시기에 탈퇴하지 못한다. 조합의 업무집행자는 조합계약 또는 조합원의 3분의 2 이상의 찬성으로 선임한다. 어린이집 대표자는 조합원 중에서 선임하고, 시설 운영에 관한 통상 사무는 원장이 전임하며, 주요사항은 조합원 과반수 찬성으로 결정한다. 원장은 조합원이 아닌 자 중에서도 선임 가능하다. 조합원이 최대한 보육과정 및 의사결정에 참여하여 소기의 설립 목적을 달성하도록 노력한다.

〈표 9-1〉 어린이집 시설 수

(단위 : 개소)

구 분	2020년	2021년	2022년	2023년
총 계	34,992	33,246	30,923	28,954
국공립	4,598	5,437	5,801	6,187
사회복지법인	1,316	1,285	1,254	1,206
법인 단체 등	671	640	610	551
민 간	11,510	10,603	9,726	8,886
가 정	15,529	13,891	12,109	10,692
협 동	152	142	132	124
직 장	1,216	1,248	1,291	1,308

출처 : 보건복지부 홈페이지(2024). 어린이집수 및 아동수 현황.

〈표 9-2〉 보육아동 수

(단위 : 명)

구 분	2020년	2021년	2022년	2023년
총 계	1,244,396	1,184,716	1,095,450	981,813
국공립	253,251	268,967	276,670	286,487
사회복지법인	78,322	72,085	64,503	26,812
법인 단체 등	34,066	30,998	27,743	24,010
민 간	578,196	535,428	477,628	420,219
가 정	230,444	208,842	184,053	159,864
협 동	3,716	3,465	3,203	2,851
직 장	66,401	64,931	61,650	61,570

출처 : 보건복지부 홈페이지(2024). 어린이집수 및 아동수 현황.

4) 어린이집 운영

어린이집 운영과 관련하여 구체적인 사항은 다음과 같다(보건복지부, 2024).

(1) 어린이집 반편성 기준

반편성 기준은 연령별 반편성 즉, 동년도 출생아(동년도 1.1~동년도 12.31)를 함께 반편성하는 것을 원칙으로 한다. 어린이집은 가능한 한 2세 미만 영아반, 2세 영아반과 3세 이상의 유아반을 동시에 운영해야 한다. 다만, 장애아가 있는 경우에는 장애아만으로 구성된 반을 운영할 수 있다.

반편성시 반별 정원기준은 다음과 같다. 다만, 신학기(3월)에 기존 아동을 상급반으로 편성할 때 반별 정원을 초과하는 경우 또는 신학기(3월~5월) 아동 퇴소로 인하여 기존 반 통폐합 시 잔류 아동이 반별 정원을 초과하는 경우에 한정하여 예외적으로 어린이집 총 정원 범위 내에서 반별 영유아 수를 탄력적으로 편성이 가능하다.

〈표 9-3〉 반편성시 반별 정원기준

구 분	0세반	1세반	2세반	3세반	4세반이상	장애아반
정원(원칙)	3명	5명	7명	15명	20명	3명
탄력편성 가능인원	-	1명	2명	3명	3명	-

출처 : 보건복지부(2024). 2024년도 보육사업안내(본문).

상위연령(1, 2월생) 반편성은 보호자의 신청이 있을 경우 상위연령반에 편성할 수 있으며, 하위연령(취학유예아동) 반편성은 보호자의 신청이 있을 경우 5세아반으로 편성할 수 있다. 장애아는 연령이 아닌 장애정도에 따라 적절한 반에 편성 운영 할 수 있으며, 장애아는 아니나 아동의 발달차이를 고려하여 보호자 신청이 있을 경우 하위연령반에 편성할 수 있다.

지역 내 수급상황(인근지역 여유정원이 없는 경우 등), 학부모의 요구(형제 등 동반입소) 등 불가피한 사유가 있는 경우에는 시·군·구 사전 승인 후 예외적으로 2세와 3세 아동의 혼합반 운영이 가능하며, 이 중 가정어린이집은 2세아와 유아

(방과후 포함)의 혼합반 운영이 가능하다.

(2) 입소 및 퇴소

① 입소 우선 순위

1순위는 「국민기초생활 보장법」에 따른 수급자 및 차상위계층의 자녀, 「한부모가족지원법」에 의한 지원대상자의 자녀 및 손자녀, 「장애인복지법」에 따른 장애인 중 장애의 정도가 심한 장애인과 장애인의 자녀 또는 형제자매, 아동복지시설에서 생활 중인 영유아, 부모가 모두 취업 중이거나 취업을 준비 중인 영유아, 「다문화가족지원법」에 따른 다문화가족의 영유아, 「국가유공자 등 예우 및 지원에 관한 법률」에 따른 국가유공자 중 전몰자, 순직자, 상이자로서 보건복지부령으로 정하는 자의 자녀, 자녀가 2명 이상인 가구의 영유아, 임신부의 자녀인 영유아, 제1형 당뇨를 가진 경우로서 의학적 조치가 용이하고 일상생활이 가능하여 보육에 지장이 없는 영유아, 산업단지 입주기업체 및 지원기관 근로자의 자녀로서 산업단지에 설치된 어린이집을 이용하는 영유아, 「북한이탈주민의 보호 및 정착지원에 관한 법률」에 따른 북한이탈주민 및 그 자녀인 영유아, 「국민건강보험법」에 따른 보건복지부장관이 정하여 고시하는 희귀난치성 질환을 가진 사람 중 보건복지부장관이 어린이집의 우선이용이 필요하다고 인정하는 자의 자녀인 영유아 등이 1순위가 된다.

2순위는 「한부모가족지원법」에 따른 지원대상자의 범위에 해당하지 않는 한부모가족 또는 조손가족, 가정위탁 보호아동 및 입양된 영유아, 동일 어린이집 재원 중인 아동의 형제 및 자매 등이 2순위가 된다.

② 입소자 결정

입소자 결정은 어린이집 원장이 결원이 생겼을 때마다 입소 우선순위를 기준으로 선 순위자를 우선 입소 조치한다. 동일 순위 내 경합이 있을 경우, 입소대기 신청 순서에 따라 순위를 결정한다. 다만, 공동주택 관리동 의무어린이집(비국공립어린이집)의 경우 동일 순위 내 경합이 있을 경우, 공동주택 단지 내 가구의 영유아가 우선 입소한다.

원장이 입소확정 후 등원여부 확인 시 보호자는 7일 이내 등원결정을 하고, 2

주 이내에 입소해야 한다(단, 신학기 입소의 경우 3월 2주 이내에 입소해야 함). 특별한 사유 없이 등원결정 및 입소를 미루는 경우 원장이 임의로 차순위 대기자 입소 확정이 가능하다. 동일 입소신청자가 1, 2순위 항목에 중복 해당되는 경우, 해당 항목별 점수를 합하여 고득점자 순으로 명부를 작성한다. 1순위 항목당 100점(3자녀 이상 가구 자녀 및 맞벌이의 경우 각 200점, 맞벌이이면서 3자녀 이상이면 추가 300점 부여), 2순위 항목당 50점으로 산정한다. 다만, 2순위 항목만 있는 경우 점수합계가 같거나 높더라도 1순위보다 우선순위가 될 수 없으며, 1순위 항목 점수가 동일한 경우에 한하여 2순위 항목이 해당될 경우 추가 합산 가능하다.

③ 준수사항

입소 우선순위 적용대상은 대한민국 국적을 가진 0~5세(장애아동은 12세) 아동에 한한다. 직장, 협동어린이집을 제외한 모든 어린이집은 반드시 입소 우선순위에 따라 보육이 이루어지도록 해야 한다. 어린이집 원장은 입소신청(상담)자에게 우선입소대상 순위와 그에 따른 증빙서류, 보육료 지원제도 등을 적극 홍보하여 지원혜택을 받을 수 있도록 해야 한다.

어린이집 원장은 어린이집 입소를 신청한 영유아에 대해 입소를 거부하지 못한다. 다만, 영유아의 질병 또는 어린이집의 폐지 등 정당한 사유가 있고 특별자치시장·특별자치도지사·시장·군수·구청장의 승인을 받은 경우에는 그러하지 아니한다. 어린이집 원장은 보육료 자격 신청 또는 입소 신청 등과 관련하여 보호자가 거짓이나 그밖에 부정한 방법을 사용하도록 요구하거나 안내해서는 안 된다.

④ 퇴소

어린이집 원장은 어린이집에 재원 중인 영유아를 보호자의 의사에 반하여 퇴소시킬 수 없다. 다만, 영유아의 질병 또는 어린이집의 폐지, 보호자가 거짓이나 부정한 방법으로 허위 증빙서류를 제출하여 입소하였을 경우, 학부모가 교직원을 폭행하였을 경우, 가정폭력 피해자가 피해사실을 입증하고 퇴소를 요청하는 등 정당한 사유가 있고, 특별자치시장·특별자치시도지사·시장·군수·구청장의 승인을 받은 경우에는 그러하지 아니한다.

어린이집 원장은 보호자의 퇴소요청이 있는 경우, 퇴소를 거부하지 못한다. 다만, 보호자 부담 보육비용(보육료 및 기타필요경비 등) 미납이 있는 경우 등 정당한 사유가 있고 특별자치시장·특별자치도지사·시장·군수·구청장의 승인을 받은 경우에는 그러하지 아니한다.

부모급여 제도 도입에 따라 입퇴소 월에는 부모보육료 중 정산된 금액이 부모에게 사후 지급되어야 하므로 어린이집 재원중인 0~1세(0~23개월) 아동의 부모는 어린이집 퇴소를 희망하는 경우, 퇴소 희망일 7일전까지 어린이집으로 퇴소를 신청하여야 한다.

(3) 어린이집 운영 및 보육 시간

① 어린이집 운영시간

어린이집 운영시간은 주 6일 이상, 연중 계속 운영하는 것을 원칙으로 한다. 매주 월~금요일 12시간(07:30~19:30) 운영하며, 토요일은 8시간(07:30~15:30) 운영한다. 다만, 지역 및 시설여건 등을 고려하여 미리 보호자의 동의를 받은 후, 어린이집운영 위원회의 결정에 따라 토요일 휴무를 할 수 있다. 또한, 보호자의 근로시간 등을 고려하여 미리 보호자의 동의를 받은 경우에는 영유아 및 그 보호자에게 불편을 주지 않는 범위에서 어린이집 운영일 및 운영시간을 조정하여 운영이 가능하다(야간연장보육, 휴일보육 등 운영 가능). 근로자의 날은 사전 보육수요 조사를 통해 보육에 지장을 주지 않는 범위 내에서 교사배치를 조정하여 운영하되, 근로자의 날 근무자에 대하여 관련법에 따라 휴일 근로수당을 지급해야 한다.

어린이집 운영시간 중 아동 외출 시 아동 안전을 고려하여 부모와 협의 하에 지정된 보호자에게 인계해야 한다. 어린이집 하원 이후 재등원은 불가하다. 안정적 보육 환경 조성 차원에서, 하원한 아동이 학원 등을 다녀온 후 재등원하는 것은 불가하다. 다만, 영유아의 의료기관 진료와 같이 불가피한 경우에만 재등원이 가능하다. 하원 시에는 아동 보호자가 원내로 들어와서 인계받는 것이 원칙이다.

② 보육시간

기본보육은 09:00~16:00시까지 보육한다. 단, 지역별·어린이집별 사정에 따라 보호자와 협의하여 09:00~16:00 전·후 30분 범위 내에서 보육시간 탄력 조정이 가능하다. 07:30~09:00 ±30분의 등원지도 시간과 16:00~17:00 ±30분의 하원지도 시간은 기본보육으로 간주한다.

연장보육은 16:00~19:30시까지 보육한다. 그 밖의 야간연장보육은 19:30~24:00시까지 보육하며, 야간 12시간보육은 19:30~익일 07:30분까지 보육한다. 24시간 보육은 07:30~익일 07:30분까지 보육하며, 휴일보육은 일요일, 공휴일 07:30~19:30분까지 보육한다.

(4) 보험가입

① 영유아의 생명 및 신체 피해보상 관련 보험 가입
가입대상은 모든 어린이집은 입소 아동 전원에 대하여 의무적으로 가입한다. 가입내용은 보육통합정보시스템을 통해 어린이집안전공제회 회원 및 공제회 영유아 생명 및 신체 피해 공제에 가입하고, 영유아 등 입소 아동의 생명 및 신체 피해보상을 위한 공제료를 납부해야 한다. 또한, 집단급식소로 신고·운영하는 어린이집이나 어린이놀이시설 관리 주체인 어린이집은 해당 법률에 따라 공제회의 해당 공제에 가입해야 한다. 보험료는 어린이집 부담이 원칙이다.

② 화재보험 가입
가입대상은 모든 어린이집이 의무적으로 가입하되, 어린이집안전공제회의 화재배상책임공제 가입이 가능하다. 가입내용은 화재로 인한 손해배상책임의 이행 대비, 공동주택 내 가정어린이집의 경우 공동주택 화재보험 가입으로 갈음가능하나, 교재교구 등 집기를 위한 화재보험(공제) 추가 가입이 가능하다. 어린이집안전공제회의 화재배상책임공제에 가입하면 「사회복지사업법」 제34조의3에 따라 화재보험에 가입해야 하는 의무를 이행한 것으로 본다. 보험료는 어린이집 부담이 원칙이다.

③ 자동차보험가입
대상은 차량을 운행하는 모든 어린이집이며, 내용은 교통사고로 인한 피해를 전액 배상할 수 있도록 대비한다. 보험료는 어린이집 부담이 원칙이다.

(5) 보육료

보육료 수입액 결정권자는 시·도지사이며, 연도별 보육료의 수납한도액을 매년 1월말까지 결정하여 시달한다. 1월말 결정된 보육료 수납액은 3월부터 다음해 2월까지 적용되며, 결정된 수납액은 3월 이후 연도 중 변경이 불가하다. 수납한도액 결정은 정부의 보육료지원 단가 범위 내에서 결정한다. 야간연장보육료는 시간당 4,000원이며, 야간12시간보육료는 월 보육료의 100%이고, 24시간보육은 월 보육료의 200%이다. 휴일보육은 일 보육료의 150%이다.

필요경비란 보육료에 포함되지 않는 현물의 구입비용과 통상적인 보육프로그램에 속하지 아니하는 특별활동 및 현장학습 등에 드는 실비 성격의 비용을 말하며, 입학준비금, 특별활동비, 현장학습비, 차량운행비, 부모부담행사비, 아침·저녁급식비, 기타 시·도 특성화 비용 등이 있다.

〈표 9-4〉 2024년 보육료

(단위 : 원)

구 분	지원비율	연령	기본보육료	부모부담보육료
어린이집 이용 0-5세	100%	0세반	540,000	0
		1세반	475,000	0
		2세반	394,000	0
		3세반	280,000	0
		4세반	280,000	0
		5세반	280,000	0
		장애아반	587,000	0

출처 : 보건복지부(2024). 2024년도 보육사업안내(본문).

(6) 시간제 보육

시간제 보육은 가정양육 시에도 지정된 제공기관에서 시간단위로 보육서비스를 이용하고 이용한 시간만큼 보육료를 지불하는 보육서비스이다. 지원대상은 어린이집, 유치원 등을 이용하지 않고 부모급여 또는 양육수당을 수급 중인 사람이다. 제공기관은 시·군·구로부터 시간제보육 제공기관으로 지정 받은 어린이집, 육아종합지원센터 등이다.

보육료는 시간당 4,000원(정부지원금 75% + 부모부담금 25%)이며, 국민행복카드 이외의 결제수단(현금)으로 결제 시에는 전액 본인부담 해야 한다. 운영시간은 월요일~금요일 09:00~18:00이며, 주말 및 공휴일은 제외된다. 1개반 기준으로 영아(6~36개월 미만) 3명이며, 교사 대 영아비율은 1:3이다. 시간제보육 사전 예약은 온라인신청(임신육아종합포털), 전화신청(1661-9361)으로 진행하며, 당일 예약은 전화로 신청하면 된다.

(7) 육아종합지원센터

육아종합지원센터는 어린이집, 영유아, 부모를 위한 보육 및 양육 정보 제공과 다양한 서비스를 지원하기 위하여 보건복지부장관과 지방자치단체의 장이 설치·운영하는 육아지원 기관이다. 사업목적으로는 지역사회 내 어린이집 지원·관리 및 보호자의 가정양육 지원을 위한 육아지원서비스를 제공한다.

육아종합지원센터 기능으로는 어린이집 컨설팅, 보육교직원 교육 및 상담, 보육 관련 정보 제공 등 어린이집 지원 기능과 부모교육 및 상담, 영유아 놀이 공간 및 체험프로그램 제공, 시간제보육서비스, 놀잇감 대여 등 가정양육 지원 기능이 있다. 육아종합지원센터 설치 현황으로는 총 132개소가 설치되었으며, 중앙 1개소, 시·도 18개소, 시·군·구 113개소가 운영되고 있다.

〈표 9-5〉 육아종합지원센터 설치 현황

(단위 : 개소)

구 분	계	시·도	시·군·구	구분	계	시·도	시·군·구
총계	132	18	113				
중앙	1	-	-	경기	33	2	31
서울	26	1	25	강원	4	1	3
부산	10	1	9	충북	6	1	5
대구	4	1	3	충남	4	1	3
인천	7	1	6	전북	5	1	4
광주	3	1	2	전남	4	1	3
대전	3	1	2	경북	7	1	6
울산	6	1	5	경남	6	1	5
세종	1	1	-	제주	2	1	1

출처 : 보건복지부(2024). 2024년도 보육사업안내(본문).

육아종합지원센터 영역별 수행사업으로는 어린이집 지원 사업, 가정양육 지원 사업, 기타 사업 등을 수행하고 있다.

〈표 9-6〉 육아종합지원센터 영역별 수행사업

구 분	사 업
어린이집 지원 사업	• 어린이집 컨설팅, 열린어린이집 지원, 부모모니터링 지원, 대체교사 지원 및 관리, 취약보육 지원, 교재·교구의 제공 및 대여 등 • 표준보육과정 및 누리과정연수, 보육교직원 안전교육, 아동학대 예방교육, 보육교직원 상담 등
가정양육 지원 사업	• 가정 내 양육환경 점검, 부모 양육태도 점검, 자녀권리존중 교육, 아동학대 예방교육, 영유아 발달 이해 교육, 양육 스트레스 관리, 부모·자녀 체험활동, 포괄적 양육정보 안내, 육아콘텐츠 개발 및 지원 • 부모상담, 영유아 체험 및 놀이공간 지원, 도서·장난감 제공 및 대여, 시간제보육 서비스 제공, 영유아 발달 검사, 양육관련 정보 제공 등
기타 사업	• 지역사회 및 유관기관 연계사업, 보육교직원 구인·구직 정보 제공 • 보육 및 양육 관련 정보 수집 및 제공

출처 : 보건복지부(2024). 2024년도 보육사업안내(본문).

2. 방과 후 아동보호

방과 후 아동보호는 일반적으로 초등학교 아동을 대상으로 학교에서 수업을 마친 후 부모 또는 보호자와 만날 때까지 아동을 안전하게 보호하고 건강한 발달을 도모하기 위해 실시하는 보육서비스이다. 방과 후 아동보호에 대한 유형들을 살펴보면 다음과 같다.

1) 지역아동센터

(1) 목적
지역아동센터는 방과 후 돌봄이 필요한 지역사회 아동의 건전육성을 위하여 보호 및 교육, 건전한 놀이와 오락의 제공, 보호자와 지역사회의 연계 등 종합적인 복지서비스를 제공하고자 한다.

(2) 추진경과
지역아동센터의 추진결과는 다음과 같다(보건복지부, 2024).
- 2004년 「아동복지법」개정으로 지역아동센터(구, 공부방)를 아동복지 시설로 법제화, 총 895개소 시설에 23,347명 아동서비스 지원
- 2005년 지역아동센터 확대 전국 1,709개소 운영(총 43,749명 아동지원)
- 2007년 아동복지교사 지원사업 실시 및 아동복지교사지원센터 설치·운영
- 2010년 사회복지시설정보시스템 활용 의무화
- 2012년 학교의 주5일제 전환에 따른 지역아동센터 토요일 운영 지원
- 2013년 방과 후 돌봄서비스 연계로 종합적 지원 및 관리체계 마련
- 2014년 표준 프로그램 개발, 지역아동센터 아동패널 구축 및 조사
- 2018년 이용아동 기준 개선(일반아동 이용비율 확대)
- 2020년 지역아동센터 등·하원 안심알림이 구축 개시
- 2022년 일반아동 이용비율 추가 확대, 우선돌봄아동 선정기준 개선
- 2023년 인건비 및 운영비 보조금 분리, 운영시간 연장(20시까지)

(3) 종사자 배치기준

종사자 배치기준은 아동 30명 이상일 때 시설장 1명, 생활복지사 2명, 영양사 1명이 배치되며, 아동 10명 이상~30명 미만일 때 시설장 1명, 생활복지사 1명이 배치되고, 아동 10명 미만일 때는 시설장 1명만 배치된다.

<표 9-7> 지역아동센터 종사자 배치기준

구 분	시설장	생활복지사	영양사
아동 30명 이상	1명	2명(아동 50명 초과 시 1명 추가)	1명(아동 50명 이상인 경우만 해당함)
아동 10명 이상 ~ 30명 미만	1명	1명	-
아동 10명 미만	1명	-	-

출처 : 보건복지부(2024). 2024 지역아동센터 지원 사업안내.

(4) 돌봄서비스

① 신청

읍·면·동장 또는 지역아동센터 등은 돌봄서비스 희망 아동에 대해 해당 보호자가 작성한 방과 후 돌봄서비스 신청서를 시·군·구청에 제출하여야 한다. 특히, 사회복지담당공무원은 지역아동센터 및 민간사회복지기관, 학교 등과 적극 협력하여 지역아동센터 이용이 필요한 아동을 적극적으로 발굴하는 "찾아가는 복지"를 실천해야 한다.

지역사회의 교사, 사회복지사, 이·통·반장, 드림스타트사례관리사, 아동보호전문기관, 아동학대전담공무원 등이 이용대상아동을 발굴 및 추천하는 경우 보호자와의 상담 등을 통해 직권 신청이 가능하며, 신청 장소는 주민등록상 주소지 관할 시·군·구청에서 연중 신청 및 접수한다.

② 이용아동 선정

이용아동 선정에 따른 연령기준은 18세 미만의 아동으로서 초등학교 및 중학교에 재학 중인 아동이며, 우선돌봄아동은 「국민기초생활 보장법」에 따른 생계·의료·주거·교육급여 수급자, 차상위자활대상자, 차상위본인부담 경감 대상자 등 차상위계층 가구의 아동, 「의료급여법」 제3조에 따른 의료급여 수급권자, 「장애인복지법」 제32조에 따른 등록장애인이 있는 가구의 아동 또는 등록장애인인 아동, 「다문화가족지원법」 제2조제1호에 따른 다문화가족의 아동 「한부모가족지원법」 제4조제2호에 따른 모자가족 또는 부자가족의 아동, 조부모와 손자녀로만 이루어진 조손가구의 아동, 초·중·고 교육비 지원 대상자인 아동, 자녀가 2명 이상인 가구의 아동이다. 일반아동은 우선돌봄아동에 해당하지 않는 아동이다.

이용아동의 등록은 시설별 신고정원의 50% 이상은 우선돌봄아동이어야 하며, 일반아동은 50% 범위 내에서 등록 가능하다.

③ 운영시간

운영시간은 월~금요일을 포함하여 주 5일, 1일 8시간 이상을 상시 운영하여야 한다. 학기 중에는 14:00~20:00까지 필수 운영시간이며, 방학 중에는 12:00~17:00까지 필수 운영시간이다. 필수 운영시간을 포함하여 8시간 이상 운영하여야 한다.

④ 프로그램 내용

〈표 9-8〉 지역아동센터 프로그램 내용

구분	세부영역	세부프로그램	프로그램 예시 (시설별 선택 운영)
보호	생활	일상생활관리	센터생활적응지도, 일상생활지도 일상예절교육, 부적응아동지도 등
		위생건강관리	위생지도, 건강지도 등
		급식지도	급식지도, 식사예절교육 등
	안전	생활안전지도	저녁돌봄 등
		안전귀가지도	안전귀가지도, 생활안전지도, 어린이통학버스 운행 등
		5대안전의무교육	교통안전, 실종유괴예방, 약물오남용예방, 재난대비, 성폭력예방 등

구분	세부영역	세부프로그램	프로그램 예시 (시설별 선택 운영)
교육	학습	숙제지도	숙제지도, 학교생활관리 등
		교과학습지도	수준별 학습지도, 온라인교육, 학습부진아 특별지도 등
	특기적성	예체능활동	미술, 음악, 체육지도 등
		적성교육	진로지도, 적성교육(독서, 요리, 과학 등)
	성장과 권리	인성 및 사회성 교육	인성교육, 사회성교육 등
		자치회의, 동아리 활동	자치회의, 동아리 활동 등
문화	체험활동	관람, 견학	공연 및 연극 관람, 박물관 등 견학
		캠프, 여행	체험활동, 캠프 및 여행 등
	참여활동	공연	공연 등
		행사(문화, 체육 등)	전시회, 체육대회 등
정서 지원	상담	연고자 상담	부모 및 가족상담, 연고자 상담 등
		아동 상담	아동상담 등
		정서지원 프로그램	정서지원 프로그램 등
	가족지원	보호자교육	보호자 교육 등
		행사, 모임	부모소모임, 가정방문 등
지역 사회 연계	홍보	기관홍보	기관홍보 등
	연계	인적연계	자원봉사활동, 인적결연후원, 후원자관리
		기관연계	지역조사와 탐방, 전문기관 및 단체연계

출처 : 보건복지부(2024). 2024 지역아동센터 지원 사업안내.

⑤ 이용아동 종료

이용종료 아동정보는 사회서비스정보시스템(희망이음)을 활용해 시·군·구에 보고하고, 해당 아동 보호자에게 이용종료 사유 및 지역사회 돌봄기관 정보를 통보해야 한다. 이용종료 아동에 대한 사후관리를 진행해야 하며, 아동이 이용종료 1개월 이내에 가정 또는 타 시설 등에서 안전하게 돌봄을 받고 있는지 확인 후 최종 서비스를 종료한다(보건복지부, 2024).

2) 다함께 돌봄

(1) 정의 및 목적

다함께 돌봄센터는 초등학교 정규교육 이외의 시간 동안 돌봄서비스를 제공하는 시설을 말한다. 다함께 돌봄의 목적으로는 지역 중심의 돌봄체계 구축 및 초등돌봄의 사각지대를 해소하는 것으로, 지역사회 중심의 자발적이고 주도적인 아동 돌봄 공동체 기반을 조성하고, 지역 내 돌봄 수요 및 자원을 고려하여 아동 돌봄 계획을 수립하고 이를 바탕으로 지역 내 틈새 돌봄 기능을 강화하여 돌봄 사각지대를 해소하고자 한다(보건복지부, 2024).

(2) 추진경과 및 추진방향

① 추진경과

다함께 돌봄 추진경과는 다음과 같다(보건복지부, 2024).
- 2017년   다함께 돌봄 시범사업 10개소 실시(행안부, 복지부 공동사업)
- 2018년   관계부처 합동 정책 발표, 다함께돌봄센터 17개소 운영
- 2019년   다함께돌봄사업지원단 발족, 173개소 운영
- 2020년   다함께돌봄센터 아동권리보장원에 위탁, 424개소 운영
- 2021년   500세대 이상 주택단지 내 다함께돌봄센터 의무 설치
            다함께돌봄센터 694개소 운영, 학교돌봄터 19개교 49실 운영
- 2022년   다함께돌봄센터 881개소 운영, 학교돌봄터 32개교 78실 운영
- 2023년   다함께돌봄센터 981개소 운영, 학교돌봄터 31개교 81실 운영

② 추진방향

다함께 돌봄은 돌봄서비스 공백이 큰 초등학생을 중심으로 지역 내 방과 후 돌봄의 거점 기능을 수행하며, 지역의 초등돌봄을 위한 공공 및 민간 자원의 연계를 통해 지역사회가 다함께 아동을 키우는 자율적이고 유연한 체계를 운영한다(보건복지부, 2024).

(3) 종사자 배치기준

다함께돌봄센터 종사자 배치기준은 아동 41명 이상일 때 센터장 1명, 돌봄선생님 2명이 배치되며, 아동 31명~40명일 때 센터장 1명, 돌봄선생님 1.5명이 배치되며, 아동 30명 미만일 때 센터장 1명 돌봄선생님 1명이 배치되고, 학교돌봄터는 센터장 1명과 돌봄선생님 교실당 1명이 배치된다.

〈표 9-9〉 다함께돌봄센터 종사자 배치기준

구 분	센터장	돌봄선생님(4시간 시간제 선택 가능)
아동 41명 이상	1명	2명(4명)
아동 31명~40명	1명	1.5명(3명)
아동 30명 미만	1명	1명(2명)
학교돌봄터	1명	교실당 1명(전일제)

출처 : 보건복지부(2024). 2024년 다함께돌봄 사업안내.

(4) 다함께돌봄센터 운영

① 신청

다함께돌봄센터 신청은 보호자가 이용을 희망하는 센터에 전화, 온라인(정부24 → 원스톱서비스 → 온종일돌봄 → 초중등 돌봄) 등으로 돌봄서비스 신청 후 센터를 방문하여 상담한다. 센터는 정원 및 현원을 고려하여 이용 우선순위에 따라 신청인에게 이용 결정 통보를 하고, 월 1회 이상 정기적으로 아동 이용현황 등 운영상황을 해당 지방자치단체장에게 보고한다.

② 이용료

이용료는 아동 1인당 월 10만원 내에서 지역여건 및 제공서비스 등에 따라 시설운영위원회의 심의를 거쳐 자율적으로 정한다. 급간식을 제공할 경우에는 월 10만원 이외 별도로 수익자 부담을 추가할 수 있다. 외부 인력에 의해 센터 내·외에서 이루어지는 특별활동 운영 시 시설운영위원회의 심의를 거쳐 프로그램별 이용료 수납이 가능하다. 단, 학교돌봄터는 급간식비 외에 별도 이용료를 징수하여서는 안 된다.

③ 이용대상

이용대상은 돌봄이 필요한 6~12세(초등학생) 아동이며, 소득 수준과 무관하고, 각 지방자치단체(센터별)는 지역여건에 따라 이용 우선순위를 정할 수 있다. 돌봄이 필요한 아동이 행정구역과 관계없이 편리하게 돌봄서비스를 제공받을 수 있도록 센터 이용범위를 관할 시·군·구에 한정하지 않도록 권장한다. 단, 학교돌봄터의 경우 학교돌봄터가 설치된 학교의 재학생을 우선 이용하도록 할 수 있으나, 모든 이용아동을 해당 학교의 재학생으로만 구성하는 것은 지양할 것을 권고한다.

입소 우선순위 예시로는 맞벌이 가정 및 한부모 가정의 부 또는 모가 일하는 경우, 다자녀 가구 및 가구 내 장애·요양환자가 있어 자녀에 대한 돌봄이 어려운 경우, 초등학교 저학년, 부모의 근로시간이 길거나 출퇴근 소요 시간이 긴 경우 등으로 할 수 있다.

④ 운영시간

운영시간은 주 5일 월~금요일을 포함하고, 1일 8시간 이상을 상시 운영한다. 학기 중에는 14:00~20:00, 방학 중에는 09:00~18:00까지 운영한다.

〈표 9-10〉 돌봄 시간표

구 분	시간	프로그램
방학중	09:00-10:00	출석확인, 자유놀이
	10:00-11:00	독서지도 및 학습보충
	11:00-12:00	특별활동 프로그램
	12:00-13:00	점심시간 및 휴식
학기중	13:00-14:00	출석확인, 자유놀이
	14:00-15:00	독서지도, 숙제 및 학습보충
	15:00-16:00	간식시간 및 휴식, 자유놀이
	16:00-18:00	특별활동(방학 중 자유놀이 귀가지도)
	18:00-19:00	저녁시간 및 휴식
	19:00-20:00	자유놀이, 귀가지도
운영시간 연장	20:00-22:00	저녁 돌봄(돌봄서비스 연계 등)

출처 : 보건복지부(2024). 2024년 다함께돌봄 사업안내.

⑤ 프로그램 내용

<표 9-11> 돌봄 프로그램 내용

구분	활동분야	활동내용	서비스 제공 주체
기본 서비스	출결확인	출석과 결석 관련 사항 확인, 입출입이 잦은 아동에 대한 출결 유의	돌봄선생님 중심으로 운영하되, 센터장 및 자원봉사인력 지원
	급·간식 지원	급식 지원(방학), 간식 지원	급·간식 업체 매식 또는 센터에서 조리 등 센터별로 상황을 고려하여 운영
공통 프로그램	놀이, 휴식	자유활동, 휴식 취하기	돌봄선생님 중심으로 운영하되, 센터장 및 자원봉사인력 지원
	신체활동	신체놀이(줄넘기, 자전거, 배드민턴, 축구 등), 또래놀이(놀이터, 민속놀이, 인형극 등)	
	숙제, 독서지도	숙제지도(알림장 확인, 숙제 확인), 독서지도(읽기, 말하기, 쓰기 등), 독서활동 프로그램 운영	대학생 자원봉사, 퇴직교사, 보호자 재능기부 등으로 운영 가능
	아동지원	일상생활교육(위생청결교육, 화재 및 안전교육), 아동 및 보호자 상담	
특별 활동 프로그램	언어활동	기초외국어지도(읽기, 말하기, 쓰기), 외국어활동 프로그램 운영	분야별 전문 소양을 갖춘 인력을 중심으로 운영하되, 센터장과 돌봄선생님 지원 (단, 특별활동 내용은 공교육 정상화 촉진 및 선행교육 규제에 관한 특별법에 부합하여야 함)
	예체능	예체능활동지도(음악, 미술, 체육), 예체능활동 프로그램 운영	
	과학	과학지도(드론, 로봇, 과학상자 등), 과학 체험활동 프로그램 운영	
	체험활동	문화예술 체험(영화, 난타, 박물관, 시장 등), 문화 체험프로그램 운영 (요리, 화훼 등)	

출처 : 보건복지부(2024). 2024년 다함께돌봄 사업안내.

(5) 이용아동 관리 및 종결

① 이용아동 관리

센터장은 이용 아동의 안전 확보 및 출결 관리를 위해 전자출결관리시스템을 설치하여야 하며, 아동관리일지를 작성 및 비치하여 매일 철저한 입·퇴실 등 아동관리가 이루어지도록 해야 한다.

일시돌봄 이용아동은 당일 등록 및 당일 종결을 원칙으로 하나, 일시돌봄 사유(보호자의 질병, 수술 또는 출산 등)에 따라 5일 이내 연속 이용이 가능하며, 일시돌봄 이용아동은 정기돌봄 이용아동과 별도의 현원으로 관리하여야 한다. 동시간대에 정기돌봄과 일시돌봄을 이용하는 아동의 수가 정원을 넘지 않는 범위에서 일시돌봄서비스 제공을 적극 권장한다.

② 종결

정기돌봄 종결은 이용 우선순위에 따른 등록 아동의 재신청 주기(매월 또는 매학기)에 따른 종결 및 아동(보호자)의 희망에 의한 퇴소로 종결한다. 일시돌봄 종결은 당일 종결(연속 이용 시 이용종료일 종결) 및 아동(보호자)의 희망에 의한 퇴소로 종결한다.

3) 늘봄학교

(1) 기본개요

늘봄학교는 학생의 성장 및 발달을 위하여 정규수업 외에 학교와 지역사회의 다양한 교육자원을 연계하는 종합 교육프로그램이다. 기존의 초등학교 방과 후와 돌봄을 통합 및 개선한 단일체제이며, 앞으로 초등학교 방과 후와 돌봄은 없어지고, 늘봄학교 하나의 체제만 존재한다. 희망하는 초등학생 모두가 늘봄학교를 이용할 수 있게 지원한다. 2024년 초등학교 1학년부터 누구나 이용가능하며, 학년은 연차별 확대 예정이다. 2024년 초1, 2025년 초1~2, 2026년 모든 초등학생 대상으로 실시한다. 2024~25년에 해당되지 않는 학년은 기존의 방과 후 및 돌봄을 제공한다.

저학년의 성장 및 발달에 맞는 재미있고 다양한 프로그램을 연중 매일 2시간 무료로 제공한다. 초등학교 1학년은 학교적응 지원 및 놀이중심의 예·체능, 사회·정서 프로그램 등을 지원하고, 초등학교 3~6학년에게는 사교육과 차별화되고 경쟁력 있는 미래역량 함양, 진로탐색 등의 프로그램을 제공한다. 체육, 문화예술, AI·디지털, 사회·정서, 기초학습, 진로체험 프로그램 등을 지원한다.

지자체·공공기관·대학·기업 등과 연계 프로그램을 실시하고, 수요에 맞춘 아침·저녁늘봄, 지역공간 활용 등 모델을 다양화한다. 또한, 학교에 늘봄학교 행정업무를 전담하는 조직 및 인력을 운영한다(교육부, 2024).

(2) 늘봄학교의 필요성

2022년 우리나라 합계출산율은 0.78명으로 초등학생 수는 2023년 261만명에서 2030년 161만명까지 38.3% 감소 할 것으로 전망된다. 심각한 저출생 현상에 따른 학생 수 급감에 대응하여, 정규수업 외에도 양질의 교육프로그램 제공을 통해 국가는 아이 한명 한명이 미래역량을 갖춘 인재로 건강하게 성장 및 발달할 수 있도록 지원할 필요가 있다.

〈표 9-12〉 2022~2030년 초등학교 수 추계

(단위 : 만명)

구 분	'22년	'23년	'24년	'25년	'26년	'27년	'28년	'29년	'30년
학생수	270	261	249	234	220	204	187	173	161

출처 : 교육부(2024). 2024년 늘봄학교 추진방안.

유치원 및 어린이집의 3~5세의 오후 이용률은 90.3%에 달하나, 초등 방과 후 및 돌봄은 각 전체학생의 평균 50.3%, 11.5%를 이용하고 있다.

〈표 9-13〉 2023년 초등 학년별 전체학생 대비 방과 후 및 돌봄 이용률

(단위 : %)

구 분	평균	초1	초2	초3	초4	초5	초6
방과후	50.3	70.8	66.1	51.9	47.2	37.9	31.7
돌봄	11.5	34.5	25.9	6.1	3.0	1.5	1.2

출처 : 교육부(2024). 2024년 늘봄학교 추진방안.

많은 학부모가 초등학교 하교(초1학년, 오후1시) 이후, 돌봄공백을 경험하고 있으며 이는 경력단절, 사교육비 증가로 연결될 수 있다. 학부모의 초등돌봄 선호기관은 학교돌봄 81.4%, 지역돌봄기관 14~16% 순으로 학교에서 이뤄지는 돌봄을 가장 선호하고 있다. 저출생 현상의 주요원인으로 양육비 부담을 꼽을 수 있으며, 지난 10년간 초등 사교육비는 증가세에 있어, 사교육비 절감에 기여하는 늘봄학교의 필요성이 대두된다.

초등 방과 후와 돌봄은 오랫동안 공간, 인력, 비용, 이용방식 등이 서로 다른 별개로 분리되어 운영 중이다. 공간 등이 달라 같은 시간에 방과 후와 돌봄 중 하나밖에 이용할 수 없음에도 둘 다 신청하는 중복 비효율이 발생하고 있다. 돌봄교실은 학생이 원하는 시간만 이용하는 것이 아니라, 학년 초기에 한번 신청 후 선정되면 오후 내내(주로 1~5시) 이용권을 획득하는 방식이 대부분이다.

〈표 9-14〉 초등학교 방과후와 돌봄 비교

구 분	방과 후	돌 봄
공 간	일반교실, 특별실 등	돌봄교실
인 력	교원, 외부강사	돌봄전담사, 외부강사
비 용	수익자 부담	무료
이용방식	프로그램(1~2시간) 신청 후 이용	단일신청, 오후 이용(주로1~5시)

출처 : 교육부(2024). 2024년 늘봄학교 추진방안.

일부만 누리는 방과 후 및 돌봄이 아니라 희망하는 학생 및 학부모 모두가 참여하고 만족할 수 있는 새로운 체제가 필요하며, 공간과 인력 등 인프라 부족문제 해결을 위해 학교 내부 자원의 효율적 활용 및 학교 밖 지역의 인프라를 활용하는 것이 필요하다. 또한, 지자체, 공공기관, 대학, 기업 등과 연계 및 협력하여 학생과 학부모가 원하는 양질의 프로그램을 확대하고 다양화 할 필요가 있다(교육부, 2024).

(3) 방과 후·돌봄과 늘봄학교 비교

〈표 9-15〉 방과 후·돌봄과 늘봄학교 비교

구 분	방과 후·돌봄	늘봄학교
이용대상	•방과 후 전학년 참여율 평균 50.3% •돌봄 전학년 참여율 평균 11.5%	•희망하는 초등학생 누구나
이용시간	•오후 1~5시까지 중심 •돌봄은 수요에 따라 오후 7시까지	•정규수업 전 아침 •정규수업 후 오후 8시까지

비용	•프로그램 비용은 학생·학부모 부담
	  (저소득층 등은 무료수강권 제공)
		•프로그램 비용 무료
		  (연중 매일 2시간이내)

프로그램	•학교 인근의 공급처 위주	•전문기관, 대학, 기업 등 우수 공급처 확대
운영공간	•돌봄은 학교 내 돌봄교실 •방과 후는 일반학급 등	•학교 안 다양한 공간과 학교 밖 지역교육 공간(거점형 늘봄센터, 지역돌봄기관, 도서관, 공공기관, 대학)
운영방식	•교사의 행정업무 부담	•교사의 늘봄학교 행정부담 축소

출처: 교육부(2024). 2024년 늘봄학교 추진방안.

(4) 늘봄학교 프로그램

〈표 9-16〉 늘봄학교 시간대별 이용 유형(예시)

구분		7:00-	12:00-	-13:00	-14:00	-15:00	-16:00	-17:00	-20:00
1학년	아침 늘봄		오후늘봄						저녁 늘봄
			맞춤형 프로그램 → 하교						
			맞춤형 프로그램 → 늘봄교실 → 하교						
			늘봄교실(기존 돌봄) → 하교						
			맞춤형 프로그램 → 늘봄교실 및 늘봄(방과후) → 하교						
			맞춤형 프로그램 → 늘봄(방과후) 프로그램 → 하교						
			연계형늘봄 및 늘봄(방과후) 프로그램 → 하교						
			늘봄(방과후) 프로그램 → 하교						

출처: 교육부(2024). 2024 늘봄학교 운영 가이드라인.

〈표 9-17〉 초1 맞춤형 프로그램 및 늘봄과정(1-6학년) 구성(예시)

구분		시간	월	화	수	목	금
1학년	적응기 (3월) 무상	09:00-12:00	정규수업(3교시 기준)				
		12:00-13:10	점심시간 및 자유놀이, 휴식				
		13:10-13:50	놀이수학	방송댄스	인성독서	방송댄스	창의미술
		13:50-14:00	휴식				
		14:00-14:40	놀이한글	창의놀이	보드게임	악기놀이	창의미술
	자람기 (4월-) 무상	09:00-13:10	정규수업(3교시 기준) → 점심 → 자유놀이, 휴식				
		13:20-14:00	놀이수학	(5교시)	(5교시)	(5교시)	정보교실
		14:10-14:40	놀이한글	창의과학	창의수학	놀이한글	어린이코딩
		14:50-15:30	북아트	놀이체육	인성논술	놀이미술	코딩교육
2-6학년	성장기 (3월-)	14:40-15:20	환경교육	키즈요가	창의과학	수채화 (저학년)	컴퓨터 활용교육
		15:20-16:00	환경교육 (고학년) (지역연계)	키즈요가	드론교육 (고학년) (지역연계)	수채화 (고학년)	축구교실 (저/고학년) (민간연계)
		16:10-16:50		창의한자		창의바둑	

출처 : 교육부(2024). 2024 늘봄학교 운영 가이드라인.

4) 청소년방과후아카데미(청소년방과후돌봄지원)

(1) 기본개요

청소년방과후아카데미는 공적 서비스를 담당하는 청소년 수련시설(청소년수련관, 청소년문화의집 등)을 기반으로 방과 후 돌봄이 필요한 청소년의 자립역량을 개발하고 건강한 성장을 지원하고자 방과 후 학습지원, 전문체험 활동, 학습 프로그램, 생활지원 등 종합서비스를 제공하는 국가정책지원 사업이다(방과후청소년아카데미 홈페이지, 2024). 목적으로는 방과 후 돌봄이 필요한 청소년에게 체험활동, 학습지원, 급식, 상담 등 종합서비스를 제공하고, 청소년 활동·복지·보호·지도 등을 통해 청소년의 전인적 성장을 지원하고 가정의 사교육비 경감 및 양육 부담 완화에 기여하고자 한다(여성가족부, 2024).

지원 대상은 초등학교 4학생~중학교 3학년이며, 우선순위 대상은 기초생활수급자, 차상위계층, 한부모·조손·다문화·장애가정·2자녀 이상 가정·맞벌이 가정 등 방과 후 돌봄이 필요한 청소년이며, 기타 지원 대상은 학교(교장·교사), 지역사회(동장·사회복지사 등)의 추천을 받아 청소년방과후아카데미 지원협의회에서 승인받은 청소년이며, 주말은 지원 대상의 구분이 없다.

운영기간은 1월~12월이며, 운영시간은 방과 후~21:00까지, 주 5~6일 운영한다. 일반형은 일 4시간, 주 5~6일 운영하며, 주중 활동은 1주 20시간 이상(급식 5시간 의무)이다. 주말형은 일 5시간, 주말 1~2일 운영, 연간 70일 이상 운영하며, 학교 방학기간 중에는 평일 운영이 가능하다.

(2) 추진경과

청소년방과후아카데미 추진경과는 다음과 같다(여성가족부, 2024).

- 2005년　청소년방과후아카데미 시범사업 46개소 실시
- 2006년　전국 지역별 운영 도입(100개소)
- 2007년　청소년방과후아카데미 150개소 확대
- 2008년　농·산·어촌 운영, 청소년방과후아카데미 185개소 확대
- 2009년　사업평가 결과에 따른 운영중단 제도 도입
　　　　　청소년방과후아카데미 178개소로 축소 운영
- 2010년　사업평가를 통한 부실 운영 아카데미 폐쇄조치(161개소)
- 2011년　신규모형(특별지원 : 장애, 다문화) 개발 및 시범운영
　　　　　청소년방과후아카데미 200개소 확대
- 2015년　조손가정, 다문화가정, 3자녀이상 가정 청소년으로 확대
- 2016년　중학교 대상학년 확대(중학교 3학년 포함)
- 2017년　청소년방과후아카데미 250개소 확대
- 2018년　우선지원대상자에 맞벌이 가정 포함(260개소 확대)
- 2020년　우선지원대상의 소득기준 폐지(304개소 확대)
- 2022년　기본형, 농·산·어촌, 주말형 확대(342개소 확대)
- 2023년　코딩, 드론, 로봇, 영상·미디어 등 체험 강화(350개소 확대)

(3) 운영 인력 배치 기준

〈표 9-18〉 청소년방과후아카데미 운영 인력 배치 기준

구 분		1개반	2개반	3개반
일반형	기본형	팀장1, 담임1	팀장1, 담임2	팀장1, 담임3
	농·산·어촌형	팀장1, 담임1	팀장1, 담임2	팀장1, 담임3
	장애형	-	팀장1, 담임2	팀장1, 담임3
	다문화형	-	팀장1, 담임2	-
	탄력운영형	팀장1	-	-
주말형		담당자 1명 이상	-	-

출처 : 여성가족부(2024). 2024년 청소년방과후아카데미 운영실무자 업무매뉴얼.

(4) 프로그램 운영

① 일반형

일반형 과정편성은 1일 최소 4시간 이상이며 기관 상황에 따라 운영과정은 자율선택이다. 공통 운영과정(5시간)은 급식, 귀가지도, 상담 등 기본적인 생활지원 과정이 있으며, 선택 운영과정(15시간)은 지역의 특성 및 참여 청소년 수요에 따라 다음의 운영과정을 선택할 수 있다.

〈표 9-19〉 청소년방과후아카데미 선택 운영과정

구 분	운영방식	운영시간 편성(예시)
체험·역량강화 활동	•(공통) 급식, 귀가지도, 상담 등 •(특화) 역량개발, 진로체험, 동아리활동, 자원봉사, 디지털 체험활동, 지역사회프로그램 참여 등 •(일반) 보충학습, 교과학습 등	•공통 운영과정(5시간) •선택운영과정(15시간) - 체험·역량강화활동(10시간) - 학습지원(5시간)
학습지원 활동	•(공통) 급식, 귀가지도, 상담 등 •(특화) 보충학습, 교과학습 등 •(일반) 역량개발, 진로체험, 동아리활동, 자원봉사, 지역사회프로그램 참여 등	•공통 운영과정(5시간) •선택운영과정(15시간) - 학습지원(10시간) - 체험·역량강화활동(5시간)

출처 : 여성가족부(2024). 2024년 청소년방과후아카데미 운영실무자 업무매뉴얼.

② 주말형

주말활동은 일 5시간 이상(급식포함)이며, 특성화된 프로그램 주제를 중심으로 청소년의 요구, 지역 특성, 시대적 상황 변화 등을 반영하여 자율적으로 운영한다. 또한, 학기 초 청소년들의 수요조사를 통해 운영계획을 수립하고, 분기별 및 사업 종료 후 만족도 조사를 실시한다. 캠프는 연 1회 운영한다.

퀴 즈

1. 어린이집의 유형 중 국가나 지방자치단체가 설치 및 운영(위탁 운영)하는 곳은?
① 국공립어린이집   ② 사회복지법인어린이집   ③ 직장어린이집   ④ 가정어린이집

2. 어린이집 부담 원칙이 아닌 것은?
① 자동차보험   ② 화재보험   ③ 영유아의 생명 및 신체 피해보상 보험   ④ 실비보험

3. 어린이집, 영유아, 부모를 위한 보육 및 양육 정보 제공과 다양한 서비스를 지원하기 위하여 보건복지부장관과 지방자치단체의 장이 설치 및 운영하는 육아지원 기관은?
① 육아종합지원센터   ② 지역아동센터   ③ 다함께돌봄센터   ④ 늘봄학교

4. 방과 후 돌봄이 필요한 지역사회 아동의 건전육성을 위하여 보호 및 교육, 건전한 놀이와 오락의 제공, 보호자와 지역사회의 연계 등 종합적인 복지서비스를 제공하는 기관은?
① 육아종합지원센터   ② 지역아동센터   ③ 다함께돌봄센터   ④ 늘봄학교

5. 초등학교 정규교육 이외의 시간 동안 돌봄서비스를 제공하는 기관은?
① 육아종합지원센터   ② 지역아동센터   ③ 다함께돌봄센터   ④ 늘봄학교

6. 학생의 성장 및 발달을 위하여 정규수업 외에 학교와 지역사회의 다양한 교육자원을 연계하는 곳은?
① 육아종합지원센터   ② 지역아동센터   ③ 다함께돌봄센터   ④ 늘봄학교

7. 공적 서비스를 담당하는 청소년 수련시설을 기반으로 방과 후 돌봄이 필요한 청소년의 자립역량을 개발하고 건강한 성장을 지원하고자 방과 후 학습지원, 전문체험 활동, 학습 프로그램, 생활지원 등 종합서비스를 제공하는 사업은?

정답	1	2	3	4	5	6	7
	①	④	①	②	③	④	청소년방과후아카데미

제10장. 위기, 다양성과 지역사회보호

　현대사회는 전통적인 가족형태에서 이제는 빈곤가정, 한부모가정, 조손가정, 다문화가정 등 다양한 유형의 가정이 증가하고 있으며, 이러한 취약계층의 아동이 건강하고 안전하게 성장할 수 있도록 지역사회와 국가가 적극적인 역할을 해야 한다. 본 장에서는 위기 및 다양성과 관련하여 빈곤가정아동, 한부모가정아동, 조손가정아동, 다문화가정아동, 북한이탈가정아동 등에 대해 구체적으로 알아보고자 한다.

1. 빈곤가정아동

1) 개념

빈곤은 인간다운 삶을 영위하는데 필요한 최소한의 소득을 갖지 못한 상태를 의미하며, 특히 아동의 경우 성장하는 동안 다른 사람들에게 기본적인 생활을 의존해야 함으로 자신의 의지와는 상관없이 가족의 경제 상황에 따라 빈곤여부가 결정된다. 빈곤은 절대적 빈곤과 상대적 빈곤 그리고 주관적 빈곤이 있으며 그 내용은 다음과 같다(서보준 외, 2023).

첫째, 절대적 빈곤은 인간이 삶을 살아가는 데 절대적으로 필요한 최소한의 자원을 충족시키지 못한 상태를 의미한다. 즉, 개인 및 가족이 생존에 필요한 의식주를 해결하지 못하는 생태를 말한다. 절대적 빈곤은 그 수준을 확인할 수 있는 과학적 기준을 설정해야 하는데 그것이 빈곤선[26]이다.

둘째, 상대적 빈곤은 사회의 평균 또는 일반적인 생활수준과 비교해 볼 때 상대적으로 적게 가지고 있는 생태를 의미한다. 빈곤의 개념으로는 절대적 빈곤보다는 상대적 빈곤개념이 주로 사용되고 있다. OECD 국가들은 중위가구 소득의 40% 이하를 상대적 빈곤으로 보며, 세계은행은 선진국의 경우 평균소득의 50% 이하, 개발도상국의 경우 평균 가구소득의 1/3이하를 상대적 빈곤으로 본다. 우리나라는 중위소득의 32% 이하를 생계급여수급자로 선정하고 있다. 이러한 관점에서 보면 빈곤은 불평등이 지속되는 한 계속 존재하게 된다.

〈표 10-1〉 2024년도 기준 중위소득

(단위 : 가구, 원)

구 분	1인	2인	3인	4인	5인	6인	7인
기준 중위소득	2,228,445	3,682,609	4,714,657	5,729,913	6,695,735	7,618,369	8,514,994

출처 : 보건복지부(2024). 2024년 국민기초생활보장 사업안내.

---

[26] 빈곤선 : 최저생활을 하는데 필요한 최소한도의 생활수준.

〈표 10-2〉 2024년도 급여종류별 수급자 선정기준

(단위 : 가구, 원)

구 분	1인	2인	3인	4인	5인	6인	7인
생계급여(32%)	713,102	1,178,435	1,508,690	1,833,572	2,142,635	2,437,878	2,724,798
의료급여(40%)	891,378	1,473,044	1,885,863	2,291,965	2,678,294	3,047,348	3,405,998
주거급여(48%)	1,069,654	1,767,652	2,263,035	2,750,358	3,213,953	3,656,817	4,087,197
교육급여(50%)	1,114,223	1,841,305	2,357,329	2,864,957	3,347,868	3,809,185	4,257,497

출처 : 보건복지부(2024). 2024년 국민기초생활보장 사업안내.

셋째, 주관적 빈곤은 각자 개인이 인식하는 빈곤으로 개인이 생각하기에 충분히 갖고 있지 않다고 느끼는 상태를 의미한다. 이는 객관적인 기준보다는 개인의 주관적인 기준에 의해 정해진다.

빈곤가정아동은 빈곤가정 내에서 생활하는 18세 미만의 아동을 말한다. 「아동의 빈곤예방 및 지원 등에 관한 법률」제3조에서는 빈곤아동에 대해 생활여건과 자원의 결핍으로 인한 복지·교육·문화 등의 격차를 해소하기 위하여 지원이 필요한 아동으로 정의하였고, 「국민기초생활보장법」에 따른 수급자 아동과 「한부모가족지원법」에 따른 아동, 「다문화가족지원법」에 따른 아동 등이 빈곤가정아동에 해당된다.

2) 빈곤아동 현황

우리나라의 2021년 수급자 비율을 생애주기별로 살펴보면, 전체 수급자 수는 2,268,563명으로 전체 인구대비 4.4%이다. 노년기(65세 이상)가 37.6%로 가장 높고, 중년기(40-64세) 35.0%, 청년기(20-39세) 10.5%의 순이며 영유아기(0-5세)는 1.6%로 가장 낮다. 하지만, 총 인구수 대비 수급자 비율을 살펴보면, 노년기가 9.6%로 가장 높으며, 그 다음으로 청소년기가 6.1%로 높게 나타난 반면 청년기가 가장 낮은 1.8%로 나타났다. 이는 생애주기별 인구비율로 살펴보면 청소년기의 수급자 비율이 상대적으로 높은 것을 알 수 있다.

〈표 10-3〉 2021년 생애주기별* 일반수급자 현황

(단위 : 명, %)

구 분	합 계	영유아기	학령기	청소년기	청년기	중년기	노년기
수급자 수	2,268,563	37,126	118,275	229,149	238,149	793,468	852,396
수급자 비율	100%	1.6%	5.2%	10.1%	10.5%	35.0%	37.6%
총인구 수	51,638,809	1,943,208	2,767,675	3,758,783	13,379,358	20,938,752	8,851,033
총인구수 대비 수급자비율	4.4%	1.9%	4.3%	6.1%	1.8%	3.8%	9.6%

*생애주기는 영유아기(0-5세), 학령기(6-11세), 청소년기(12-19세), 청년기(20-39세), 중년기(40-64세), 노년기(65세 이상)로 분류함.
출처 : 보건복지부(2022). 2021년 국민기초생활보장 수급자 현황.

[그림 10-1] 2021년 생애주기별 일반수급자 분포

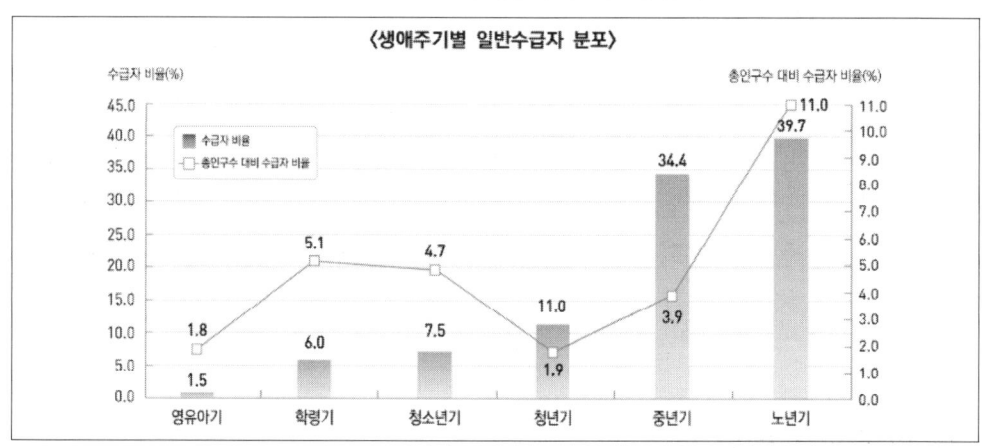

출처 : 보건복지부(2022). 2021년 국민기초생활보장 수급자 현황.

〈표 10-4〉 2021년 생애주기별 남녀의 수급자 비율 현황

(단위 : %)

구 분	합 계	영유아기	학령기	청소년기	청년기	중년기	노년기
남자	100	1.7	6.9	8.6	11.1	39.6	32.1
여자	100	1.3	5.3	6.6	10.9	30.2	45.7

출처 : 보건복지부(2022). 2021년 국민기초생활보장 수급자 현황.

3) 빈곤아동의 문제

(1) 신체발달

빈곤 가족은 우선적으로 생계유지에 초점을 두기 때문에 아동양육과 아동을 보호하고 돌보는 역할이 부족할 수 밖에 없다. 빈곤은 태내기부터 아동의 성장발달에 필요한 영양섭취를 어렵게 하여 저체중아 출생, 출생 후 발육부진 등과 같은 신체적 문제를 가져올 수 있다(송정애, 2023).

우리나라 초등학교 4~6학년의 빈곤아동과 비빈곤아동의 신체발달을 비교한 결과, 빈곤아동의 평균 키가 비빈곤아동의 평균 키보다 1cm 이상 작으며, 체중도 1kg 이상 적게 나가는 등 전체적으로 빈곤아동이 비빈곤아동에 비해 발육상태가 안 좋은 것으로 나타났다. 또한, 영아기의 부실한 영양공급과 아동기 결식문제에서 비롯한 영양불균형은 성인기의 골다공증, 위암, 뇌졸중, 당뇨 등의 문제를 일으킬 수 있다(허남순, 2005 ; 도미향 외, 2018 재인용).

(2) 정서 및 행동

빈곤은 아동의 정서 및 행동발달에도 부정적인 영향을 미친다. 빈곤가족 아동의 경우 비빈곤 가족의 아동에 비해 우울이나 불안, 낮은 자존감, 비행이나 공격행동 등의 문제를 경험하게 된다. 또한, 빈곤 가정의 부모는 빈곤상황으로 인한 경제적인 스트레스를 받게 되고 이러한 정서적 상황은 자녀에게 그대로 전달될 수 있다(임경옥 외, 2020).

빈곤층 아동들은 중류층 아동들에 비해 충동적인 성향을 가지고 있으며 이는 또래 관계에 부정적 영향을 미치기도 한다. 빈곤아동들은 사회적 상징, 권위에 반응하며, 공격적이고 파괴적인 성향을 더 많이 보인다. 또한 심리적으로 개별화가 억제되어 자아존중의식이 부족하고 소극적 성향과 열등감 등의 부적절한 자아개념을 형성하기 쉽다(송정애, 2023).

(3) 인지발달

빈곤은 아동의 사고, 학습, 추리능력과 같은 인지발달에 영향을 주는 것으로 알려져 있으며(이봉주 외, 2024), 아동의 인지와 언어영역에도 부정적인 영향을 미친다. 이로 인해 인지력과 학업성취도가 떨어지며, 학교에서 적응하는 것도 어려운 것으로 보인다. 빈곤가정의 부모들은 늦은 시간까지 일을 해야 하므로 아동의 학습을 지원할 수 있는 시간과 능력이 부족하고, 학습에 필요한 물품이나 교육자료 등을 지원하기 어려워 아동의 학업성취도를 지속적으로 저해하고 있다(임경옥 외, 2020).

그러나 빈곤아동은 성장과정에서 신체적·정서적·인지적·사회적으로 문제가 있을 가능성이 있지만 모든 빈곤아동이 문제를 경험하는 것은 아니다. 빈곤아동이라고 해도 상황을 잘 극복하면 오히려 긍정적인 측면을 발달시킬 수도 있다. 이러한 상황을 회복탄력성으로 설명할 수 있다. 즉, 개인이 어떠한 어려움을 경험하면서 자신의 능력과 힘은 잃었지만 이전의 적응수준으로 회복할 수 있는 능력을 의미한다. 이러한 회복탄력성은 개개인의 내재된 성향이나 잠재력에 따라 다르게 나타날 수 있다(송정애, 2023).

4) 빈곤가정 아동을 위한 정책 및 서비스

(1) 국민기초생활보장제도

국민기초생활보장제도는 생활이 어려운 자에게 생계·의료·주거·교육·자활 등 필요한 급여를 행하여 이들의 최저생활을 보장하는 것을 원칙으로 한다. 빈곤가정 아동은 가족의 소득 및 재산조사를 실시한 후 그 결과에 따라 급여실시 여부와 급여내용을 결정하게 된다. 기초생활수급자로 선정된 가구는 소득인정액의 수준에 따라 생계급여, 의료급여, 주거급여, 교육급여 등을 지급받을 수 있다. 첫째, 생계급여는 가구의 소득인정액이 생계급여 선정기준 이하(2024년 중위소득의 32% 이하)인 경우 의복, 음식물, 연료비, 기타 일상생활에 기본적으로 필요한 금품을 지급받을 수 있으며, 금전지급을 원칙으로 한다. 둘째, 의료급여는 가구의 소득인정액이 생계급여 선정기준 이하(2024년 중위소득의 40% 이하)인 경우 근로능력 유무에 따라 1종, 2종으로 구분하여 지급한다. 셋째, 주거급여는 가구의 소득인정액이 생계급여 선정기준 이하(2024년 중위소득의 48% 이하)인 경우 국토교통부 장관이 정하는 기준에 따라 지급한다. 넷째, 교육급여는 가구의 소득인정액이 생계급여 선정기준 이하(2024년 중위소득의 50% 이하)인 경우 교육부 장관이 정하는 기준에 따라 입학금, 수업료, 교육활동지원비를 지급한다(보건복지부, 2024).

(2) 결식아동 급식 서비스

결식아동 급식 서비스는 저소득 가정의 아동들이 건강하게 자랄 수 있도록 급식지원 등을 통해 결식을 예방하고 영양을 개선하기 위해 2000년부터 아동급식(석식)을 시작으로 2001년 조식 지원, 2004년 토·공휴일 및 방학 중 중식을 지원하는 서비스이다. 지원대상은 결식우려가 있는 18세 미만 취학 및 미취학 아동이며, 2024년 아동급식 단가는 9,000원 이상으로 책정되어 있다.

미취학 아동의 경우, 아동보다 높은 연령의 취학 형제 및 자매 유무, 아동 스스로 식사를 차려 먹을 수 있는 여건 인지 등을 종합적으로 고려하여 지원 여부를 결정하며, 지원 결정 시 도시락 배달 및 아동급식 카드 등 아동에게 적합한 지원 방법을 선택하여 지원하게 된다.

〈표 10-5〉 연도별 결식아동 현황

(단위 : 명)

구 분	합 계	기초수급자	차상위	기타
2020년	308,440	166,198(53.9%)	20,676(6.7%)	121,566(39.4%)
2021년	302,231	173,008(57.2%)	17,224(5.7%)	111,999(37.1%)
2022년	283,858	165,698(58.4%)	15,328(5.4%)	102,832(36.2%)
2023년	277,394	164,509(59.3%)	14,323(5.2%)	98,562(35.5%)

출처 : 보건복지부(2024). 2024년도 결식아동 급식(지방이양) 업무 표준매뉴얼.

〈표 10-6〉 급식제공 유형

구 분	지정대상 및 고려사항
단체급식소	• 복지관, 대형업체 직원 식당을 사회기여 차원에서 참여 유도 • 도서관, 청소년수련관, 종교 및 민간단체, 학교급식 시설 지정 • 방학기간 중에는 특정 학교급식시설 이용 협의 　(지자체가 지역교육청·학교와 협의하여 지역 아동급식위원회에서 결정)
일반음식점	• 특정 메뉴에 편중하지 말고 다양한 메뉴의 음식점 지정 • 모범업소 및 협력음식점 지정 등 인센티브 제공을 통해 참여 유도 　(지자체 내 위생과와 음식업협회 등 관련단체의 협조를 통해 추진) • 지역 내 모든 일반음식점을 이용할 수 있는 전자카드를 결제수단으로 제공
도시락배달	• 자활근로사업(도시락배달사업), 공공근로사업 등을 아동급식사업과 연계 　(자활근로인력을 급식 취사 및 배달인력으로 활용하여 추진) • 지역·계절적 여건 및 대상아동의 의사(사전 수요조사)에 따라 밥·반찬 일체형 외에 반찬형도 가능 • 도시락·반찬 등 배달의 경우 배달 장소 및 시간 등을 사전에 약속하여 분실되거나 상온에 오래 방치되지 않도록 주의 • 하절기 도시락 배달 시 음식이 부패되지 않도록 일일배달 및 직접인수 • 급식지원 가정에 사람이 없어 도시락 전달을 못 한 경우 하절기에는 약속된 장소 등에 도시락을 두고 오지 말고 차후에 다시 배달하여 대상자에게 직접 전달 • 영양가 및 아동 취향 등을 고려하여 식단 운영하고, 아동의 정서고양을 위한 수단 병행 　(희망을 주는 격언, 지역 시인의 도움을 받아 "사랑의 편지" 등을 동봉) • 자원봉사자, 급식단체 등과 연계하여 원활하게 도시락 배달

출처: 보건복지부(2024). 2024년도 결식아동 급식(지방이양) 업무 표준매뉴얼.

(3) 디딤씨앗통장(아동자산형성)

디딤씨앗통장은 취약계층 아동이 사회에 진출할 때 필요한 초기비용 마련을 지원하고자 정부에서 운영하는 유일한 아동자산형성 지원사업이다. 아동(보호자, 후원자)이 매월 일정금액 적립 시 국가(지자체)가 월 10만원 내에서 아동의 적립 금액의 2배를 지원하는 사업이다.

저소득층 아동의 사회진출 시 학자금·취업·창업·주거마련 등에 소요되는 초기비용 마련과 미래 성장 동력인 아동에 대한 사회투자로 빈곤의 대물림을 방지하고 건전한 사회인 육성을 위해 2007년 4월부터 아동발달지원계좌 사업을 시작하였다.

지원대상 아동은 보호대상아동과 기초생활수급가구 아동이다. 보호대상아동은 만 18세 미만의 아동복지시설(아동양육시설, 공동생활가정) 보호아동, 가정위탁 보호아동, 장애인거주시설 아동, 소년소녀가정 아동이다. 기초생활수급가구 아동은 중위소득 50% 이하의 수급 가구(생계, 의료, 거주, 교육급여) 아동 중 선정하여 만 18세 미만까지 지원한다.

적립금 사용 용도는 만 18세에 만기되며 이후에 학자금, 기술자격 및 취업훈련 비용, 창업지원금, 주거마련 등 자립을 위한 용도에 한하여 사용 가능하다. 또한 만 24세까지 학자금, 기술자격취득, 주거마련 등 자립 사용 용도가 발생하지 않은 경우, 만 24세 도달 시 사용 용도 제한 없이 아동 적립금 및 정부 매칭지원금의 지급이 가능하며, 만 24세 도달 시 자동으로 본인 명의 계좌로 인출된다(아동권리보장원 홈페이지, 2024).

이 외에도 빈곤가정 아동을 위한 정책 및 서비스로는 앞서 살펴본 드림스타트, 지역아동센터, 다함께돌봄센터 등의 사업이 있다.

2. 한부모가정아동(조손가정아동)

1) 개념 및 특성

(1) 개념

한부모가족은 아버지나 어머니 중 한명만이 자녀를 양육하는 가정을 말하며, 「한부모가족지원법」제4조에는 한부모가족을 다음과 같이 정의하고 있다. 한부모가족이란 모자가족 또는 부자가족을 말하며, 모자가족이란 모가 세대주인 가족을 말하며, 부자가족이란 부가 세대주인 가족을 말한다. 또한, 아동이란 18세 미만(취학 중인 경우에는 22세 미만)의 자를 말한다. 즉, 한부모가족아동은 모자가족 또는 부자가족과 18세 미만의 자녀로 이루어진 가정의 아동을 한부모가족아동이라 한다. 한부모가족지원사업은 저소득 한부모가족, 미혼가족, 조손가족 등이 가족기능을 유지하고, 건강하고 문화적인 생활을 영위할 수 있도록 내실 있는 지원사업을 수행함으로써 한부모가족의 생활안정 및 자립기반 조성과 복지증진에 기여하고자 실시하는 사업이다.

조손가족은 부모로부터 사실상 부양을 받지 못하는 아동(이혼, 유기, 행방불명, 실종, 사망, 경제적 사유 등)을 65세 이상인 (외)조부 또는 (외)조모가 양육을 하는 가족을 말한다. 또한, 청소년 한부모가족은 한부모가족으로서 모 또는 부의 연령이 24세 이하인 가족을 말한다(여성가족부, 2024).

(2) 특성

① 경제적 어려움

한부모가족의 가장 큰 문제 중 하나는 경제적 어려움이다. 한부모가족이 되면 부 또는 모 한쪽이 가정의 경제를 책임져야 하기 때문에 생계유지와 아동의 양육을 혼자 해결해야 한다는 점에서 어려움을 겪는다(백혜영 외, 2024).

실제로 2021년 우리나라 전체 가구의 처분가능소득의 평균은 약 416.9만으로 확인되었지만, 한부모가구의 처분가능소득은 245.3만원으로 전체 가구에 비해 약 58.8% 수준에 불과한 것으로 나타났고, 한부모 연령이 높을수록, 막내 자녀 연령이 많을수록, 한부모의 학력이 낮을수록, 한부모가 된 기간이 길수록 월평균 소득이 낮게 나타났다(여성가족부, 2021). 특히 미혼모를 포함한 모자가족은 부자 가족에 비해 소득의 감소, 주거 문제 등에 있어 더욱 취약하다. 이는 여성의 경우 남성에 비해 취업의 기회가 많지 않고, 취업을 하더라도 주로 저임금의 임시직이나 일용직에 종사할 가능성이 높기 때문이다(이봉주 외, 2024).

한부모의 경우 본인 때문에 자녀들이 풍족하게 생활하지 못한다는 생각이 들면서 아동에게 죄책감을 갖게 되는 경우도 있다. 아동의 경우는 전과 다른 경제적 상황의 변화로 사회적으로 위축되기도 하며, 경제적 상황 변화에 상관없이 기존의 생활방식대로 살아가는 경우도 있다.

② 심리사회적 어려움

한부모가족은 심리·정서적으로 후유증을 겪는 경우가 많은데, 부모의 경우 홀로 지내는 시간의 증가로 우울증 등 정신적 고통에 시달리기도 하며, 불안, 분노, 우울 등으로 인한 스트레스를 경험하기도 한다. 한부모는 자녀를 홀로 키워야 하는 현실에 부딪치면서 배우자에 대한 원망이 증폭되어 심리적 어려움을 겪게 된다(백혜영 외, 2024).

실제로 2021년 한부모가정 실태조사에 따르면, 우울증선별도구를 활용하여 한부모의 우울증상을 확인한 결과, 전체 응답자의 12.4%가 우울증상을 경험하고 있는 것으로 나타났다. 이는 2020년 한국의 사회지표에서 우울감을 경험한 비율이 10.5%로 나타난 것과 비교할 때 다소 높은 수치를 보이고 있다. 또한 한부모가정의 우울감 경험 여부는 40대가 가장 많았고, 교육수준이 낮을수록, 모자로 구성된 가구인 경우, 비취업 또는 임시/일용근로자인 경우, 소득수준이 낮을수록 상대적으로 높은 것으로 나타났다.

③ 자녀양육의 어려움

자녀를 둔 한부모가족은 자녀를 돌봐줄 사람을 구하거나 돌봄 시간이 부족하여 어려움을 겪고 있다. 초중등 자녀를 둔 한무모가족은 양육 스트레스 외에 교육관련 정보 부족, 자녀의 진로지도, 자녀와의 소통에 있어서 어려움이 있는 것으로 나타났다(이봉주 외, 2024).

실제로 2021년 한부모가족 실태조사에 따르면, 한부모가 경험한 자녀양육의 어려움(중복응답)으로 먼저 미취학 자녀는 양육비 및 교육비용의 부담(72.1%)이 가장 많았고, 다음으로 양육 및 교육관련 정보 부족(65.3%), 자녀를 돌봐줄 믿을 만한 사람을 구하기 어려움(64.1%), 직접 자녀를 돌볼 시간 부족(63.5%), 자녀양육과정에서 스트레스(58.5%) 등의 순이었으며, 초등학생 자녀는 양육비 및 교육비용 부담(71.9%)이 가장 많았고, 다음으로 자녀 진로지도의 어려움(58.1%), 자녀 양육 스트레스(51.5%), 양육 및 교육관련 정보 부족(50.3%), 자녀 학업성적(41.3%) 등의 순으로 나타났다. 중학생 이상 자녀는 양육비 및 교육비용 부담(77.7%)이 가장 많았고, 다음으로 자녀 진로지도의 어려움(67.0%), 자녀학업성적(59.2%), 자녀양육스트레스(55.9%), 양육 및 교육관련 정보부족(53.3%), 자녀와의 대화 어려움(29.5%), 생활지도 어려움(26.0%), 자녀의 이성, 성문제로 인한 어려움(21.6%) 등의 순으로 나타났다.

2) 한부모가족 지원사업 추진경과

한부모가족 지원사업의 추진경과는 다음과 같다(여성가족부, 2024).
- 1955년　모자보호시설을 설치하여 전쟁피해 한부모가족 보호 및 지원
- 1989년　「모자복지법」 제정, 아동교육비 및 아동부양비 등 지급
- 1992년　저소득 모자가정 자녀에 대한 학비 및 아동양육비 지원
- 1995년　저소득 부자가정 자녀지원
- 2001년　아동양육비 지원(월 16,000원)
- 2002년　「모자복지법」을 「모·부자복지법」으로 개정
- 2004년　아동양육비 확대(월 20,000원)
- 2005년　정부조직개편에 따라 보건복지부에서 여성가족부로 이관
　　　　　아동양육비 확대(월 50,000원)
- 2006년　미혼모·부가 5세 이하 아동을 양육할 경우 복지급여 추가 지원
- 2007년　「모·부자복지법」을 「한부모가족지원법」으로 개정
　　　　　모·부자가정을 한부모가족으로 변경, 조손가족 보호대상으로 포함
- 2008년　정부조직개편에 따라 여성가족부에서 보건복지부로 이관
　　　　　한부모가족 아동양육비 8세 미만으로 확대

- 2009년   한부모가족 아동양육비 10세 미만으로 확대
- 2010년   정부조직개편에 따라 보건복지부에서 여성가족부로 이관
          한부모가족 아동양육비 12세 미만으로 확대
          청소년한부모(24세) 자립지원 사업 도입 및 시행
          아동 양육 및 의료비, 검정고시학습비, 자산형성계좌 지원
- 2012년   중고등학생 학용품비 지원(연 5만원)
          조손가족 및 한부모가족 5세 이하 아동 양육비 지원(월 5만원)
- 2017년   아동양육비(월 120,000원), 청소년한부모 양육비(월 170,000원)
          한부모가족 아동양육비 13세 미만으로 확대
- 2019년   아동양육비(월 200,000원), 청소년한부모 양육비(월 350,000원)
          한부모가족 아동양육비 18세 미만으로 확대
- 2023년   학용품비 확대(연 93,000원)
- 2024년   양육비(월 210,000원), 청소년한부모(0-1세) 양육비(월 400,000원)

3) 한부모가족 지원대상

(1) 지원대상 가구 및 가구원

① 지원대상 가구

지원대상 가구는 한부모가족, 조손가족, 청소년 한부모가족이다. 한부모가족은 모자가족 및 부자가족이며, 조손가족은 부모로부터 사실상 부양을 받지 못하는 아동(이혼, 유기, 행방불명, 실종, 사망, 경제적 사유 등)을 (외)조부 또는 (외)조모가 양육하는 가족이다. 청소년 한부모가족은 한부모가족으로서 모 또는 부의 연령이 24세 이하인 가족을 말한다.

② 지원대상 가구원

지원대상 가구원은 한부모가족 및 청소년 한부모가족의 모 또는 부와 18세 미만(취학 시 22세 미만)의 자녀이며, 조손가족의 경우 (외)조부 또는 (외)조모와 18세 미만의 손자녀가 지원대상이 된다.

(2) 지원대상자 선정 조건

한부모가족, 조손가족, 청소년 한부모가족으로서 가구선정 기준 및 소득인정액 기준을 충족한 경우 지원 가능하다.

〈표 10-7〉 한부모가족지원법 지원대상 가구 소득인정액 기준

(단위 : 원)

구 분		2인	3인	4인	5인	6인
2024년 기준 중위소득		3,682,609	4,714,657	5,729,913	6,695,735	7,618,369
한부모 및 조손가족	기준 중위 소득 63%	2,320,044	2,970,234	3,609,845	4,218,313	4,799,572
청소년 한부모가족	기준 중위 소득 65%*	2,393,696	3,064,527	3,724,443	4,352,228	4,951,940
	기준 중위 소득 72%**	2,651,478	3,394,553	4,125,537	4,820,929	5,485,226

*기준 중위소득 65% : 아동양육비 등 복지급여 지급기준
**기준 중위소득 72% : 한부모가족 증명서 발급대상
출처 : 여성가족부(2024). 2024년 한부모가족지원사업 안내.

(3) 한부모가족 현황

① 한부모가구 현황

한부모가구의 현황을 살펴보면, 2022년 전체 1,495,000가구 중 19세 이상이 1,139,000가구이며, 18세 이하는 356,000가구로 나타났다. 아버지와 미혼자녀의 가구는 365,000가구이며, 어머니와 미혼자녀의 가구는 1,130,000가구로 어머니와 미혼자녀로 구성된 가구가 아버지와 미혼자녀로 구성된 가구의 3배 이상인 것으로 나타났다.

〈표 10-8〉 전국 한부모가구 현황

(단위 : 1,000가구)

구 분	막내자녀 연령구분	2021년	2022년
계	소계	1,510	1,495
	18세 이하	369	356
	19세 이상	1,141	1,139
부+미혼자녀	소계	374	365
	18세 이하	119	113
	19세 이상	255	252
모+미혼자녀	소계	1,136	1,130
	18세 이하	250	243
	19세 이상	886	887

출처 : 여성가족부(2024). 2024년 한부모가족지원사업 안내.

② 저소득 한부모가족 현황

저소득 한부모가족 현황을 살펴보면, 2022년 전체 190,421세대 474,194명으로 나타났으며, 모자가족 세대는 전체의 79.7%, 부자가족 세대는 19.6%, 조손가족 세대는 0.7% 순으로 나타나 저소득 한부모가족 세대는 약80% 정도가 모자가족으로 이루어진 것으로 나타났다.

〈표 10-9〉 저소득 한부모가구 현황

(단위 : 세대, 명)

구분	계		모자가족		부자가족		조손가족	
	세대	세대원	세대	세대원	세대	세대원	세대	세대원
2019	182,606	453,045	143,740 (78.7%)	356,895 (78.8%)	37,969 (20.8%)	94,064 (20.8%)	897 (0.5%)	2,086 (0.5%)
2020	184,006	457,236	145,482 (79.1%)	361,998 (79.2%)	37,660 (20.5%)	93,234 (20.4%)	864 (0.5%)	2,004 (0.4%)
2021	185,461	463,084	146,973 (79.2%)	367,366 (79.3%)	37,432 (20.2%)	93,260 (20.1%)	1,056 (0.6%)	2,458 (0.5%)
2022	190,421	474,194	151,733 (79.7%)	378,176 (79.8%)	37,381 (19.6%)	92,964 (19.6%)	1,307 (0.7%)	3,054 (0.6%)

출처 : 여성가족부(2024). 2024년 한부모가족지원사업 안내.

4) 2024년 한부모가족지원사업

〈표 10-10〉 2024년 한부모가족지원사업

수행기관	사업대상	사업명 및 개요
지방자치단체	소득인정액 기준 중위소득 63% 이하 한부모 및 조손가족	<한부모가족자녀 양육비 등 지원> • 아동양육비 : 18세 미만 자녀(월 21만원) • 추가아동양육비 - 조손 및 35세 이상 미혼 한부모가족 5세 이하 자녀(월 5만원) - 25~34세 한부모가족 자녀(월 5~10만원 지원) • 학용품비 : 중학생·고등학생 자녀(연 93,000원) • 생활보조금 : 시설 입소가구(월 5만원)
지방자치단체	소득인정액 기준 중위소득 65% 이하 24세 이하 한부모가족	<청소년한부모 자립지원> • 아동양육비 : 0~1세 자녀(월 40만원), 2세 이상 자녀(월 35만원) • 검정고시 등 학습지원(연 154만원 이내), 자립촉진수당(월 10만원) 등
지방자치단체, 한부모가족 관련 시설·단체	소득인정액 기준 중위소득 100% 이하 한부모가족 (24세 이하 위기임산부 소득기준 무관)	<한부모가족복지시설 지원> • 시설 기능보강 : 신축, 개보수, 기자재구입 등 • 시설 입소자 상담·의료 지원 • 시설 아이돌봄서비스 지원 • 공동생활가정형(매입임대주택) 주거 지원 • 시설배치 사회복무요원 인력경비 지원
대한법률 구조공단	「한부모가족지원법」 제5조, 제5조의2제2항 한부모가족	<한부모가족 무료법률구조> • 한부모가족 대상 법률상담, 소송대리, 기타 법률사무 등 무료법률구조 지원

출처 : 여성가족부(2024). 2024년 한부모가족지원사업 안내.

3. 다문화가정아동(북한이탈주민가정아동)

1) 개념 및 특성

(1) 개념

다문화가족은 결혼이민자, 귀화자, 대한민국 국적 취득자로 이루어진 가족을 말하며, 다문화가족에 대한 정의는 「다문화가족지원법」제2조에 다음과 같이 정의하고 있다. 첫째, 「재한외국인 처우 기본법」의 결혼이민자와 「국적법」의 규정에 따라 대한민국 국적을 취득한 자로 이루어진 가족을 말한다. 둘째, 「국적법」에 따라 대한민국 국적을 취득한 자와 출생과 동시에 대한민국 국적을 취득한 자로 이루어진 가족을 말한다. 다문화가족아동은 결혼이민자나 귀화 허가를 받은 자와의 가족에서 출생하였거나 외국인 부 또는 모가 이전 결혼에서 출생하여 양육하고 있는 아동을 말한다(이봉주 외, 2024).

또한, 북한이탈주민은 북한을 벗어난 북한 주민으로 외국 국적을 취득하지 않은 사람을 말하며, 「북한이탈주민의 보호 및 정착지원에 관한 법률」제2조에는 다음과 같이 정의하고 있다. 북한이탈주민이란 군사분계선 이북지역(북한)에 주소, 직계가족, 배우자, 직장 등을 두고 있는 사람으로서 북한을 벗어난 후 외국 국적을 취득하지 아니한 사람을 말한다. 북한이탈주민가족아동은 부모 중 한 사람 이상이 북한이탈주민이고 북한뿐만 아니라 제3국에서 출생한 아동을 모두 포함한다(이봉주 외, 2024).

북한이탈주민을 지칭함에 있어서 '탈북자', '탈북민', '새터민', '북한이탈주민' 등으로 혼용되어 사용되고 있는데, 통일부를 기준으로 2005년까지는 '탈북자'로 지칭하다가 2005년 이후에는 '새터민'으로 2008년부터는 '북한이탈주민'으로 사용하고 있으며, 2024년 7월 14일(일)을 제1회 북한이탈주민의 날로 지정하였다(통일부 홈페이지, 2024).

(2) 특성

① 가정생활

다문화가정의 아동들은 아버지와 어머니의 생활방식과 가치관 그리고 외모 등이 서로 다른 이중문화 생활 속에서 성장하므로 정체성의 혼란과 다양한 갈등을 경험하게 된다. 특히, 부모가 서로 다른 언어를 사용하므로 언어발달이 지체되고 외국인 부모에 대한 사회적 편견 등으로 인해 심리·정서적으로 상처를 받을 수 있다(송정애, 2023). 또한, 우리나라는 전통적으로 자녀양육과 교육에 있어서 아버지보다는 주로 어머니에 의해 이루어지고 있는데, 한국말이 서투르고 한국 문화에 익숙하지 않은 어머니들은 자녀교육에 어려움을 경험하게 되고, 자녀들의 정체성과 가치관 정립에 도움을 주기 힘들며, 정서적인 측면에서 어머니의 역할을 언어적인 문제로 인해 적절하게 제공하기 어려울 수 있다(권오희, 2006).

최근에는 이혼, 별거 등으로 인해 한부모 다문화가정 아동이 발생하고 있으며, 이는 경제적 어려움으로 빈곤가정으로 이어질 가능성이 높기 때문에 한부모 다문화가정아동의 정상적인 성장 및 발달에 악영향을 줄 것으로 보인다(도미향 외, 2019).

② 학교생활

우리나라 다문화가족의 대부분은 결혼이주여성들로 구성되어 있는데, 이주여성의 한국어 능력이 부족한 경우 자녀의 언어발달이 지연될 수 있다. 언어발달은 또래관계뿐만 아니라 학습능력에도 영향을 미친다. 일상적인 의사소통에는 큰 어려움이 없겠지만 읽기, 쓰기 등의 능력이 떨어지면 학교 수업에 대한 이해도가 떨어져 결국 학습과정에 어려움을 겪을 수 있게 된다(이봉주 외, 2024).

교육부(2023)의 2023년 다문화교육 지원계획(안)에 의하면 2021년 다문화학생 전체 학업중단율(0.82%) 및 부적응 관련 학업중단율(0.34%)은 전년 대비 소폭 상승한 것으로 나타났다. 다문화학생의 부적응으로 인한 학업중단율은 2017년 0.32%, 2018년 0.27%, 2019년 0.28%, 2020년 0.23%, 2021년 0.34%로 최근 들어 부적응으로 인한 학업중단율은 가장 높게 나타났고, 다문화 학생의 학업중단 사유를 살펴보면 해외출국이 49%로 가장 많았으며, 다음으로 부적응 관련이 전체의 42%, 미인정유학 8%, 질병 1% 순으로 나타났다.

③ 심리사회적 적응

다문화가정 아동은 부모의 서로 다른 문화적 배경으로 인해 다양한 어려움을 겪을 수 있으며, 이는 심리사회적 적응에도 영향을 미칠 수 있다. 일부 아동의 경우 문화적 차이에 대한 스트레스, 차별이나 편견에 대한 경험, 사회적 소외감, 언어발달의 지체 등으로 인해 지나치게 소극적이거나 반대로 폭력성 또는 과잉행동장애와 같은 정서장애를 보이기도 한다. 또한, 다문화가정 아동은 고학년이 될수록 심리사회적 적응에 어려움을 겪으며 특히 어머니의 국적이 베트남, 중국, 필리핀 등의 다문화가정 아동의 심리사회적 부적응이 상대적으로 큰 것으로 나타났다(이영주, 2007).

여성가족부(2022)의 2021년 전국다문화가족실태조사에 따르면 다문화가족 자녀가 생각하는 다문화가족으로서의 자긍심은 부모의 출신국에 따라 다르게 나타나는데, 부모의 출신국이 미주, 유럽, 대양주, 대만, 홍콩, 일본 등 선진국인 경우 자긍심이 높은 반면, 동남아시아나 한국계 중국의 경우는 자긍심이 비교적 낮은 것으로 나타났다. 다문화가족 자녀의 자아존중감은 5점 척도 중 3.63점으로 높은 수준이 아니며, 사회적 차별 경험은 다문화가족 자녀의 2.1%가 지난 1년간 차별 경험이 있는 것으로 나타났다.

2) 다문화가족 지원사업 추진경과

다문화가족 지원사업의 추진경과는 다음과 같다(여성가족부, 2024).
- 2006년 결혼이민자 가족지원센터 지정 및 운영(21개소)
- 2007년 결혼이민자 아동양육지원 방문교육 시범사업 추진(29개소)
- 2008년 다문화가족지원법 제정 및 다문화가족지원센터로 명칭변경
- 2009년 사회복지사업법 개정 다문화가족지원센터 사회복지시설로 전환
- 2014년 다문화가족 이중언어환경조성사업 전국 확대
- 2019년 다문화가족지원센터 위탁기간 3년에서 5년으로 변경

3) 다문화가족지원센터 지원 대상

(1) 일반회원등록

일반회원 대상자는 다문화가족지원센터의 공통 기본사업 서비스 이용이 가능하며, 신청은 오프라인과 온라인이 있다. 오프라인은 등록 시 회원등록 신청서, 프로그램신청서, 개인정보 수집 및 이용 동의서를 제출하면 되고 다문화가족은 주민등록번호 수집이 가능하다. 온라인은 패밀리 넷으로 신청 가능하며 추가 필요한 서류는 오프라인으로 제출하면 된다.

(2) 대상별 특화프로그램 신청 및 등록

특화프로그램 대상자는 다문화가족지원센터의 기본사업 외 별도 프로그램 이용을 희망하는 사람이다. 제출서류는 공통필수로 민감정보 및 고유식별정보 수집동의서가 있으며, 공통선택 서류로는 다문화가족은 주민등록등본 또는 가족관계증명서, 외국인등록증, 여권 사본이 필요하고, 외국인가족 등은 외국인등록증 사본 또는 거주신고증이 필요하다. 북한이탈주민가족은 북한이탈주민 등록확인서를 제출하면 된다.

4) 현황

(1) 연도별 결혼이민자 및 국적취득자 현황

연도별 결혼이민자와 국적취득자 현황을 살펴보면, 2022년 결혼이민자는 175,756명이며, 국적취득자는 223,825명으로 나타나 결혼이민자 보다는 국적취득자가 상대적으로 더 많은 것으로 나타났으며, 연도별로 살펴보면 2018년에 343,797명에서 꾸준히 증가하여 2022년에 399,581명으로 지속적인 증가추세를 보이고 있다.

〈표 10-11〉 연도별 결혼이민자 및 국적취득자 현황

(단위 : 명)

구분	계			결혼이민자			국적취득자		
	계	남	여	계	남	여	계	남	여
2022	399,581	85,367	314,214	175,756	39,174	136,582	223,825	46,193	177,632
2021	385,512	80,287	305,225	174,632	36,820	137,812	210,880	43,467	167,413
2020	372,884	76,555	296,329	173,756	35,679	138,077	199,128	40,876	158,252
2019	359,610	72,312	287,298	173,882	34,628	139,254	185,728	37,684	148,044
2018	343,797	69,515	274,282	166,882	32,858	134,024	176,915	36,657	140,258

출처 : 행정안전부(2022). 외국인주민현황조사.

(2) 국적별 결혼이민자 및 국적취득자 현황

국적별 결혼이민자와 국적취득자 현황을 살펴보면, 2022년 중국(한국계)이 129,037명으로 가장 많았고, 다음으로 베트남 87,022명, 중국 76,075명, 필리핀 21,529명, 일본 14,432명, 미국 11,106명 등의 순으로 나타났다.

〈표 10-12〉 국적별 결혼이민자 및 국적취득자 현황

(단위 : 명)

구 분	2014	2015	2016	2017	2018	2019	2020	2021	2022
합 계	295,842	294,663	318,948	330,188	343,797	359,610	372,884	385,512	399,581
중국(한국계)	103,194	103,171	110,619	114,101	119,989	123,967	121,615	124,213	129,037
중 국	71,661	59,813	64,524	67,257	68,304	68,064	71,145	73,244	76,075
베트남	56,332	62,072	66,554	69,774	72,137	80,773	85,283	87,305	87,022
필리핀	16,473	17,576	18,247	18,695	19,199	19,834	20,473	21,187	21,529
일 본	12,875	11,391	11,278	12,117	12,302	12,247	13,550	14,170	14,432
캄보디아	6,184	6,902	7,221	7,621	7,958	8,575	8,903	9,163	9,386
몽 골	3,257	3,308	3,394	3,523	3,663	3,905	4,052	4,165	4,273
태 국	3,088	3,069	3,328	3,803	4,526	5,312	6,468	7,316	7,983
미 국	3,350	5,368	7,377	7,711	8,402	8,041	9,139	9,607	11,106
러시아	1,976	1,937	1,895	2,253	1,892	2,093	2,376	2,601	2,873
대 만	2,953	4,298	4,552	5,308	4,066	5,952	6,345	6,855	7,628
기 타	14,499	15,758	19,959	18,025	21,359	20,847	23,535	25,686	28,23

출처 : 행정안전부(2022). 외국인주민현황조사.

(3) 다문화가족 자녀 연령별 현황

다문화가족 자녀의 연령별 현황을 살펴보면, 2022년 6세 이하가 109,081명, 7~12세 109,519명, 13~15세 51,546명, 16~18세 29,294명으로 나타났으며, 연도별 현황으로는 2014년 204,204명에서 지속적으로 증가하여 2022년에는 299,440명으로 나타났다.

〈표 10-13〉 다문화가족 자녀 연령별 현황

(단위 : 명)

구 분	연령별 현황				
	계	6세이하	7~12세	13~15세	16~18세
2022년	299,440	109,081	109,519	51,546	29,294
2021년	289,529	114,555	108,953	43,433	22,588
2020년	275,990	115,579	107,286	34,445	18,680
2019년	264,626	117,045	104,064	26,524	16,993
2018년	237,506	114,125	92,368	19,164	11,849
2017년	222,455	115,085	81,826	15,753	9,791
2016년	201,333	113,506	56,768	17,453	13,606
2015년	197,550	116,068	61,625	12,567	7,290
2014년	204,204	121,310	49,929	19,499	13,466

출처 : 행정안전부(2022). 외국인주민현황조사.

(4) 다문화가족 자녀 유형별 현황

다문화가족 자녀의 유형별 현황을 살펴보면, 2022년 국내출생이 282,077명으로 94%이상을 차지하였으며, 귀화 및 외국국적은 17,363명으로 6%이하로 나타났다.

〈표 10-14〉 다문화가족 자녀 유형별 현황(2022년)

(단위 : 명)

구 분	연령별 현황				
	계	6세이하	7~12세	13~15세	16~18세
총 계	299,440	109,081	109,519	51,546	29,294
국내출생	282,077	105,451	102,897	47,654	26,075
귀화 및 외국국적	17,363	3,630	6,622	3,892	3,219

출처 : 행정안전부(2022). 외국인주민현황조사.

(5) 국적별 다문화가족 자녀 수

국적별 다문화가족 자녀 수를 살펴보면, 2022년 베트남이 103,295명으로 가장 많았으며, 다음으로 중국 53,036명, 중국(한국계) 40,282명, 필리핀 24,176명, 캄보디아 12,294명, 미국 11,382명 등의 순으로 나타났다.

〈표 10-15〉 국적별 다문화가족 자녀 수(2022년 11월 기준)

(단위 : 명)

국 적	2014	2015	2016	2017	2018	2019	2020	2021	2022
합 계	204,204	197,550	201,333	222,455	237,506	264,626	275,990	289,529	299,440
중국(한국계)	43,890	35,439	36,610	38,090	39,642	41,149	41,529	41,369	40,282
중 국	38,824	40,351	37,963	43,197	44,016	49,826	50,662	52,030	53,036
베트남	54,737	57,464	56,468	71,864	77,218	88,476	93,617	99,398	103,295
필리핀	19,568	19,918	20,146	22,270	22,873	24,502	24,243	24,450	24,176
일 본	18,185	7,773	9,485	6,886	6,930	7,858	7,932	8,492	8,945
캄보디아	6,777	7,016	6,909	9,448	10,037	10,850	11,301	11,881	12,294
몽 골	2,952	2,771	2,719	3,132	3,212	3,607	3,678	3,829	3,937
태 국	2,767	2,254	2,543	2,609	2,875	3,944	4,389	5,386	6,162
미 국	1,855	6,140	5,874	4,899	5,581	8,417	9,708	10,477	11,382
러시아	1,319	1,017	1,058	1,155	1,034	1,304	1,386	1,566	1,696
대 만	1,892	2,877	2,522	2,995	3,081	3,543	3,609	3,884	4,015
기 타	11,348	14,530	19,036	15,910	21,007	21,150	23,936	26,767	30,220

출처 : 행정안전부(2022). 외국인주민현황조사.

(6) 다문화가족 가구별 자녀 수

다문화가족 가구별 자녀 수를 살펴보면, 2021년 전체 다문화가구 중 자녀가 있는 가구의 비율은 58%이며, 자녀가 없는 가구는 42%로 나타났다. 다문화가구의 평균 자녀 수는 0.88명이며, 자녀가 있는 가구만 한정할 때, 평균 자녀 수는 1.53명으로, 자녀가 1명인 가구는 32.5%, 2명인 가구는 21.2%, 3명 이상은 4.3%로 나타났다.

[그림 10-2] 다문화가족 가구별 자녀 수

출처 : 여성가족부(2022). 2021년 전국다문화가족실태조사.

(7) 다문화가족지원센터 현황

다문화가족지원센터 현황을 살펴보면, 다문화가족지원센터 가형은 9개소, 나형은 10개소로 나타났으며, 가족센터(건강가정·다문화가족지원센터)는 가형 31개소, 나형 75개소, 다형 4개소, 라형 38개소, 마형 61개소, 기타 2개소로 나타났고, 울릉군형은 1개소로 나타났다.

〈표 10-16〉 다문화가족지원센터 현황

(단위 : 개소수)

구분		계	서울	부산	대구	인천	광주	대전	울산	세종	경기	강원	충북	충남	전북	전남	경북	경남	제주
		231	26	14	9	10	5	5	5	1	31	18	12	15	14	22	23	19	2
다문화가족 지원센터	가형	9	-	-	-	1	-	-	-	-	5	-	-	2	1	-	-	-	-
	나형	10	-	4	-	-	-	2	-	-	-	-	1	-	-	-	3	-	-
가족센터 (건강가정· 다문화가족 지원센터)	가형	31	11	1	1	2	-	-	-	-	7	-	1	-	2	1	1	3	1
	나형	75	13	1	4	5	4	1	1	1	18	6	2	4	-	4	4	6	1
	다형	4	1	-	-	-	-	-	-	-	-	-	-	-	3	-	-	-	-
	라형	38	-	6	3	1	1	1	1	-	1	2	1	5	2	4	6	4	-
	마형	61	-	2	1	1	-	1	3	-	-	10	7	4	6	13	7	6	-
	기타	2	1	-	-	-	-	-	-	-	-	-	-	-	-	1	-	-	-
울릉군형		1	-	-	-	-	-	-	-	-	-	-	-	-	-	-	1	-	-

출처 : 여성가족부(2024). 2024년 가족사업안내(Ⅰ).

5) 사업추진체계

다문화가족 사업의 추진체계는 다음과 같다(여성가족부, 2024).

[그림 10-3] 다문화가족 사업추진체계

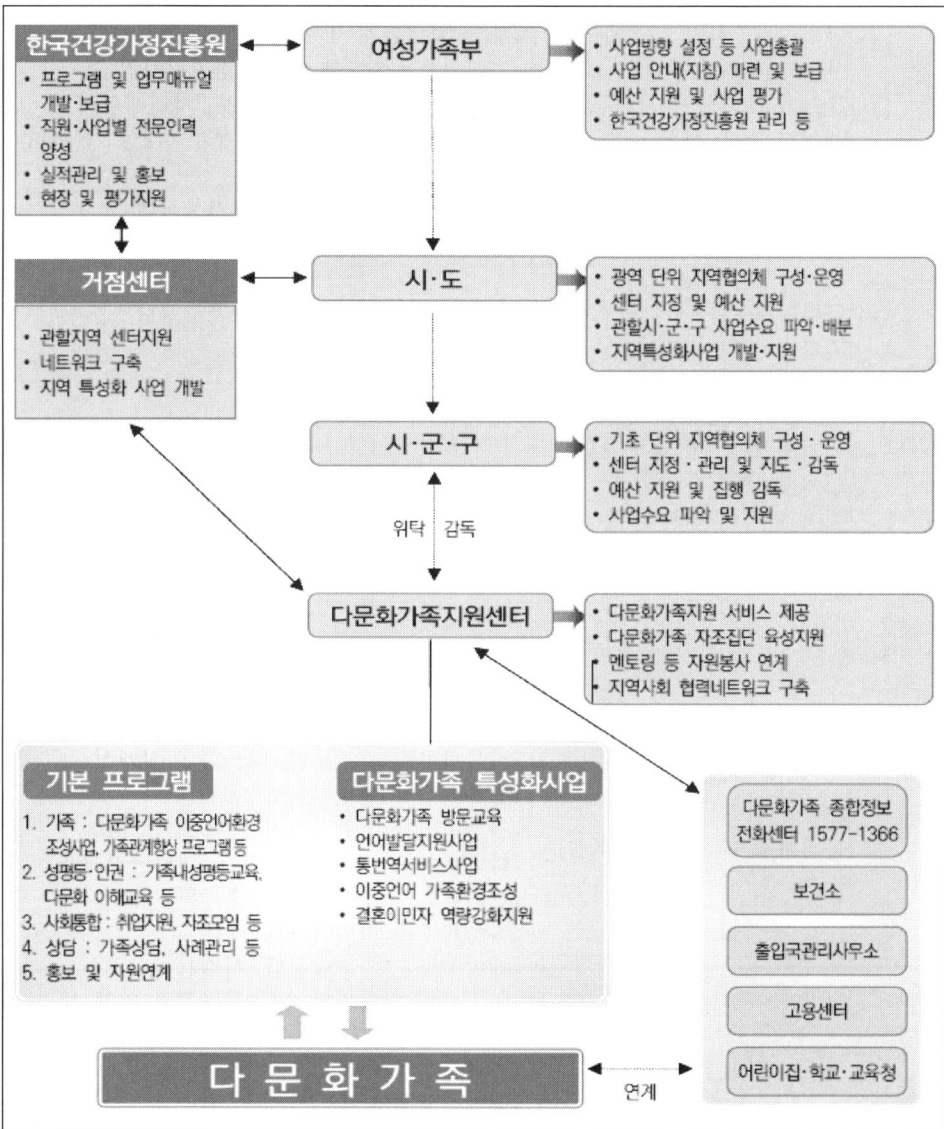

출처: 여성가족부(2024). 2024년 가족사업안내(Ⅰ).

6) 다문화가족지원센터 프로그램

〈표 10-17〉 다문화가족지원센터 프로그램

구 분	공통필수	선택(예시)
가족	• 이중언어가족환경 조성사업 (연간 10시간) • 다문화가족 학령기 자녀 입학 및 입시 정보 제공 (부모 대상, 연간 4시간)	• 가족의사소통 및 가족관계향상프로그램 • 결혼과 가족의 이해, 가족의 의미와 역할 • 부모-자녀관계 및 자긍심향상 프로그램 • 자녀교육프로그램, 자녀성장지원사업 등 • 부모역할교육, 자녀건강지도, 자녀생활지도 • 국내체류 결혼이민자의 부모 대상 손자녀 양육·교육프로그램 • 다문화 한부모 양육·교육 프로그램 • 다문화가족 자녀지원 사업, 아버지교육
성평등 및 인권	• 가족 내 성평등 교육 • 다문화이해교육 • 인권감수성 향상교육 • 결혼이민자와 한국인 배우자·부모대상 프로그램 등(2시간) • 폭력피해 대처 및 예방교육	• 결혼이민자 대상 인권교육프로그램 • 다문화가족 관련법과 제도 • 이주민과 인권 • 찾아가는 폭력예방교육
사회 통합	• 취업기초소양교육 • 구직자 발굴시 워크넷 등록 및 새일센터로 적극 연계 • 새일센터의 결혼이민자 대상 직업교육훈련 개설 시 적극 협조(교육과정 설계·모집 등)	• 결혼이민자취업지원(특화 직업훈련)
	• 다문화가족 나눔봉사단 소양교육(4시간 이상) • 다문화가족 나눔봉사단 활동	• 한국사회 적응교육, 소비자·경제교육 • 학업지원반 운영 및 연계 • 다문화가족 자조모임, 다문화 인식개선 • 결혼이민자 멘토링프로그램 • 결혼이민자 정착단계별 지원 프로그램 • 다문화가족 교류·소통 공간, 재난안전교육 • 선거교육, 결혼이민자 노후준비교육 • 다문화가족 미디어 리터러시 교육
상담	• 가족상담	• 개인상담 및 집단상담, 사례관리 • 위기가족 긴급지원, 외부상담기관 연계 등
홍보 및 자원 연계	• 홍보 및 자원연계	• 지역사회 홍보 • 지역사회네트워크 • 홈페이지운영 등

출처: 여성가족부(2024). 2024년 가족사업안내(Ⅰ).

퀴 즈

1. 급여종류별 수급자 선정기준에 적합하지 않은 것은?
① 생계급여수급자(기준중위소득 32%) ② 의료급여수급자(기준중위소득 40%)
③ 주거급여수급자(기준중위소득 45%) ④ 교육급여수급자(기준중위소득 50%)

2. 빈곤아동의 문제라 볼 수 없는 것은?
① 신체발달문제   ② 회복탄력성문제   ③ 정서 및 행동문제   ④ 인지발달문제

3. 취약계층 아동이 사회에 진출할 때 필요한 초기비용 마련을 지원하고자 정부에서 운영하는 유일한 아동자산형성 지원 사업은?
① 디딤씨앗통장   ② 아동급식서비스   ③ 기초생활수급제도   ④ 결연후원제도

4. 한부모가정아동의 특성으로 보기 어려운 것은?
① 경제적 어려움 ② 심리사회적 어려움 ③ 자녀양육의 어려움 ④ 상담의 어려움

5. 청소년 한부모가족은 모 또는 부의 연령이 몇 세 이하인 가족인가?
① 18세   ② 20세   ③ 22세   ④ 24세

6. 2024년 제1회 북한이탈주민의 날을 지정했는데 언제인가?
① 6월 14일   ② 7월 14일   ③ 8월 14일   ④ 9월 14일

7. 2022년 국적별 다문화가족 자녀 수가 가장 많은 나라는?
① 중국(한국계)   ② 중국   ③ 베트남   ④ 필리핀

정답	1	2	3	4	5	6	7
	③	②	①	④	④	②	③

에듀컨텐츠·휴피아
Educontents Huepia

제11장. 아동학대와 아동보호

　아동학대가 엄중한 범죄라는 인식의 확산은 2014년 「아동학대범죄 처벌 등에 관한 특별법」이 제정 된 이후에 아동학대가 단순한 가정 문제가 아닌 중대한 범죄라는 인식이 확산되었다. 과거에는 신체학대가 주로 학대 유형으로 인식되었지만, 최근에는 정서학대, 방임, 성학대 등 다양한 유형의 학대에 대한 이해가 높아지고 있다. 하지만, 아직까지도 훈육 목적으로 아동을 학대하고, 아동을 위해서 어쩔 수 없었다는 등 우리 사회가 개선해야 할 부분도 여전히 존재하고 있다. 아동학대는 어떠한 이유로도 용납될 수 없는 범죄라는 생각을 우리 모두 인식해야 할 것이다. 본 장에서는 아동학대와 방임, 아동보호서비스, 아동학대 예방에 대해 구체적으로 알아보고자 한다.

1. 아동학대와 방임

1) 아동학대의 개념

아동학대에 대한 개념은 그 사회의 문화와 시대적 상황에 따라 다양하게 나타난다. 과거에는 아동학대에 대한 개념을 아동의 신체적·정신적·성적 폭력으로 보았지만, 최근에는 아동학대의 개념을 아동의 권리보호와 발달을 위협하는 모든 행위를 포함하는 광의의 개념으로 보고 있다(윤매자 외, 2023).

아동학대에 대한 정의는 「아동복지법」 제3조에 다음과 같이 정의하고 있다. 아동학대란 보호자를 포함한 성인이 아동의 건강 또는 복지를 해치거나 정상적 발달을 저해할 수 있는 신체적·정신적·성적 폭력이나 가혹행위를 하는 것과 아동의 보호자가 아동을 유기하거나 방임하는 것을 말한다. 또한, 동법 제17조에는 아동학대로 규정할 수 있는 금지행위에 대해서 다음과 명시하고 있다. 아동을 매매하는 행위, 아동에게 음란한 행위를 시키거나 이를 매개하는 행위 또는 아동을 대상으로 하는 성희롱 등의 성적 학대행위, 아동의 신체에 손상을 주거나 신체의 건강 및 발달을 해치는 신체적 학대행위, 아동의 정신건강 및 발달에 해를 끼치는 정서적 학대행위, 자신의 보호 및 감독을 받는 아동을 유기하거나 의식주를 포함한 기본적 보호·양육·치료 및 교육을 소홀히 하는 방임행위, 장애를 가진 아동을 공중에 관람시키는 행위, 아동에게 구걸을 시키거나 아동을 이용하여 구걸하는 행위, 공중의 오락 또는 흥행을 목적으로 아동의 건강 또는 안전에 유해한 곡예를 시키는 행위 또는 이를 위하여 아동을 제3자에게 인도하는 행위, 정당한 권한을 가진 알선기관 외의 자가 아동의 양육을 알선하고 금품을 취득하거나 금품을 요구 또는 약속하는 행위, 아동을 위하여 증여 또는 급여된 금품을 그 목적 외의 용도로 사용하는 행위 등을 금지행위로 규정하고 있다.

또한, 아동권리보장원(2024)에서는 아동학대를 적극적인 가해행위뿐만 아니라 소극적 의미의 단순 체벌 및 훈육까지 아동학대의 정의에 명확히 포함하고 있다. 이는 아동의 복지나 아동의 잠정적 발달을 위협하는 보다 넓은 범위의 행동으로 확대하여, 신체적 학대뿐만 아니라 정서적 학대나 방임, 아동의 발달을 저해하는 행위나 환경, 더 나아가 아동의 권리보호에 이르는 매우 포괄적인 경우를 규정하고 있다.

2) 아동학대의 유형 및 징후

아동학대의 유형은 신체학대, 정서학대, 성학대, 방임의 네 가지 유형으로 분류할 수 있으며, 각 유형에 따른 징후에 대해서 살펴보고자 한다(아동권리보장원 홈페이지, 2024).

(1) 신체학대

① 정의
보호자를 포함한 성인이 아동의 건강 또는 복지를 해치거나 정상적 발달을 저해할 수 있는 신체적 폭력이나 가혹행위를 하는 것이다. 즉, 보호자를 포함한 성인이 아동에게 우발적인 사고가 아닌 상황에서 신체적 손상을 입히거나 또는 신체손상을 입도록 허용한 모든 행위를 말한다.

② 구체적인 신체학대 행위 예
직접적으로 신체에 가해지는 행위는 손, 발 등으로 때림, 꼬집고 물어뜯는 행위, 조르고 비트는 행위, 할퀴는 행위 등이 있고, 도구를 사용하여 신체를 가해하는 행위는 도구로 때림, 흉기 및 뾰족한 도구로 찌름 등이 있다. 완력을 사용하여 신체를 위협하는 행위는 강하게 흔듦, 신체부위 묶음, 벽에 밀어붙임, 떠밀고 잡음, 아동 던짐, 거꾸로 매담, 물에 빠트림 등이 있으며, 신체에 유해한 물질로 신체에 가해지는 행위는 화학물질 혹은 약물 등으로 신체에 상해를 입히는 행위, 화상을 입힘 등이 있다.

③ 신체적 징후
신체적 징후로는 설명하기 어려운 신체적 상흔, 발생 및 회복에 시간차가 있는 상처, 비슷한 크기의 반복적으로 긁힌 상처, 사용된 도구의 모양이 그대로 나타나

는 상처, 담배 불 자국, 뜨거운 물에 잠겨 생긴 화상자국, 회음부에 있는 화상자국, 알고 있는 물체모양(다리미 등)의 화상자국, 회복속도가 다양한 화상자국, 입, 입술, 치은, 눈, 외음부 상처, 긁히거나 물린 자국에 의한 상처, 손목이나 발목에 긁힌 상처, 영유아에게 발견된 붉게 긁힌 상처, 성인에 의해 물린 상처, 겨드랑이, 팔뚝 안쪽, 허벅지 안쪽 등 다치기 어려운 부위의 상처, 대뇌 출혈, 망막출혈, 양쪽 안구 손상, 머리카락이 뜯겨나간 두피 혈종 등을 동반한 복잡한 두부 손상, 고막 천공이나 귓불이 찢겨진 상처와 같은 귀 손상, 골격계 손상, 시간차가 있는 골절, 치유 단계가 다른 여러 부위의 골절, 복합 및 나선형 골절, 척추 손상(특히, 여러 군데의 골절), 영·유아의 긴 뼈에서 나타나는 간단 골절, 회전상 골절, 걷지 못하는 아이에게서 나타나는 대퇴골절, 골막하 출혈의 방사선 사진, 골단 분리, 골막 변형, 골막 석회화, 복부손상(간혈종, 간열상, 십이지장 천공, 궤양 등), 흉부손상(폐 좌상, 기흉, 흉막삼출 등) 등의 징후가 나타난다.

④ 행동적 징후

행동적 징후로는 어른과의 접촉회피, 다른 아동이 울 때 공포를 나타냄, 공격적이거나 위축된 극단적 행동, 부모에 대한 두려움, 집에 가는 것을 두려워함, 위험에 대한 지속적인 경계 등의 징후가 나타난다.

(2) 정서학대

① 정의

보호자를 포함한 성인이 아동의 건강 또는 복지를 해치거나 정상적 발달을 저해할 수 있는 정신적 폭력이나 가혹행위를 하는 것이다. 즉, 보호자를 포함한 성인이 아동에게 행하는 언어적 모욕, 정서적 위협, 감금이나 억제, 기타 가학적인 행위를 말하며, 언어적·정신적·심리적 학대라고도 한다.

② 구체적인 정서학대 행위 예

원망적·거부적·적대적 또는 경멸적인 언어폭력 등, 잠을 재우지 않는 것, 벌거벗겨 내쫓는 행위, 형제나 친구 등과 비교하고 차별, 편애하는 행위, 가족 내에서 왕따 시키는 행위, 아동이 가정폭력을 목격하도록 하는 행위, 아동을 시설 등에 버리겠다고 위협하거나 짐을 싸서 쫓아내는 행위, 미성년자 출입금지 업소에 아동을 데리고 다니는 행위, 아동의 정서 발달 및 연령상 감당하기 어려운 것을 강요하는 행위(감금, 약취 및 유인, 아동 노동 착취), 다른 아동을 학대하도록 강요하는 행위 등이 있다.

③ 신체적 징후
신체적 징후로는 발달지연 및 성장장애, 신체발달저하 등의 징후가 나타난다.

④ 행동적 징후
행동적 징후로는 특정물건을 계속 빨고 있거나 물어뜯음, 행동장애(반사회적, 파괴적 행동장애), 신경성 기질 장애(놀이장애), 정신신경성 반응(히스테리, 강박, 공포), 언어장애, 극단행동, 과잉행동, 자살시도, 실수에 대한 과잉 반응, 부모와의 접촉에 대한 두려움 등의 징후가 나타난다.

(3) 성학대

① 정의
보호자를 포함한 성인이 아동의 건강 또는 복지를 해치거나 정상적 발달을 저해할 수 있는 성적 폭력이나 가혹행위를 하는 것이다. 즉, 보호자를 포함한 성인이 자신의 성적 충족을 목적으로 18세 미만의 아동에게 행하는 모든 성적 행위를 말한다.

② 구체적인 성학대 행위 예
자신의 성적만족을 위해 아동을 관찰하거나 아동에게 성적인 노출을 하는 행위(옷을 벗기거나 벗겨서 관찰하는 등의 관음적 행위, 성관계 장면을 노출, 나체 및 성기 노출, 자위행위 노출 및 강요, 음란물을 노출하는 행위 등), 아동을 성적으로 추행하는 행위(구강추행, 성기추행, 항문추행, 기타 신체부위를 성적으로 추행하는 행위 등), 아동에게 유사성행위를 하는 행위(드라이성교 등), 성교를 하는 행위(성기삽입, 구강성교, 항문성교), 성매매를 시키거나 성매매를 매개하는 행위 등이 있다.

③ 신체적 징후

신체적 징후로는 신체적 지표(학령 전 아동의 성병감염, 임신 등), 생식기의 증거(아동의 질에 있는 정액, 찢기거나 손실된 처녀막, 질에 생긴 상처나 긁힌 자국, 질의 홍진(紅疹), 배뇨곤란, 요도염, 생식기의 대상포진 등), 항문증후(항문 괄약근의 손상, 항문주변의 멍이나 찰과상, 항문 내장이 짧아지거나 뒤집힘, 항문 입구에 생긴 열창, 항문이 좁아짐, 회음부의 동통과 가려움, 변비, 대변에 혈액이 나옴 등), 구강증후(입천장의 손상, 인두(목구멍)임질(성적 접촉에 의해 감염된 질환)) 등의 징후가 있다.

④ 행동적 징후

행동적 징후로는 성적 행동지표(나이에 맞지 않는 성적행동, 해박하고 조숙한 성지식, 명백하게 성적인 묘사를 한 그림들, 타인과의 성적인 상호관계, 동물이나 장난감을 대상으로 하는 성적인 상호관계), 비(非)성적인 행동지표(위축, 환상, 유아적 행동(퇴행행동), 자기 파괴적 또는 위험을 무릅쓴 모험적인 행동, 충동성, 산만함 및 주의집중장애, 혼자 남아 있기를 거부 또는 외톨이, 특정 유형의 사람들 또는 성에 대한 두려움, 방화/동물에게 잔혹함(주로 남아의 특징), 비행, 가출, 약물 및 알콜 남용, 자기 파괴적 행동(자살시도), 범죄행위, 우울, 불안, 사회관계의 단절, 수면장애, 유뇨증/유분증, 섭식장애, 야뇨증, 외상 후 스트레스 장애, 저조한 학업수행) 등의 징후가 있다.

(4) 방임

① 정의

아동의 보호자가 아동을 유기하거나 방임하는 것이다. 즉, 보호자가 아동에게 위험한 환경에 처하게 하거나 아동에게 필요한 의식주, 의무교육, 의료적 조치 등을 제공하지 않는 행위를 말하며, 유기란 보호자가 아동을 보호하지 않고 버리는 행위를 말한다.

② 방임의 유형 예

물리적 방임은 기본적인 의식주를 제공하지 않는 행위, 불결한 환경이나 위험한 상태에 아동을 방치하는 행위, 아동의 출생신고를 하지 않는 행위, 보호자가 아동들을 가정 내 두고 가출한 경우, 보호자가 친족에게 연락하지 않고 무작정 아동을 친족 집 근처에 두고 사라진 경우, 아동을 병원에 입원시키고 사라진 경우 등이 있다.

교육적 방임은 보호자가 아동을 특별한 사유 없이 학교(의무교육)에 보내지 않거나 아동의 무단결석을 방치하는 행위, 초등학교 및 중학교의 장은 해당 학교에 취학할 예정인 아동이나 취학 중인 학생이 입학·재취학·전학 또는 편입학 기일 이후 2일 이내에 입학·재취학·전학 또는 편입학하지 아니한 경우, 정당한 사유 없이 계속하여 2일 이상 결석하는 경우, 학생의 고용자에 의하여 의무교육을 받는 것이 방해당하는 때 지체 없이 그 보호자 또는 고용자에게 해당 아동이나 학생의 취학 또는 출석을 독촉하거나 의무교육을 받는 것을 방해하지 아니하도록 경고하여야 한다.

의료적 방임은 아동에게 필요한 의료적 처치 및 개입을 하지 않는 행위를 말하며, 유기는 아동을 보호하지 않고 버리는 행위, 시설근처에 버리고 가는 행위 등이 있다.

③ 신체적 징후

신체적 징후는 발달지연 및 성장장애, 비위생적인 신체상태, 예방접종과 의학적 치료 불이행으로 인한 건강상태 불량, 아동에게 악취가 지속적으로 나는 경우 등의 징후가 있다.

④ 행동적 징후

행동적 징후는 계절에 맞지 않는 부적절한 옷차림, 음식을 구걸하거나 훔침, 비행 또는 도벽, 학교에 일찍 등교하고 집에 늦게 귀가함, 지속적인 피로 또는 불안정감 호소, 수업 중 조는 태도, 잦은 결석 등의 징후가 있다.

3) 아동학대의 발생요인

아동학대를 바라보는 관점에 따라 아동학대의 발생요인은 다양하게 설명된다.

초기에는 정신병리학적 관점에서 아동학대가 정신적으로 심각한 질환이 있거나 심리적 문제가 있어 학대를 하게 되었다고 보았으나, 최근에는 아동, 부모 및 보호자, 가족, 지역사회 등 다양한 요인이 아동학대 발생에 영향을 미치는 것으로 보고 있다(이봉주 외, 2024). 아동학대 발생요인에 대한 이론적 관점으로는 발달론적 관점, 정신병리적 관점, 사회심리적 관점, 사회문화적 관점 등이 있으며 그 내용은 다음과 같다(송정애, 2023).

(1) 발달론적 관점

발달론적 관점으로는 아동 개인의 특성으로 까다로운 기질, 어린 나이, 신체적 또는 정신적 장애 등을 들 수 있으며 부모 특성으로는 자녀에 대한 부정적 태도, 자녀양육에 대한 기술부족, 자녀관리 능력의 부족, 부모역할로 인한 과도한 스트레스 등을 아동학대의 발생요인으로 본다.

(2) 정신병리적 관점

정신병리적 관점으로는 가해자의 병리적 특성 즉, 정신과적 문제, 분노, 우울증, 통제력 부족, 낮은 자존감, 완고함, 분노조절 문제, 감정이입 문제, 약물 의존과 남용, 신체·건강상의 문제 등을 아동학대의 발생요인으로 본다.

(3) 사회심리적 관점

사회심리적 관점으로는 가정의 특성 즉, 가족배경이나 부모의 양육태도, 경제적 상황 등 가정의 환경적 특성에 기인하여 학대가 발생하는 것으로 보며 가정 내의 아동학대 행위, 세대 간 아동학대 행위, 부부간의 불화, 가족 간 긍정적 상호작용의 부족, 가정의 경제적 스트레스 등을 발생요인으로 본다.

(4) 사회문화적 관점

사회문화적 관점으로는 낮은 사회경제적 지위, 실직, 불안정한 직업, 사회적 고립감 등의 상황적 요인과 사회전반의 폭력 묵인 분위기, 신체적 처벌 허용 분위기, 사회 내 권력 또는 계층 차이 등이 아동학대의 발생요인으로 보며, 아동권리보장원에서는 개인 요인, 가족 요인, 사회 요인으로 보고 있다.

<표 11-1> 아동학대 발생요인

구 분	아동학대 발생요인
개인	정신장애, 학대경험, 약물중독, 자녀에 대한 비현실적 기대, 충동 등
가족	빈곤, 실업, 사회적 지지 체계 부족, 원만하지 못한 부부관계, 가정폭력 등
사회	부모의 소유물로 여김, 체벌의 수용, 피해아동에 대한 법적인 보호 부재 등

출처 : 아동권리보장원 홈페이지(2024). 아동학대 예방 및 보호.

4) 아동학대 사법처리 절차

[그림 11-1] 아동학대 사법처리 절차

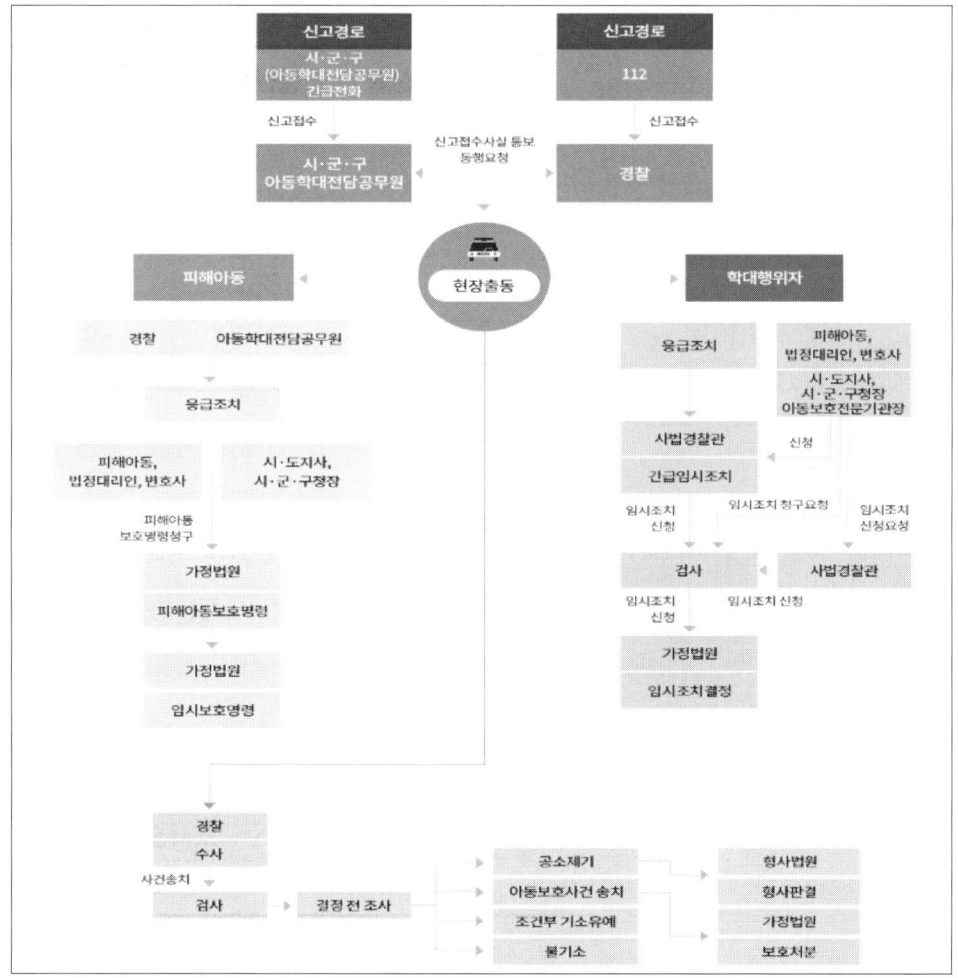

출처 : 아동권리보장원 홈페이지(2024). 아동학대 개입절차.

5) 현황

(1) 연도별 신고접수 건수

아동학대 신고접수는 매년 증가하다 2022년에는 2021년과 비교하여 감소하였다. 다만, 2020년보다는 증가한 것으로 나타났으며, 최근 5년간 신고접수 건수는 증가추세인 것으로 볼 수 있다. 신고접수 중 아동학대 의심사례가 차지하는 비중도 2019년부터 증가추세이며, 2022년의 경우 2021년과 동일한 96.6%로 나타났다.

〈표 11-2〉 연도별 신고접수 건수

(단위 : 건, %)

구 분	계	아동학대 의심사례	동일신고	일반상담	해외발생 사례
2019년	41,389 (100.0)	38,380 (92.7)	449 (1.1)	2,560 (6.2)	0 (0.0)
2020년	42,251 (100.0)	38,929 (92.1)	557 (1.3)	2,761 (6.5)	4 (0.0)
2021년	53,932 (100.0)	52,083 (96.6)	768 (1.4)	1,077 (2.0)	4 (0.0)
2022년	46,103 (100.0)	44,531 (96.6)	711 (1.5)	861 (1.9)	0 (0.0)

출처 : 보건복지부(2023), 2022 아동학대 주요통계.

(2) 사례판단

2022년도 아동학대 의심사례 44,531건 중 아동학대 사례로 판단된 사례는 27,971건(62.8%), 일반사례 15,746건(35.4%), 조사진행 중 사례는 814건(1.8%)으로 나타났다.

〈표 11-3〉 아동학대 사례판단

(단위 : 건, %)

계	아동학대사례	일반사례	조사진행중사례
43,531(100.0)	27,971(62.8)	15,746(35.4)	814(1.8)

출처 : 보건복지부(2023), 2022 아동학대 주요통계.

(3) 신고자 유형

아동학대 의심사례로 신고접수 된 44,531건에 대한 신고자 유형을 살펴보면, 신고의무자에 의한 신고는 16,149건(36.3%)으로 나타났으며, 이 중 초·중·고교 직원이 6,370건(14.3%)으로 가장 높게 나타났다. 비신고의무자에 의한 신고접수 건수는 28,382건(63.7%)이었으며, 부모 10,779건(24.2%), 아동본인 9,488건(21.3%), 이웃·친구 2,760건(6.2%) 등의 순으로 나타났다.

〈표 11-4〉 아동학대 신고자 유형

(단위 : 건, %)

신고 의무자		비신고 의무자	
초·중·고교 직원	6,370(14.3)	부모	10,779(24.2)
사회복지전담공무원	4,492(10.1)	아동본인	9,488(21.3)
아동복지전담공무원	2,060(4.6)	이웃·친구	2,760(6.2)
아동보호전문기관 종사자	898(2.0)	익명	850(1.9)
아동복지시설 종사자	490(1.1)	낯선사람	783(1.8)
의료인·의료기사	424(1.0)	형제·자매	713(1.6)
보육교직원	223(0.5)	친인척	666(1.5)
유치원교직원·강사	208(0.5)	경찰	241(0.5)
사회복지시설 종사자	172(0.4)	사회복지시설종사자	215(0.5)
청소년시설 종사자	130(0.3)	법원	110(0.2)
취약계층아동 지원인력	114(0.3)	종교인	11(0.0)
청소년보호센터 종사자	100(0.2)	의료사회복지사	7(0.0)
기타	468(1.1)	기타	1,759(4.0)
소계	16,149(36.3)	소계	28,382(63.7)
총 계		44,531	

출처 : 보건복지부(2023), 2022 아동학대 주요통계.

(4) 피해아동 성별

아동학대로 판단된 27,971건 중 여아가 14,010건(50.1%), 남아가 13,961건(49.9%)으로 피해아동은 여아가 더 많은 것으로 나타났다.

〈표 11-5〉 피해아동 성별

(단위 : 건, %)

구 분	계	남아	여아
건수(비율)	27,971(100.0)	13,961(49.9)	14,010(50.1)
명수(비율)	21,763(100.0)	10,992(50.5)	10,771(49.5)

※ 아동학대사례 27,971건에는 동일한 아동이 두 번 이상 신고되어 아동학대로 판단된 경우이거나, 혹은 동일한 아동이 두 명 이상의 학대행위자에게 학대를 받은 경우가 포함되어 있으므로 피해아동 건수와 명수는 일치하지 않음.
출처 : 보건복지부(2023), 2022 아동학대 주요통계.

(5) 피해아동 연령

피해아동 연령의 경우, 13~15세가 6,903건(24.7%)으로 가장 큰 비중을 차지했고, 그 다음으로 10~12세 6,522건(23.3%), 7~9세 5,331건(19.1%) 순으로 나타났다.

〈표 11-6〉 피해아동 성별

(단위 : 건, %)

구 분	건수(비율)	명수(비율)
1세 미만	471(1.7)	313(1.4)
1~3세	2,257(8.1)	1,533(7.0)
4~6세	3,346(12.0)	2,331(10.7)
7~9세	5,331(19.1)	4,070(18.7)
10~12세	6,522(23.3)	5,121(23.5)
13~15세	6,903(24.7)	5,676(26.1)
16~17세	3,141(11.2)	2,720(12.5)
계	27,971(100.0)	21,763(100.0)

출처 : 보건복지부(2023), 2022 아동학대 주요통계.

(6) 피해아동 가족유형

아동학대사례로 판단된 피해아동 가족유형의 경우, 친부모가정 18,152건(64.9%), 모자가정 3,713건(13.3%), 부자가정 2,526건(9.0%), 재혼가정 1,369건(4.9%) 등의 순으로 나타났다.

<표 11-7> 피해아동 가족유형

(단위 : 건, %)

계	친부모가정	부자가정	모자가정	미혼 부·모	재혼가정	친인척보호	동거	가정위탁	입양가정	시설보호	기타
27,971 (100.0)	18,152 (64.9)	2,526 (9.0)	3,713 (13.3)	443 (1.6)	1,369 (4.9)	217 (0.8)	343 (1.2)	80 (0.3)	76 (0.3)	164 (0.6)	888 (3.2)

출처 : 보건복지부(2023), 2022 아동학대 주요통계.

(7) 학대행위자와 피해아동과의 관계

학대행위자와 피해아동과의 관계는 부모에 의한 발생 건수가 23,119건(82.7%)으로 가장 높았고, 대리양육자 3,047건(10.9%), 친인척 879건(3.1%) 순으로 나타났다. 부모에 의해 발생한 사례 중, 친부에 의해 발생한 사례가 12,796건(45.7%), 친모는 9,562건(34.2%)으로 높은 비율을 차지했다.

<표 11-8> 학대행위자와 피해아동과의 관계

(단위 : 건, %)

관계		건수, 비율	관계		건수, 비율
부모	친부	12,796(45.7)	대리양육자	부, 모의 동거인	193(0.7)
	친모	9,562(34.2)		유치원교직원	100(0.4)
	계부	511(1.8)		초·중·고교 직원	1,602(5.7)
	계모	201(0.7)		학원및교습소종사자	254(0.9)
	양부	29(0.1)		보육교직원	600(2.1)
	양모	20(0.1)		아동복지시설종사자	175(0.6)
	소계	23,119(82.7)		기타	88(0.3)
친인척	친조부	114(0.4)		소계	3,047(10.9)
	친조모	215(0.8)	타인	이웃	119(0.4)
	외조부	68(0.2)		낯선사람	454(1.6)
	외조모	112(0.4)		소계	573(2.0)
	친인척	246(0.9)	기타		353(1.3)
	형제, 자매	124(0.4)			
	소계	879(3.1)			
총계			27,971(100.0)		

출처 : 보건복지부(2023), 2022 아동학대 주요통계.

(8) 연도별 아동학대사례 유형

연도별 아동학대사례 유형별 분류를 살펴보면, 2022년을 제외하고 2018년부터 2021년까지 중복학대가 가장 높게 나타난다.

〈표 11-9〉 연도별 아동학대사례 유형

(단위 : 건, %)

구 분	계	신체학대	정서학대	성학대	방임	중복학대
2018년	24,604 (100.0)	3,436 (14.0)	5,862 (23.8)	910 (3.7)	2,604 (10.6)	11,792 (47.9)
2019년	30,045 (100.0)	4,179 (13.9)	7,622 (25.4)	883 (2.9)	2,885 (9.6)	14,476 (48.2)
2020년	30,905 (100.0)	3,807 (12.3)	8,732 (28.3)	695 (2.2)	2,737 (8.9)	14,934 (48.3)
2021년	37,605 (100.0)	5,780 (15.4)	12,351 (32.8)	655 (1.7)	2,793 (7.4)	16,026 (42.6)
2022년	27,971 (100.0)	4,911 (17.6)	10,632 (38.0)	609 (2.2)	2,044 (7.3)	9,775 (34.9)

출처 : 보건복지부(2023), 2022 아동학대 주요통계.

(9) 아동학대사례 유형별 학대행위자 고소 및 고발 결과

아동학대유형별 판결 결과를 살펴보면, 신체학대, 정서학대, 방임, 중복학대에 대한 보호처분이 각 336건(13.4%), 287건(7.8%), 115건(12.5%), 588건(11.9%)으로 다른 판결 결과보다 비중이 높았으며, 성학대의 경우는 형사처벌 23건(5.2%)으로 보호처분 2건(0.5%)보다 높은 비중을 차지했다.

〈표 11-10〉 아동학대사례 유형별 학대행위자 고소 및 고발 결과

(단위 : 건, %)

구분	계	경찰 수사	검찰 수사	재판 진행중	판결					파악 불가
					보호 처분	형사 처벌	무죄+ 공소기각 +불처분	파악 불가	소계	
신체학대	2,500 (100.0)	1,045 (39.5)	441 (17.6)	61 (2.4)	336 (13.4)	20 (0.8)	93 (3.7)	9 (0.4)	458 (18.3)	495 (19.8)
정서학대	3,696 (100.0)	1,902 (52.5)	635 (17.2)	76 (2.1)	287 (7.8)	48 (1.3)	113 (3.1)	15 (0.4)	463 (12.5)	620 (16.8)

구분	계	경찰 수사	검찰 수사	재판 진행중	판결					파악 불가
					보호 처분	형사 처벌	무죄+ 공소기각 +불처분	파악 불가	소계	
성학대	442 (100.0)	162 (36.7)	134 (30.3)	32 (7.2)	2 (0.5)	23 (5.2)	1 (0.2)	0 (0.0)	26 (5.9)	88 (19.9)
방임	921 (100.0)	408 (35.3)	123 (13.4)	36 (3.9)	115 (12.5)	0 (0.0)	11 (1.2)	1 (0.1)	127 (13.8)	227 (24.6)
중복학대	4,924 (100.0)	2,233 (45.3)	736 (14.9)	135 (2.7)	588 (11.9)	56 (1.1)	137 (2.8)	12 (0.2)	793 (16.1)	1,027 (20.8)
계	12,483 (100.0)	5,750 (46.1)	2,069 (16.6)	340 (2.7)	1,328 (10.6)	147 (1.2)	355 (2.8)	37 (0.3)	1,867 (15.0)	2,457 (19.7)

출처 : 보건복지부(2023), 2022 아동학대 주요통계.

(10) 재학대 사례 현황

최근 5년간 아동학대로 판단된 사례 중 2022년에 신고접수 되어 아동학대사례로 판단된 재학대 사례는 총 4,475건이며, 재학대 아동 명수는 3,469명이다. 2022년 전체 아동학대사례 27,971건 대비 재학대 사례 비율은 16.0%로 점차 증가하고 있다

〈표 11-11〉 재학대 사례 현황

(단위 : 건, 명, %)

구분	재학대 사례 건수	재학대 아동수	아동학대사례 중 재학대 사례 비율
2020년	3,671	2,876	11.9
2021년	5,517	4,176	14.7
2022년	4,475	3,469	16.0

출처 : 보건복지부(2023), 2022 아동학대 주요통계.

2. 아동보호서비스

1) 아동보호서비스의 이해

학대피해 아동을 위한 보호서비스는 신고발견부터 서비스지원 그리고 사후관리까지 아동보호전문기관을 중심으로 진행된다. 아동보호체계는 학대피해아동을 적극적으로 보호하여 아동이 보다 안정적인 환경에서 성장하고, 보호받으며, 권리를 증진할 수 있도록 하는 데 목적이 있다(김세원·박창우, 2022). 「아동복지법」 제3조에는 보호대상아동이란 보호자가 없거나 보호자로부터 이탈된 아동 또는 보호자가 아동을 학대(방임 포함)하는 경우, 기타 보호자가 아동을 양육하기에 적당하지 아니하거나 양육하기 어려운 경우의 아동을 의미한다. 넓은 의미로는 빈곤이나 부모의 수감 및 실직 등으로 경제적·정서적 어려움 등을 겪고 있거나 어려움에 처할 위험이 높은 취약 아동을 말한다.

또한, 원가정 외 보호기관이란 아동복지시설, 가정위탁지원센터(위탁가정 포함), 입양기관(위탁가정 포함) 등 원가정으로부터 분리된 아동에게 보호서비스를 직접 제공하는 기관을 의미하며, 넓은 의미로는 아동보호전문기관, 희망복지지원단, 드림스타트 등 지역사회에 존재하는 다양한 서비스 제공기관을 말한다.

아동보호서비스의 기본 원칙으로는 다음과 같다(보건복지부, 2024).

첫째, 아동 이익을 최우선적으로 고려한다.
둘째, 원가정 보호를 위해 최대한 노력한다.
셋째, 가정형 보호를 우선으로 한다.
넷째, 아동과 보호자의 참여를 활성화한다.
다섯째, 예방적 접근 및 통합적 서비스를 제공한다.
여섯째, 수요자의 편의를 최대한 고려한다.

2) 아동보호서비스의 유형

(1) 원가정 보호(복귀)

원가정 보호는 아동과 보호자에 대한 상담 및 지도를 실시하고, 가정에서 아동을 보호 및 양육할 수 있도록 드림스타트와 연계하여 진행한다. 12세 이하의 취약계층아동은 가정 내 양육을 위해 지원이 필요한 경우 보호자 동의하에 드림스타트에 우선적으로 연계하며, 13세 이상 취약계층아동에 대한 서비스 제공기관 연계는 특화분야 아동복지교사에게 의뢰하여 진행하다.

(2) 친족에 의한 보호 및 양육

친족에 의한 보호 및 양육은 「민법」 제777조제1호(8촌 이내의 혈족) 및 제2호(4촌 이내의 인척)에 따른 친족에 해당하는 사람의 가정에서 보호 및 양육할 수 있도록 조치하는 것을 말한다. 12세 이하의 취약계층아동은 친족의 가정 내 양육을 위해 지원이 필요한 경우 우선적으로 드림스타트에 연계(13세 이상은 특화분야 아동복지교사)하여 진행한다. 다만, 아동을 보호할 친족의 가정이 아동복지법 시행규칙 제2조(위탁가정의 기준)에 부합할 경우 가정위탁 신청이 가능하다.

(3) 가정위탁

가정위탁은 보호대상아동을 적합한 유형의 가정에 위탁하여 보호 및 양육할 수 있도록 조치하는 것을 말한다. 일반가정위탁는 보호대상아동을 가정에서 보호 및 양육하는 것을 목적으로 하는 가정위탁이며, 전문가정위탁은 보호대상아동 중 피해아동, 2세 이하(36개월 미만) 아동, 장애, 경계선지능(종합심리검사 결과 경계선지능으로 진단) 등으로써 특별한 보호가 필요한 아동을 전문적으로 보호 및 양육하는 것을 목적으로 하는 가정위탁이다. 일시가정위탁은 보호대상아동의 일시보호조치를 목적으로 하는 가정위탁을 말한다.

(4) 아동복지시설 내 보호

아동복지시설 내 보호는 아동을 보호하기에 적합한 아동복지시설에 아동을 입소시켜 보호하는 것을 말한다. 복지급여 연계 등 지원에도 불구하고 원가정 및 친족에 의한 보호 및 양육이 어렵거나 위탁가정의 부족 등 가정위탁 보호가 불가능한 경우 아동복지시설 입소를 고려한다.

(5) 전문치료기관 또는 요양소에 입원 또는 입소

약물 및 알콜중독·정서장애·발달장애 등으로 특수한 치료나 요양 등의 보호를 필요로 하는 아동에 대하여 전문치료기관 또는 요양소에 입원 또는 입소시킨다.

(6) 입양

입양은 보호대상아동에게 건전한 가정을 영구적으로 제공하여 신체적·정서적·사회적으로 건강하게 성장할 수 있도록 지원하는 것을 말한다. 친생부모가 입양을 결정하기 전, 입양에 관한 충분한 상담으로 양육 및 정부 지원 등에 관한 정보를 친생부모에게 제공함으로써, 입양 외 다른 양육 대안을 충분히 고려한 후 자발적인 입양결정이 이루어지도록 한다. 입양의뢰 된 아동은 국내입양을 우선으로 추진하며, 입양은 가정법원의 허가로 성립된다(보건복지부, 2024).

3) 아동보호서비스의 절차

아동보호서비스의 절차는 상담·조사·사정, 보호계획 및 결정, 보호조치, 종결, 사후관리 순으로 이루어진다(보건복지부, 2024).

[그림 11-2] 아동보호서비스 절차

상담·조사·사정	보호계획/결정	보호조치	종결	사후관리
•접수상담 •일시보호 •욕구조사/상황점검 •건강검진/심리검사	•개별보호관리 계획수립 •사례회의 •보호조치 결정	•아동보호, 서비스 제공계획 수립 •양육상황 점검 및 재평가	•종결	•사후관리 •자립지원

출처: 보건복지부(2024). 2024 아동보호서비스 업무매뉴얼.

(1) 상담 · 조사 · 사정

① 목적
아동 및 부모(보호자)의 보호의뢰 사유 및 주요 문제를 파악하여 적절한 보호조치를 위한 개별보호와 관리 계획 수립, 사례결정위원회의 판단 근거 자료로 활용한다.

② 주요내용
상담을 통해 아동과 가정의 문제상황을 파악하고, 이를 통해 아동의 분리보호 필요성 및 제공되어야 할 서비스를 파악한다. 필요한 경우 최초상담 이후에도 유선 및 가정방문 등을 통해 추가조사 하되, 불필요한 방문은 가급적 최소화한다.

③ 수행주체
보호대상아동의 주소지 기준 시·군·구 아동보호전담요원이 주로 실시한다. 피해아동의 경우, 아동학대전담공무원이 현장조사, 건강검진, 심리검사 및 가정환경에 대한 조사를 실시하며, 그 외 보호자로부터 보호 의뢰를 받은 읍·면·동, 드림스타트, 희망복지지원단 등 대상아동을 발견한 담당자 또한 초기(접수)상담 및 욕구조사가 가능하다.

④ 수행시기
보호자 및 원가정 외 보호기관으로부터 아동 보호신청을 받은 경우 실시하며, 보호신청을 받은 경우 즉시 접수상담 실시하되, 조사 및 사정은 접수 상담 후 1주 이내에 실시한다.

⑤ 수행방법
보호자가 유선 또는 내방하여 보호의뢰 하는 경우 접수상담지를 바탕으로 주요 문제 등에 대해 상담을 실시한다. 드림스타트, 희망복지지원단 등 기존 사례관리 아동 중 원가정에서 분리보호가 필요한 아동이 있는 경우 시·군·구의 아동보호전담요원에게 의뢰한다. 가정위탁지원센터, 양육시설 등 최초에 상담한 보호기관의 상담내역이나 욕구조사를 활용하여 불필요한 가정방문이나 의뢰인의 내방을 최소

화 한다. 아동학대전담공무원은 학대 및 유기 등으로 보호조치 결정전까지 아동을 긴급히 보호할 필요가 있는 경우 아동일시보호시설, 학대피해아동쉼터, 적합한 위탁가정 등에 일시 보호 의뢰한다.

⑥ 사정 시 고려사항

사정 시 고려해야 할 사항으로는 다음과 같다(보건복지부, 2024).

〈표 11-12〉 사정 시 고려사항

구 분	아 동	부모(보호자)	환 경
우선적 고려사항	•아동안전, 장애여부 •특수욕구 •가정보호우선조치 대상자(2세 미만) •한국 국적 취득여부	•아동학대, 국적취득 •양육의지, 보호역량 •가정환경 •자녀의 보호배치 예상 기간, 가정복귀 시점	•친족에 의한 보호 및 양육, 가정위탁 가능성 여부 •사회적 자원
기타 고려사항	•보호배치에 대한 인지 •교육·사회·문화 욕구 •강점 및 취약점	•부모의 성장배경 •지속적인 연락여부	•사회복지서비스 이용 여부

출처 : 보건복지부(2024). 2024 아동보호서비스 업무매뉴얼.

(2) 보호계획 및 결정

① 보호계획수립

보호대상아동 등에 대한 상담 및 조사, 건강검진, 심리검사 결과 등을 근거로 사례회의를 거쳐 아동에 대한 보호조치 여부, 보호유형 등에 대한 개별보호 및 관리계획을 수립한다.

② 보호계획 결정

개별보호 및 관리계획 수립 후 사례결정위원회 심의를 거쳐 최종 보호조치를 결정한다.

③ 수행주체

보호대상아동의 주소지 기준 시·군·구 아동보호전담요원이 작성한다. 보호대상

아동의 주소지에 적절한 보호 장소가 부재할 경우 우선 보호대상아동 주소지의 아동보호전담요원이 필요한 내용을 작성하여 타 시·군·구에 의뢰한다. 욕구에 따른 서비스 계획은 아동보호전담요원이 총괄하여 수립하되, 아동보호전문기관 및 아동보호를 의뢰할 기관(가정위탁지원센터, 양육시설 등)과 협업하여 작성한다.

④ 수행시기

접수상담, 아동 및 친부모 상황점검 등을 통하여 보호조치가 필요하다고 판단한 경우에 실시한다.

⑤ 수행방법

개별보호 및 관리계획 수립 전 준비사항으로는 지자체 내 존재하는 다양한 사회복지 자원 및 민간기관 자원을 파악하고, 원가정 복귀를 위해 아동의 보호자(친부모) 가구에 대한 서비스 제공 현황 등을 확인한다. 또한, 입양의 경우, 해당 시·군·구에 입양기관 소재 여부, 미소재 시 협조 가능 입양기관 등을 사전에 파악한다.

목표설정으로는 단기(1개월)와 장기(1년 이내)로 구분하여 수립하고, 목표달성 가능성 및 구체성, 측정가능성, 대상아동의 상황 등을 종합하여 수립한다. 단기목표는 아동 보호조치 후 1개월 이내에 달성 가능한 목표 수립, 장기목표를 달성하기 위해 단계별로 제공해야 하는 서비스를 설정하고, 개입시기를 고려하여 구체적으로 수립한다. 장기목표는 아동보호 조치 후 1년 이내의 개입을 통해 아동의 상황 변경 또는 아동의 의사 등을 감안하여 보호조치 변경이 필요한지 판단하기 위한 목표를 수립한다.

⑥ 보호조치 결정

사례결정위원회에서는 보호대상아동에 대한 보호조치 결정, 변경, 보호종료 등에 관련된 심의 업무를 수행한다. 신속한 보호조치 결정을 위해 사례결정위원회는 가급적 빠른 시일 내 개최하며, 학대피해 또는 긴급하게 보호해야할 사유가 있는 아동의 경우 사례결정위원회 개최 전이라도 우선 일시보호 등 필요한 조치를 취해야 한다. 또한, 아동 및 보호자에 대한 상담 및 점검 결과를 바탕으로 시·군·구에서 수립한 개별보호 및 관리계획의 적절성을 심의하고 최종 확정한다.

사례결정위원회 회의는 재적의원 과반수 출석으로 개의하고 출석위원 과반수의 찬성으로 의결하여 보호조치를 결정한다. 사례결정위원회 심의에 따라 보호조치가 결정된 경우 아동보호를 신청한 보호자 및 아동을 보호할 기관, 아동에 보호조치 결정통지서를 7일 이내에 송부한다.

(3) 보호조치

① 개요
사례결정위원회의 아동 보호조치 결정에 따라 해당 아동에 대한 보호조치를 수행한다. 원가정 외 보호기관에서는 개별보호 및 관리계획을 바탕으로 구체적인 서비스 제공 계획을 수립하여 제공한다. 아동보호전담요원은 서비스 이행상황, 양육상황 및 아동의 욕구 변화 등을 주기적으로 점검한다.

② 수행주체
원가정 외 보호기관 즉, 가정위탁지원센터, 공동생활가정, 양육시설, 입양기관 등은 서비스 제공 계획 수립 및 제공, 사례관리를 실시한다. 또한, 보호대상아동의 주소지 기준 시·군·구 아동보호전담요원, 아동보호 담당공무원은 필요시 지역사회 내 자원개발 및 연계를 지원한다.

③ 수행시기
사례결정위원회의 보호조치 결정 후 진행한다. 다만, 아동학대 등 긴급한 보호사유가 발생하여 심의 전 보호조치하는 경우에는 우선 보호 후 사후에 서비스 제공 계획 수립 및 사례관리가 가능하다.

④ 수행방법
아동보호전담요원은 사례결정위원회 결정에 따라 원가정 외 보호기관에 아동보호를 요청한다. 공통사항으로 심의 결과에 따라 위탁부모 및 아동복지시설장에게 아동을 인도하고, 원가정 외 보호기관에 접수상담지, 건강검진 및 심리검사 결과, 아동 및 친부모상황점검 결과, 아동보호동의서, 아동카드, 개별보호 및 관리계획 등을 송부한다. 가정위탁은 가정위탁보호신청서, 가정위탁보호 신청인 가정조사서

를 송부한다. 양육시설 및 치료시설은 시설입소 신청서 또는 아동입원 의뢰서를 송부하며, 입양은 아동보호를 의뢰한 입양기관 또는 양육시설 등에 아동에 대한 입양의뢰 및 입양대상 아동 확인서를 송부한다. 원가정 외 보호기관은 개별보호 및 관리계획을 바탕으로 서비스 제공 계획을 수립하여 아동보호전담요원에게 공유하고 서비스를 제공한다.

〈표 11-13〉 아동의 보호조치 관련 업무분장

아동보호전담요원	가정위탁, 양육시설, 입양
• 아동 개별보호·관리계획 수립 및 변경 • 양육상황 점검, 사례회의 개최 • 주기적인 사례점검, 모니터링 • 원가정 지원 및 상담 등	• 서비스 제공 계획 수립 및 제공 • 아동의 보호 및 사례관리 • 원가정 지원(상담, 관계개선, 부모교육) • 면접교섭지원

출처: 보건복지부(2024). 2024 아동보호서비스 업무매뉴얼.

(4) 종결

① 개요

보호대상아동의 보호 목적 즉, 원가정 복귀, 입양 등이 달성되었거나 보호 연령이 18세에 달하였을 경우 보호종료 또는 시설 퇴소 여부를 결정한다.

② 수행주체

보호대상아동 주소지 기준 시·군·구 아동보호전담요원이 주체가 되어 관련 기관과의 사례회의를 실시하고 사례결정위원회에 안건을 상정한다. 사례결정위원회는 아동의 보호조치 종결에 대한 심의를 진행한다.

③ 수행시기

아동복지법 제16조에 따라 보호대상아동의 보호자 등으로부터 해당 아동의 가정복귀 신청을 받거나 보호대상아동이 18세 이상 된 경우에 진행한다. 다만, 18세에 달한 보호대상아동이 보호조치를 연장할 의사가 있는 경우 연장 사유에 해당되면 보호기간을 연장할 수 있다. 입양은 법원의 입양허가 후 「가족관계의 등록 등에 관한 법률」에 따른 신고 시 종결처리 된다.

④ 종결 유형

종결 유형은 가정 복귀로 인한 종결(피해아동, 피해아동이외 아동, 18세 미만), 보호 연령 초과로 인한 종료(자립지원, 18세 이상), 가정법원 허가로 인한 종료(입양), 아동복지법(제52조) 외 타법상 시설 입소로 인한 종결 등이 있다.

(5) 사후관리

① 개요

보호종료 후 원가정으로 복귀하거나 연령 초과로 보호종료 아동에 대하여 일정 기간 적응상태 등을 지속적으로 모니터링 한다. 입양이 성립된 후 양친과 양자의 상호적응을 위하여 진행한다.

② 연령 초과 전 종료되어 원가정으로 복귀한 아동

아동보호전담요원의 방문상담을 기본으로 하되 보호아동이 가정위탁지원센터, 입양기관, 아동보호전문기관 등 기타 사례관리를 받고 있는 경우 아동 등 점검대상자의 피로감을 줄이기 위해 동행하여 방문한다. 해당 아동의 원가정에 대하여 읍·면·동 찾아가는 보건복지전담팀, 또는 드림스타트, 희망복지지원단 등에서 사례관리 진행 중인 경우에는 기존 사례관리 실시기관과 협력하여 실시한다. 원가정 복귀 후 일주일 이내 가정방문을 포함하여 1년간 4회 사후관리를 실시한다.

③ 연령 초과로 종료된 아동(자립지원, 18세 이상)

시·도 자립지원전담기관 자립지원 전담인력은 해당 시·도에 거주하는 보호종료 후 5년 이내 대상자에게 연 1회 이상 사후관리와 생활, 주거, 진로 및 취업 등 전 분야 자립지원을 실시하되, 가정위탁지원센터 내 자립지원 전담요원 등 원가정 외 보호기관과 지속적 협력체계를 유지한다. 또한, 분기별 익월 10일 이내 시도에서 제공받은 사후관리 대상자 명단에 대상자별 사후관리 실시 현황을 작성하여 시·도에 제출한다.

시·군·구 아동보호전담요원은 관내 거주중인 보호종료 아동에 대한 정보 누락 등으로 사후관리가 이루어지고 있지 않은 경우 자립지원전담기관에 대상자를 연계한다. 또한, 사후관리 대상자의 피로감을 줄이기 위해 아동보호전담요원은 시·도

자립지원전담기관을 통해 전담기관의 사후관리 실시 여부(연 1회 이상)를 확인 및 사후관리 점검표를 작성한다.

[그림 11-3] 아동보호 업무 흐름도

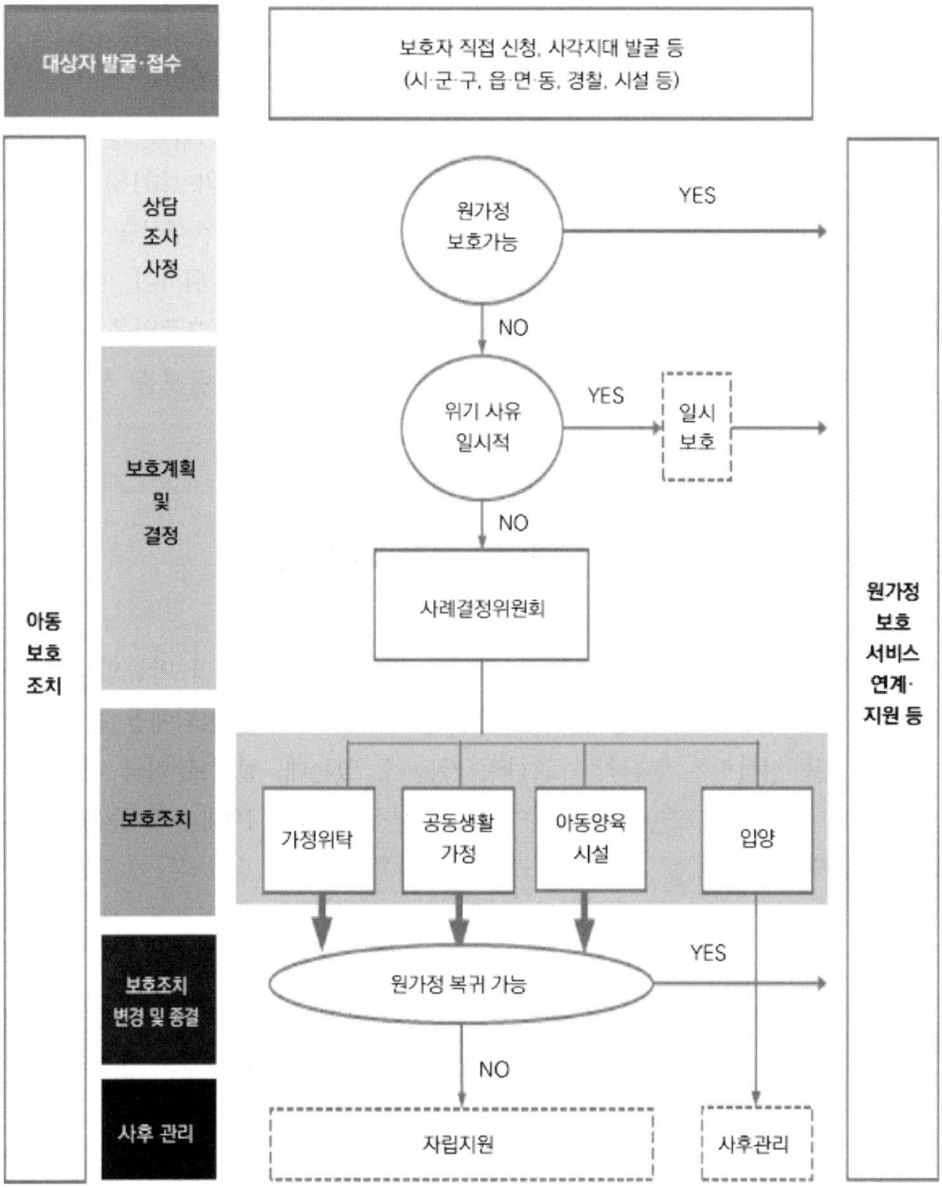

출처: 보건복지부(2024). 2024 아동보호서비스 업무매뉴얼.

3. 아동학대 예방

1) 아동학대에 대한 지속적인 홍보와 교육

아동학대에 대한 인식은 많이 개선되었지만, 아직까지 타 가정의 자녀 양육 문제 개입에 대한 부담감, 신고자의 비밀 보장, 신고 후 발생될 책임감 등으로 인해 아동학대 현장을 보았어도 신고하지 않는 경우가 많다(윤매자 외, 2018). 이에 국가와 지방자치단체는 「아동복지법」제23조에 따라 아동의 건강한 성장을 도모하고, 범국민적으로 아동학대의 예방과 방지에 관한 관심을 높이기 위하여 매년 11월 19일을 아동학대예방의 날로 지정하고, 아동학대예방의 날부터 1주일을 아동학대예방주간으로 하고, 아동학대예방의 날의 취지에 맞는 행사와 홍보를 적극적으로 실시할 필요가 있다.

2) 아동학대 조기발견 및 개입을 위한 체계구축

피해아동의 조기발견을 통해 초기에 개입할 수 있다면, 학대가 아동의 삶에 미치는 부정적인 영향을 완화할 수 있을 것이다. 또한, 청소년 범죄예방 등을 통해 사회적 비용을 절감하는 경제적 효과까지 거둘 수 있는데, 실제로 미국 미시건 주의 아동학대예방 프로그램에 대한 편익비용을 분석한 결과 19대 1의 높은 비율로 나타났다(안재진, 2013 ; 도미향 외, 2018 재인용).

또한, 아동학대의 조기발견을 위해서는 영유아 가정방문서비스를 제도화하고, 특히 영아, 장애아동, 한부모가정, 빈곤가정 등 아동학대 피해 고위험 가정에 대한 집중적인 가정방문서비스가 필요하다. 영유아가 있는 모든 가정에 대한 보편적인 가정방문서비스 체계를 구축해야 할 것이다. 영유아기의 부모는 양육에 대한 정보와 지식이 가장 많이 필요하며 이로 인한 양육스트레스가 가장 높은 시기이므로 아동학대예방을 위한 정기적인 가정방문서비스가 필요할 것이다(윤매자 외, 2023).

3) 아동학대 신고체계 강화

피해아동과 가족에 대한 개입이 이루어지기 위해서는 우선 아동이 아동보호체계 내에 신고가 되어야 한다. 법률상 신고의무자가 규정되어 있으나, 우리나라의 신고의무자 신고비율은 2022년에 36.3%로 저조한 상황이다. 신고의무자들은 학대에 대한 정확한 판단이 어려운 상황, 자신의 신고로 인해 아동이 가정과 분리되는 것에 대한 염려, 신고 시 자신의 신분노출 우려 등으로 인해 신고를 주저하는 경우가 있다. 따라서 신고의무자가 아동학대를 판단할 수 있는 기준에 대한 교육을 보다 강화하고, 아동학대에 대한 정확한 상황뿐만 아니라 학대가 의심되는 상황에서도 반드시 신고 하도록 인식을 개선해야 할 것이다(이봉주 외, 2024).

4) 아동학대 예방업무의 부처 간 공동 추진 체계 마련

아동학대는 아동과 학대행위자 그리고 가정 및 지역사회 등 복잡한 문제가 얽혀서 일어나므로 아동학대 예방사업을 주도적으로 계획하고 추진하는 보건복지부의 노력만으로는 효과적인 예방사업의 수행이 어려울 수 있다. 예를 들면, 아동학대 예방 공익 광고 제작과 방송이 원활하게 진행되도록 문화체육관광부와 협의하는 것이 필요하다. 효과적으로 아동학대 예방정책과 발생 업무를 수행하고 개선할 수 있도록 국무총리실 산하에 아동학대예방협의체와 같은 기구의 구성을 고려할 필요가 있다(한미현 외, 2018).

5) 아동학대가 아닌 훈육이 되기 위한 선행조건

아동학대가 아닌 훈육이 되기 위한 선행조건은 다음과 같다(보건복지부, 2021). 첫째, 아동의 마음을 이해하려고 노력해야만 한다. 아동에 대해 잘 이해하지 못한 상황에서는 아동을 변화시킬 수 없으며, 부모는 아동이 왜 이런 모습을 보이는지 이해하려고 해야 하며, 자신의 행동에 대해 아동이 어떻게 느끼고 반응할지를 고려해야 한다. 또한, 훈육은 아동을 가르치려고 하는 일인데, 아동들이 깨달음을 얻지 못하고 두려움만 느낀다면 학대에 해당될 것이다.

둘째, 부모가 자신의 감정 상태를 인식하고 조절할 수 있어야 한다. 훈육과 학대의 차이는 부모가 화가 난 상태에서 아동을 대하느냐, 그렇지 않느냐에 의해 좌우된다. 순간적으로 흥분하고 충동적으로 행동하는 경향이 있는 부모라면 아동을 가르치기 전에 자기의 마음을 먼저 다스려야 한다. 영유아를 훈육할 때에는 경고, 벌 세우기 등을 하면 안 되고, 부모의 짜증이나 분노를 표출해서도 안 된다.

셋째, 훈육은 일회적이며 아동의 기본권을 침해하지 않는 수준에서 행해져야 한다. 허용 가능한 훈육방법과 학대행위의 차이를 구별할 수 있어야 한다. 허용 가능한 훈육방법은 강한 어조로 부모의 감정을 전달하기, 놀이프로그램에서 제외하기, 타임아웃 등이 있으며, 학대행위는 감정이 실린 과격한 행동, 경고 없는 즉각적인 체벌, 머리, 가슴, 복부 등 신체적으로 취약한 부분을 때리는 행위 등이 있다.

퀴 즈

1. 꼬집고 물어뜯는 행위, 조르고 비트는 행위, 할퀴는 행위 등은 어떤 학대에 속하는가?
① 신체학대   ② 정서학대   ③ 성학대   ④ 방임

2. 보호자가 아동에게 위험한 환경에 처하게 하거나 아동에게 필요한 의식주, 의무교육, 의료적 조치 등을 제공하지 않는 행위는 어떤 학대에 속하는가?
① 신체학대   ② 정서학대   ③ 성학대   ④ 방임

3. 아동학대 행위자 중 가장 많은 유형은?
① 대리양육자   ② 친인척   ③ 친부모   ④ 계부모

4. 아동학대 유형 중 가장 많은 유형은?
① 신체학대   ② 정서학대   ③ 성학대   ④ 방임

5. 아동학대 예방의 날은?

6. 아동보호서비스 절차 중 상담·조사사정 단계에 해당되지 않는 것은?
① 계획수립   ② 일시보호   ③ 욕구조사   ④ 건강검진

7. 아동보호서비스의 기본 원칙에 해당하지 않는 것은?
① 원가정 보호를 위해 최대한 노력한다   ② 가정형 보호를 우선으로 한다
③ 부모의 이익을 최우선적으로 고려한다   ④ 수요자의 편의를 최대한 고려한다

정답	1	2	3	4	5	6	7
	①	④	③	②	11월 19일	①	③

에듀컨텐츠·휴피아
CH Educontents Huepia

제12장. 가정보호

　아동을 양육하고 보호해야 하는 원가정이 다양한 이유로 인해 정상적인 역할을 수행하지 못할 경우 아동은 시설에서 보호하던가 아니면 원가정이 아닌 다른 가정에서 보호해야 한다. 가정보호는 아동이 익숙한 환경에서 성장할 수 있도록 하며, 가족과의 지속적인 관계를 통해 아동의 정서적인 안정감을 유지하는 데 도움을 준다. 또한, 가족의 문화와 가치관을 전달받을 수 있어 본인의 정체성을 형성하는 데 도움을 줄 수 있다. 모든 아동이 가정에서 보호를 받을 수는 없지만, 가능한 한 가족 내에서 양육하는 것이 아동에게 더 많은 도움이 되므로 가정보호를 우선적으로 지원하고, 가족환경 등을 개선하는 노력이 필요하다. 본 장에서는 가정보호와 관련하여 가정위탁과 입양에 대하여 구체적으로 알아보고자 한다.

1. 가정위탁

1) 가정위탁의 개념 및 목적

가정위탁이란 친부모가 아동을 양육할 수 없는 상황일 때 일정기간 동안 다른 곳에서 양육해 주는 것을 말한다. 「아동복지법」제3조에는 가정위탁이란 보호대상 아동의 보호를 위하여 성범죄, 가정폭력, 아동학대, 정신질환 등의 전력이 없는 보건복지부령으로 정하는 기준에 적합한 가정에 보호대상아동을 일정 기간 위탁하는 것을 말한다. 즉, 부모의 이혼, 별거, 학대, 방임, 질병, 수감, 경제적 이유 등으로 원가정 내에서 양육될 수 없는 경우 원가정을 대신하여 일정 기간 동안 아동을 보호하고 양육해 주는 가정을 말한다.

가정위탁보호의 목적으로는 보호대상아동을 보호하고 양육하기를 희망하는 가정에 위탁 양육함으로써 가정적인 분위기에서 건전한 사회인으로 자랄 수 있도록 지원하고, 가정에서 분리하여 보호하는 보호대상아동 발생 시 가정형 보호 우선 원칙에 따라 가정형 보호를 우선 지원하고자 한다(보건복지부, 2023).

2) 가정위탁사업 추진경과

가정위탁사업의 추진경과는 다음과 같다(보건복지부, 2023).
- 1990년 가정위탁사업 시범실시
- 2000년 가정위탁 양육보조금 지원
- 2003년 가정위탁지원센터 전국 확대(16개 시·도, 총17개소)
- 2004년 중앙가정위탁지원센터 설치
- 2005년 「아동복지법」개정으로 가정위탁보호 법적근거 마련
- 2006년 가정위탁아동 상해보험료 지원
- 2010년 입양 및 가정위탁 아동 심리치료비 지원
- 2016년 가정위탁지원센터 아동복지시설에 포함

- 2020년 중앙가정위탁지원센터 아동권리보장원으로 업무 이관
  양육보조금(연령별 월30~50만원), 아동용품구입비(1회 100만원)
  전문아동보호비 지원 확대(월100만원 이상)
- 2021년 「아동복지법」개정으로 보호기간의 연장 시행

3) 사업대상

보호아동대상이란 만 18세 미만의 아동으로서 보호자가 없거나 보호자로부터 이탈된 아동 또는 보호자가 아동을 학대하는 경우 등 보호자가 아동을 양육하기에 적당하지 아니하거나 양육할 능력이 없는 경우의 아동을 말한다(아동복지법 제3조). 보호자가 아동을 양육하지 못하는 상황으로는 방임, 사망, 중독, 수감, 질병 등이 있다. 또한, 만 18세 이후 보호기간 연장은 보호조치중인 아동의 연령이 만 18세 이상이 되면 보호를 종료해야 하나 「아동복지법」(2022.6.22.) 개정에 따라 연령이 만 18세에 도달한 보호대상아동이 연장할 의사가 있는 경우에는 아동 연령이 25세에 달할 때까지 보호기간 연장이 가능하다.

4) 위탁유형

위탁유형은 2020년까지는 대리양육 가정위탁, 친인척 가정위탁, 일반 가정위탁으로 위탁유형을 구분하였으나, 2021년부터 일반(친인척) 가정위탁, 일반(친인척 외) 가정위탁, 전문 가정위탁, 일시 가정위탁으로 변경되었다.

(1) 일반가정위탁

① 정의
일반가정위탁은 전문가정위탁보호에 해당하지 않는 보호대상아동을 보호 및 양육하는 것을 목적으로 하는 가정위탁보호를 말한다. 일반가정위탁에는 친인척 가정위탁과 친인척 외 가정위탁이 있다. 친인척 가정위탁은 친인척에 의한 양육이

며. 친인척 외 가정위탁은 친인척을 제외한 혈연관계가 없는 일반가정에 의한 양육을 말한다.

② 위탁가정 위탁기준(공통요건)
위탁가정의 위탁기준으로는 적합한 수준의 소득이 있을 것(재산 및 소득 증빙서류 제출), 위탁아동에 대한 종교의 자유 인정, 건전한 사회 구성원으로 자랄 수 있도록 양육 및 교육이 가능할 것(종교시설을 주거지로 삼아 생활하는 종교인은 적합하지 않음), 25세 이상이며, 위탁아동과의 나이 차이가 60세 미만일 것, 자녀가 없거나 18세 미만의 자녀가 위탁아동을 포함하여 4명 이내일 것, 성범죄, 가정폭력, 아동학대 또는 정신질환 등의 전력이 없을 것(위탁가정에 함께 거주하는 18세 이상 성인 구성원 전원), 기본 5시간 이상 일반위탁부모 양성교육 이수(위탁부모 중 1명 이상 반드시 이수) 등이 있다.

(2) 전문가정위탁

① 정의
학대피해아동, 2세 이하(36개월 미만) 아동, 장애아동, 경계선지능아동(종합심리검사 결과 경계선지능으로 진단받은 아동) 등으로서 특별한 보호가 필요한 보호대상아동을 전문적으로 보호 및 양육하는 것을 목적으로 하는 가정위탁보호를 말한다.

② 전문가정 위탁기준(위기아동 보호가정)
공통요건을 충족하고, 다음 요건(㉮,㉯,㉰) 중 1가지 이상을 갖추어야 한다.
㉮ 가정위탁보호자의 경험(친인척 외) 3년 이상
㉯ 다음 자격 중 1가지 이상을 갖출 것
- 사회복지사
- 보육교사
- 교사
- 의료인
- 청소년상담사

- 심리 관련 학과를 졸업한 사람(해당 분야 경력 3년 이상)
㉰ 보건복지부장관이 ㉮ 또는 ㉯와 유사하다고 인정하는 경력 및 자격

또한, 20시간 이상 전문위탁부모 양성교육을 이수해야 하는데, 위탁부모 중 1명 이상은 반드시 이수하고 배우자가 있는 경우 배우자는 최소 5시간 이상 교육을 이수해야 한다. 그 밖에 보건복지부장관이 필요하다고 인정하는 기준(전문위탁가정 내 위탁아동 1명 배치 우선 고려, 위탁부모의 역량 제반 환경을 고려하여 추가 배치 가능, 가정 내 18세 미만 양육 자녀의 수는 위탁아동을 포함하여 4명 이내) 등이 있다.

(3) 일시가정위탁

① 정의

보호대상아동을 일시 위탁하여 보호 및 양육하는 것을 목적으로 하는 가정위탁보호를 말한다. 또한, 즉각 분리, 응급조치에 따라 원가정에서 분리된 0~6세 학대피해아동을 전문위탁자격을 갖춘 가정에서 일시보호하는 위기아동 가정보호 사업도 포함된다.

② 일시가정 위탁기준

공통요건을 충족하고, 위탁부모 선정 결과 통보일이 일시보호 의뢰일로부터 1년 이내이며, 기존 위탁부모의 경우 과거 위탁부모 선정 결과 통보일로부터 범죄 및 아동학대 판단 전력 조회 내역은 1년간 유효하고, 범죄경력 및 아동학대 판단 전력 조회 미실시한 경우에는 반드시 실시해야 한다.

〈표 12-1〉 위탁가정 선정 시 추가 검토사항

위탁가정 선정 시 추가 검토사항

○ 위탁아동을 양육하기에 필요한 성품·경험·지식을 갖춘 자를 위탁부모로 선정
  * 혼인관계를 유지하고 자신의 아이를 키워 본 경험이 있는 자를 우선하되, 시장·군수·구청장, 가정위탁지원센터의 장이 위탁아동을 건강하게 양육하기에 적합하다고 인정하는 경우에는 혼인을 하지 않았거나 양육경험이 없는 자도 선정 가능
○ 가정이 화목하고 정신적·신체적으로 위탁아동을 양육함에 현저한 장애가 없을 것
○ 위탁아동과 동거할 것(위탁부모의 주소지에서 동거할 것)
○ 위탁아동을 건강하게 부양하기에 어려움이 없을 정도의 재산이 있을 것
  * 경제적 목적이 아닌 선의의 동기로 위탁아동 양육을 결정한 것임을 확인해야 함.
○ 위탁가정으로 적합한지 여부를 가정조사 시 이웃 등을 통해 확인
  * 드림스타트센터, 지역사회복지관 또는 이웃주민의 추천 등 확인
○ 18세 이후 가정위탁이 종결되는 형제·자매를 위탁부모로 책정하고자 할 경우에는 양육을 지원해 줄 주변 지원체계를 충분히 고려하여 책정
○ 위탁가정 맞벌이 여부
  * 위탁부모가 위탁아동에 대한 돌봄에 공백이 발생하지 않는 범위에서 허용

출처: 보건복지부(2023). 2023 가정위탁지원센터 업무 매뉴얼.

5) 현황

(1) 연도별 위탁아동 수

연도별 위탁유형에 따른 위탁아동 수를 살펴보면, 전체 가정위탁보호아동은 2015년부터 감소 추이를 보이고 있으며 2021년 위탁아동은 9,541명으로 2020년 9,894명에 비해 353명(3.7%) 감소했다. 인구 감소에 따른 보호필요아동 수 감소로 가정위탁보호아동도 줄어들고 있으며 일반위탁아동의 경우 2013년부터 그 비율이 소폭씩 상승하고 있다가 2021년도에 다시 하락한 추세를 나타냈다. 2021년 위탁유형 변경으로 인해 전문위탁아동과 일시위탁아동의 수는 각 99명, 43명으로 신설된 것으로 나타났다.

〈표 12-2〉 연도별 위탁아동 수

(단위 : 명, %)

구분	계	일반(친인척)	일반(친인척외)	전문	일시
2021년	9,541 (100.0)	8,452 (88.6)	947 (9.9)	99 (1.0)	43 (0.5)

구분	계	대리양육	친인척	일반
2020년	9,894 (100.0)	6,468 (65.4)	2,466 (24.9)	960 (9.7)
2019년	10,334 (100.0)	6,865 (66.4)	2,566 (24.8)	903 (8.8)
2018년	11,111 (100.0)	7,412 (66.7)	2,786 (25.1)	913 (8.2)
2017년	11,975 (100.0)	7,942 (66.3)	3,096 (25.9)	937 (7.8)
2016년	12,907 (100.0)	8,594 (66.6)	3,339 (25.9)	974 (7.5)
2015년	13,721 (100.0)	9,141 (66.6)	3,590 (26.2)	990 (7.2)

출처 : 보건복지부(2022). 2021 가정위탁보호 현황보고서.

[그림 12-1] 연도별 위탁 아동 수

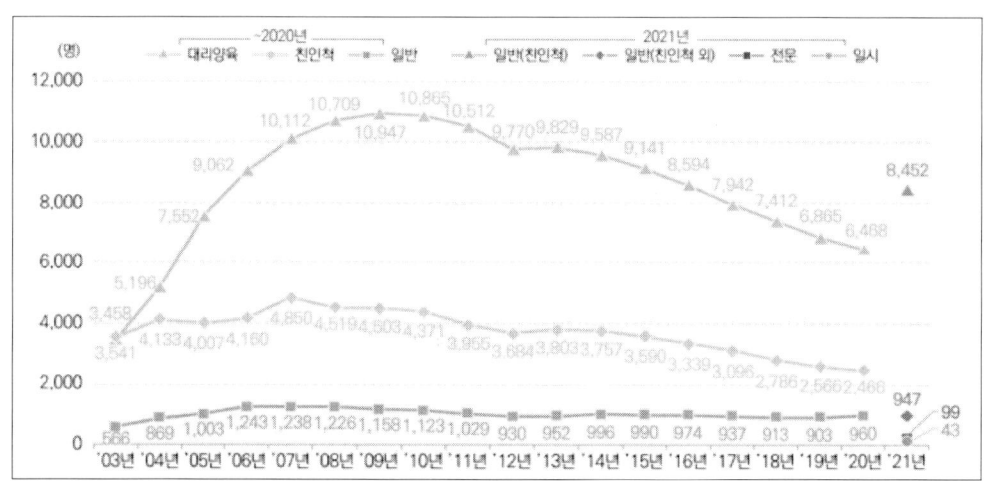

출처 : 보건복지부(2022). 2021 가정위탁보호 현황보고서.

(2) 가정위탁 보호 사유

위탁유형별 가정위탁 보호 사유를 살펴보면, 일반(친인척)위탁의 경우 이혼(29.5%), 일반(친인척 외)위탁은 별거/가출(19.1%), 전문위탁은 학대/방임(53.5%), 일시위탁은 학대/방임(69.8%)이 가장 높은 비중으로 나타났다.

〈표 12-3〉 가정위탁 보호 사유(2021년)

(단위 : 명, %)

구분	계	부모 모두 사망	부나 모의 사망	별거/ 가출	이혼	부모 수감	실직/ 빈곤	부모 질병	학대/ 방임	미혼모(부)/ 혼외	시설 의뢰	부모 장애	기타
계	9,541 (100)	514 (5.4)	2,306 (24.2)	2,095 (22.0)	2,651 (27.8)	464 (4.9)	108 (1.1)	185 (1.9)	501 (5.3)	350 (3.7)	122 (1.3)	85 (0.9)	160 (1.7)
일반 (친인척)	8,452 (100)	502 (5.9)	2,222 (26.3)	1,907 (22.6)	2,492 (29.5)	432 (5.1)	65 (0.8)	148 (1.8)	300 (3.5)	207 (2.4)	4 (0.0)	63 (0.7)	110 (1.3)
일반 (친인척 외)	947 (100)	12 (1.3)	82 (8.7)	181 (19.1)	148 (15.6)	29 (3.1)	43 (4.5)	34 (3.6)	118 (12.5)	128 (13.5)	112 (11.8)	20 (2.1)	40 (4.2)
전문	99 (100)	0 (0.0)	1 (1.0)	6 (6.1)	10 (10.1)	3 (3.0)	0 (0.0)	0 (0.0)	53 (53.5)	14 (14.1)	4 (4.0)	1 (1.0)	7 (7.1)
일시	43 (100)	0 (0.0)	1 (2.3)	1 (2.3)	1 (2.3)	0 (0.0)	0 (0.0)	3 (7.0)	30 (69.8)	1 (2.3)	2 (4.7)	1 (2.3)	3 (7.0)

출처 : 보건복지부(2022). 2021 가정위탁보호 현황보고서.

[그림 12-2] 가정위탁 보호사유

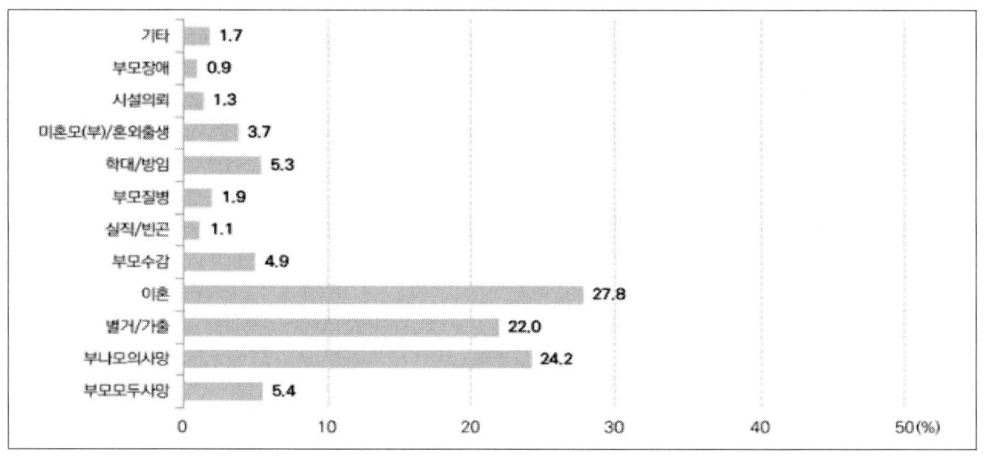

출처 : 보건복지부(2022). 2021 가정위탁보호 현황보고서.

(3) 위탁아동의 보호결정 시 성별 및 연령대

위탁아동의 보호결정 시 성별 및 연령대 분포를 살펴보면, 남아가 51.7%, 여아가 48.3%로 남아가 여아에 비해 조금 더 많았으며, 연령대는 8~10세(23.7%)가 가장 많았고, 11~13세(22.2%), 4~7세(21.2%), 14~16세(16.7%), 1~3세(8.2%), 17~19세(7.9%), 20세 이상(0.1%) 순으로 나타났다.

〈표 12-4〉 위탁아동의 보호결정 시 성별 및 연령대(2021)

(단위 : 명, %)

구분	계	성별		연령						
		남	여	1-3세	4-7세	8-10세	11-13세	14-16세	17-19세	20세 이상
계	9,541 (100)	4,930 (51.7)	4,611 (48.3)	783 (8.2)	2,020 (21.2)	2,261 (23.7)	2,121 (22.2)	1,594 (16.7)	752 (7.9)	10 (0.1)
일반 (친인척)	8,452 (100)	4,331 (51.2)	4,121 (48.8)	371 (4.4)	1,687 (20.0)	2,122 (25.1)	2,030 (24.0)	1,521 (18.0)	712 (8.4)	9 (0.1)
일반 (친인척 외)	947 (100)	519 (54.8)	428 (45.2)	319 (33.7)	306 (32.3)	129 (13.6)	83 (8.8)	71 (7.5)	38 (4.0)	1 (0.1)
전문	99 (100)	61 (61.6)	38 (38.4)	61 (61.6)	18 (18.2)	8 (8.1)	8 (8.1)	2 (2.0)	2 (2.0)	0 (0.0)
일시	43 (100)	19 (44.2)	24 (55.8)	32 (74.4)	9 (20.9)	2 (4.7)	0 (0.0)	0 (0.0)	0 (0.0)	0 (0.0)

출처 : 보건복지부(2022). 2021 가정위탁보호 현황보고서.

6) 지원내용

(1) 대상별 지원 서비스

아동은 위탁가정에서 생활하는 동안 상담, 학습, 교육, 심리검사 및 치료, 자원 및 후원 연계, 원가정과의 면접교섭, 자립지원 등의 서비스 지원과 국민기초생활보장법에 의한 생계비 등의 정기적 재정지원 등이 있다. 위탁가정은 위탁아동을 보호하는 동안 양육보조금, 상담 및 부모교육, 자조모임, 자원 및 후원 연계 등의 서비스 지원이 있으며, 원가정은 아동이 위탁가정에서 보호받는 동안 아동과의 정기적 만남(면접교섭)[27], 상담 및 교육, 원가정 복귀 프로그램 등을 통한 자립지원

---
[27] 위탁아동이 면접교섭을 거부할 경우 면접교섭에 참여할 수 있도록 지속적으로 설득하

등의 서비스 지원 등이 있다.

〈표 12-5〉 대상별 주요 서비스

구 분		주요 서비스
위탁 아동	공통	• 위탁가정과 친해지기 서비스(위탁전, 위탁초기) • 상담 및 사례관리(아동의 적응상황 모니터링 등) • 학습 및 교육, 심리검사 및 치료, 문화체험 • 기념일 지원, 지역사회 자원 및 후원 연계 • 원가정 복귀 지원(원가정 만남 등)
	15세 이상	• 진로탐색, 진로체험, 자립계획 수립 지원, 자립체험 등
위탁 가정		• 상담 및 사례관리(양육상황 모니터링 등) • 부모교육(보수교육), 보육 및 양육 서비스 연계 • 주거 안정 지원, 자조모임 지원 등
원가정		• 위탁아동의 양육상황 공유, 아동과의 만남(면접교섭) 지원 • 아동과의 재결합을 위한 상담 및 교육 • 원가정 복귀 시 아동 양육계획 수립 지원 • 지역사회 자원 연계 등

출처 : 보건복지부(2023). 2023 가정위탁지원센터 업무 매뉴얼.

되, 아동권리에 입각하여 무리하지 않게 진행 함.

(2) 유형별 재정 지원

〈표 12-6〉 유형별 재정 지원

구분	지원 내용	유형
양육 보조금	• 지원액 : 아동 1인당 월 30~50만원 이상 차등 지원 7세 미만 월 30만원, 7세부터 13세 미만 월 40만원, 13세 이상 월 50만원(연장보호아동 포함)	일반/ 전문
전문아동 보호비	• 지원액 : 전문위탁아동 1인당 월 100만원 (아동 수 비례 각 100만원 지급)	전문
	• 지원액 : 위기아동 1인당 주별 25만원 (즉각분리·응급조치 등으로 분리된 6세미만 아동) 3일 이상은 1주로 반영, 7일 이내 종결 시 1주로 반영 일시위탁보호비와 중복 지급 불가	일시 (위기)
일시위탁 보호비	• 지원액 : 아동 1인당 일별 3만원 지급 권고	일시 (그외)
아동용품 구입비	• 지원액 : 최초 100만원 이후 50만원	일시 (위기)
	• 지원액 : 아동 1인당 1회 100만원 지급	일반/ 전문
기초생활 수급비	• 생계급여·의료급여·교육급여 등 보장 • 가정위탁보호 및 기초생활수급권을 동시에 책정	공통
상해 보험료	• 지원액 : 1인당 연 68,500원 내외	공통
심리검사 및 치료비	• 지원액 : 심리정서치료비 월 20만원, 심리검사비 20만원(1회), 교통비 월 2만원 • 지원기간 : 12개월 이내	공통
부모급여	• 지원액 : 0세는 월 100만원, 1세는 월 50만원	공통
아동수당	• 지원액 : 아동 1인당 월 10만원 지급, 8세 미만 아동	공통
기저귀,분유	• 지원액 : 아동 1인당 월 15만원, 2세 미만 아동	공통

출처 : 보건복지부(2023). 2023 가정위탁지원센터 업무 매뉴얼.

(3) 자립 지원 및 기타

〈표 12-7〉 자립 지원 및 기타

구 분	지원 내용
디딤 씨앗 통장	• 지원액 : 후원자, 보호자 적립 시 국가가 월 10만원 내에서 1:2 매칭지원 • 대상 : 18세 미만 가정위탁아동 • 지원기간 : 정부 매칭 지원은 18세 미만까지 해당
자립 정착금	• 지원액 : 아동 1인당 1,000만원 지급 • 대상 : 18세 이상의 가정위탁보호 종결아동 • 절차 : 사용계획 필수 확인, 아동명의 계좌로 입금
대학진학	• 1인당 500만원 지급(한국장학재단 장학금과 중복지원 불가)
자립 수당	• 지원액 : 매월 40만원 현금 지급 • 대상 : 가정위탁 보호종료 5년 이내 아동 중 보호종료일을 기준으로 과거 2년 이상 연속하여 보호를 받은 자
LH 청년 전세임대 주택 (1순위)	• 대상 : 무주택자이며, 가정위탁 종결한지 5년 이내인 사람 • 지원조건 <table><tr><th>연령</th><th>공통조건</th><th>지원조건</th></tr><tr><td>만20세 이하</td><td rowspan="2">임대보증금 100만원</td><td>전세지원금 무이자 지원</td></tr><tr><td>만21세 이후</td><td>이자(연1-2%)를 부담하되, 보호종료 후 5년 이내인 지원대상자는 대출이자 50% 감면</td></tr></table> • 지원기간 : 2년 단위 계약, 2회 재계약 가능(지원 6년, 거주 20년 가능)
LH 건설 임대주택 주거지원	• 대상 : 무주택자이며, 보호종료 예정자 및 보호종료 5년 이내인 사람 • 임대조건 : 보증금 100만원 적용(계약금 5만원) • 임대기간 : 임대기간은 2년, 2년 단위 재계약 가능
기타	• 위탁아동 소득공제(1인당 150만원 인적공제) • 위탁가정 전세주택 지원(전세자금 대출이율 50% 인하) • 에너지 바우처(가구원수를 고려하여 차등 지급)

출처 : 보건복지부(2023). 2023 가정위탁지원센터 업무 매뉴얼.

2. 입양

1) 입양의 개념 및 목적

입양은 들여와(入) 기른다(養)는 뜻으로 혈연에 의하지 않고 사회적이고 법적인 과정을 통해 영구적으로 부모와 자녀관계를 형성하는 것이다. 미혼모(부) 아동, 유기 아동, 가족해체 등 다양한 상황에 의해 부모가 아이를 키울 수 없는 경우, 다른 사람이 자신의 자식으로 삼아 키우는 것이 입양이다. 입양은 생물학적 과정이 아닌 법적·사회적 관계를 통해 부모와 자녀 관계를 형성한다는 점에서 친생부모와의 관계와 차별화된다.

입양의 목적으로는 보호자가 없거나 보호자로부터 이탈된 아동 등에게 가정을 영구적으로 제공하여 신체적·정서적·사회적으로 건강하게 성장할 수 있도록 지원하는데 있다(보건복지부, 2024). 또한, 아동권리보장원에서 실시하는 입양사업의 목적으로는 첫째, 입양아동의 건강한 성장·발달 및 건전한 양육환경 조성 둘째, 입양아동과 가족의 안정적 정착지원 셋째, 입양인 정체성 확립을 지원하기 위해 친가족찾기 지원 넷째, 입양인의 건강한 성장과 건전한 입양문화 확산 지원 다섯째, 입양체계 개편을 위한 조사연구 및 정책지원 여섯째, 입양인식 전환점 제공을 통해 입양에 대한 올바른 시선 확립 등을 입양사업의 목적으로 보고 있다.

2) 입양서비스 실천수칙

(1) 아동의 권리보장과 이익 최우선의 원칙
아동의 건전한 성장과 발달을 위하여 아동의 권리를 최대한 보장해야 하며, 아동은 안정적이고 영구적인 가정에서 성장하는 것이 바람직하므로 가정에서 자랄 권리를 최대한 보장하여야 한다. 또한, 아동보호에 관한 의사결정을 할 때는 친생부모, 입양부모, 조부모, 친인척 및 후견인보다 아동 본인의 이익이 최우선적으로 고려되어야 한다.

(2) 사생활 존중 및 비밀 보장의 원칙

입양아동, 친생부모, 입양부모 등 입양 삼자의 사생활을 존중하고 보호하며, 직무수행 과정에서 얻은 정보에 대해 철저하게 비밀을 유지해야 한다.

(3) 개별 욕구 존중의 원칙

아동의 이익을 최우선으로 고려하는 것을 전제로 하고 입양과정에서 입양아동, 친생부모, 입양부모 등 입양 삼자의 신체적·정서적·사회적 특성과 욕구를 존중하고 보호하여야 한다.

(4) 자발적 의사결정 존중의 원칙

입양아동, 친생부모, 입양부모 등 입양 삼자가 입양에 관한 의사결정을 할 때 자발적 의사결정 및 자기결정권을 보장해야 한다.

3) 입양특례법 주요 연혁

입양특례법 주요 연혁은 다음과 같다(보건복지부, 2024).
- 1952년　후생시설[28]운영요령 수립
- 1961년　「보호시설에있는고아의후견인직무에관한법률」,「고아입양특례법」 제정
- 1976년　「입양특례법」 제정
- 1995년　「입양촉진 및 절차에 관한 특례법」 전부개정
　　　　　　　양부모의 자격조건 강화, 장애아동 양육보조금 지급 시행
- 1999년　입양업무 절차 간소화, 불법입양 방지를 위한 처벌 강화
- 2004년　입양아동에 대한 양육수당 등 지급 근거 마련
- 2005년　입양의 날 지정(5월 11일), 입양 알선비용 보조 근거 마련
- 2011년　「입양촉진 및 절차에 관한 특례법」을「입양특례법」으로 변경
- 2015년　국외입양 사후관리 의무화
- 2020년　입양기관 변경신고 수리 규정 신설

---

28) 후생시설 : 생활을 안정화하고 풍요롭게 하기 위해 설치한 시설.

4) 입양 현황

(1) 연도별 입양 아동 수

연도별 입양 아동 수를 살펴보면, 2014년 1,172명에서 2020년 492명, 2023년 229명으로 지속적으로 감소하고 있다. 국내 입양아동 수도 2014년 637명에서 2023년 150명으로 감소하고 있으며, 국외 입양아동 수도 2014년 535명에서 2023년 79명으로 감소하고 있다.

〈표 12-8〉 연도별 입양 아동 수

(단위 : 명)

구 분	'14년	'15년	'16년	'17년	'18년	'19년	'20년	'21년	'22년	'23년
계	1,172	1,057	880	863	681	704	492	415	324	229
국내	637	683	546	465	378	387	260	226	182	150
국외	535	374	334	398	303	317	232	189	142	79

출처 : 통계청 홈페이지(2024). 국내 입양아 수 및 입양 비율.

[그림 12-3] 연도별 입양 아동 수

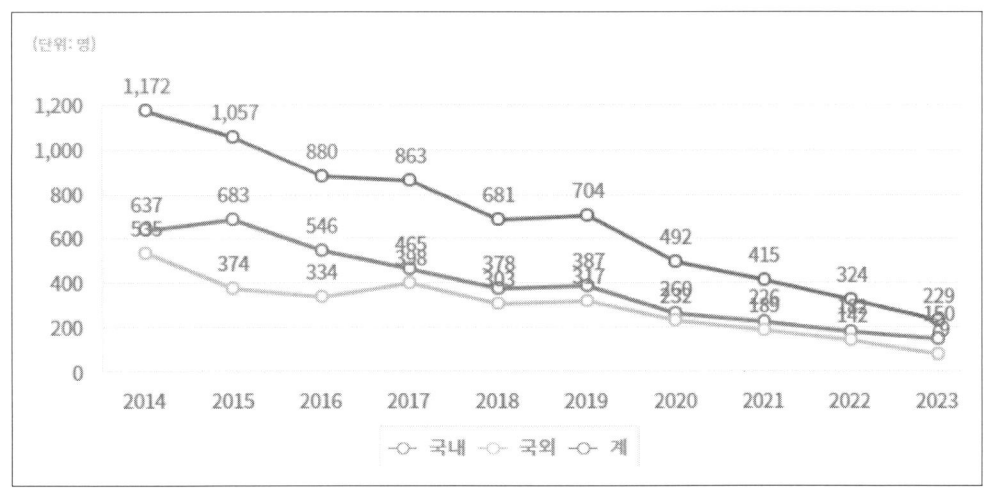

출처 : 통계청 홈페이지(2024). 국내 입양아 수 및 입양 비율.

(2) 입양아동 발생 사유

입양아동 발생 사유를 살펴보면, 미혼모(부) 아동이 2020년 90.9%, 2021년

85.5%, 2022년 86.1%로 가장 많았으며, 다음으로 유기아동, 가족해체 등의 순으로 나타났다. 다만, 유기아동의 수는 2020년 7.7%, 2021년 11.8%, 2022년 13.0%로 3년 연속 증가추세로 나타났다.

〈표 12-9〉 입양아동 발생 사유

(단위 : 명, %)

구 분	2020년	2021년	2022년
계	492 (100.0)	415 (100.0)	324 (100.0)
미혼모(부) 아동	447 (90.9)	355 (85.5)	279 (86.1)
유기아동	38 (7.7)	49 (11.8)	42 (13.0)
가족해체 등	7 (1.4)	11 (2.7)	3 (0.9)

출처 : 아동권리보장원 홈페이지(2024). 아동주요통계.

(3) 입양아동의 성별

입양아동의 성별을 살펴보면, 국내입양은 여아가 2020년 170명, 2021년 148명, 2022년 115명으로 남아보다 더 많았으며, 국외입양은 남아가 2020년 192명, 2021년 133명, 2022년 92명으로 여아보다 더 많은 것으로 나타났다.

〈표 12-10〉 입양아동의 성별

(단위 : 명)

구 분	국내 입양			국외 입양		
	계	남아	여아	계	남아	여아
2020년	260	90	170	232	192	40
2021년	226	78	148	189	133	56
2022년	182	67	115	142	92	50

출처 : 아동권리보장원 홈페이지(2024). 아동주요통계.

(4) 입양아동의 연령

입양아동의 연령을 살펴보면, 국내입양은 2022년에 3개월~1세 미만이 97명으로 가장 많았고, 1세~3세 미만 72명, 3세 이상 13명 순으로 나타났고, 국외입양은 2022년 1세~3세 미만이 139명으로 가장 많았고, 3세 이상 2명, 3개월~1세 미만 1명 순으로 나타났다.

〈표 12-11〉 입양아동의 연령

(단위 : 명)

구 분	국내입양					국외입양				
	계	3개월 미만	3개월~ 1세미만	1세~ 3세미만	3세 이상	계	3개월 미만	3개월~ 1세미만	1세~ 3세미만	3세 이상
2020년	260	-	157	80	23	232	-	-	225	7
2021년	226	12	121	69	24	189	-	-	185	4
2022년	182	-	97	72	13	142	-	1	139	2

출처 : 아동권리보장원 홈페이지(2024). 아동주요통계.

(5) 입양국가별 해외입양 현황

입양국가별 해외입양 현황을 살펴보면, 2022년 미국이 69.7%로 가장 많았으며, 다음으로 캐나다 7.0%, 스웨덴 6.3% 등의 순으로 전체 2/3이상이 미국으로 입양되는 것으로 나타났다.

〈표 12-12〉 입양국가별 해외입양 현황

(단위 : %)

구 분	계	미국	캐나다	스웨덴	기타
2020년	100	67.2	8.2	7.8	16.8
2021년	100	66.7	9.0	7.4	16.9
2022년	100	69.7	7.0	6.3	17.0

출처 : 아동권리보장원 홈페이지(2024). 아동주요통계.

5) 입양대상아동 및 친생부모(국내·외 입양 공통사항)

(1) 양자가 될 자격 요건

양자가 될 자격 요건은 다음과 같다.

- 보호자로부터 이탈된 자로서 특별시장·광역시장·도지사 및 특별자치도지사·특

별자치시장 또는 시장·군수·구청장이 부양의무자를 확인할 수 없어 「국민기초생활보장법」에 따른 보장시설에 보호의뢰한 사람
- 부모 또는 후견인이 입양에 동의하여 보장시설 또는 입양기관에 보호의뢰한 사람
- 법원에 의하여 친권상실의 선고를 받은 사람의 자녀로서 시·도지사 또는 시장·군수·구청장이 보장시설에 보호의뢰한 사람
- 그 밖에 부양의무자를 알 수 없는 경우로서 시·도지사 또는 시·군·구청장이 보장시설에 보호의뢰한 사람

(2) 입양숙려제

입양동의는 아동 출생일로부터 1주일이 지난 후에 이루어져야 하며, 숙려기간 동안에는 친생부모가 아동을 보호하는 것을 원칙으로 한다. 예를 들면, 8월 1일 아동 출생 시 8월 9일부터 입양동의를 받을 수 있다. 친생부모 특히 미혼모의 입양결정이 출산 전 또는 출산 직후에 이루어지는 것으로 인한 문제점을 예방하고, 친생부모가 출산 후 아동과 일정 시간을 보내면서 아동과 부모 자신의 미래에 대해 숙고하고, 입양 또는 양육의 결정이 옳은지에 대해 다시 한번 생각할 수 있는 시간을 확보하기 위해 숙려기간을 둔다.

출산 후 7일 이내의 미혼·이혼 한부모로서 입양 사실 또는 입양 동의가 없고, 출산(예정)일 전 40일 또는 출산 후 7일 이내에 있는 자로써 혼인관계증명서 상 혼인관계에 있지 아니한 자는 입양숙려기간 동안 모자지원 사업을 받을 수 있다.

〈표 12-13〉 입양숙려기간 모자지원 사업

구 분	지원 내용	지원 단가
가정 내 보호지원	• 산후지원인력 가정방문 서비스 지원(1주)	• 500,000원 지원 산후지원인력 서비스(40만원) 아동 생필품비 포함(10만원)
	• 가족, 친구 등 지인의 도움을 받기 원할 경우(1주)	• 350,000원 지원 아동 생필품비 포함
미혼모자 가족 복지 시설 내 입소자 지원	• 미혼모자가족시설 입소 시, 산후지원인력 인건비 지원(1주)	• 400,000원 지원 산후지원인력 인건비
산후조리원 보호지원	• 산후조리원 이용료 지원(1주)	• 700,000원 지원 70만원 미만인 경우 실비 지원 아동 생필품비, 생모 식료품비

출처: 보건복지부(2024). 2024 입양실무 매뉴얼.

(3) 입양동의 전 상담(지자체, 입양기관)

① 입양동의 전 친생부모 상담

친생부모가 입양을 결정하기 전, 입양에 관한 충분한 상담으로 양육 및 정부 지원 등에 관한 정보를 친생부모에게 제공함으로써, 입양 외 다른 양육 대안을 충분히 고려한 후 자발적인 입양결정이 이루어지도록 한다.

② 입양동의 전 입양될 아동(13세 이상) 상담

친생부모(아동) 주소지(또는 실거주지) 시·군·구 아동보호전담요원 및 입양기관은 입양의뢰 아동이 13세 이상인 경우, 친생부모 또는 후견인 동의 외에 입양될 아동의 동의도 받아야 하며, 입양동의 전에 입양될 아동에게 다음 내용을 포함하는 상담을 제공하여야 한다.

첫째, 입양에 동의했더라도 가정법원의 입양허가가 있기 전까지는 언제든지 입양동의를 철회할 수 있음을 안내하여야 한다.

• 입양의 법률적 효력 및 파양[29]

---

[29] 파양 : 양자로 입적하여 성립되었던 양친자 관계를 끊음.

- 입양동의의 요건 및 입양동의의 철회
- 입양절차
- 법 제36조에 따른 입양정보 공개 청구
- 양친이 될 사람에 관한 정보

둘째, 인지능력이 있는 13세 미만인 아동을 입양하고자 하는 경우에도 입양의 법률적 효력 등 상기 항목에 대한 상담을 제공하고 아동의 의견을 청취하도록 노력하여야 하며, 상담기록 등에 관련 내용을 작성하여야 한다.

(4) 보호자의 입양 동의 및 아동 일시보호

원가정 양육 관련 상담 이후 친생부모가 입양을 원할 경우, 친생부모는 친생부모 주소지 시·군·구 아동보호전담요원을 대면하여 친생부모 상담기록지, 입양동의서, 친생부모상담확인서 및 개인정보 수집·이용·제공 동의서를 작성하고 아동보호전담요원이 아동을 인도한다. 또한, 입양동의서를 작성한 친생부모가 아동을 보호할 수 없어 긴급하게 보호를 요청한 경우, 친생부모 주소지 시·군·구에서 아동을 일시보호하여야 하며, 입양기관이나 아동일시보호시설 및 양육시설 등에 아동의 일시보호를 의뢰한다. 유기아동의 경우 아동보호전담요원이 후견인과 상담을 통해 입양 의사를 확인한다.

(5) 아동 입양 결정(지자체) 및 인수(입양기관)

아동 주소지 시·군·구는 친생부모 상담 내용 및 관련 서류 등을 토대로 사례결정위원회를 통해 입양을 결정하고, 입양 결정 후 아동의 입양 절차 진행을 위해 아동을 입양기관 또는 양육시설 등에 보호 의뢰한다. 또한 입양 결정에 따라 입양기관으로 보호 의뢰한 경우에는 입양기관으로 전입신고가 가능하며, 입양대상아동 확인서(양자가 될 자격을 갖추었음을 증명하는 서류)를 발급한다.

입양기관의 장은 보장시설의 장, 부모 등으로부터 양자될 아동을 인도받은 날부터 입양이 완료될 때까지 그 아동의 후견인이 된다. 다만, 양자가 될 아동에 대하여 법원이 이미 후견인을 둔 경우에는 그러하지 아니한다. 또한, 입양기관은 입양대상아동의 인적사항, 친생부모 배경, 아동발달, 진료상황 및 상담자의 관찰과 의견 등을 아동배경보고서에 기록하고, 입양대상아동 확인서 발급일로부터 2주 이내에 입양정보통합관리시스템(ACMS)에 입양대상 아동 정보를 등록하고 A코드30)를 발급받는다.

(6) 입양대상 아동의 보호

입양기관이 선정한 위탁가정이 입양대상아동을 보호하는 경우 입양기관은 다음 기준을 충족하는 위탁가정을 선정하여야 하며, 입양기관은 입양대상아동을 보호하는 위탁가정에 대해 관리감독을 하여야 한다.

- 위탁아동을 양육하기에 적합한 수준의 소득이 있을 것(경제적인 목적이 아닌 선의의 동기로 위탁아동 양육을 결정한 것에 대한 확인이 필요함)
- 위탁아동에 대하여 종교의 자유를 인정하고 건전한 사회구성원으로 자랄 수 있도록 양육과 교육을 할 수 있을 것(종교시설을 주거지로 생활하는 종교인은 가정 위탁보호의 취지와 맞지 않으므로 위탁부모가 될 수 없음)
- 위탁가정 내 만 6세 이하의 아동이 없을 것
- 정신질환 등의 전력이 있는 사람이 없을 것
- 위탁가정으로 적합한지 여부를 확인하기 위해 가정조사를 실시하여야 하며, 가정조사 시 이웃 등을 통해 확인할 수 있음
- 그 밖에 입양기관이 아동의 권익을 위해 필요하다고 판단하는 사항

입양기관은 입양대상 아동의 안전 등 권익을 보호하여야 하며, 지자체는 입양기관에 대한 지도 및 감독 등을 실시하고, 입양대상 아동의 안전 및 권익보호를 위해 필요한 조치를 취해야 한다. 또한, 입양기관은 입양대상 아동의 후견인으로서 아동의 인수 시부터 입양 완료 시까지 아동 보호방법, 아동 거주지 변경, 양육자 변경, 아동 신상의 변화(질병, 사망 등) 등 아동의 상황에 변동사항이 발생한 경우 즉시 입양기관 소재지 관할 시·군·구에 보고하여야 한다. 입양기관은 아동 적응상태 및 보호상황을 파악하기 위해 월 1회 양육상황 점검보고서를 작성하여 분기별로 입양기관 소재지 관할 시·군·구에 제출하여야 하고, 입양 알선 및 입양절차 진행시 형제·자매 등 부득이한 경우를 제외하고 한 가정에 2명 이상의 아동을 동시에 진행할 수 없다.

---

30) A코드 : 입양대상아동에게 부여되는 번호, 아동권리보장원이 운영하고 있는 입양정보통합관리시스템(ACMS)에 아동정보를 등록하면 A코드 고유번호 자동 생성.

입양아동배경보고서는 입양아동에 대한 기록내용으로 친생부모 상담내용, 입양 전 양육 담당자인 위탁부모, 보육사 상담을 통해 작성한다. 입양기관 또는 양육시설은 시·군·구로부터 입양대상아동을 인수하거나, 양육 중이던 아동이 입양대상아동이 된 경우, 아동배경보고서를 작성하여야 한다.

[그림 12-4] 아동배경 보고서 준비 절차

기본자료 점검	→	검사, 관찰 및 인터뷰	→	아동배경 보고서 작성	→	결연위원회의
요보호 아동 기본 자료 점검 자료수집 계획 수립		요보호 아동 검사 및 관찰, 보호자 면담 등 자료 수집		아동배경 보고서 작성		아동배경 보고 결연 심의

출처 : 보건복지부(2024). 2024 입양실무 매뉴얼.

〈표 12-14〉 입양대상아동 관련 정보

구 분	내 용	조사 방법
기본자료 점검	• 입양아동 확인서, 발견 당시 상황 및 물품 • 부모 및 보호자와의 연락 가능 여부 • 친생부모 상담기록지, 아동의 일반적인 정보	서류조사
아동발달 특성	• 신체운동발달 영역의 발달 수준 및 특성 • 인지언어발달 영역의 발달 수준 및 특성 • 사회정서발달 영역의 발달 수준 및 특성	발달검사 실시 아동관찰 및 보호자 면담
아동에 대한 전반적 소견	• 아동의 강점 분석 • 아동의 독특한 특성 및 고려해야 할 사항 • 양육환경에 적응하기 위해 필요한 지원	발달검사 결과 관찰 내용, 면담 결과 분석
입양 적합에 대한 소견	• 아동에 대한 모든 정보를 토대로 해당 아동에게 적합한 예비입양부모 특성 및 양육 환경에 대한 소견	발달검사 결과 관찰 내용, 면담 결과 분석

출처 : 보건복지부(2024). 2024 입양실무 매뉴얼.

(7) 입양동의 철회 및 입양의 취소

입양기관에 아동을 인계한 후라도 가정법원의 인용심판 확정이 있기 전에는 입양동의 철회가 가능하다. 입양동의를 철회하기 원하는 친생부모는 입양 의뢰할 당시 상담을 진행한 지자체에 문의하여 입양동의 철회서를 제출하고, 해당 지자체는 현재 아동의 주소지 지자체에 친생부모의 입양동의 철회서를 전달한다.

현재 아동의 주소지 아동보호전담요원은 가정복귀점검표를 작성하고 원가정 복귀 조치 이후 사례결정위원회에 사후 보고하고 종결한다. 입양기관은 입양동의의 철회에 따른 아동보호 비용을 입양기관 관할 시·도지사 또는 시장·군수·구청장에게 청구할 수 있다. 또한, 입양 동의 철회 후 원가정 양육을 결정한 경우, 친생부모에게 안정적인 양육 지원을 위한 추가 방문 계획을 설명하고, 원가정 양육 결정일 이후 1개월 이내에 친생부모를 상담한 아동보호전담요원이 직접 방문하여 방문 결과를 제출한다.

입양아동의 친생 부 또는 모는 자신에게 책임이 없는 사유로 인하여 입양의 동의를 할 수 없었던 경우에는 입양의 사실을 안 날부터 6개월 안에 가정법원에 입양의 취소를 청구할 수 있다. 가정법원은 입양의 취소 청구에 대한 판결이 확정되거나 심판의 효력이 발생한 때에는 지체 없이 그 뜻을 가정법원 소재지 시장·군수·구청장에게 통보한다.

(8) 입양동의 후 친생부모 상담 및 사례관리

입양 동의 후 친생부모 상담 및 사례관리 제공은 친생부모의 건강한 적응 및 자립을 위해 반드시 필요한 서비스이며, 자녀를 입양 보낸 후 경험하는 다양한 심리적 문제에 대한 지지를 제공해 준다.

6) 예비 입양부모(국내입양)

(1) 양친이 될 자격
- 양자를 부양하기에 충분한 재산이 있어야 한다.
- 양자의 종교의 자유를 인정하고 양육과 교육을 할 수 있어야 한다.
- 아동학대, 가정폭력, 성폭력, 마약 등의 약물중독의 경력이 없어야 한다.
- 양자가 될 아동의 복리에 반하는 직업이나 그 밖에 인권침해의 우려가 있는 직업에 종사하지 말아야 한다.
- 대한민국 국민인 경우 양친이 될 사람의 나이 범위는 25세 이상으로서 양자가 될 사람과의 나이 차이가 60세 이내여야 하고, 대한민국 국민이 아닌 경우에는 25세 이상 45세 미만인 자이어야 한다.
- 양친이 되려는 사람은 입양의 성립 전에 소정의 교육을 마쳐야 한다.

〈표 12-15〉 양친가정조사서 작성 지침

구 분	내 용
1. 입양에 대한 태도와 입양동기	• 입양동기(불임부부의 경우 불임사실에 대한 반응과 극복 과정) • 아동 입양 시 친생부모에 대한 생각, 입양 아동이 친부모를 찾는 것에 대한 생각, 입양에 대한 태도
2. 양친이 될 사람의 혼인생활, 그 밖의 가족상황	• 양부모 각각의 가족관계, 성장과정, 신체적 특징 및 성격 • 혼인생활(전혼, 이혼 등 해당사항 있는 경우 사유 파악) • 사회적 관계, 친척과의 관계, 기타 동거인 관계 • 기존 자녀가 있는 경우 자녀관계, 자녀 양육 태도 • 양육 신념(훈육) 및 양육계획
3. 양친이 될 사람의 현재수입 및 재산상태	• 직업 • 수입 및 재산 상태에 대한 근거자료 수집
4. 양친이 될 사람의 건강상태(알코올 등)	• 알코올 의존 여부 • 질병 유무, 현재 복용하고 있는 약, 치료 경험
5. 양친이 될 사람의 인격, 품성, 종교관	• 양부모 성격 • 종교관
6. 그 밖의 특기사항	• 범죄경력 조회결과 특이사항, 양부모 협조 의무 고지 • 집 내부 및 주변 환경의 안전 여부(화재, 애완동물, 운전)
7. 조사자의 의견	• 사실에 근거한 종합검토의견

출처: 보건복지부(2024). 2024 입양실무 매뉴얼.

(2) 양친이 될 사람에 대한 교육(입양기관, 아동권리보장원)

양친이 되려는 사람은 입양의 성립 전에 입양기관 등이 하는 필수교육을 받아야 하며, 가정법원에 입양허가 신청 시 양친이 될 자격을 갖추었음을 증명하는 서류의 하나로 양친교육 이수 증명서를 제출하여야 한다. 모든 예비입양부모를 대상으로 한 기본교육(입양기관 또는 아동권리보장원 주관, 필수), 심화교육(아동권리보장원 주관, 선택)으로 이루어진다.

심화교육은 1세 이상의 아동과 장애아동 그리고 학대피해아동을 입양하는 경우, 기존에 자녀가 있거나 재입양하는 경우, 한부모 가정 및 난임 가정인 경우 등 입양가정 및 입양아동 특성별로 진행한다. 교육내용에 따라 교육시간을 적절히 배분하고, 교육 효과를 높이기 위해 참여형 교육 방법을 적극 활용하여야 한다. 또한 기본(필수)교육은 최소 2회 이상 나누어 진행되어야 한다.

기본교육 내용은 입양의 이해, 입양가정 지원 및 사후서비스, 입양아동의 심리 및 정서, 자녀 양육방법, 사례 발표 등이며, 심화교육 내용은 특수욕구아동 입양가정 과정, 첫아이 입양(난임)가정 과정, 유자녀가정 과정 등이 있다.

7) 양육보조금 및 입양가정 지원 사항

(1) 입양비용 지급

입양기관이 양친이 될 자로부터 수납할 수 있는 입양비용은 아동양육비, 입양알선 절차에 소요되는 비용, 입양기관의 운영비 및 홍보비, 입양철회비용(입양대상 아동 인수부터 철회 시까지 아동보호 소요비용) 등이 있다.

〈표 12-16〉 철회비용 산정 기준

아동보호기간	2주 미만	2주이상 - 4주 미만	4주 이상 - 6주 미만	6주 이상 - 8주 미만	8주 이상
지원액	15만원	30만원	45만원	60만원	73만원

출처 : 보건복지부(2024). 2024 입양실무 매뉴얼.

(2) 입양축하금

입양축하금은 「입양특례법」 상 허가를 받은 입양기관에 의해 아동을 국내 입양한 가정 중에서 가정법원 입양 확정일이 2022년 1월 1일 이후인 가정에게 지급하며, 지급금액은 1회에 한하여 200만원을 지급한다.

(3) 양육수당

「입양특례법」 상 허가를 받은 입양기관에 의해 아동을 국내 입양한 가정으로 입양아동이 18세가 되는 달까지 정기적으로 매월 20만원을 지급한다.

(4) 장애아동 양육보조금 및 의료비 지원

「입양특례법」 상 허가를 받은 입양기관에 의해 장애아동을 국내 입양한 가정으로 장애아동이 18세가 되는 달까지 정기적으로 지급한다. 양육보조금은 장애의 정도가 심한 장애인은 매월 627,000원, 장애의 정도가 심하지 않은 장애인은 매월 551,000원을 지급한다. 의료비는 연간 260만원 한도 내에서 본인이 부담한 비용을 지급한다.

(5) 입양아동 의료급여 실시
「입양특례법」상 허가를 받은 입양기관에 의해 국내 입양된 아동으로 입양아동이 18세가 되는 달까지 1종 의료급여를 지원한다.

8) 국외입양

(1) 국내에서 입양
국내에서 아동을 입양하려는 외국인은 후견인과 함께 양자가 될 사람의 등록기준지 또는 주소지를 관할하는 가정법원으로부터 입양허가를 받아야 한다. 국내에서 아동을 입양하려는 양친이 될 자 중 적어도 한 명이 외국인인 경우 이에 해당하며, 상기 법 근거에 따라 자격을 갖추어야 한다.

(2) 외국에서의 입양
국외에 거주하는 외국인이 국내에 거주하는 아동을 입양하기 위해서는 입양기관을 통하여 입양절차를 진행해야 한다. 외국에서의 국외입양을 하려면 보건복지부로부터 해외이주허가를 받은 후에 가정법원에 입양허가를 받아야 한다. 또한, 입양기관의 장은 입양을 원하는 국가나 그 국가의 공인받은 입양기관과 입양업무에 관한 협약을 체결, 변경 및 갱신한 경우 보건복지부 장관에게 보고하여야 한다.

(3) 헤이그국제아동입양협약

① 정의
헤이그국제아동입양협약이란 국제입양으로 국가를 이동하는 아동의 인권을 보호하고 입양에 의한 유괴 및 인신매매 방지를 위한 국제입양의 절차와 요건을 규정하기 위해 1993년 5월 29일 헤이그국제사법회의에서 채택하고, 1995년 5월 1일 발효한 다자간 협약으로 현재 당사국은 104개국이다. 우리나라는 입양아동 안전 및 권익 보호를 위해 2013년 5월 24일 헤이그국제아동입양협약에 서명하였으나,

가입 비준안이 현재 국회에 계류 중에 있으며, 비준을 위해 추가적 이행 입법 마련과 관련 제도를 보완하는 등의 준비를 하고 있다.

② 주요 원칙

첫째, 입양은 아동의 가장 근본적인 권리를 존중하고 아동의 최선의 이익을 보장하기 위해서 이루어져야 한다.

둘째, 원가정 보호가 원칙이며, 원가정 보호가 불가능할 경우 국내 가정을 찾고 그래도 없으면 국제입양을 추진하여 아동 최선의 이익을 보장해야 한다.

셋째, 국가는 아동의 유괴, 인신매매를 방지해야 한다.

넷째, 아동 보호를 위해 국가 간 긴밀한 협조체계를 구축해야 한다.

다섯째, 입양국의 입양결정을 다른 체약국에서도 자동으로 인정해야 한다.

여섯째, 협약을 이행하기 위한 권한 당국이 있어야 하며, 권한 당국은 중앙, 공공, 사법·행정, 인가단체를 둘 수 있다(아동권리보장원 홈페이지, 2024).

9) 입양절차

[그림 12-5] 아동관점에서의 입양절차

① 아동출생 - 출생신고
② 입양의뢰 - 아동 출생 후 최소 1주일간 입양에 대해 고려하는 숙려기간 후 지자체 아동보호전담요원을 통해 입양 의뢰 가능
③ 양육지원상담 - 원가정에서 아동이 보호받으며 자랄 수 있는 지원체계 정보제공
④ 입양상담 - 지자체 아동보호 전담요원에 입양의뢰
⑤ 입양동의 - 부,모의 입양동의서 작성 (친권포기)
⑥ 아동일시보호 - 일시보호시설에 아동임시보호
⑦ 아동보호조치 결정 [입양대상아동결정] - 지역 내 사례결정위원회를 통해 아동에게 맞는 적절한 보호조치 결정
⑧ 아동보호 - 양육시설, 입양기관, 가정위탁에서 입양까지 보호
⑨ 아동과 예비입양부모 결연 - 결연위원회를 통해 적합한 부모를 결연
⑩ 입양성립 - 가정법원에서 입양허가 판결, 아동인도

출처 : 아동권리보장원 홈페이지(2024). 입양정책 및 절차.

[그림 12-6] 예비입양부모 관점에서의 입양절차

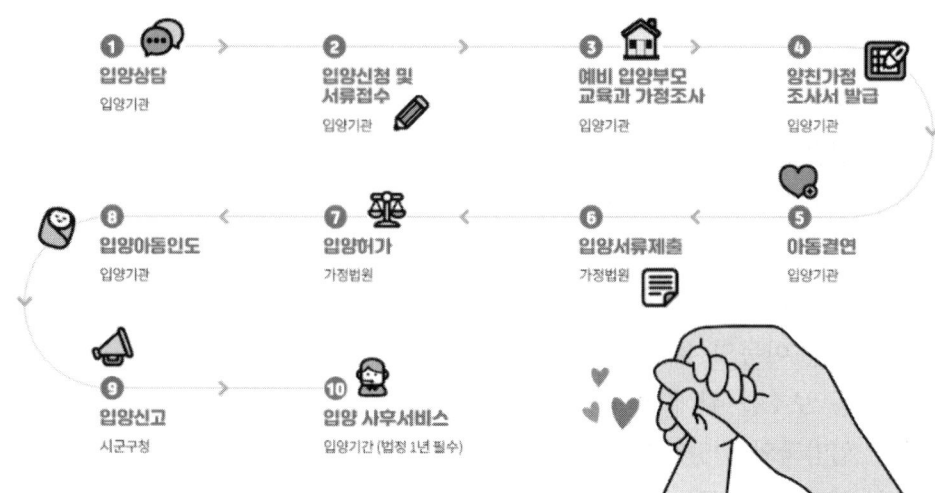

출처: 아동권리보장원 홈페이지(2024). 입양정책 및 절차.

퀴 즈

1. 가정위탁의 유형에 해당하지 않는 것은?
① 일반위탁   ② 전문위탁   ③ 일시위탁   ④ 시설위탁

2. 가정위탁 지원 내용으로 적합하지 않는 것은?
① 양육보조금   ② 통신비   ③ 아동용품구입비   ④ 상해보험료

3. 위탁가정의 공통요건에 적합하지 않는 것은?
① 적정한 소득   ② 종교인   ③ 교육이수   ④ 양육 및 교육가능

4. 전문가정위탁 요건에 적합하지 않는 것은?
① 사회복지사   ② 보육교사   ③ 공인중개사   ④ 간호사

5. 입양의 날은?

6. 친생부모가 출산 후 아동과 일정 시간을 보내면서 아동과 부모 자신의 미래에 대해 숙고하고, 입양 또는 양육의 결정이 옳은지에 대해 다시 한번 생각할 수 있도록 하는 것은?

7. 입양숙려 기간은?
① 3일   ② 5일   ③ 7일   ④ 10일

8. 국제입양으로 국가를 이동하는 아동의 인권을 보호하고, 입양에 의한 유괴 및 인신매매 방지를 위해 국제입양의 절차와 요건 등을 규정한 협약은?

정답	1	2	3	4	5	6	7	8
	④	②	②	③	5월 11일	입양숙려제	③	헤이그국제아동입양협약

에듀컨텐츠·휴피아
CH Educontents Huepia

제13장. 시설보호

　아동시설보호는 부모가 양육하기 어려운 상황에 놓인 아동들을 가정이나 지역사회에서 보호하는 것이 아니라 아동양육시설, 아동일시보호시설, 공동생활가정 등의 시설에서 보호하고 양육하는 것을 말한다. 과거에 우리나라 아동복지사업은 대부분 시설보호 위주의 사업이 이루어졌으나, 최근에는 원가정에서 아동을 보호하고 양육하는 것이 최우선시되고 있으며, 원가정 보호가 어려우면 위탁가정과 입양 등을 통한 보호를 권장하고 있다. 아동의 다양한 상황을 종합적으로 검토해보고 아동에 가장 적합한 방법으로 아동을 보호하는 것이 중요하며, 가정과 유사한 공동생활가정이 점차 증가하는 추세에 있다. 본 장에서는 아동시설보호와 관련하여 아동양육시설, 공동생활가정, 쉼터, 미혼모시설에 대해 구체적으로 알아보고자 한다.

1. 아동양육시설

1) 아동양육시설의 개념

아동양육시설은 부모의 보호를 받지 못하거나, 보호가 필요한 아동들이 안정적인 환경에서 생활하며 건강하게 성장할 수 있도록 지원하는 시설이다. 「아동복지법」제52조에는 아동양육시설이란 보호대상아동을 입소시켜 보호, 양육 및 취업훈련, 자립지원 서비스 등을 제공하는 것을 목적으로 하는 시설을 말한다.

아동복지시설은 운영 목적에 따라 다양한 형태로 구분되는데 서비스 이용 기간에 따라 일시보호시설과 장기보호시설로 구분할 수 있고, 서비스 기능에 따라 양육, 보호, 치료 등으로 구분할 수 있다. 「아동복지법」제52조에는 아동복지시설의 종류를 아동양육시설, 아동일시보호시설, 아동보호치료시설, 공동생활가정, 자립지원시설, 아동상담소로 구분하고 있으며, 가장 대표적인 아동복지시설은 과거에 고아원, 보육원으로 불렸던 아동양육시설로 18세 미만의 보호자가 없거나 보호자로부터 이탈된 아동, 학대가 있는 아동, 보호자가 양육하기에 부적당하거나 양육할 능력이 없는 아동을 보호 및 양육하는 시설이다.

〈표 13-1〉 아동복지시설의 종류

구 분	역 할
아동양육 시설	보호대상아동을 입소시켜 보호, 양육 및 취업훈련, 자립지원 서비스 등을 제공하는 것을 목적으로 하는 시설
아동일시 보호시설	보호대상아동을 일시보호하고 아동에 대한 향후의 양육대책수립 및 보호조치를 행하는 것을 목적으로 하는 시설
아동보호 치료시설	아동에게 보호 및 치료 서비스를 제공하는 시설 - 불량행위를 하거나 불량행위를 할 우려가 있는 아동으로서 보호자가 없거나 친권자나 후견인이 입소를 신청한 아동 또는 가정법원, 지방법원소년부지원에서 보호 위탁된 19세 미만인 사람을 입소시켜 치료와 선도를 통하여 건전한 사회인으로 육성하는 것을 목적으로 하는 시설 - 정서적·행동적 장애로 인하여 어려움을 겪고 있는 아동 또는 학대로 인하여 부모로부터 일시 격리되어 치료받을 필요가 있는 아동을 보호·치료하는 시설
공동생활 가정	보호대상아동에게 가정과 같은 주거여건과 보호, 양육, 자립지원서비스를 제공하는 것을 목적으로 하는 시설
자립지원 시설	아동복지시설에서 퇴소한 사람에게 취업준비기간 또는 취업 후 일정 기간 동안 보호함으로써 자립을 지원하는 것을 목적으로 하는 시설
아동상담소	아동과 그 가족의 문제에 관한 상담, 치료, 예방 및 연구 등을 목적으로 하는 시설

출처 : 보건복지부(2024). 2024 아동분야 사업안내.

2) 아동양육시설 대상 아동

아동양육시설의 입소 대상 아동은 보호자가 없거나 보호자가 있어도 정상적인 보호 및 양육이 어려운 아동으로 첫째, 보호자가 없거나 보호자로부터 이탈된 아동 둘째, 보호자로부터 학대받은 아동 셋째, 보호자의 질병, 가출 등으로 가정 내에서 보호하기 어려운 아동 넷째, 시·도지사 또는 시장·군수·구청장이 특별히 보호가 필요하다고 인정하는 아동이 입소 대상 아동이 된다.

3) 아동보호서비스 절차

아동보호서비스 절차는 상담·조사사정, 보호계획 및 결정, 보호조치, 종결, 사후관리 등 총 5단계로 이루어진다(보건복지부, 2024).

[그림 13-1] 아동보호서비스 절차

상담·조사·사정	보호계획 / 결정	보호조치	종결	사후관리
•접수상담 •일시보호 •욕구조사/상황점검 •건강검진/심리검사	•개별보호관리 계획 수립 •사례회의 •보호조치결정	•아동보호 및 서비스 제공계획 수립 •양육상황점검 및 재평가	•종결	•사후관리 •자립지원

출처 : 보건복지부(2024). 2024 아동분야 사업안내.

1단계는 상담·조사사정 단계이다. 접수상담은 기초정보 파악 및 상담 결과에 따른 대상자 접수 및 서비스를 연계한다. 일시보호는 접수상담 과정에서 긴급하게 아동을 분리보호 할 필요가 있다고 판단하면, 아동을 즉시 일시보호시설 또는 일시위탁가정 등에 보호조치 결정 시까지 보호한다. 욕구조사는 아동과 가정의 문제 및 욕구를 파악하고 보호서비스 제공과 방향을 사정한다.

2단계는 개별보호와 관리계획 수립 및 결정 단계이다. 개별보호와 관리계획 수립은 조사결과, 상담결과, 사정결과를 바탕으로 보호조치 유형, 보호기간, 사례관리 등의 계획을 수립한다. 보호결정은 사례회의 결과를 바탕으로 아동복지심의위원회에서 아동의 보호조치를 결정한다.

3단계는 보호조치 단계이다. 서비스계획 수립 및 제공은 아동이 분리보호 시 원가정외 보호기관 즉, 가정위탁, 공동생활가정, 양육시설, 입양 등과 협업하여 아동에 대한 서비스계획을 수립하고 제공한다. 양육상황 점검은 아동의 분리보호 후 서비스 제공기관의 서비스 제공 상황, 원가정 상황 등을 정기적으로 점검하여 보호조치 및 서비스 계획 변경 등이 필요한지 검토한다.

4단계는 보호조치 종결 단계이다. 양육상황 점검결과 보호조치 목적 달성 여부 등을 평가하여 아동복지심의위원회를 통해 보호조치를 종결한다. 5단계는 사후관리 단계이다. 보호종료 후 아동의 가정 방문 및 서비스기관 즉, 드림스타트, 희망복지지원단, 청소년복지기관 등과 연계하여 해당 아동의 복지증진을 위해 지도 및 관리한다.

4) 현황

(1) 연도별 보호대상아동 보호조치 유형

보호대상아동 중 아동양육시설에 입소한 아동을 살펴보면, 2018년 1,300명에서 2019년 1,707명, 2020년 1,131명, 2021년 1,116명, 2022년 567명으로 지속적으로 감소하고 있다. 하지만, 자립지원시설, 보호치료시설, 공동생활가정 아동에 비하면 상대적으로 높게 나타났다.

〈표 13-2〉 연도별 보호대상아동 보호조치 유형(아동양육시설)

(단위 : 명, %)

구 분	계	시설입소				
		아동양육시설	자립지원시설	보호치료시설	공동생활가정	기타
2018년	2,449	1,300 (53.1)	-	-	648 (26.5)	7 (0.3)
2019년	2,739	1,707 (62.3)	-	-	625 (22.8)	6 (0.2)
2020년	2,727	1,131 (41.5)	20 (0.7)	452 (16.6)	714 (26.2)	68 (2.5)
2021년	2,308	1,116 (48.4)	33 (1.4)	282 (12.2)	549 (23.8)	83 (3.6)
2022년	1,504	567 (37.7)	215 (14.3)	435 (28.9)	287 (19.1)	-

출처 : 보건복지부(2024). 2024 아동분야 주요통계.

(2) 연도별 시설 보호아동 수

아동양육시설에서 보호하고 있는 아동의 수를 살펴보면, 2018년 11,100명, 2019년 10,585명, 2020년 10,351명, 2021년 10,121명, 2022년 9,439명으로 나타나 지속적으로 감소하고 있으나, 전체 시설 보호아동 대비 아동양육시설의 비율이 70%이상 차지하고 있어 2/3 이상의 아동이 양육시설에서 거주하는 것으로 나타났다.

<표 13-3> 연도별 시설 보호아동 수(아동양육시설)

(단위 : 명)

구 분	2018년	2019년	2020년	2021년	2022년
계	14,646	14,221	14,166	13,534	12,758
아동양육시설	11,100	10,585	10,351	10,121	9,439
자립지원시설	227	218	253	233	215
보호치료시설	447	469	436	404	435
공동생활가정	2,872	2,949	3,126	2,776	2,669

출처 : 보건복지부(2024). 2024 아동분야 주요통계.

(3) 아동복지시설 및 보호아동 현황

2022년 아동복지시설 현황을 살펴보면, 전체 시설 306개소 중 아동양육시설이 245개소로 가장 많았으며, 다음으로 아동일시보호시설 17개소, 자립지원시설 15개소, 아동보호치료시설 12개소, 아동상담소 10개소, 아동전용시설 7개소 순으로 나타났다.

<표 13-4> 아동복지시설 및 보호아동 현황(2022년)

(단위 : 개소, 명)

구 분	계(현원)		아동양육 시설		아동보호 치료시설		자립지원 시설		아동일시 보호시설		아동 상담소	아동전용 시설
	시설	인원	시설	인원	시설	인원	시설	인원	시설	인원		
계	306	10,312	245	9,439	12	435	15	2185	17	223	10	7

출처 : 보건복지부(2023). 2023년도 아동복지시설 현황.

(4) 아동복지시설 보호아동 성별 및 취학 현황

2022년 아동복지시설 보호아동 성별을 살펴보면, 남아가 5,744명, 여아가 4,568명으로 남아가 여아보다 더 많은 것으로 나타났다. 또한, 취학아동을 살펴보면, 초등학교 재학이 3,806명으로 가장 많았으며, 다음으로 중학교 재학이 1,781명, 고등학교 재학 1,780명, 3~6세 미만 1,436명, 0~3세 미만 655명, 대학교 재학 444명, 기타 410명 순으로 나타났다.

〈표 13-5〉 아동복지시설 보호아동 성별 및 취학현황(2022년도)

(단위 : 개소, 명)

구분	시설 수	종사 자수	정원	입소인원			취학아동							
								미취학						
				계	남	여	계	0~3 미만	3~6 미만	초재	중재	고재	대재	기타
계	306	7,740	15,479	10,312	5,744	4,568	10,312	655	1,436	3,806	1,781	1,780	444	410

출처 : 보건복지부(2023). 2023년도 아동복지시설 현황.

5) 아동양육시설 보호아동 지원 및 관리

아동양육시설의 보호아동 생계비(주부식비, 피복비 등) 등은 기초생활보장 수급자로 선정하여 지원한다. 아동 개인 명의로 국가, 지역사회, 원가정 등으로부터 아동 개인에게 지급되는금전은 아동 스스로 자율적인 관리가 어려운 상황이므로 시설에 위임하여 관리하도록 한다. 또한, 아동발달지원계좌 지원, 후원자 연계 및 후원금 관리, 아동의 건강한 심신 보존 및 치료, 대학 진학 자금 지원, 보호 예정 아동 자립정착금 지원 등이 있으며 그 내용은 다음과 같다.

〈표 13-6〉 아동양육시설 보호아동 지원 및 관리

구 분	지원 내용
기초생활보장 수급자 선정	주부식비, 피복비 등
아동발달지원계좌 지원	국가가 월 10만원 내에서 아동의 적립 금액 2배 지원
후원자 연계 및 후원자 관리	초록우산 어린이재단과 연계하여 결연후원금 지원
아동의 건강한 심신 보존 및 치료	예방접종, 건강검진, 심리치료 등 지원
대학 진학 자금 지원	아동 1인당 500만원 이상 권고
자립 준비 프로그램 운영	보호대상아동의 자립준비 역량강화 및 보호종료 후 안정적인 사회진출과 자립실현을 위한 프로그램 운영
보호종료 예정 아동 자립정착금 지원	아동 1인당 1,000만원 이상 권고

출처 : 보건복지부(2024). 2024 아동분야 사업안내.

〈표 13-7〉 보호아동 자립지원 단계

구 분		서비스 내용
1단계	입소 상담	• 원가정이 있는 경우, 원가정 복귀계획 수립
2단계	입소 결정 후	• 건강, 지능, 사회성, 심리, 학습 관련 통합사정 실시 • 통합사정 결과를 토대로 아동복지시설 배치
3단계	시설적응 기간	• 아동복지시설 적응을 위한 프로그램 운영 • 아동복지시설장은 경계선 지능 의심 아동이 있는 경우 반드시 경계선 자립지원사업에 참여 지도
4단계	적응기간 경과 후	• 아동복지시설 내 사례관리회의 - 자립, 건강, 심리, 학습 등 관계자 참석
5단계	사례관리 회의 후	• 아동별 자립지원서비스 계획 수립 - 1~4단계의 내용을 반영 - 원가정 유대강화 서비스 포함 - 경계선지능 등 자립취약아동 별도의 서비스 개입 계획 수립 • 5단계의 아동별 자립지원서비스 계획수립에 기반한 자립지원 프로그램 운영
6단계	자립지원계획 수립 및 운영	• 15세부터 보호종료 이후를 대비하여 매년 개인별 자립기술 평가 실시 및 자립지원계획을 수립하여 운영 - 진로, 학습, 취업 계획 등 포함 • 아동 자립지원서비스 계획을 사회보장정보시스템에 입력
7단계	자립체험 프로그램 운영	• 보호아동에 별도(1인실) 공간 제공을 통해 자립체험 프로그램 운영
8단계	보호종료 전 점검	• 보호종료가 예정된 아동에 대해 자립준비 점검 - 대학진학, 취업(예정)유무, 등록금조달, 주거마련, 원가정 관계, 자립정착금 사용계획, 자립수당 신청 여부 등 • 경계선지능 등 자립취약아동의 자립준비기간이 필요할 시 「아동복지법」 제16조의3 및 시행령 제22조에 근거하여 연장보호 검토
9단계	보호종료	• 종결심사서 작성 및 사후관리 동의서 확보 • 시·도 자립지원전담기관 연계
10단계	사후관리 및 상담	• 만 18세 이상 보호종료 후 5년까지 안정적 자립정착을 위한 사후관리 및 자립수준평가 실시

출처 : 보건복지부(2024). 2024 아동분야 사업안내.

2. 공동생활가정

1) 공동생활가정의 개념

공동생활가정은 과거에 그룹홈이 공동생활가정으로 명칭이 변경되었으며, 2004년 아동복지시설에 추가되었다. 공동생활가정은 아동양육시설과 같이 가정해체, 학대, 빈곤, 유기, 방임 등의 이유로 보호가 필요한 아동에게 가정과 유사한 주거환경에서 아동의 개별적인 특성에 맞추어 보호 및 양육서비스를 제공하는 소규모 아동보호시설이다.

공동생활가정은 아동에 대한 개별 서비스가 가능하며, 또래관계 및 대인관계형성이 이루어 질 수 있고, 일반가정의 환경과 비슷한 아파트, 빌라, 주택 등에서 공동으로 거주하고 생활하는 형태로 지역사회에 위치하고 있어서 기존 시설보호의 단점을 보완하고 시설아동으로서 낙인화를 예방할 수 있다. 또한, 생활 속에서 자연스럽게 인간관계를 맺음으로써 사회적응력 향상에 도움을 주며, 아동이 미래의 건강한 사회구성원으로 자라날 수 있도록 양육하는 선진국형 아동복지시설이다(한국아동청소년그룹홈협의회 홈페이지, 2024).

「아동복지법」제52조에는 공동생활가정이란 보호대상아동에게 가정과 같은 주거여건과 보호, 양육, 자립지원시비스를 제공하는 것을 목적으로 하는 시설을 말한다. 공동생활가정은 남녀 분리형과 남녀 혼합형이 있으며, 남녀 분리형은 성별로 분리하여 보호하여야 한다. 다만 초등학교 미만 남매의 경우 지자체 장의 결정으로 같은 그룹홈에 배치 가능하나 초등학교 입학 연령에 도달한 경우 남녀 분리한다. 남녀 혼합 시설의 경우도 초등학교 입학 연령에 도달 전까지 가능하나, 초등학교 이상인 경우에는 분리 보호한다.

2) 공동생활가정 대상 아동 및 서비스 절차

(1) 대상 아동

공동생활가정의 입소 대상 아동은 보호자가 없거나 보호자가 있어도 정상적인 보호 및 양육이 어려운 아동으로 첫째, 보호자가 없거나 보호자로부터 이탈된 아동 둘째, 보호자로부터 학대받은 아동, 셋째, 보호자의 질병, 가출 등으로 가정 내에서 보호하기 어려운 아동 넷째, 시·도지사 또는 시장·군수·구청장이 특별히 보호가 필요하다고 인정하는 아동이 입소 대상 아동이다.

(2) 아동보호서비스 절차

공동생활가정 아동보호서비스 절차는 아동양육시설 아동보호서비스 절차와 동일하다. 즉, 상담·조사·사정 단계, 보호계획 및 결정 단계, 보호조치 단계, 종결 단계, 사후관리 단계 등 5단계로 이루어진다.

[그림 13-2] 아동보호서비스 절차

상담·조사·사정	보호계획 / 결정	보호조치	종결	사후관리
• 접수상담 • 일시보호 • 욕구조사/상황점검 • 건강검진/심리검사	• 개별보호관리 계획 수립 • 사례회의 • 보호조치결정	• 아동보호 및 서비스 제공계획 수립 • 양육상황점검 및 재평가	• 종결	• 사후관리 • 자립지원

출처: 보건복지부(2024). 2024 아동분야 사업안내.

3) 현황

(1) 연도별 보호대상아동 보호조치 유형

보호대상아동 중 공동생활가정에 입소한 아동을 살펴보면, 2018년 648명에서 2019년 625명, 2020년 714명, 2021년 549명, 2022년 287명으로 2020년에는 증가하였지만 전체적으로 보면 지속적으로 감소하는 것으로 나타났다.

〈표 13-8〉 연도별 보호대상아동 보호조치 유형(공동생활가정)

(단위 : 명, %)

구 분	계	시설입소				
		아동양육 시설	자립지원 시설	보호치료 시설	공동생활 가정	기타
2018년	2,449	1,300 (53.1)	-	-	648 (26.5)	7 (0.3)
2019년	2,739	1,707 (62.3)	-	-	625 (22.8)	6 (0.2)
2020년	2,727	1,131 (41.5)	20 (0.7)	452 (16.6)	714 (26.2)	68 (2.5)
2021년	2,308	1,116 (48.4)	33 (1.4)	282 (12.2)	549 (23.8)	83 (3.6)
2022년	1,504	567 (37.7)	215 (14.3)	435 (28.9)	287 (19.1)	-

출처 : 보건복지부(2024). 2024 아동분야 주요통계.

(2) 연도별 시설 보호아동 수

공동생활가정에서 보호하고 있는 아동의 수를 살펴보면, 2018년 2,872명, 2019년 2,949명, 2020년 3,126명, 2021년 2,776명, 2022년 2,669명으로 나타나 2020년까지 증가하다가 그 이후에 감소하는 것으로 나타났다.

〈표 13-9〉 연도별 시설 보호아동 수(공동생활가정)

(단위 : 명)

구 분	2018년	2019년	2020년	2021년	2022년
계	14,646	14,221	14,166	13,534	12,758
아동양육시설	11,100	10,585	10,351	10,121	9,439
자립지원시설	227	218	253	233	215
보호치료시설	447	469	436	404	435
공동생활가정	2,872	2,949	3,126	2,776	2,669

출처 : 보건복지부(2024). 2024 아동분야 주요통계.

(3) 공동생활가정 보호아동 성별 및 취학 현황

2022년 공동생활가정 보호아동 성별을 살펴보면, 남아가 1,467명, 여아가 1,202명으로 남아가 여아보다 더 많은 것으로 나타났다. 또한, 취학아동을 살펴보면, 초등학교 재학이 913명으로 가장 많았으며, 다음으로 중학교 재학이 652명, 고등학교 재학 600명, 3~6세 미만 213명, 대학교 재학 189명, 기타 79명, 0~3세 미만 23명 순으로 나타났다.

〈표 13-10〉 공동생활가정 보호아동 성별 및 취학 현황(2022년)

(단위 : 개소, 명)

구분	시설수	종사자수	정원	입소인원			취학아동							
				계	남	여	계	미취학		초재	중재	고재	대재	기타
								0~3 미만	3~6 미만					
계	520	1,724	3,610	2,669	1,467	1,202	2,669	23	213	913	652	600	189	79

출처 : 보건복지부(2023). 2023년도 공동생활가정(아동그룹홈) 현황.

4) 공동생활가정 아동 지원 및 관리

공동생활가정 아동 지원 및 관리는 아동양육시설 지원 및 관리와 동일하다. 즉, 보호아동에 대해 기초생활보장 수급자 선정, 아동발달지원계좌 지원, 후원자 연계 및 후원자 관리, 아동의 건강한 심신 보존 및 치료, 대학 진학 자금 지원, 자립준비 프로그램 운영, 보호종료 예정 아동 자립정착금 지원 등이 있다.

공동생활가정 운영 프로그램으로는 첫째, 아동 및 청소년의 자립 능력 향상을 위한 프로그램이다. 이는 아동청소년의 발달론적 관점에서의 특성 이해, 아동의 특성과 능력에 맞는 개별화된 서비스 제공, 아동의 학령에 맞는 개별적인 연차적 자립 계획 수립 등이 있다. 둘째, 원가족과의 관계 회복 프로그램이다. 가족 방문 또는 전화, 문자, 편지, 카드 등 지속적인 관계 유지를 위한 노력, 가족참여 프로그램, 관련 기관 및 단체 등과 연계하여 부모 교육 등 연 1회 이상 실시한다. 셋째, 학교와 관계 형성 프로그램이다. 학교 교사와 정기적이고 지속적인 상담, 정보 교유, 학교 행사에 참여 등이 있다. 넷째, 지역 내 자원 활용 프로그램이다. 지역 내 관공서 및 민간 등 자원 연계, 자원봉사 및 후원 기관과 관계 형성 등이 있다.

〈표 13-11〉 공동생활가정 운영 프로그램

구 분	프로그램

아동·청소년의 자립 능력 향상	•아동청소년의 발달론적 관점에서의 특성 이해
	•아동의 특성과 능력에 맞는 개별화된 서비스 제공
	  - 아동의 강점을 이해하고 과제 해결 중심 접근
	•아동의 학령에 맞는 개별적인 연차적 자립 계획 수립
	  - 매년 아동의 욕구를 점검하여 수정

원가족과의 관계 회복	•가족 방문 또는 전화, 문자, 편지, 카드 등 지속적인 관계 유지 노력 연 1회 이상 •가족참여 프로그램(ex. 가족캠프 등) 등 연 1회 이상 실시 •관련 기관 및 단체 등과 연계하여 부모 교육 등 연 1회 이상 실시
학교와 관계 형성	•학교 교사와 정기적이고 지속적인 상담, 정보 공유, 학교 행사 참여 - 분기 1회 이상 아동 생활 상황에 대해 교류한 기록 보유
지역 내 자원 활용	•지역 내 관공서, 민간 자원 등 자원 연계 •자원봉사 및 후원 기관과 관계 형성

출처 : 보건복지부(2024). 2024 아동분야 사업안내.

3. 청소년쉼터

1) 청소년쉼터의 개념

청소년쉼터는 가족해체 또는 그 밖의 사유로 불가피하게 가정의 보호를 받지 못하는 9세에서 24세 청소년을 대상으로 가출 청소년의 일시 보호, 숙식 제공, 상담·선도·수련활동·학업 및 직업훈련, 가출 예방을 위한 거리상담 등을 지원하는 기관이다(윤매자 외, 2023). 「청소년복지 지원법」제31조에는 청소년쉼터란 가정 밖 청소년에 대하여 가정·학교·사회로 복귀하여 생활할 수 있도록 일정 기간 보호하면서 상담·주거·학업·자립 등을 지원하는 시설을 말한다.

청소년쉼터는 가출 등 위기청소년의 조기 발견을 통한 범죄 및 비행예방, 생활보호(의·식·주), 정서적 지지 및 심리상담, 의료지원, 학업복귀, 취업지원 등 맞춤형 자립지원서비스 제공을 통해 신속한 가정복귀와 사회진출을 지원하기 위해 실시하는 사업이다. 또한, 청소년복지시설인 청소년쉼터의 운영지원을 통해 가정 밖(가출 징후) 청소년들이 가정·학교·사회로 복귀하여 생활할 수 있도록 일정 기간 보호하면서 상담·주거·학업·자립 등을 지원하는 사업이다.

청소년쉼터의 주요 업무로는 첫째, 가정 밖 청소년의 일시보호 및 숙식제공 둘째, 가정 밖 청소년의 상담·선도·수련활동 셋째, 가정 밖 청소년의 학업 및 직업훈련 지원활동 넷째, 가정 밖 청소년의 사례관리 다섯째, 청소년의 가출예방을 위한 거리상담 여섯째, 그 밖에 청소년복지 지원에 관한 활동 일곱째, 지역사회 청소년 안전망과 연계협력 강화 여덟째, 청소년 전화 1388과 청소년상담복지센터와의 연계를 통한 상담 및 보호서비스이다(여성가족부, 2024).

2) 청소년쉼터의 유형

청소년쉼터는 일시쉼터, 단기쉼터, 중장기쉼터로 분류할 수 있다. 일시쉼터는 보호기간 24시간~7일 이내 일시보호를 하는 시설이며, 이용대상은 가출청소년, 거리배회청소년, 노숙청소년이다. 단기쉼터는 보호기간 3개월 이내 단기보호를 하는 시설(3개월씩 2회 연장 가능하며, 최장 24개월)이며, 이용대상은 가정 밖 청소년이다. 중장기쉼터는 보호기간 3년 이내 중장기보호를 하는 시설(1회 1년 연장 가능하며, 최장 4년)이며, 이용대상은 가정 밖 청소년이다.

〈표 13-12〉 청소년쉼터의 유형

구 분	일시쉼터	단기쉼터	중장기쉼터
보호 기간	• 24시간~7일 이내 일시보호	• 3개월 이내 단기보호 3개월씩 3회 연장 후 15개월 추가 연장 가능 (최장 24개월)	• 3년 이내 중장기보호 1회 1년에 한하여 연장 가능(최장 4년)
이용 대상	• 가출·거리배회·노숙 청소년	• 가정 밖 청소년	• 가정 밖 청소년
핵심 기능	• 일시보호 및 거리상담 지원(아웃리치)	• 심리정서 상담지원 • 사례관리를 통한 연계	• 심리정서 상담지원 • 학원지원, 사회 복귀를 위한 자립 지원
기능	• 위기개입상담, 진로 지도, 적성검사 등 • 가정 밖 청소년 조기 구조 및 발견, 단기 청소년쉼터 등으로 연계 • 먹거리, 음료수, 의료서비스 지원 및 연계	• 상담, 치료, 예방활동 • 의식주, 의료서비스, 청소년 쉼터와 연계 • 13세 이하는 아동복지시설, 아동보호전문기관 등에 연계	• 학업지원, 자립지원 • 13세 이하는 아동복지시설, 아동보호전문기관 등에 연계
위치	• 이동형(차량) • 고정형(청소년유동지역 및 주요도심)	• 주요 도심별	• 주택가
지향점	• 가출예방, 조기발견, 초기개입 및 보호	• 보호, 가정 및 사회복귀	• 자립지원
비고	• 숙소, 화장실의 경우 필히 남·여용 분리 운영	• 반드시 남·여용 쉼터를 분리 운영하여야 함	

출처 : 여성가족부(2024). 2024년 청소년사업 안내(II).

3) 현황

(1) 연도별 청소년쉼터 운영 현황

연도별 청소년쉼터 운영 현황을 살펴보면, 2023년 총 138개소가 운영 중에 있으며, 일시쉼터는 33개소이며 이중 고정형이 19개소, 이동형이 14개소이다. 단기쉼터는 남자쉼터가 29개소, 여자쉼터가 37개소이며, 중장기쉼터는 남자쉼터 18개소, 여자쉼터 21개소가 운영 중에 있다.

〈표 13-13〉 연도별 청소년쉼터 운영 현황

(단위 : 개소)

구 분	총 계	일시			단기			중장기		
		계	고정형	이동형	계	남	여	계	남	여
2018년	130	30	19	11	62	30	32	38	18	20
2019년	134	31	18	13	63	30	33	40	19	21
2020년	133	32	19	13	61	30	31	40	19	21
2021년	134	32	19	13	63	30	33	39	18	21
2022년	138	32	19	13	67	30	37	39	18	21
2023년	138	33	19	14	66	29	37	39	18	21

출처 : 여성가족부(2024). 2023 청소년백서.

(2) 연도별 청소년쉼터 입소 현황

연도별 청소년쉼터 입소 현황을 살펴보면, 2014년에 24,079명, 2015년 25,012명으로 지속적으로 증가하여 2019년 32,402명으로 가장 많았으며, 2020년 20,401명으로 코로나로 인해 입소 인원이 급감하였고, 2021년 21,475명, 2022년 28,627명, 2023년 24,654명으로 점차 증가추세로 나타났다.

〈표 13-14〉 연도별 청소년쉼터 입소 현황

(단위 : 명)

구 분	2014	2015	2016	2017	2018	2019	2020	2021	2022	2023
입소청소년	24,079	25,012	30,329	31,197	32,109	32,402	20,401	21,475	28,627	24,654

출처 : 여성가족부(2024). 2023 청소년백서.

4) 청소년 관리 및 지원

(1) 입소 관리

입소 요건은 가정 밖 청소년으로 전문기관에서의 보호가 필요한 청소년이다. 입소 확인은 청소년증, 학생증, 주민등록증을 활용해 신분을 확인할 수 있다. 입소

요령으로는 다음과 같다(여성가족부, 2024).

첫째, 입소 시 개인정보수집 및 이용동의서 작성, 심층상담을 통해 사례관리를 연계한다.

둘째, 가정 밖 청소년 입소 시 보호자에게 연락하는 것을 원칙으로 한다. 단, 가정폭력 및 학대로 인한 가출 등의 경우에는 그러하지 않으며, 보호자의 허락을 구하는 것이 아니라 해당 청소년을 안전하게 보호 중임을 알리기 위한 것임을 청소년에게 안내하고, 보호자에게 이를 중심으로 연락한다.

셋째, 청소년이 보호자 연락에 부동의(또는 연락 불가)하더라도 쉼터는 청소년을 일시 또는 긴급 보호(24시간 내외)하면서 위기상담을 진행한다.

넷째, 당장 쉼터에 입소하지 않더라도 상황이 어려운 경우 언제든 쉼터의 지원을 받을 수 있음을 안내한다.

다섯째, 정원이 초과되어 있다는 사유만으로 입소를 거부할 수 없으며, 만일 불가피하게 입소를 거부할 경우에는 쉼터 운영일지에 반드시 기록하고, 타 쉼터 또는 관련기관 등에 안전하게 인도하여 청소년이 위험에 방치되지 않도록 처리하여야 한다. 청소년의 입소를 불가피하게 거부할 수 있는 경우는 폭력가해자와 피해자가 한 시설에 있게 되는 경우, 성폭력, 성매매 등으로 인하여 타 청소년을 위험에 빠뜨리는 경우, 정신질환 등으로 인하여 일반청소년과 단체생활이 힘든 경우, 기타 입소생의 안전을 위협하는 경우 등이 해당된다.

(2) 퇴소 및 사후관리

퇴소 요건은 지원기간이 만료된 경우, 퇴소 또는 이용중단을 희망하는 경우, 거짓 또는 부정한 방법 등으로 입소한 경우 등이 해당된다. 퇴소 시 조치사항으로는 다음과 같다(여성가족부, 2024).

첫째, 퇴소 시에는 심층상담을 통해 향후 자립지원계획을 공유하고, 지속적인 사후관리를 위해 거처 및 연락처 등을 확보한다.

둘째, 보호자의 요청 시 요구가 정당하고, 아동이 동의하면 귀가 조치한다.

셋째, 해당 청소년이 원하지 않는 부득이한 퇴소는 쉼터 운영위원회에서 정한 경우만 해당된다. 청소년이 원하지 않는 부득이한 퇴소는 지속적으로 무단 외박을 하는 경우, 쉼터 생활규칙을 준수할 의사가 없는 경우, 쉼터에서 상거래를 하는 경우, 불법적 행위를 하는 경우, 기타 입소자의 안전을 위협하는 경우 등이 해당

된다.

넷째, 가정해체, 가족갈등 등을 겪은 고위기 청소년이 퇴소할 경우 사후관리와 함께 청소년동반자 연계를 강화한다.

다섯째, 퇴소청소년의 자립지원수당, LH공공임대주택 등 지원 대상자 여부 확인 및 대상자일 경우 반드시 신청하도록 한다.

사후관리는 사례관리 종결 후 6개월 이상 실시한다. 쉼터 퇴소 청소년이 또다시 위기상황에 노출되지 않도록 안부전화, 온라인 소통, 방문 등의 방법으로 사후관리를 반드시 실시한다. 또한, 강제퇴소 또는 무단 퇴소한 청소년이라도 기관 연계(타 쉼터, 상담센터 등) 및 정보제공 등을 통해 제도권 밖으로 이탈하지 않도록 관리한다.

5) 유형별 프로그램 내용

(1) 일시쉼터

〈표 13-15〉 일시쉼터 프로그램 내용

목적	목표	프로그램	세부내용
가출 및 가출의 장기화 예방	조기개입	사회성 향상지원	대인관계, 예절, 사회적응 기술 등
		정서지원	개인, 부모, 가족의 정서지원, 거리생활 변화 동기 부여
		거리아웃리치 (상담)	가정 밖 청소년 발견, 가출예방교육, 캠페인 등

목적	목표	프로그램	세부내용
거리의 위험으로부터 보호	현장지원 및 보호	의식주 제공	식사·간식 제공, 24시간 이내 일시보호(이동형) 7일 이내 보호(고정형), 야간보호자 배치
		위생서비스	샤워, 세탁, 이·미용 제공
		피복제공	속옷, 겉옷, 신발 등 제공
		의료서비스	임신반응테스트 시약제공, 구충제 복용, 콘돔 제공, 쉼터 연계 병원검사, 응급약품, 구급약품
		휴식제공	포켓볼, 보드게임, TV, DVD, 인터넷, 약간의 간식, 서적, 낙서장, 공동일기, 배드민턴 등
		위험대처교육	성, 약물, 노동, 범죄, 흡연, 음주, 인권유린 교육
사회체계와 연결	연계활동	서비스 정보제공	취업, 진로, 지역사회 시설과 서비스, 생활정보, 문화행사 및 청소년증 발급 등
		지역사회 서비스연계	상담소, 단기쉼터, 법률, 문화의집, 대안학교, 성폭력·미혼모 시설, 직업훈련원, 의료기관 연계
		귀가지원	차비지원, 가정 및 학교와의 중재역할
		지역사회교육	지역 업소 방문 및 캠페인

출처 : 여성가족부(2024). 2024년 청소년사업 안내(Ⅱ).

[그림 13-3] 거리상담 활동 흐름도

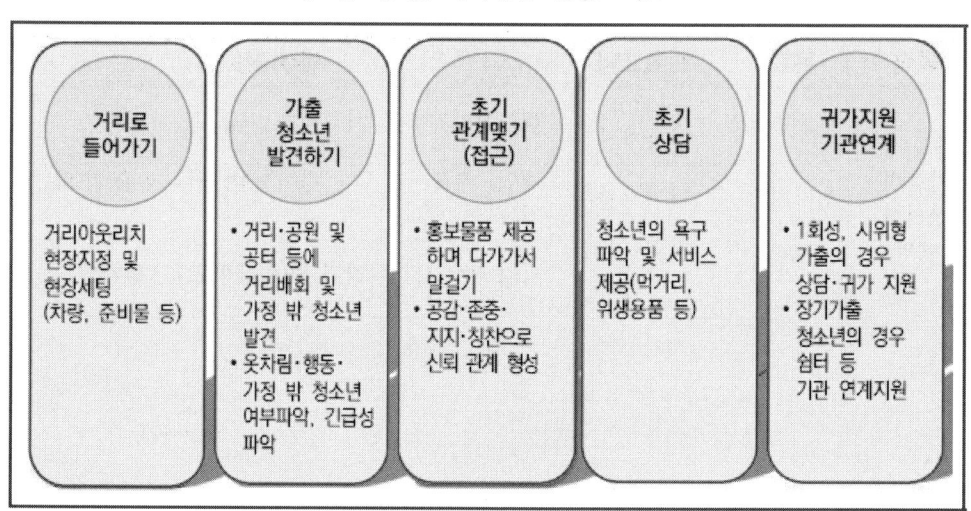

출처 : 여성가족부(2024). 2024년 청소년사업 안내(Ⅱ).

(2) 단기쉼터

〈표 13-16〉 단기쉼터 프로그램 내용

목표	프로그램	세부내용
보호	의식주	숙식, 의복 제공, 샤워, 이·미용, 휴식 등
	의료지원	건강검진(발달상태, 성병), 응급치료, 질병치료, 임신테스트 등
	법적지원	법적 옹호, 법률연계, 법률행정지원 등
	문화여가활동	다양한 문화체험, 취미생활지원, 봉사활동 캠프 등
	생활지도	초기적응 프로그램, 자치회의, 일상생활 훈련, 갈등조정 등
	정서지원	개별상담, 집단상담 등
가정복귀 지원	가족상담	가정방문, 부모교육 및 상담, 가족과의 전화연결 등
	가족지원	가족서비스 관련 자원에 대한 정보제공과 연계 등
	귀가지원	귀가계획세우기, 귀가준비상담, 가족생활적응 상담 등
사회복귀 (자립) 지원	진로상담	적성검사, 진로설계지도, 진로관련 상담 등
	사회적응지원	약물, 성교육, 분노조절, 사회성 훈련, 직장동료관계 프로그램, 예절교육, 대화기술 훈련, 인권교육 등
	경제적 지원	자립지원수당, 자립정착금 지원 등
	주거지원	LH공공임대주택 연계 등
	교육지원	학교생활지도, 학습지도, 학교연계, 장학금 및 기숙사 지원 등
	취업지원	청년도전 지원사업, 사회적기업 취업, 청년일자리도약 장려금, 청년일경험 지원사업, 맞춤형 일경험, 취업연계교육 및 직업탐색, 직업학교 연결, 취업연결 등
	자산형성지원	자립지원적금, 디딤씨앗통장 지원 등
	대안생활지원	중장기 쉼터 연계, 독립생활 지원 등
	정보제공 및 사례관리	필요 서비스 및 수요에 대한 정보제공, 입소부터 퇴소까지 개별 계획 실행 및 평가 및 심층상담

출처: 여성가족부(2024). 2024년 청소년사업 안내(Ⅱ).

(3) 중장기쉼터

〈표 13-17〉 중장기쉼터 프로그램 내용

목표	프로그램	세부내용
기초생활관리	의식주 생활관리	취침 및 기상, 식사, 공동생활규칙 준수, 공동생활적응, 갈등관리
	경제 생활관리	소비지출관리, 저축관리 등
	건강관리	정기적 건강검진, 응급치료, 질병치료 등
	문화체험 활동	다양한 문화체험, 취미생활지원, 봉사활동
직업지원	직업능력평가	진로탐색검사, 직업적성검사 등
	취업준비	직업정보 탐색, 구직전략세우기 등
	취업훈련	인턴십 체험, 직업전문학교, 자격증 취득교육 등
	취업지도	구직활동지원, 직업생활유지 지원 등
학업지원	학업지원	학력취득을 위한 검정고시 준비, 중·고등학교 복학지원 및 학교적응 지원, 학습방법 교육, 학비 지원 등
정서적지지 및 상담	정저지지	개별사례관리, 개인상담, 사례회의
	집단상담	사회기술훈련, 대인관계 훈련, 자존감 향상훈련, 진로탐색, 학습능력향상 프로그램 등
	교육훈련	성교육, 금연교육, 금전관리, 경제교육, 식습관, 예절교육 프로그램, 심폐소생술 등

출처 : 여성가족부(2024). 2024년 청소년사업 안내(Ⅱ).

4. 한부모가족복지시설(미혼모시설)

1) 한부모가족복지시설의 개념

미혼모가족복지시설은 「한부모가족지원법」개정에 따라 시설유형이 변경되었다. 미혼모자가족복지시설 기본생활지원형과 미혼모자가족복지시설 공동생활지원형(미혼모)은 출산지원시설로 변경되었고, 미혼모자가족복지시설 공동생활지원형(미혼모와 그 자녀)은 양육지원시설로 변경되었다. 양육지원시설 입소대상은 6세 미만 자녀를 동반한 한부모가족이어야 한다. 또한, 모자가족복지시설 및 부자가족복지시설은 생활지원시설로 변경되었다.

「한부모가족지원법」제19조에는 출산지원시설이란 배우자와 사별 또는 이혼하거나 배우자로부터 유기된 자, 정신이나 신체의 장애로 장기간 노동능력을 상실한 배우자를 가진 자, 교정시설·치료감호시설에 입소한 배우자 또는 병역복무 중인 배우자를 가진 사람, 미혼자, 혼인관계에 있지 아니한 자로서 출산 전 임산부, 혼인 관계에 있지 아니한 자로서 출산 후 해당 아동을 양육하지 아니하는 모 등의 임신·출산 및 그 출산 아동(3세 미만)의 양육을 위하여 주거 등을 지원하는 시설을 말한다. 양육지원시설은 6세 미만 자녀를 동반한 한부모가족에게 자녀를 양육할 수 있도록 주거 등을 지원하는 시설을 말하며, 생활지원시설은 18세 미만 자녀를 동반한 한부모가족에게 자립을 준비할 수 있도록 주거 등을 지원하는 시설을 말한다.

2) 한부모가족복지시설 현황

한부모가족복지시설 현황을 살펴보면, 2023년 출산지원시설은 26개소이며, 양육지원시설은 38개소, 생활지원시설은 48개소로 나타났다.

<표 13-18> 한부모가족복지시설 현황

(단위 : 개소)

구 분	2020년	2021년	2022년	2023년
출산지원시설	24	25	25	26
양육지원시설	41	39	38	38
생활지원시설	50	49	49	48

출처 : 여성가족부(2024). 2024년 한부모가족지원사업 안내.

3) 유형별 지원내용

(1) 출산지원시설

① 입소대상

출산지원시설의 입소대상은 임신, 출산 및 그 출산 아동(3세 미만)을 양육하는 여성으로 배우자와 사별 또는 이혼하거나 배우자로부터 유기(遺棄)된 자, 정신이나 신체의 장애로 장기간 노동능력을 상실한 배우자를 가진 자, 교정시설 및 치료감호시설에 입소한 배우자 또는 병역의무 중인 배우자를 가진 사람, 미혼자(사실혼 관계에 있는 자는 제외), 혼인 관계에 있지 아니한 자로서 출산 전 임산부, 혼인 관계에 있지 아니한 자로서 출산 후 해당 아동을 양육하지 아니하는 모에 해당하는 여성이다.

② 입소기간

입소기간은 1년 6개월 이내로 하되 입소기간 연장기준에 부합될 경우 6개월 이내의 범위 안에서 연장이 가능하다.

③ 지원내용

지원내용은 주거 및 식사 제공이 가능하고, 분만의료 혜택 즉, 의료급여 대상자로 관리하고, 지역 내 병원, 보건소 등을 지정하여 산전, 분만, 산후에 필요한 검진을 받을 수 있도록 하며, 의료급여항목으로 적용되지 않는 사항에 대해 미혼모 특수치료비 지원, 미숙아를 분만하였을 경우 의료지원을 받을 수 있도록 조치, 모와 아이의 질병 진단, 치료, 입원, 예방접종 등 건강관리를 위해 필요한 의료비를 지원한다. 또한, 자립지원으로 직업교육, 학업지속, 교양교육, 가사교육, 상담지도 등이 있으며, 자립지원 활동 중 양육공백을 지원하기 위해 시설 아이돌봄 서비스를 지원한다.

(2) 양육지원시설

① 입소대상

입소대상은 6세 미만의 자녀를 동반한 한부모로서 일정기간 주거와 자립지원을 필요로 하는 사람이다.

② 입소기간

입소기간은 3년 이내로 하되, 입소기간 연장기준에 부합될 경우 6개월 미만의 기간을 단위로 최장 1년 범위 안에서 연장이 가능하다.

③ 지원내용

지원내용으로는 주거 등 생활 지원, 자립프로그램으로는 직업교육, 양육교육, 가사교육, 교양교육, 상담지도 등이 있다. 또한, 자립지원 활동 중 양육공백을 지원하기 위해 시설 아이돌봄 서비스를 지원한다.

(3) 생활지원시설

① 입소대상

입소대상은 「한부모가족지원법」제4조에 따른 모로서 만 18세 미만의 아동을 양육하는 무주택 저소득 한부모가족이다. 출산지원시설 또는 양육지원시설 퇴소자 중 스스로 아동을 양육하는 미혼모도 입소대상이 된다.

② 입소기간

입소기간은 5년 이내로 하되 입소기간 연장기준에 부합될 경우 1년 미만의 기간을 단위로 퇴장 2년의 범위 안에서 연장이 가능하다.

③ 지원내용

지원내용은 주거 등 생활 지원, 자립프로그램으로 직업교육, 양육교육, 가사교육, 교양교육, 상담지도 등이 있다. 또한, 심리·정서적 전문상담 및 심리치료 지원, 방과 후 아동지도, 아동급식비 지급이 있으며, 자립준비 활동 중 양육공백 지원을 위해 시설 아동돌봄 서비스를 지원한다.

퀴 즈

1. 보호대상아동을 입소시켜 보호, 양육 및 취업훈련, 자립지원 서비스 등을 제공하는 것을 목적으로 하는 시설은?
① 아동양육시설   ② 아동일시보호시설   ③ 공동생활가정   ④ 자립지원시설

2. 공동생활가정 입소 대상 아동으로 적합하지 않은 것은?
① 보호자가 없는 아동   ② 학대받은 아동
③ 가정 내 보호가 어려운 아동   ④ 알코올 중독 아동

3. 공동생활가정에 대한 설명으로 옳지 않은 것은?
① 남녀 분리형이 있다   ② 남매의 경우 18세 미만까지 혼합할 수 있다
③ 남녀 혼합형이 있다   ④ 혼합형도 초등학교 이상이면 분리 보호한다.

4. 청소년쉼터에 대한 설명으로 옳지 않는 것은?
① 일시쉼터는 7일 이내이다   ② 단기쉼터는 3개월 이내이다
③ 중장기쉼터는 3년 이내이다   ④ 본인이 원하면 계속 연장 가능하다

5. 출산지원시설에 대한 설명으로 옳지 않은 것은?
① 3세 미만의 아동 양육 여성   ② 배우자와 이혼한 여성
③ 배우자와 동거하는 여성   ④ 배우자가 교정시설에 입소한 여성

6. 양육지원시설의 입소대상은 몇 세 미만의 자녀를 두어야 하나?
① 5세   ② 6세   ③ 7세   ④ 8세

7. 생활지원시설의 입소대상은 몇 세 미만의 자녀를 두어야 하나?
① 13세   ② 15세   ③ 18세   ④ 20세

정답	1	2	3	4	5	6	7
	①	④	②	④	③	②	③

제14장. 소년사법과 아동복지

　성인과 달리 범죄를 저지른 소년은 보호처분을 통해 처벌이 주는 낙인에서 벗어나고 교정 프로그램을 통해 재비행을 방지하고자 노력하고 있다. 하지만 소년범죄는 양적으로나 질적으로 계속 증가되고 있어 비행소년의 교화를 위한 전문적인 프로그램 도입과 개발이 시급한 실정이다. 특히 범죄를 저지른 보호소년이 자신의 범행에 대한 반성과 죄책감이 부족하고 피해자 및 지역사회에 끼친 손상을 회복하려는 노력과 태도가 부족하다. 피해자가 경험하는 고통에 대해 책임감을 느끼지 못하고 단지 보호처분을 받는 것으로 책임을 회피하려고 한다(배임호 외, 2011). 본 장에서는 소년사법과 관련된 비행아동과 보호처분, 보호관찰, 교정시설에 대해 구체적으로 알아보고자 한다.

1. 비행아동

1) 비행아동

비행이란 아동이나 청소년의 문제행동을 지칭하는 단어로 통용되고 있으나 시대적, 사회적, 문화적 가치에 따라 그 기준이 바뀔 수 있기 때문에, 어떤 행위가 비행에 해당하는지를 구분하는 것은 쉽지 않다. 「소년법」제2조에서는 소년이란 19세 미만인 자를 말하며, 제4조 제1항에 해당하는 자를 비행소년이라 한다. 즉, 비행소년은 첫째, 죄를 범한 소년 둘째, 형벌 법령에 저촉되는 행위를 한 10세 이상 14세 미만의 소년 셋째, 다음 세 가지 항목에 해당하는 사유가 있고 그의 성격이나 환경에 비추어 앞으로 형벌 법령에 저촉되는 행위를 할 우려가 있는 10세 이상의 소년을 말한다. 세 가지 항목으로는 집단적으로 몰려다니며 주위 사람들에게 불안감을 조성하는 성벽[31]이 있는 것, 정당한 이유 없이 가출하는 것, 술을 마시고 소란을 피우거나 유해환경에 접하는 성벽이 있는 것을 말한다.

2) 비행의 용어 및 특성

(1) 비행의 용어
비행과 관련된 용어들은 다양하며 정리하면 다음과 같다(구혜영 외, 2020).
- 촉법소년 : 10세 이상 14세 미만의 형벌 법령에 저촉되는 행위를 한 소년(형사책임 없고 보호처분 있음)을 말한다.
- 범죄소년 : 14세 이상 19세 미만의 죄를 범한 소년(형사책임 있음)을 말한다.
- 우범소년 : 10세 이상 19세 미만의 장차 범죄를 범할 우려가 있는 소년을 말한다.
- 불량행위소년 : 비행소년은 아니나 18세 미만으로 음주, 흡연, 싸움, 기타 자기 또는 타인의 덕성에 해하는 행위를 한 소년을 말한다.

---
31) 성벽 : 오랫동안 심신에 배어 굳어진 버릇.

- <u>요보호소년</u> : 비행소년은 아니나 학대, 혹사, 방임된 소년, 보호자로부터 유기 또는 이탈되었거나 그 보호자가 양육할 수 없는 경우, 기타 경찰관 직무집행법 또는 아동복지법에 의하여 보호를 요하는 소년(미아, 기아, 가출아)을 말한다.
- <u>소년범</u> : 협의의 범죄소년뿐만 아니라 광의로 요보호소년을 제외한 모든 비행 소년을 포함한다.

(2) 비행의 특성

최근 청소년 범죄의 특성들을 살펴보면, 청소년 범죄자의 저연령화, 흉포화, 집단화, 성인화, 지능화, 성범죄의 증가, 범죄동기의 놀이화, 학생범죄 및 여학생 범죄율의 증가, 비행청소년의 사회계층의 다양화 등으로 나타나고 있다. 이를 구체적으로 살펴보면 다음과 같다(장수한, 2020 ; 윤매자 외, 2023 재인용).

첫째, 범죄의 저연령화 현상이다. 청소년들의 신체적 발육은 예전보다 빨라졌으나 아직 주체성과 비판능력이 미성숙한 청소년들은 무분별한 미디어에 노출되고, 도덕적 가치관에 혼란을 느끼며, 범죄행위를 학습하는 모습들이 나타나고 있다.

둘째, 범죄의 집단화 현상이다. 청소년들은 범죄행위 시 무리지어 집단으로 행동하는 경향이 높은데 집단으로 행동함으로써 죄책감이 줄어들고 집단 내에서 범죄행위에 대한 성취적 쾌감을 느끼는 경향이 있다.

셋째, 범죄의 흉악화 현상이다. 형법범죄 유형에는 살인, 강도, 성폭력과 같은 흉악범죄와 폭행, 상해, 협박, 공갈과 같은 폭력범죄, 절도, 사기, 횡령, 배임과 같은 재산 범죄 등이 있다. 청소년 흉악범죄는 계속 증가 추세에 있으며 특히 성폭력 범죄, 여성 청소년 집단 폭력범죄가 매년 증가하고 있다.

넷째, 재범률의 증가 현상이다. 청소년 범죄의 재범화는 세계적으로 나타나고 있으며 특히 4범 이상의 다수 전과를 가질수록 재범률이 높게 나타나고 있다. 청소년 재범률의 상승은 범죄가 경력화되며 성인 범죄자로 성장할 가능성이 높기 때문에 시급한 대책이 필요하다.

다섯째, 범죄의 지능화 현상이다. 30년간 청소년 범죄의 유형별 실태를 살펴보면, 재산범죄가 증가세를 보이고 있으며 진보되고 성인화된 양상으로 청소년 범죄가 진화하는 모습이 나타나고 있다.

이외에도 청소년 범죄의 동기로 재미, 쾌락을 위한 놀이화 경향이 나타나고 있다. 또한, 성범죄, 학생범죄가 증가하고, 하위층 및 결손가정보다 중산층 이상의 범죄가 증가하는 경향을 보이고 있다.

3) 비행의 원인

(1) 개인적 요인

비행의 영향을 미치는 개인적 요인으로는 연령, 성별, 우울, 공격성, 사회적 위축, 자아존중감, 충동성 등 다양한 요인이 있으며 대표적인 요인으로는 자아존중감 및 자기통제성이 있다(윤매자 외, 2023). 부정적인 자아존중감 형성은 비행의 원인으로 작용하고 있으며, 자기통제력의 부족으로 나타나는 충동성 역시 비행에 대한 대표적인 원인으로 작용하고 있다. 비행청소년은 일반청소년보다 자기중심성이 강하고 개인의 행동을 통제하는 자기통제력이 부족하며 충동성이 높고, 공격성과 반사회적 행동을 정당화시키려는 경향이 있다.

(2) 가정환경 요인

비행에 영향을 미치는 가정환경의 요인으로는 가정의 빈곤, 부모의 이혼, 부모자녀 간의 갈등, 유대관계 약화, 부모의 양육행동 등이 있다. 과거에는 가정의 구조적인 결손이 자녀의 비행에 영향을 미칠 가능성이 높은 것으로 나타났으나 최근에는 가정의 구조적인 문제보다는 기능적인 측면 즉 부모자녀 관계, 정서적 친밀감의 교류, 의사소통 방식 등이 더 큰 영향을 주는 것으로 나타났다. 부모와 갈등관계에 놓인 소년은 부모에 대한 불만을 느끼고 불안과 긴장을 경험하며 가출을 하고 범죄에 쉽게 노출되는 경향이 있다. 부모의 훈육이 지나치게 강압적이고 엄격하고 가혹한 채벌에 노출된 자녀들은 폭력성과 공격성이 증대되고 공감능력이 결여될 수 있다(윤매자 외, 2023).

(3) 사회적 요인

비행에 영향을 미치는 사회적 요인으로는 학교와 또래 집단 그리고 사회 환경 등이 있다. 학교요인으로는 학업에 대한 스트레스, 학교폭력, 교사와의 불화나 소외감은 청소년의 학교생활 적응을 어렵게 하고, 비행으로 이어질 수 있다. 또래 집단의 영향으로는 비행청소년과의 교류를 통해 그들의 가치관과 행동 양식을 학습하게 되어 범죄에 동참할 가능성이 높아지며, 또래 집단 내에서 인정받기 위한 위험한 행동을 하거나 범죄를 저지르기도 한다. 사회 환경으로는 매체의 영향 즉 폭력적인 영화나 게임, 음악 등은 청소년의 폭력성을 증가시키고, 범죄에 대한 인식을 둔감하게 만들 수 있다. 또한 사회 불평등은 청소년에게 상대적 박탈감을 느끼게 하고 비행으로 이어질 수 있다.

2. 보호처분

1) 보호처분의 개념

보호처분은 형벌을 대체 또는 보완하기 위한 제도로 가정 법원 또는 지방 법원 소년부가 죄를 범했거나 죄를 범할 우려가 있는 소년에 대하여 심리 결과를 선고하는 처분을 말한다. 「소년법」제32조 보호처분에 따르면 소년부 판사는 심리 결과 보호처분을 할 필요가 있다고 인정하면 다음 어느 하나에 해당하는 처분을 하여야 한다. ① 보호자 또는 보호자를 대신하여 소년을 보호할 수 있는 자에게 감호[32] 위탁 ② 수강명령 ③ 사회봉사명령 ④ 보호관찰관의 단기보호관찰 ⑤ 보호관찰관의 장기보호관찰 ⑥ 「아동복지법」에 따른 아동복지시설이나 그 밖의 소년보호시설에 감호 위탁 ⑦ 병원, 요양소 또는 「보호소년 등의 처우에 관한 법률」에 따른 의료재활 소년원에 위탁 ⑧ 1개월 이내의 소년원 송치 ⑨ 단기 소년원 송치 ⑩ 장기 소년원 송치가 있다. 또한, 처분 상호 간에는 그 전부 또는 일부를 병합할 수 있으며, 소년의 보호처분은 그 소년의 장래 신상에 어떠한 영향도 미치지 않는다.

---

32) 감호 : 감독하고 보호함.

2) 소년보호재판 절차

(1) 접수(송치 또는 통고)

소년보호재판은 송치나 통고에 의해서 시작된다. 송치는 경찰서장, 검사, 법원 등이 사건, 기록 등을 다른 관공서 등에 보내는 것을 말한다. 소년보호사건을 법원 소년부에 송치하는 경우에는 경찰서장의 송치, 검사의 송치, 법원의 송치 3가지가 있다. 첫째, 경찰서장의 송치는 촉법소년과 우범소년에 해당하는 소년이 있을 때에는 경찰서장은 직접 관할 법원 소년부에 송치하여야 한다. 둘째, 검사의 송치는 소년에 대한 형사사건을 수사한 결과 보호처분에 해당하는 사유가 있다고 인정한 경우에는 사건을 관할 법원 소년부에 송치하여야 한다. 셋째, 법원의 송치는 법원은 소년에 대한 형사사건을 심리한 결과 보호처분에 해당할 사유가 있다고 인정하면 사건을 관할 법원 소년부에 송치하여야 한다.

통고는 범죄소년, 촉법소년, 우범소년을 발견한 보호자 또는 학교·사회복리시설·보호관찰소의 장은 이를 관할 법원 소년부에 통고할 수 있다. 통고는 보호자 등이 경찰서, 검찰청 등의 수사기관을 거치지 않고 직접 사건을 법원에 접수시키는 절차이며, 소년 문제의 초기 단계에서 간편하게 법원에 소년 문제의 해결을 의뢰할 수 있는 제도이다. 소년을 수사기관에 보내서 수사를 받게 하는 부담을 주지 않고 소년 문제를 해결할 수 있다.

(2) 조사

소년보호사건이 접수된 후에는 조사단계로 넘어가며, 소년보호사건의 심판절차는 조사단계와 심리단계로 나눠진다. 조사는 주로 소년에 대한 보호의 필요성에 관한 자료를 수집 및 분석하는 것으로서 생활환경조사의 기능을 가지고 있으며, 심리는 조사된 자료를 기초로 하여 비행 및 보호의 필요성이 있는지 여부를 판단하고 적절한 보호처분을 결정하는 것으로서 사법적 기능을 가진다. 조사활동은 소년부 판사가 관장하는 것이지만 조사의 특성을 살리기 위하여 조사는 전문가인 조사관이 판사의 지시를 받아 진행한다. 소년부 판사는 조사관으로 하여금 송치 또는 통고된 소년, 소년의 보호자 또는 참고인을 심문하게 할 수 있고, 그 밖에 필요한 사항을 조사하게 할 수 있다. 또한, 소년부 판사는 조사 또는 심리를 할 때에 정신과의사·심리학자·사회사업가·교육자나 그 밖의 전문가에게 진단을 의뢰하여 그 의견을 참고할 수 있으며, 필요한 경우 소년분류심사원의 분류결과와 의견, 보호관찰소의 조사결과와 의견 등을 참고할 수 있다.

(3) 임시조치

소년부 판사는 사건을 조사 또는 심리하는 데에 필요하다고 인정하면 소년의 감호에 관한 결정으로써 보호자 및 소년을 보호할 수 있는 적당한 자 또는 시설에 위탁, 병원이나 그 밖의 요양소에 위탁, 소년분류심사원에 위탁 등의 조치를 할 수 있다. 소년분류심사원에 위탁하는 조치를 제외한 나머지 경우 위탁기간은 3개월, 소년분류심사원에 위탁하는 조치의 경우 그 위탁기간은 1개월을 각 초과하지 못한다. 다만, 특별히 계속 조치할 필요가 있을 때에는 한 번에 한하여 연장할 수 있고, 소년부 판사는 위와 같은 임시조치를 언제든지 결정으로써 취소하거나 변경할 수 있다.

(4) 심리 개시 여부의 결정

소년부 판사는 조사관의 조사보고서 등에 따라 사건을 심리할 필요가 있는지 여부를 결정하게 된다. 먼저, 심리 불개시 결정은 송치서 또는 통고서와 조사관의 조사보고 등에 따라 사건의 심리를 개시할 수 없거나 개시할 필요가 없다고 인정하면 심리를 개시하지 아니한다는 심리 불개시의 결정을 한다. 사안이 가볍다는 이유로 심리를 개시하지 아니한다는 결정을 할 때에는 소년을 훈계할 수 있고, 보호자에게 소년을 엄격히 보살피고 교육하도록 이야기할 수 있다. 심리 개시 결정은 송치서 또는 통고서와 조사관의 조사보고 등에 따라 사건을 심리할 필요가 있다고 인정하면 심리 개시 결정을 한다.

(5) 심리 기일

소년부 판사는 심리 개시 결정을 할 때 심리 기일을 지정하는데, 심리기일을 지정한 후 소년과 보호자를 소환하고, 보조인이 선정된 경우에는 보조인에게 심리 기일을 알린다. 심리는 비공개로 진행되고, 소년을 보호하고 교육하는 것을 목적으로 하기 때문에 친절하고 온화하게 진행한다.

소년부 판사는 조사와 심리를 한 결과 보호의 필요성이 있는지, 그 정도는 어떠한지 등을 판단하여 다음과 같은 결정 중에서 하나를 하게 된다.

① 불처분 결정 : 보호처분을 할 수 없거나 할 필요가 없다고 인정하는 경우 아무런 처분을 하지 않으며 불처분 결정으로 사건은 종결된다.
② 검사에게 송치 : 조사 또는 심리한 결과 금고 이상의 형에 해당하는 범죄 사실이 발견되고 그 동기와 죄질에 비추어 형사처벌을 할 필요가 있다고 인정하는 경우 검사에게 송치하는 결정이다.
③ 소년보호처분 결정 : 보호처분을 할 필요가 있다고 인정하는 경우에 하는 결정으로 10가지 보호처분 중에서 선택을 하는데, 그 중에서 몇 가지 보호처분을 함께 묶어서 할 수도 있다.

[그림 14-1] 소년보호재판 절차의 흐름도

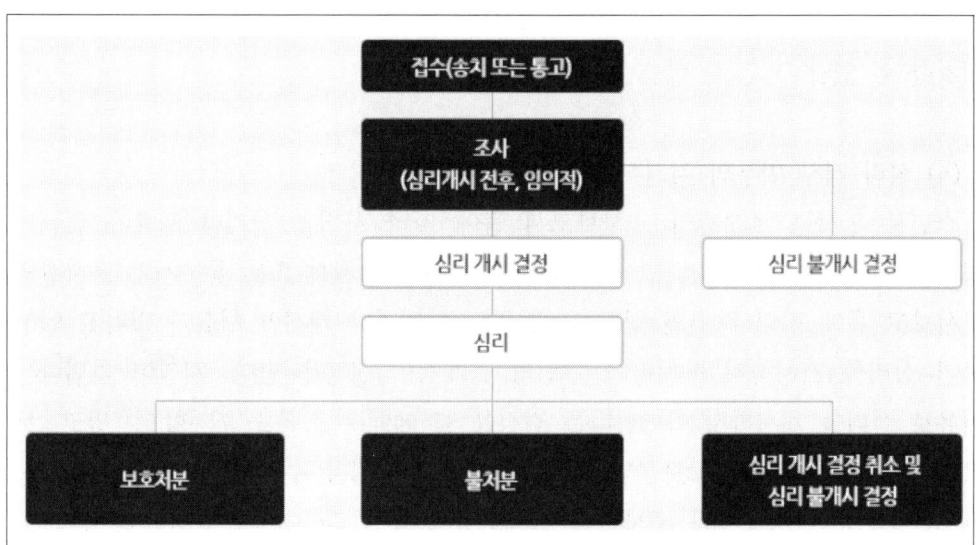

출처 : 대한민국법원 전자민원센터 홈페이지(2024). 소년보호.

〈표 14-1〉 보호처분 종류

구분	보호처분의 종류	기간	대상연령	위탁기관
1호	보호자·보호자를 대신하여 소년을 보호 할 수 있는 사람에게 감호 위탁	6개월 (6개월 연장 가능)	10세 이상	보호자, 민간시설
2호	수강명령	100시간 이내	12세 이상	민간단체
3호	사회봉사명령	200시간 이내	14세 이상	복지시설
4호	보호관찰관의 단기 보호관찰	1년	10세 이상	보호관찰소
5호	보호관찰관의 장기 보호관찰	2년 (1년 연장 가능)	10세 이상	보호관찰소
6호	「아동복지법」에 따른 복지시설이나 그 밖의 소년보호시설에 감호 위탁	6개월 (6개월 연장 가능)	10세 이상	아동복지 시설
7호	병원, 요양소 등 소년의료보호시설에 위탁	6개월 (6개월 연장 가능)	10세 이상	의료보호 시설
8호	1개월 이내의 소년원 송치	1개월 이내	10세 이상	소년원
9호	단기 소년원 송치	6개월 이내	10세 이상	소년원
10호	장기 소년원 송치	2년 이내	12세 이상	소년원

출처 : 대한민국법원 전자민원센터 홈페이지(2024). 소년보호.

3) 소년범죄 현황

(1) 소년보호기관의 신수용 현황

소년보호기관의 신수용된 현황을 살펴보면, 2018년 7,902명에서 2019년 7,032명, 2020년 5,934명, 2021년 5,237명으로 지속적으로 감소하다 2022년에 5,689명으로 약간 증가하였다. 2022년 보호소년은 1,520명이며, 위탁소년은 4,169명으로 위탁소년이 보호소년에 비해 많은 것으로 나타났다.

〈표 14-2〉 소년보호기관의 신수용 현황

(단위 : 명)

구 분	계	보호소년*	위탁소년**
2018년	7,902	2,199	5,703
2019년	7,032	2,077	4,955
2020년	5,934	1,637	4,297
2021년	5,237	1,361	3,876
2022년	5,689	1,520	4,169

*보호소년은 7·8·9·10호 처분을 받은 소년
**위탁소년은 소년분류심사원 및 소년원에 위탁 또는 유치된 소년
출처 : 법무부 범죄예방디지털정책팀(2023). 통계분석 2023 범죄예방정책.

(2) 소년인구 및 소년범죄 현황

소년인구 및 소년범죄 현황을 살펴보면, 소년범죄는 2017년 72,759명으로 소년인구대비 1.54%를 차지하였으며, 2018년 66,142명(1.44%), 2019년 66,247명(1.50%), 2020년 64,480명(1.51%), 2021년 54,017명(1.28%)로 나타났다. 전체 범죄 중 18세 이하 비율은 약 4.0%로 나타났다.

〈표 14-3〉 소년인구 및 소년범죄 현황

(단위 : 명, %)

구 분	소년인구*	소년범죄(율)	전체범죄 중 18세 이하 비율
2017년	4,727,024	72,759(1.54)	4.0
2018년	4,578,719	66,142(1.44)	3.9
2019년	4,407,203	66,247(1.50)	3.8
2020년	4,269,294	64,480(1.51)	4.0
2021년	4,217,654	54,017(1.28)	4.0

*소년인구 : 10-18세 기준
출처 : 법무부 범죄예방디지털정책팀(2023). 통계분석 2023 범죄예방정책.

(3) 소년보호관찰 접수사건의 사범별 현황

소년보호관찰 접수사건의 사범별 현황을 살펴보면, 2022년에 폭력이 2,827건

으로 22.6%를 차지하여 가장 많았으며, 다음으로 절도 2,444건(19.5%), 교통 1,351건(10.8%), 성폭력 1,212건(9.7%), 사기횡령 930건(7.4%), 풍속 157건(1.3%), 강력 125건(1.0%), 마약 31건(0.2%), 경제 27건(0.2%), 기타 등의 순으로 나타났다.

〈표 14-4〉 소년보호관찰 접수사건의 사범별 현황

(단위 : 건, %)

구 분	계	폭력	교통	절도	사기횡령	강력	마약	풍속*	성폭력	경제	기타
2018년	16,659 (100.0)	4,431 (26.6)	1,701 (10.2)	3,902 (23.4)	1,176 (7.1)	170 (1.0)	71 (0.4)	178 (1.1)	1,078 (6.5)	70 (0.4)	3,882 (23.3)
2019년	14,439 (100.0)	3,742 (25.9)	1,387 (9.6)	3,229 (22.4)	1,113 (7.7)	143 (1.0)	52 (0.4)	187 (1.3)	1,032 (7.1)	87 (0.6)	3,467 (24.0)
2020년	13,489 (100.0)	2,970 (22.0)	1,472 (10.9)	3,160 (23.4)	1,089 (8.1)	198 (1.5)	31 (0.2)	149 (1.1)	915 (6.8)	61 (0.5)	3,444 (25.5)
2021년	11,853 (100.0)	2,517 (21.2)	1,343 (11.3)	2,462 (20.8)	938 (7.9)	146 (1.2)	29 (0.3)	201 (1.07)	879 (7.4)	35 (0.3)	3,303 (27.9)
2022년	12,507 (100.0)	2,827 (22.6)	1,351 (10.8)	2,444 (19.5)	930 (7.4)	125 (1.0)	31 (0.2)	157 (1.3)	1,212 (9.7)	27 (0.2)	3,403 (27.2)

*풍속은 미풍양속을 해치는 범죄. 주로 성풍속 범죄(간통, 음행매개, 음화반포, 공연음란)
출처 : 법무부 범죄예방디지털정책팀(2023). 통계분석 2023 범죄예방정책.

(4) 소년보호관찰 접수사건의 성별 현황

소년보호관찰 접수사건의 성별 현황을 살펴보면, 2022년에 남성이 9,668명으로 77.3%를 차지하였고, 여성이 2,839명 22.7%로 남성이 여성보다 3배 이상 많은 것으로 나타났다.

〈표 14-5〉 소년보호관찰 접수사건의 성별 현황

(단위 : 명, %)

구 분	계	남성	여성
2018년	16,659(100.0)	13,111(78.7)	3,548(21.3)
2019년	14,439(100.0)	11,118(77.0)	3,321(23.0)
2020년	13,489(100.0)	10,488(77.8)	3,001(22.2)
2021년	11,853(100.0)	9,181(77.5)	2,672(22.5)
2022년	12,507(100.0)	9,668(77.3)	2,839(22.7)

출처 : 법무부 범죄예방디지털정책팀(2023). 통계분석 2023 범죄예방정책.

(5) 소년보호관찰 접수사건의 보호관찰처분 전력 현황

소년보호관찰 접수사건의 보호관찰처분 전력 현황을 살펴보면, 2022년에 전력 없음(처음)이 5,683명 45.4%로 가장 많았으며, 1회 3,716명 29.7%, 2회 1,809명 14.5%, 3회 811명 6.5%, 4회 이상이 488명 3.9% 순으로 나타났다.

〈표 14-6〉 소년보호관찰 접수사건의 보호관찰처분 전력 현황

(단위 : 명, %)

구 분	계	전력 없음	1회	2회	3회	4회 이상
2018년	16,659 (100.0)	6,949 (41.7)	4,809 (28.9)	2,779 (16.7)	1,272 (7.6)	850 (5.1)
2019년	14,439 (100.0)	6,244 (43.3)	4,089 (28.3)	2,285 (15.8)	1,098 (7.6)	723 (5.0)
2020년	13,489 (100.0)	6,041 (44.8)	3,986 (29.6)	2,020 (15.0)	890 (6.6)	552 (4.1)
2021년	11,853 (100.0)	5,157 (43.5)	3,563 (30.1)	1,821 (15.4)	856 (7.2)	456 (3.8)
2022년	12,507 (100.0)	5,683 (45.4)	3,716 (29.7)	1,809 (14.5)	811 (6.5)	488 (3.9)

출처 : 법무부 범죄예방디지털정책팀(2023). 통계분석 2023 범죄예방정책.

3. 보호관찰 및 교정시설

1) 보호관찰

(1) 개념

소년보호관찰은 범죄를 저지른 소년이 교도소에 가지 않고 사회생활을 하면서 보호관찰관의 감독을 받는 것을 말한다. 즉, 비행 또는 죄를 저지른 소년을 교도소, 소년원 등 수용시설에 구금하지 않고 가정과 학교, 직장에서 정상적인 생활을 하도록 하되, 보호관찰관의 지도 및 감독을 통해 준수사항을 지키도록 하고 사회봉사명령이나 수강명령을 통해 범죄성을 개선하는 선진 형사정책이다(법무부 범죄예방정책국 홈페이지, 2024).

(2) 소년보호관찰 대상자 준수사항

① 일반 준수사항

일반 준수사항은 첫째, 범죄로 이어지는 나쁜 습성을 버리고 선행을 유지하여야 할 의무가 있다. 둘째, 보호관찰관의 지도 및 감독에 순응할 의무가 있다. 셋째, 주거지 이전 또는 1개월 이상 국·내외 여행 시 사전 신고 의무가 있다.

② 특별 준수사항

특별 준수사항은 법원 및 보호관찰심사위원회가 보호관찰 대상자의 특성을 고려하여 개별적으로 부과한다. 예를 들면 외출제한, 정신과 진료, 성실한 학업유지 등이 있다.

(3) 소년보호관찰 대상 및 기간

소년법에 의한 대상은 보호소년이며 기간은 수강명령 2호는 100시간 이내(12세 이상 소년에게 부과), 사회봉사명령 3호는 200시간 이내(14세 이상 소년에게 부과), 단기보호관찰 4호는 1년, 장기보호관찰 5호는 2년, 소년원 임시퇴원자는 6월~2년이다. 법무부 훈령에 의한 대상은 선도조건부 기소유예 처분자이며 기간은 1급은 1년, 2급은 6개월이다.

〈표 14-7〉 소년보호관찰 대상 및 기간

구 분	대 상	기 간
소년법	보호소년	• 수강명령(2호) : 100시간 이내 (12세 이상 소년에게 부과) • 사회봉사명령(3호) : 200시간 이내 (14세 이상 소년에게 부과) • 단기보호관찰(4호) : 1년 • 장기보호관찰(5호) : 2년 • 소년원 임시퇴원자 : 6월~2년
법무부 훈령	선도조건부 기소유예 처분자	• 1급 : 1년 • 2급 : 6개월

출처 : 법무부 범죄예방정책국 홈페이지(2024). 소년보호관찰.

(4) 소년보호관찰관의 임무

소년보호관찰관은 대상자와 수시 면담, 주거지 방문 등 긴밀한 접촉을 가지고 항상 그 행동 및 환경 등을 관찰하여 재범을 방지하고, 복학주선, 검정고시, 직업훈련, 멘토링 등의 지원을 통해 원활한 사회복귀를 촉진하는 임무를 담당하고 있다.

(5) 소년보호관찰 업무절차

소년보호관찰 업무절차는 지도감독 초기와 중기, 후기로 나눌 수 있다. 지도감독 초기는 보호관찰 개시와 분류평가가 있다. 지도감독 중기는 지도감독을 실시하며, 지도감독 후기는 보호관찰 성적에 따른 조치로 성적불량과 성적양호에 따른 조치와 종결이 있다.

〈표 14-8〉 소년보호관찰 업무절차

구분	업무절차	세부내용
지도감독 초기	보호관찰 개시	• 법원의 판결·결정의 확정 • 신고접수 및 준수사항교육 • 개시면담의 실시
	분류평가	• 분류등급 결정 • 최초 현지출장, 심층면담 • 재범위험성 평가 및 처우계획 수립

지도감독 중기	지도감독 실시	• 각 처우계획의 실천을 위한 지도감독 구체화
		  - 준수사항 이행여부 감독
		  - 재범 위험요인을 반영한 맞춤형 지도·원호33)
		  - 인지행동 기반 상담형 면담 실시

지도감독 후기	보호관찰 성적에 따른 조치	• 성적 불량 : 출석요구서, 경고, 분류등급상향, 유치, 보호처분변경신청 등 • 성적 양호 : 임시해제, 분류등급완화 등
	종료	• 종료

출처 : 법무부 범죄예방정책국 홈페이지(2024). 소년보호관찰.

---

33) 원호 : 다른 사람을 돕고 보살펴 줌.

(6) 보호관찰 방법

보호관찰 방법으로는 지도감독, 원호, 은전조치[34] 및 제재가 있다. 지도감독은 보호관찰관이 대상자와 긴밀한 접촉을 가지고 항상 그 행동 및 환경 등을 관찰하는 방법으로 보호관찰소에서의 출석 지도감독, 대상자의 주거지, 직장, 학교 등에 대한 출장 지도감독, 전화, 우편, 전자우편(e-mail) 등을 이용한 비대면 지도감독이 있다. 원호는 숙소 및 취업의 알선, 복학 및 검정고시 지원, 직업훈련 기회의 제공, 환경의 개선, 보호관찰 대상자의 건전한 사회복귀에 필요한 원조의 제공, 부상, 질병, 그 밖의 긴급한 사유가 발생한 경우 응급구호 등이 있다. 은전조치 및 제재는 보호관찰 성적 양호자에 대한 지도감독 조기해제가 있으며, 준수사항 위반자에 대한 소환조사·경고, 추가변경, 구인·유치 또는 보호처분 변경 등이 있다.

〈표 14-9〉 소년보호관찰 방법

구 분	보호관찰 방법

지도감독	• 보호관찰소에의 출석 지도감독
	• 대상자의 주거지·직장·학교 등에 대한 출장 지도감독
	• 전화, 우편, 전자우편(e-mail) 등을 이용한 비대면 지도감독
	  - 준수사항 이행, 건전한 사회복귀를 위한 필요한 조치
	  - 특정시간대 대상자의 재택 여부 확인 등
	  - 심성순화교육, 집단상담, 멘토링 등 처우프로그램 집행

원호	• 숙소 및 취업의 알선, 복학 및 검정고시 지원, 직업훈련 기회의 제공 • 보호관찰 대상자의 건전한 사회복귀에 필요한 원조의 제공 • 부상, 질병, 그 밖의 긴급한 사유가 발생한 경우 응급구호 등
은전조치 및 제재	• 보호관찰 성적 양호자에 대한 지도감독 조기해제 • 준수사항 위반자에 대한 소환조사·경고, 추가·변경, 구인·유치 또는 보호처분 변경 등

출처 : 법무부 범죄예방정책국 홈페이지(2024). 소년보호관찰.

2) 교정시설

(1) 교정시설의 개념 및 유형

교정시설은 수용자들의 권익보호와 교정교육, 직업훈련 등 사회적응 능력의 배

---

[34] 은전조치 : 나라에서 은혜를 베풀어 내리는 특혜 또는 혜택.

양을 통하여 건전한 사회복귀를 도모하고자 설치 운영하는 시설을 말한다. 교정시설은 「형의 집행 및 수용자의 처우에 관한 법률」, 「법무부와 그 소속기관 직제」, 「건축법」, 「국토의 계획 및 이용에 관한 법률」 등 다양한 법률에서 법령제정 취지를 고려하여 교정시설의 범위를 달리 정하고 있다.

〈표 14-10〉 교정시설의 범위

관계 법령	교정시설의 범위
형의 집행 및 수용자의 처우에 관한 법률, 법무부와 그 소속기관 직제	교도소, 구치소 및 그 지소
건축법, 교정시설경비교도대설치법	보호감호소, 구치소 및 교도소
국토의 계획 및 이용에 관한 법률 (도시·군계획시설의 결정·구조 및 설치기준에 관한 규칙)	교도소, 구치소, 소년원 및 소년분류심사원

출처 : 토지이음 홈페이지(2024). 용어사전.

① 보호감호소

죄를 지은 사람으로서 동종 또는 유사한 죄를 재범할 위험성이 있다고 인정되는 자를 수용하여 감화 및 교화, 사회복귀에 필요한 직업훈련과 근로 등을 행하는 시설을 말한다.

② 교도소

징역형, 금고형, 구류형의 선고를 받아 그 형이 확정된 사람과 벌금 또는 과료[35]를 완납하지 아니하여 노역장 유치명령을 받은 사람(수형자)을 격리하여 교정 및 교화하고 건전한 국민사상과 근로정신을 함양하며, 기술교육 및 직업훈련 등을 실시하여 건전한 사회복귀를 도모하고자 법무부 지방교정청장 소속하에 설치 운용되는 시설을 말한다.

③ 구치소

형사피의자 또는 형사피고인으로서 체포되거나 구속영장의 집행을 받은 사람(미결수용자)을 수용하기 위하여 법무부 지방교정청장 소속하에 설치 운용되는 시설을 말한다.

---

35) 과료 : 비교적 가벼운 죄에 대하여 돈을 물게 하는 재산형. 2천원 이상 5만원 미만.

④ 소년원

보호처분에 의하여 위탁 및 송치된 소년을 수용·보호하고 이들의 교정교육을 위하여 법무부장관 소속하에 설치 운영하는 시설을 말하며, 기능별로는 다음과 같이 분류한다.

- 초·중등교육 소년원 : 초·중등교육이 필요한 소년을 수용 및 교육하는 소년원
- 직업능력개발훈련 소년원 : 직업능력개발훈련이 필요한 소년을 수용 및 교육하는 소년원
- 의료·재활교육 소년원 : 약물 오·남용, 정신·지적발달 장애, 신체질환 등으로 집중치료나 특수교육이 필요한 소년을 수용 및 교육하는 소년원
- 인성교육 소년원 : 정서순화, 품행교정 등 인성교육이 집중적으로 필요한 소년을 수용 및 교육하는 소년원이다.

⑤ 소년분류심사원

법원소년부로부터 위탁 및 송치된 소년을 수용·보호하고 이들의 분류심사, 인성교육, 상담조사 및 일반 중고등학교 부적응 학생 등에 대한 특별교육, 청소년 적성검사실 운영을 위하여 법무부장관 소속하에 설치 운영하는 시설을 말한다.

⑥ 보호관찰소

보호관찰 대상자에 대하여 보호관찰, 사회봉사명령 및 수강명령의 집행, 갱생보호, 선도 등을 행하여 건전한 사회 복귀를 돕는 시설을 말한다. 여기서, 보호관찰 대상자는 보호관찰을 조건으로 형의 선고유예를 받은 사람, 보호관찰을 조건으로 형의 집행유예를 선고받은 사람, 보호관찰을 조건으로 가석방되거나 임시퇴원 된 사람, 보호처분을 받은 사람, 그 밖에 다른 법률에서 이 법에 따라 보호관찰을 받도록 규정된 사람을 말한다.

⑦ 갱생보호소

갱생보호소는 갱생보호 대상자에 대하여 숙식 제공, 주거 지원, 창업 지원, 직업훈련 및 취업 지원, 출소예정자 사전상담, 갱생보호 대상자의 가족에 대한 지원, 심리상담 및 심리치료, 사후관리, 그 밖에 갱생보호 대상자에 대한 자립 지원 등을 행하여 자립을 돕는 시설을 말한다. 여기서, 갱생보호 대상자는 형사처분 또

는 보호처분을 받은 사람으로서 자립갱생을 위한 숙식 제공, 주거지원, 창업지원, 직업훈련 및 취업알선 등 보호의 필요성이 인정되는 사람을 말한다(토지이음 홈페이지, 2024).

(2) 소년수형자 현황

19세 미만 수형자는 성인수형자와 구분하여 소년교도소에 수용하고, 예외적으로 일반교도소에 수용하는 경우에는 성인수형자와 구분하여 수용하고 있다. 과거에는 김천소년교도소와 천안소년교도소 두 곳의 소년교도소가 있었으나, 2010년 천안소년교도소가 외국인전담교도소로 기능이 전환되어 현재는 김천소년교도소가 유일한 소년전담교도소로서의 역할을 하고 있다.

① 소년수형자 죄명별 인원

소년수형자 죄명별 인원을 살펴보면, 2023년에 전체 160명 중 절도가 41명(25.6%)으로 가장 많았으며, 다음으로 강간 등 29명(18.1%), 강도 등 26명(16.3%), 폭력 및 상해 8명(5.0%), 사기 및 횡령 3명(1.9%), 과실범 2명(1.3%), 살인 1명(0.6%), 기타 등으로 나타났다.

〈표 14-11〉 소년수형자 죄명별 인원

(단위 : 명, %)

구 분	계	절도	사기 횡령	폭력 상해	강간 등	강도 등	살인	과실범	기타
2019년	116 (100.0)	10 (8.6)	9 (7.8)	11 (9.5)	26 (22.4)	14 (12.1)	3 (2.6)	4 (3.4)	39 (33.6)
2020년	115 (100.0)	21 (18.2)	8 (7.0)	13 (11.3)	21 (18.2)	13 (11.3)	1 (0.9)	1 (0.9)	37 (32.2)
2021년	142 (100.0)	26 (18.3)	6 (4.2)	7 (4.9)	31 (21.9)	11 (7.8)	1 (0.7)	2 (1.4)	58 (40.8)
2022년	133 (100.0)	23 (17.3)	6 (4.5)	10 (7.5)	36 (27.0)	9 (6.8)	1 (0.7)	0 (0.0)	48 (36.1)
2023년	160 (100.0)	41 (25.6)	3 (1.9)	8 (5.0)	29 (18.1)	26 (16.3)	1 (0.6)	2 (1.3)	50 (31.3)

출처 : 법무부 교정본부(2024). 2024 교정통계연보.

② 소년수형자 형명 및 형기별 인원

소년수형자 형명 및 형기별 인원을 살펴보면, 2023년에 징역형은 159명, 금고형은 1명으로 나타났다. 징역형은 전체 159명 중 1년 이상~3년 미만이 63명으로 가장 많았으며, 다음으로 3년 이상~5년 1만이 59명, 5년 이상~10년 미만 27명, 1년 미만 8명, 10년 이상~20년 미만이 1명으로 나타났다. 금고형은 1년 이상~3년 미만이 1명으로 나타났다.

〈표 14-12〉 소년수형자 형명 및 형기별 인원

(단위 : 명)

구 분	계	징역형						금고형	
		1년 미만	1년 이상	3년 이상	5년 이상	10년 이상	20년 이상	1년 미만	3년 미만
2019년	116	4	45	45	21	1	-	-	-
2020년	115	4	55	41	15	-	-	-	-
2021년	142	6	65	47	22	2	-	-	-
2022년	133	5	40	62	25	1	-	-	-
2023년	160	8	63	59	27	2	-	-	1

출처 : 법무부 교정본부(2024). 2024 교정통계연보.

③ 전국 소년원학교 및 2023년 교육과정

소년원은 「소년법」 제32조에 따라 법원 소년부에서 보호처분을 받은 10세 이상 19세 미만의 소년을 수용 및 보호하면서 교과교육, 직업능력개발훈련, 인성교육, 의료재활 등을 통하여 건전한 청소년으로 육성하고 안정된 사회복귀를 지원하는 것을 주 임무로 하고 있다. 1942년 처음 개원할 당시에는 교육보다 수용관리에 중점을 두었으나, 이후 꾸준히 교육기능을 강화하여 제과제빵, 헤어디자인, 한식조리 등 다양한 직업능력개발훈련의 기회를 제공하고, 중고등학교 교과교육 및 학생 개개인의 특성에 맞는 인성교육과 의료재활 교육을 시행하고 있다.

〈표 14-13〉 전국 소년원학교 및 2023년 교육과정

기관(학교명)	설립년도	개교일	대상	교육과정
서울소년원 (고봉중고등학교)	1942	2000.8.30	9호 10호	• 중·고등학교 교과교육 • 직업능력개발훈련 　(제과제빵·한식조리·헤어디자인) • 인성교육, 컴퓨터, 검정고시, 보호자교육
부산소년원 (오륜정보산업학교)	1947	2000.8.31	10호	• 직업능력개발훈련 　(용접·제과제빵·헤어디자인) • 분류심사 • 인성교육, 컴퓨터, 검정고시, 보호자교육
대구소년원 (읍내고등학교)	1945	2000.8.31	9호 10호	• 고등학교 교과교육 • 직업능력개발훈련 　(제과제빵·커피바리스타) • 인성강화교육, 분류심사 • 인성교육, 컴퓨터, 검정고시, 보호자교육, 　분류심사
광주소년원 (고룡정보산업학교)	1946	2000.8.31	9호 10호	• 직업능력개발훈련 　(자동차정비·에너지설비) • 인성강화교육(소형건설기계조종사면허) • 분류심사 • 인성교육, 컴퓨터, 검정고시, 보호자교육
전주소년원 (송천중고등학교)	1967	2000.9.1	8호 9호 10호	• 중·고등학교 교과교육, 특별반(드론) • 남성 특수단기(8호 처분자) 교육 • 인성교육, 컴퓨터, 검정고시, 보호자교육
대전소년원 (대산학교)	1998	2002.3.4	7호 9호 10호	• 의료·재활교육(7·9·10호) • 분류심사 • 인성교육, 컴퓨터, 검정고시, 보호자교육
청주소년원 (미평여자학교)	1978	2009.7.1	8호 9호 10호	• 직업능력개발훈련(헤어디자인·제과제빵) • 인성강화교육(예술분장·커피바리스타) • 여성 특수단기(8호 처분자) 교육 • 인성교육, 컴퓨터, 검정고시, 보호자교육
안양소년원 (정심여자중고등학교)	1963	2000.8.30	9호 10호	• 여성 중·고등학교 교과교육 • 직업능력개발훈련(피부미용·제과제빵) • 인성교육, 컴퓨터, 검정고시, 보호자교육

기관(학교명)	설립년도	개교일	대상	교육과정
춘천소년원 (신촌정보통신학교)	1966	2000.9.4	9호 10호	• 직업능력개발훈련(헤어디자인) • 인성강화교육(그래픽디자인·디저트) • 분류심사 • 인성교육, 컴퓨터, 검정고시, 보호자교육

제주소년원
(한길정보통신학교)
	1987	2000.8.30	8호
			9호
			10호
				• 직업능력개발훈련
				  (제과제빵·골프매니지먼트)
				• 제주지역 남성 특수단기(8호 처분자)
				  교육, 분류심사
				• 인성교육, 컴퓨터, 검정고시, 보호자교육

출처 : 법무부(2024). 2023 법무연감.

퀴 즈

1. 10세 이상 14세 미만의 형벌 법령에 저촉되는 행위를 한 소년으로 형사책임은 없고 보호처분은 있는 소년은?
① 촉법소년   ② 범죄소년   ③ 우범소년   ④ 불량행위소년

2. 최근 청소년 범죄의 특징으로 적합하지 않은 것은?
① 저연령화 현상   ② 집단화 현상   ③ 흉악화 현상   ④ 초범률의 증가 현상

3. 보호처분의 종류에 대한 설명으로 바르지 않은 것은?
① 수강명령은 2호   ② 사회봉사명령은 4호
③ 장기 보호관찰은 5호   ④ 단기 소년원 송치는 9호

4. 소년보호관찰 접수사건의 사범별 현황 중 가장 많은 것은?
① 교통   ② 절도   ③ 폭력   ④ 사기

5. 죄를 지은 사람으로서 동종 또는 유사한 죄를 재범할 위험성이 있다고 인정되는 자를 수용하여 감화 및 교화, 사회복귀에 필요한 직업훈련과 근로 등을 행하는 시설은?
① 보호감호소   ② 교도소   ③ 구치소   ④ 소년원

6. 보호관찰, 사회봉사명령 및 수강명령의 집행, 갱생보호, 선도 등을 행하여 건전한 사회복귀를 돕는 시설은?

정답	1	2	3	4	5	6
	①	④	②	③	①	보호관찰소

제15장. 아동복지의 과제와 전망

　우리나라 아동복지는 많은 발전을 이루었지만, 여전히 해결해야 할 과제들도 많이 있다. 저출산과 고령화, 아동학대 등과 같은 양육환경의 개선, 아동빈곤과 사교육비 부담 등과 같은 경제적인 어려움, 언어 및 문화의 차이와 사회적 편견 등과 같은 다문화가정 아동, 돌봄 시스템의 부족 등은 여전히 해결해야 할 과제이다. 이는 정부 차원의 지원을 확대하고 사회적 인식 개선과 민관 협력 강화 등을 통해 해결해 나아가야 할 것이다. 본 장에서는 아동복지의 과제와 아동복지의 발전방향에 대해 구체적으로 알아보고자 한다.

1. 아동복지의 과제

1) 저출산

우리나라의 출산율은 지속적으로 감소 추세에 있으며, 통계청(2024) 인구동향조사에 의하면 2023년 기준 합계출산율은 0.72명으로 역대 최저치를 기록하고 있으며 이는 사회, 경제, 국가 안보 등 다양한 분야에 심각한 영향을 미치고 있다. 우리나라의 아동복지는 요보호아동 중심의 선별적 복지에서 모든 아동을 대상으로 하는 보편적 복지로 전환하는 노력을 해왔음에도 불구하고, 세계에서 유례없는 저출산과 고령화 사회를 맞이하고 있다. 저출산으로 인한 사회경제적 위험은 생산가능인구 감소에 따른 생산인구의 고령화, 이에 따른 경제성장의 침체, 사회적 부담의 가중 등으로 나타나고 있다(윤매자 외, 2023). 국가와 지방자치단체, 기업 등 많은 분야에서 출산 장려 정책을 실시하고 있지만, 아직까지는 미흡한 실정이다. 어느 한 단체의 노력만으로는 변화가 쉽지 않기 때문에 출산장려에 대해 범국민운동으로 진행되어야 할 것이다.

2) 가족기능의 약화

최근의 가족형태는 대부분이 핵가족 즉, 부부, 부부+미혼자녀, 한부모+미혼자녀 등의 형태로 이루어졌다. 아동을 보호하고 양육하기 위해서는 아동이 원가정에서 자라는 것이 최선의 방법이다. 하지만, 부모의 실업, 빈곤 등으로 인한 경제적 어려움과 부모의 우울증, 불안 장애 등의 정신 건강 문제 그리고 이별, 사별 등의 가족해체와 같은 원인으로 가족 기능이 점점 약화되어 원가정 양육에 어려움을 겪고 있다. 이로 인해 아동의 정서적인 문제, 사회성 발달 문제, 학업의 문제, 낮은 자존감 및 스트레스로 인한 건강 문제, 비행 문제 등이 나타나고 있다. 아동복지의 궁극적인 목표는 모든 아동이 건강하고 행복하게 성장할 수 있는 환경을 조성하는 것이다. 이를 위해 다양한 지원 정책과 서비스 그리고 프로그램을 통해 가족의 역량을 강화하고, 건강한 가정을 만들어 가는 것이 필요할 것이다.

3) 아동학대 예방

아동학대에 대한 인식은 과거에 비해 많은 변화를 가져왔으며, 많은 사람들이 아동학대에 대한 인식이 바뀌고 있다. 하지만, 보건복지부(2023) 아동학대통계에 따르면, 2022년도에 접수된 아동학대 건수는 44,531건이며 이중 아동학대로 판단된 건수는 27,971건으로 나타났다. 또한, 부모가 전체 아동학대의 82.7%로 나타나 대부분을 차지하고 있다. 아동이 가정에서 학대받거나 아동의 복지가 위기에 처한 상황에서는 가정이나 부모에 대하여 강제적인 공권력 개입이 이루어질 수 있도록 강제성이 필요하다. 또한, 아동학대를 예방하고 학대 발생 시 신고할 수 있는 신고의무자 및 지역주민들의 인식 변화를 위한 홍보 및 교육활동이 이루어져야 한다(아영아 외, 2018). 특히 신고의무자의 의무불이행에 관한 제재조치를 명확히 할 필요가 있으며, 아동학대에 대해 정확히 판별할 수 있는 표준화된 척도가 개발되어 누구나 아동학대에 대해 인지하고 아동학대 발생을 예방할 수 있어야 할 것이다.

4) 다문화가정 아동의 맞춤형 프로그램

다문화가정 아동은 행정안전부(2022) 외국인주민현황조사에 따르면, 2010년 121,935명에서 2015년 197,550명, 2020년 275,990명, 2022년 299,440명으로 지속적으로 증가하고 있음에도 불구하고 아동복지 현장에서는 이들에 대한 이해가 부족하고, 문제나 욕구도 충분히 파악하지 못하는 실정이다. 다문화가정 아동은 언어 장벽, 문화적 차이, 차별과 편견, 정체성 혼란 등으로 우리나라에 적응하는데 어려움을 겪고 있다. 여성가족부에서 다문화가족에 대한 다양한 사업을 진행하고 있지만, 다문화가정 아동은 각자 다른 문화적 배경과 언어 능력, 성격, 학습 스타일 등을 갖고 있다. 이러한 개별적인 특성을 고려한 맞춤형 프로그램 즉, 학습 능력 진단을 통한 강점과 약점 파악, 개별 학습 계획 수립, 1:1 멘토링, 정서 상태 평가 및 개별 상담, 모국어 지원 등의 맞춤형 프로그램 지원이 필요할 것이다.

5) 장애아동의 조기진단 및 치료

장애아동의 신체적·정신적·정서적 문제는 조기에 발견하여 조기에 개입 및 치료하는 것이 가장 효과적이다. 하지만, 부모는 자신의 자녀가 장애진단을 받게 된다면 사회적 시선에 대한 두려움과 미래에 대한 불안 그리고 슬픔과 상실감 등 다양한 이유로 인해 자녀의 장애 진단을 받아들이기 어려워한다. 출생 전부터 장애를 예방할 수 있도록 모자보건사업이 강화되고, 영유아기에 건강 진단, 성장발달 스크리닝을 통해서 장애를 조기에 발견할 수 있도록 해야 한다. 장애진단을 받을 시 부모와 자녀에게 정보 제공과 물적 지원 등 다양한 지원방안을 모색하고 지속적으로 치료할 수 있도록 가족지원 프로그램이 확충되어야 할 것이다(백혜영 외, 2024).

2. 아동복지의 발전방향

1) 아동권리에 대한 인식 확산

우리나라는 유엔아동권리협약 이행 및 아동의 권리 향상과 아동을 적극적 권리 주체로 인식하는 사회분위기를 정착시키기 위해 아동권리 관련 교육, 홍보, 행사 등의 사업을 실시하고 있다. 아동권리에 대한 인식 확산은 단순히 아동을 보호하는 것을 넘어서 아동이 존중받고 스스로 성장할 수 있는 권리를 인정하고 이를 사회적으로 확산시키는 것이 필요하다.

아동권리 인식 확산을 위한 방안으로는 교육, 매체 활용, 법과 제도의 개선, 민간협력 등이 있다. 교육을 통한 방안으로는 학교 교육을 통해 어릴 때부터 아동권리의 중요성을 인식시키고, 부모 교육을 통해 올바른 양육 태도를 갖도록 하며, 지역사회 교육을 통해 지역주민이 아동 권리에 대해 인식할 수 있도록 해야 한다.

매체 활용을 통한 방안으로는 긍정적인 아동 이미지 구축과 아동 학대 예방 캠페인 등을 실시해야 한다. 법과 제도의 개선은 아동 관련 법과 정책을 마련하여 아동 권리 보호를 법률로써 보호받을 수 있도록 하고, 민관협력으로는 정부, 지자체, 시민단체의 협력을 통해 아동 권리 증진을 위한 정책을 개발하고 실행하며 시민이 참여할 수 있도록 유도하는 것이 필요하다.

2) 지역사회 중심의 아동복지

지역사회 중심의 아동복지는 아동이 살고 있는 지역사회를 기반으로 아동의 성장과 발전을 지원하는 복지 모델이다. 즉, 중앙정부나 대규모 기관 중심의 복지서비스 제공 방식에서 벗어나 아동과 가족이 직접적으로 생활하는 지역사회 내에서 필요한 서비스를 제공하는 것을 의미한다.

지역사회 중심의 아동복지가 중요한 이유는 지역사회주민들은 해당 지역 아동들의 특성을 더 잘 이해하고 있어 맞춤형 서비스 제공이 가능하고, 지역사회 내 자원 활용이 용이하며, 아동의 욕구에 대해 신속한 대응과 지역사회 공동체 의식을 강화할 수 있다. 성공적인 지역사회 중심의 아동복지를 위해서는 충분한 예산 지원, 전문 인력 양성, 지역주민 참여 확대, 평가시스템 구축 등이 필요하다.

3) 아동의 여가 및 놀이문화 활성화

아동의 여가 및 놀이문화 활성화는 아동의 건강한 성장과 발달에 필수적인 요소이다. 단순히 즐거움을 추구하는 것을 넘어 아동의 정서적 안정, 사회성 발달, 창의성 증진, 신체 발달에 중요한 역할을 한다.

아동의 여가 및 놀이문화 활성화 방안으로는 다양한 놀이 공간 조성 즉, 안전하고 깨끗한 놀이터, 자연 체험 공간, 도서관과 미술관 등의 다양한 문화 시설 조성이 필요하다. 또한, 가족과 함께하는 놀이문화 조성과 지역축제 등 지역사회 기반의 놀이 환경 조성 등이 필요하다. 아동의 여가 및 놀이문화 활성화는 아동의 전인적인 성장을 위한 필수적인 요소로 아동이 자유롭게 놀고 즐길 수 있는 환경을 조성하기 위해 사회 구성원 모두의 노력이 필요하다.

4) 공공과 민간기관의 협력

아동복지 분야에서 공공기관과 민간기관의 협력은 매우 중요한데, 이는 각 기관이 가진 고유한 강점을 살려 시너지를 내고, 더 나아가 아동들에게 더욱 포괄적이고 효과적인 서비스를 제공할 수 있기 때문이다.

공공과 민간기관의 협력으로 자원의 효율적 활용과 서비스 질의 향상 그리고 사회적 안전망이 강화될 수 있고, 다양한 네트워크를 활용한 지역사회 주민의 참여를 유도할 수 있다. 공공과 민간기관의 협력을 위한 방안으로는 정책 개발 및 실행 즉, 공공기관은 아동복지 정책을 수립하고, 민간기관은 현장의 경험을 바탕으로 정책에 대한 의견을 제시하고, 정책 실행에 참여한다. 또한 자원 공유와 네트워크 구축이다. 자원공유는 공공기관은 시설, 장비 등 물적 자원을 제공하고, 민간기관은 프로그램, 인력 등 인적 자원을 제공하여 서로의 자원을 공유하는 것이며, 네트워크 구축은 지역아동센터, 아동보호전문기관 등 다양한 기관들이 네트워크를 구축하여 정보를 공유하고, 연계 서비스를 제공하는 것이다. 공공과 민간의 협력은 아동복지 발전을 위한 필수적인 요소로써 각 기관의 강점을 살리고, 서로 협력하여 아동들에게 더 나은 미래를 제공해야 할 것이다.

5) 효과적인 아동복지서비스 전달체계 구축

효과적인 아동복지서비스 전달체계는 아동의 욕구에 맞춰 적절한 서비스를 적시에 제공하고, 서비스 간 연계를 통해 중복이나 누락을 방지하며, 지역사회 자원을 효율적으로 활용할 수 있도록 지원한다. 효과적인 전달체계 구축을 위한 요소로는 통합적인 사례관리, 지역사회에 기반을 둔 서비스, 민관 협력 강화, 정보시스템 구축, 전문 인력 양성, 아동 참여 확대 등이 있다. 또한, 효과적인 전달체계 구축을 위해서는 법적, 제도적 기반을 마련하고, 충분한 예산 확보와 지속적인 서비스 평가 및 서비스 질을 향상시키는 것이 필요하다.

참고문헌

강경자·신태진·신효순·이규은·이은희(2019). **아동권리와 복지**. 동문사.

교육부(2024). 2024 늘봄학교 운영 가이드라인.

교육부(2024). 2024년 늘봄학교 추진방안.

구혜영·염경혜·이은화·한주빈(2020). **아동복지론**. 도서출판 신정.

권오희(2006). 국내 결혼이민자 가정의 자녀문제에 관한 연구. 경희대학교 행정대학원 학사학위논문.

김성희(2010). **영·유아를 위한 안전교육**. 창지사.

김세원·박창우(2022). 아동보호서비스가 학대피해아동의 원가정 재결합에 미치는 영향. **인문사회21**, 13(5), 671-686.

김일옥·김경애·김영애·김종석·김호년·손현숙(2015). **아동건강교육**. 양서원.

김일옥·이정은(2005). **아동안전관리**. 양서원.

김재환·최진원·곽미정(2023). **아동권리와 복지**. 창지사.

김현자·이명숙·노성향·박선영·이지영(2018). **아동권리와 복지**. 어가.

김희진·권오훈·김현정(2022). 아동복지시설 종사자를 위한 인권실천 안내서. 국가인권위원회.

남세진·조흥식((1997). **집단지도방법론**. 서울대학교출판부.

대한민국정부(2017). 제5·6차 유엔아동권리협약 국가보고서.

도미향·남연희·이무영·변미희(2018). **아동복지론**. 공동체.

도미향·남연희·이무영·변미희(2019). **아동권리와 복지**. 공동체.

박언하·조미숙·하경표(2019). **아동권리와 복지**. 동문사.

박희숙·강민희(2021). **인간행동과 사회환경**. 창지사.

박희숙·유주희·이광희(2018). **아동복지론**. 공동체.

배임호·김웅수, 하태선(2011). 소년범죄자를 위한 교정프로그램에 관한 연구 사법정의 관점. **한국교정학회**, 21(0), 229-251.

백혜영·손희원·이지희(2024). **아동복지론**. 도서출판 신정.

법무부(2024). 2023 법무연감.

법무부 교정본부(2024). 2024 교정통계연보.

법무부 범죄예방디지털정책팀(2023). 통계분석 2023 범죄예방정책.

보건복지부(2024). 아동복지법.

보건복지부(2024). 2024 사회복지시설관리안내.

보건복지부(2024). 2024 아동보호서비스 업무매뉴얼.
보건복지부(2024). 2024 아동분야 사업안내.
보건복지부(2024). 2024 아동분야 주요통계.
보건복지부(2024). 2024 입양실무 매뉴얼.
보건복지부(2024). 2024 지역아동센터 지원 사업안내.
보건복지부(2024). 2024년 국민기초생활보장 사업안내.
보건복지부(2024). 2024년 다함께돌봄 사업안내.
보건복지부(2024). 2024년도 결식아동 급식(지방이양) 업무 표준매뉴얼.
보건복지부(2024). 2024년도 보육사업안내(본문).
보건복지부(2023). 2023 가정위탁지원센터 업무 매뉴얼.
보건복지부(2023). 2023년도 공동생활가정(아동그룹홈) 현황.
보건복지부(2023). 2023년도 드림스타트 사업안내.
보건복지부(2023). 2023년도 아동복지시설 현황.
보건복지부(2023). 2022 아동학대 주요통계.
보건복지부(2023). 2022년 보호대상아동 현황보고.
보건복지부(2022). 2021 가정위탁보호 현황보고서.
보건복지부(2022). 2021년 국민기초생활보장 수급자 현황.
보건복지부(2021). 학대와 훈육, 그 경계에 관한 고찰.
보건복지부(2021). 2021년 실종아동 등 실태조사 연구.
보건복지부(2020). 제2차 아동정책 기본계획 '20~'24.
보건복지부(2011). 어린이집 건강 관리 매뉴얼.
사회복지교육연구센터(2023). **사회복지실천기술론**. 도서출판 나눔의 집.
사회복지교육연구센터(2017). **인간행동과 사회환경**. 도서출판 나눔의 집.
서보준·길태영·오승하·신후경(2023). **아동복지론**. 공동체.
송정애(2023). **아동복지론 이해와 실천**. 양서원.
심성경·고경미·이선경·변길희·강진·류경희(2015). **영유아 건강교육**. 양서원.
아영아·이명희·이화명·김진영·고영희·최미숙(2018). **아동복지론**. 양서원.
여경연(2019). 언어재활사의 부모상담 경험에 대한 질적연구. 한국상담대학원 대학교 석사학위논문.
여성가족부(2024). 2023 청소년백서.

여성가족부(2024). 2024년 가족사업안내(Ⅰ).
여성가족부(2024). 2024년 청소년방과후아카데미 운영실무자 업무매뉴얼.
여성가족부(2024). 2024년 청소년사업 안내(Ⅱ).
여성가족부(2024). 2024년 한부모가족지원사업 안내.
여성가족부(2022). 2021년 전국다문화가족실태조사.
여성가족부(2021). 2021년 한부모가족 실태조사.
육아정책연구소(2017). 영유아 건강관리 가이드북 : 유치원·어린이집용.
윤매자·권정미·김동욱·박민지·정정란·이화명(2023). **아동복지론**. 공동체.
윤매자·신혜경·주정현(2018). **아동복지론**. 양서원.
이근홍(2019). **인간행동과 사회환경**. 공동체.
이봉주·김선숙·김세원·안재진·임세희(2024). **아동복지론**. 도서출판 신정.
이소희(2021). **아동복지**. 정민사.
이영주(2007). 다문화가정 아동의 심리사회적 적응에 영향을 미치는 요인에 관한 연구. 공주대학교 대학원 박사학위논문.
이영호·아영아·송유미·심경순·김태준(2019). **인간행동과 사회환경**. 공동체.
이지현·성윤희(2023). 아동권리교육 프로그램 현황분석을 위한 기초연구: 데이터 구조화를 중심으로. **한국아동권리학회**, 27(1), 83-113.
이진국·김주희(2020). 한·일 노인 커뮤니티 케어 정책의 비교분석-Gilbert & Terrel1의 분석모형을 중심으로-. **인문사회21**, 11(3), 149-162.
임경옥·홍나미·손경숙(2020). **아동권리와 복지**. 공동체.
임미혜·이혜정(2017). **아동건강교육**. 양성원.
송정애(2023). **아동복지론**. 양서원.
장수한·김현주·임혁·채인숙(2019). **인간행동과 사회환경**. 공동체.
정미현·전영록·박주현·김태동(2022). **아동복지론**. 창지사.
정정옥·임미혜(2011). **유아교육기관에서의 영유아 안전교육**. 창지사.
주영은·성영화·이숙자(2016). **아동건강교육**. 공동체.
최성명(2013). 의사소통장애 및 언어치료에 대한 중·고등학교 교사들의 인식. 대구대학교 재활과학대학원 석사학위논문.
최순옥·윤난호·장수정·이주연·김은숙(2011). **아동복지의 이해**. 태영출판사.
최운실·송성숙·최라영·조미경·이주석(2021). **평생교육론**. 공동체.

추현주(2007). 비언어적 미술치료가 청각장애아동의 자기표현에 미치는 효과. 순천향대학교 건강과학대학원 석사학위논문.
통계청(2024). 실종아동 등 신고접수 및 처리현황.
통계청(2024). 인구동향조사.
하승민·서지영·강현아·마주리·서혜전·장정백(2008). **아동상담**. 공동체.
한미현·문혁준·강희경·공인숙·김상희·안선희·안효진·양성은·이경열·이경옥·이진숙·천희영(2018). **아동복지**. 창지사.
행정안전부(2022). 외국인주민현황조사.
황성철(1998). 아동의 건강 및 보건과 안전. **한국아동복지학회**, 1998(08), 183-187.
희망복지지원단 중앙지원센터(2014). 희망복지지원단 통합사례관리 실천 가이드.

Bronfenbrenner, U.(1979). *The Ecology of Human Development.* Cambridge, MA: Harvard University Press.
Kadushin, A.(1980). *Child Welfare Service.* NY: Macmillan Publishing Co. Inc.

【 인터넷 자료 】

경찰청(2024). https://www.police.go.kr
국민건강보험(2024). https://www.nhis.or.kr
대한민국법원 전자민원센터(2024). https://help.scourt.go.kr
두피디아 백과사전(2024). https://www.doopedia.co.kr
방과후청소년아카데미(2024). https://www.youth.go.kr
법무부 범죄예방정책국(2024). https://www.cppb.go.kr
법제처 국가법령정보센터(2024). https://www.law.go.kr
보건복지부(2024). https://www.mohw.go.kr
아동권리보장원(2024). https://www.ncrc.or.kr
유니세프한국위원회(2022). https://www.unicef.or.kr
육아정책연구소(2024). http://www.kicce.re.kr
중앙육아종합지원센터(2024). https://central.childcare.go.kr

질병관리청(2024). https://nip.kdca.go.kr
토지이음(2024). http://www.eum.go.kr
통계청(2024). https://www.kostat.go.kr
통일부(2024). https://unikorea.go.kr
한국방정환재단(2024). https://children365.or.kr
한국아동청소년그룹홈협의회(2024). http://www.grouphome.kr
한국언어재활사협회(2024). http://www.kslp.org

저자소개

김 부 산

현 신안산대학교 사회복지학과 교수(사회복지학 박사)
현 안산시 생활보장 등 심위위원회 부위원장
전 능인종합사회복지관 관장
전 서울시사회복지관협회 이사
전 강남구사회복지기관협의회 회장

<저서>
자원봉사론 공저

<논문>
김부산 외. 독거노인의 우울에 대한 심리정서 프로그램 효과. 한국가족사회복지학회 학술발표논문집, 2014(2), 103-108.
김부산 외. 사회복지관 사회복지사가 인식하는 GWP조직문화가 조직몰입에 미치는 영향 : 팔로워십 유형의 조절효과를 중심으로. 한국케어매니지먼트 연구, 2016(1), 179-199.

임 원 균

현 신안산대학교 사회복지학과 교수(사회복지학 박사)
현 경기주택도시공사 사회공헌위원회 위원
현 안산시기부금심사위원회 위원
현 국민건강보험관리공단 안산지사 자문위원회 위원
전 사회복지공동모금회 경기지회 배분분과위원회 부위원장

<저서>
사회복지실천론, 사회복지프로그램 개발과 평가, 사회복지행정론 공저. 외 다수

<논문>
임원균. 대학생 주관적 안녕감 변인 연구. 스트레스연구, 2015(23권3호), 119-126.
　　　 외 다수

아동복지론
Child Welfare

초판1쇄 발행 2024년 10월 1일

저 자	김부산 · 임원균 共著
발 행 처	도서출판 에듀컨텐츠휴피아
발 행 인	李 相 烈
등록번호	제2017-000042호 (2002년 1월 9일 신고등록)
주 소	서울 광진구 자양로 28길 98, 동양빌딩
전 화	(02) 443-6366
팩 스	(02) 443-6376
e-mail	iknowledge@naver.com
web	http://cafe.naver.com/eduhuepia
만든사람들	기획 · 김수아 / 책임편집 · 이진훈 하지수 황수정 박정현 디자인 · 유충현 / 영업 · 이순우
ISBN	978-89-6356-456-2 (93330)
정 가	24,000원

ⓒ 2024, 김부산, 임원균, 도서출판 에듀컨텐츠휴피아

> 이 책은 저작권법에 따라 보호받는 저작물이므로 무단전재와 무단복제를 금지하며, 책 내용의 전부 또는 일부를 이용하려면 반드시 저작권자 및 도서출판 에듀컨텐츠휴피아의 서면 동의를 받아야 합니다.